全国导游人员资格考试

QUANGUO DAOYOU RENYUAN
ZIGEKAOSHI YIBENTONG

赖启航◎主　编

吴军华　段敬丹◎副主编

中国旅游出版社

前　言

　　2015 年 8 月，国家旅游局《关于完善"导游人员从业资格证书核发"行政审批事项有关工作的通知》（旅办发〔2015〕62 号）规定"实行全国统一的导游人员资格考试制度"。为配合 2016 年全国导游人员资格考试组织形式的变化，按照国家旅游局公布的《2016 年全国导游人员资格考试大纲》要求，中国旅游出版社编撰了 2016 年版全国导游人员资格考试教材。新教材为《全国导游基础知识》《政策与法律法规》和《导游业务》三册。该教材根据旅游业发展的实际情况，在汲取以前各地导游资格考试教材优点的基础上，进行了知识更新，加入了许多新内容。

　　为了帮助广大考生顺利通过全国导游资格考试，避免考生因复习资料变更或不慎选用盗版复习资料影响考试成绩，中国旅游出版社策划出版了《全国导游人员资格考试一本通》一书。本书依据 2016 年中国旅游出版社新出版的全国导游人员资格考试统统教材，根据考试大纲要求，结合考试题型变化实际情况，有针对性地编写复习练习题。本书内容包括《全国导游基础知识》《政策与法律法规》和《导游业务》三科各章的同步习题及参考答案，全面、系统地强化考试的重点、难点，提高考生的应试能力。本书特别适用于参加全国导游资格考试的考生，也可作为旅游管理专业各层次考生期末备考的辅导资料，也有以下几个特点：

　　一、权威、专业

　　本书由中国旅游出版社组织著名旅游院校的老师编写。参与编写的老师长期从事旅游教学工作、导游资格考试辅导培训工作，有着丰富的教学经验，对考试的命题、教材知识重点、难点分布都比较熟悉，对考点把握较为准确，从而使得本书更具有权威性。

　　二、全面、实用

　　本书以上述三本教材为基础，按每本书的章节顺序提炼考试要点，使考生在学习中更有针对性。本书内容涵盖导游考试各科目，适合各层次考生复习备考，特别是适合零基础的考生。考生通过同步练习，可以加强对教材知识的掌握和运用，提高知识水平和应试能力。

　　三、针对性强

　　由于今年开始实行全国统考，考试所用教材与以前各地教材都有很大不同，所以各大书店内尚没有相应的全国导游考试复习资料，现有的很多复习资料则与导游考试的教材内容要求不一致，而《全国导游人员资格考试一本通》填补了这样的空缺，有很强的针对性。

中国旅游出版社

2016 年 8 月

目　录

《全国导游基础知识》

《政策与法律法规》

《导游业务》

《全国导游基础知识》

第一章　旅游与旅游业基础知识

一、单项选择题（每题有一个正确答案）

1. 英国旅行商(　　)创办了世界第一家旅行社，专门经营旅行业务。
   A. 托马斯·库克　　　　B. 汉泽克尔　　　　C. 克拉朵夫　　　　D. 马斯洛

2. 根据世界旅游组织的定义，旅游指人们为休闲、商务或其他目的离开惯常环境，到其他地方访问，连续停留时间不超过(　　)的活动。
   A. 3 个月　　　　　　B. 半年　　　　　　C. 9 个月　　　　　D. 1 年

3. (　　)是世界上开展得最为普遍的消遣性旅游类型，也是目前我国接待量最大的市场类型。
   A. 观光旅游　　　　　B. 度假旅游　　　　C. 文化旅游　　　　D. 宗教旅游

4. 旅游活动客体是(　　)。
   A. 旅游者　　　　　　B. 旅游资源　　　　C. 交通客运业　　　D. 旅行社业

5. 旅游活动内容六要素中，(　　)是首要的。
   A. 食　　　　　　　　B. 住　　　　　　　C. 行　　　　　　　D. 游

6. 旅游活动内容六要素中，(　　)是核心的。
   A. 食　　　　　　　　B. 住　　　　　　　C. 行　　　　　　　D. 游

7. 旅游业在国际上被称为旅游产业，即旅游业在性质上是一个(　　)。
   A. 政治性产业　　　　B. 经济性产业　　　C. 技术性产业　　　D. 文化性产业

8. 目前，我国已成为世界第(　　)大出境旅游市场和第(　　)大出境旅游消费国。
   A. 一，一　　　　　　B. 一，二　　　　　C. 二，一　　　　　D. 二，二

9. (　　)年"中国友好观光年"拉开了全国"旅游主题年"的序幕，此后每年都确定了一个主题，集中开展宣传促销和产品推广活动。
   A. 1991　　　　　　　B. 1992　　　　　　C. 2001　　　　　　D. 2005

10. (　　)标志着中国旅游业素质的提升。
    A. 旅游产业定位的提升　　　　　　　B. 大型旅游企业集团化发展
    C. 旅游标准化建设加速推进　　　　　D. 旅游发展步入了法制化轨道

11. (　　)成为世界上旅游业标准最多的国家。
    A. 中国　　　　　　　B. 日本　　　　　　C. 美国　　　　　　D. 俄罗斯

12. 把(　　)放在旅游发展的首位是进入 21 世纪后各地旅游主管部门的共识，对促进

旅游资源的有效利用、文化遗产和环境的有效保护以及旅游的可持续发展起到了科学指导作用。

A. 旅游产业定位   B. 大型旅游企业集团化发展

C. 旅游标准化建设   D. 旅游规划

13. (　　)年国家旅游部门在广泛征求意见后，确定了将"马踏飞燕"作为中国旅游业的标识。

A. 1980   B. 1983   C. 1985   D. 1987

14. (　　)我国颁布了《中华人民共和国旅游法》。

A. 2013 年   B. 2014 年   C. 2015 年   D. 2016 年

15. 国家旅游部门将(　　)确定为中国旅游业的标识。

A. 长城   B. 故宫   C. 太阳神鸟   D. 马踏飞燕

16. 2011 年 3 月 30 日的国务院常务会议确定中国旅游日的时间为每年的(　　)。

A. 5 月 9 日   B. 5 月 19 日   C. 9 月 5 日   D. 9 月 15 日

17. 2001 年 5 月 19 日，(　　)以宁海徐霞客旅游俱乐部的名义，向社会发出设立"中国旅游日"的倡议。

A. 刘德谦   B. 邵琪伟   C. 李金早   D. 麻绍勤

18. 1979 年世界旅游组织第 3 次代表大会正式确定(　　)为世界旅游日。

A. 5 月 19 日   B. 9 月 15 日   C. 7 月 29 日   D. 9 月 27 日

19. (　　)是全球唯一的政府间国际旅游组织。

A. 世界旅游组织   B. 太平洋亚洲旅游协会

C. 世界旅行社协会联合会   D. 世界旅行社协会联合会

20. (　　)是首个总部落户中国、落户北京的国际性旅游组织，是全球第一个以城市为主体的国际旅游组织。

A. 世界旅游组织   B. 太平洋亚洲旅游协会

C. 世界旅行社协会联合会   D. 世界旅行社协会联合会

21. 我国(　　)年加入太平洋亚洲旅游协会。

A. 1983   B. 1990   C. 1993   D. 1995

22. 世界旅游组织是由(　　)年在荷兰海牙成立的国际官方旅游组织联盟（IUOTO）发展而来的，总部设在(　　)。

A. 1925，马德里 B. 1947，巴黎 C. 1949，纽约 D. 1983，日内瓦

23. 太平洋亚洲旅游协会成立于(　　)年，总部设在(　　)。

A. 1949，日内瓦   B. 1947，巴黎

C. 1952，旧金山   D. 1986，悉尼

24. 世界旅行社协会联合会成立于(　　)年，总部设在(　　)。

A. 1949，日内瓦   B. 1966，布鲁塞尔

C. 1898，卢森堡   D. 1975，马德里

25. 我国于 1983 年正式加入的国际旅游组织是(　　)。

A. 世界旅游及旅行理事会   B. 国际旅游联盟

C. 世界旅游组织　　　　　　　　　　D. 太平洋亚洲旅游协会

二、多项选择题（每题有 2－4 个正确答案，多选、少选、错选均不得分）

1. 第二次世界大战之后，下列哪些因素（　　　）促进了"大众旅游"局面的出现？
   A. 内燃机的发明　　　　　　　　　B. 世界经济的快速发展
   C. 带薪假日在西方国家的普及　　　D. 喷气式飞机用于民航
   E. 各国政府对旅游业的支持

2. 根据世界旅游组织的规定，旅游定义中的"惯常环境"包括（　　　）。
   A. 居住地　　　　　　　　　　　　B. 居住地附近的地方
   C. 人们经常去的地方　　　　　　　D. 人们熟悉的地方
   E. 居住的城市

3. 旅游和旅行的区别在于（　　　）。
   A. 从时间上看，旅行先于旅游
   B. 从空间上看，旅游必须离开惯常环境，而旅行则不一定
   C. 从目的上看，旅行是为了行万里路，读万卷书
   D. 从方式上看，旅行一般是指个人的行走或远行，旅游通常是团体出行，时间上相对短暂
   E. 旅游已经成为生活的一部分，是不可或缺的必需品

4. 下列属于消遣性旅游的有（　　　）。
   A. 专业旅游　　　　B. 会议旅游　　　　C. 文化旅游　　　　D. 宗教旅游
   E. 探险旅游

5. 公务旅游和商务旅游被纳入旅游活动，是因为（　　　）。
   A. 访问期间大多伴有消遣性旅游
   B. 在目的地访问期间的消费被列入当地旅游收入账户
   C. 出访频率高
   D. 消费水平高
   E. 不受季节影响

6. 下列属于事务性旅游的有（　　　）。
   A. 专业旅游　　　　　B. 公务旅游　　　　C. 文化旅游　　　　D. 宗教旅游
   E. 商务旅游

7. 旅游的特点有（　　　）。
   A. 旅行与逗留的合成性　　　　　　B. 异地性
   C. 暂时性　　　　　　　　　　　　D. 非移民性和非就业性
   E. 轻松性

8. 从旅游活动体系来看，其基本要素包括（　　　）。
   A. 旅游者　　　　　　B. 旅游资源　　　　C. 旅游业　　　　D. 旅行社
   E. 旅游交通

9. 人们要成为现实的旅游者，必须具备的条件是（　　　）。

— 3 —

A. 旅游需要   B. 旅游动机

C. 足够的闲暇时间   D. 足够的可自由支配收入

E. 旅游交通

10. 下列属于无形旅游资源的有(   )。

A. 旅游服务质量   B. 居民生活方式

C. 社会制度   D. 居民好客态度

E. 人文旅游资源

11. 旅游的中介体包括(   )。

A. 交通客运业   B. 旅行社业   C. 饭店住宿业   D. 旅游资源

E. 旅游者

12. 旅游活动内容六要素中，(   )是首要的和核心的。

A. 食   B. 住   C. 行   D. 游

E. 娱

13. 旅游活动内容的新六要素中，"商"包括(   )。

A. 商务旅游   B. 公务旅游   C. 会议旅游   D. 奖励旅游

E. 会议旅游

14. 与其他行业相比，旅游业的主要特征有(   )。

A. 它是一个综合性的产业

B. 它是一个资源密集型的服务产业

C. 它是一个脆弱性的产业，其发展受到多种因素的影响。

D. 它是一个劳动密集型的服务产业

E. 它是一个技术密集型的服务产业

15. 从国民经济各行业中为游客提供产品和服务角度出发，旅游业主要由(   )三部分构成。

A. 旅行社业

B. 交通客运业

C. 以饭店为代表的住宿业

D. 以景区景点为代表的游览场所经营部门

E. 各级旅游管理组织

16. 下列属于旅游中介的有(   )。

A. 旅游价格   B. 旅游产品   C. 旅游网站   D. 旅游信息

E. 旅游问询中心

17. 我国入境旅游市场的主要特点有(   )。

A. 我国的入境旅游人数一直在上升

B. 在入境游客人数中，中国香港、澳门游客一直占绝大多数

C. 我国的外国人旅游市场基本稳定

D. 我国的旅游外汇收入也在稳步增加，在世界各国的排名不断上升

E. 旅游消费增长快，但消费水平仍较低

18. 我国国内旅游市场的主要特点有(　　)。
    A. 国内旅游市场规模大，发展潜力足
    B. 旅游形式以散客为主
    C. 旅游消费增长快，但消费水平仍较低
    D. 发展速度快、消费水平高
    E. 绝大多数游客采取的是自助游

19. 我国出境旅游市场的主要特点有(　　)。
    A. 发展速度快、消费水平高
    B. 因私出境和个人出游所占比重高
    C. 出境旅游目的地欧美国家和地区为主
    D. 出境旅游目的地以亚洲国家和地区为主
    E. 旅游消费增长快，但消费水平仍较低

20. 对于我国三大旅游市场，说法正确的有(　　)。
    A. 我国的外国人旅游市场基本稳定，主要客源集中在美国、欧洲和东南亚地区
    B. 我国已成为世界最大的国内旅游市场
    C. 目前，我国已成为世界第一大出境旅游市场和第一大出境旅游消费国
    D. 我国入境旅游市场由外国市场、华侨市场和中国港澳台地区市场三部分组成
    E. 我国公民的出境旅游包括出国旅游、边境旅游和港澳台地区旅游

21. 改革开放前的时期即政治任务接待时期，接待业务的主要特点是(　　)。
    A. 接待对象局限在外国友好团体与其成员以及华侨、台港澳同胞和其家属，接待规模小
    B. 旅游接待的目的是作为政治任务来完成
    C. 旅游接待单位均为事业性质，接待中不计成本
    D. 旅游主管部门与旅行社融为一体，一套人马两个牌子，旅游行政管理职能为旅游接待业务所取代
    E. 高投入、高速度、低质量、低效益

22. 根据国际旅游业的一般发展规律，旅游业在其打基础阶段的显著特点是(　　)。
    A. 高投入　　　　B. 高速度　　　　C. 低效益　　　　D. 高技术
    E. 低质量

23. 在打基础阶段（1978—1990 年），对我国旅游业的主要特征说法正确的有(　　)。
    A. 旅游业发展的重心是以增加旅游外汇收入为主的入境旅游
    B. 国内旅游除小规模的差旅和公务活动外，采取了"不提倡、不宣传、不反对"的政策
    C. 入境旅游人数增长速度快于旅游收入的增长速度
    D. 旅游业进入产业体系的培育和全面构建
    E. 形成了比较完善的旅游产业体系

24. 我国旅游业进入发展阶段（1991 年至 20 世纪末），其主要特征有(　　)。
    A. 形成了入境、国内和出境旅游全方位发展的格局

B. 形成了比较完善的旅游产业体系

C. 建立了从中央到地方、从旅游管理部门到旅游企业的旅游市场促销体系，实现了从旅游宣传到目的地营销的转变

D. 旅游经济效益大大提高，集中表现为旅游外汇收入的增长速度超过了旅游接待人数的增长

E. 旅游标准化建设加速推进

25. 我国旅游业进入提升阶段（2001 年至今）的主要特征，除旅游产业定位的提升外，还包括(　　)。

A. 旅游业进入产业体系的培育和全面构建

B. 大型旅游企业集团化发展

C. 旅游标准化建设加速推进

D. 旅游规划先行，推动旅游业科学发展

E. 旅游发展步入了法制化轨道

26. 自 1999 年以来，国家先后制定和公布了(　　)等法规，标志着我国旅游业全面进入了依法兴旅、依法治旅的新阶段。

A. 《导游人员管理条例》　　　　　B. 《中国公民出国旅游管理办法》

C. 《旅行社条例》　　　　　　　　D. 《中华人民共和国旅游法》

E. 《风景名胜区条例》

27. 中国旅游业的标识由(　　)组成。

A. 长城烽火台　　　B. 地球　　　　　C. 地坛　　　　　D. 马踏飞燕

E. 故宫

28. 我国加入了的旅游相关组织有(　　)。

A. 世界旅游组织　　　　　　　　　B. 太平洋亚洲旅游协会

C. 世界旅行社协会联合会　　　　　D. 世界旅游城市联合会

E. 美洲旅行社组织

29. 太平洋亚洲旅游协会的总部和分部设在(　　)。

A. 美国旧金山　　　B. 菲律宾马尼拉　C. 中国北京　　　D. 澳大利亚悉尼

E. 日本东京

30. 改革开放后（1978 年至今），我国旅游业实现了(　　)。

A. 从国内旅游到国际旅游的转变

B. 在产业属性上从事业性质向经济性质的转变

C. 产业体系从单一向综合的转变

D. 旅游管理方式从微观到宏观的转变

E. 旅游业的发展从策略层面到战略层面的转变

第一章　旅游与旅游业基础知识参考答案

一、单项选择题

1 – 5. ADABA　6 – 10. DBABB　11 – 15. ADBAD　16 – 20. BDDAD　21 – 25. CACBC

二、多项选择题

1. BCDE　2. ABC　3. ABCD　4. ACDE　5. AB　6. BE　7. ABCD　8. ABC　9. BCD
10. ABCD　11. ABC　12. AD　13. ACD　14. ACD　15. ABC　16. ACDE　17. ABCD
18. ABCE　19. ABD　20. BCDE　21. ABCD　22. ABCE　23. ABCD　24. ABCD
25. BCDE　26. ABC　27. ABD　28. ABCD　29. ABD　30. BCDE

第二章　中国历史文化

一、单项选择题（每题有一个正确答案）

1. 考古发现，距今约 200 万年的(　　)化石是中国境内目前已知最早的古人类化石。
　　A. 元谋人　　　　B. 蓝田人　　　　C. 北京人　　　　D. 建始人

2. 距今约 1.8 万年的(　　)已经能够加工石器和骨器，已经学会人工取火。
　　A. 元谋人　　　　B. 蓝田人　　　　C. 北京山顶洞人　　D. 建始人

3. (　　)遗址中发现的稻种，是目前世界上确认的已知年代最早的栽培稻，证实中国是世界上最早种植水稻的国家。
　　A. 黄河流域的仰韶文化　　　　　　B. 长江流域的河姆渡文化
　　C. 黄河中下游的大汶口文化中晚期　D. 长江下游的良渚文化

4. (　　)最先发明打井技术。
　　A. 元谋人　　　　B. 蓝田人　　　　C. 北京山顶洞人　　D. 河姆渡人

5. (　　)最先建造了中国南方特有的干栏式建筑。
　　A. 元谋人　　　　B. 蓝田人　　　　C. 北京山顶洞人　　D. 河姆渡人

6. 所谓"中国五千年文明史"，通常是指从(　　)时代开始的中华民族的发展史。
　　A. 黄帝　　　　　B. 炎帝　　　　　C. 尧、舜、　　　　D. 禹

7. 从(　　)开始，世袭制取代了禅让制。
　　A. 尧　　　　　　B. 舜　　　　　　C. 禹　　　　　　D. 启

8. 商朝多次迁都，商朝中期(　　)将都城迁到殷，从此稳定了下来，因而商朝又叫殷朝。
　　A. 商汤　　　　　B. 仲丁　　　　　C. 盘庚　　　　　D. 祖乙

9. (　　)实行分封制，把王族、功臣分封到各地为诸侯，建立诸侯国，扩大了王国的势力范围。
　　A. 夏　　　　　　B. 商　　　　　　C. 西周　　　　　D. 秦

10. (　　)成为春秋时期第一个霸主。
　　A. 秦穆公　　　　B. 齐桓公　　　　C. 晋文公　　　　D. 楚庄王

11. (　　)在秦国的变法最为成功，秦国的实力一跃而上，成为七国中的最强者。
　　A. 商鞅　　　　　B. 管仲　　　　　C. 吴起　　　　　D. 李悝

12. (　　)王朝是中国历史上第一个统一的、多民族的中央集权制王朝。

A. 夏　　　　　　　B. 商　　　　　　　C. 周　　　　　　　D. 秦

13. 三国鼎立时期魏国的建立者是(　　　)。

A. 曹腾　　　　　　B. 曹操　　　　　　C. 曹丕　　　　　　D. 曹植

14. (　　　)建立了西晋王朝。

A. 司马懿　　　　　B. 司马昭　　　　　C. 司马炎　　　　　D. 司马师

15. 三国两晋南北朝时期，北魏(　　　)以汉化为主题的改革是中国文化史上的盛事。

A. 孝文帝　　　　　B. 孝静帝　　　　　C. 道武帝　　　　　D. 明元帝

16. (　　　)创立的三省六部制和科举制为以后各朝代沿袭、改进。

A. 汉朝　　　　　　B. 隋朝　　　　　　C. 唐朝　　　　　　D. 宋朝

17. (　　　)开凿的南北大运河是古代水利工程史上的伟大创举，改写了中国水运体系南北不通的历史。

A. 汉代　　　　　　B. 隋代　　　　　　C. 唐代　　　　　　D. 宋代

18. 唐朝在(　　　)时期，国力强盛，疆域辽阔，创造了当时世界上最发达的文明，史称"开元盛世"。

A. 唐高祖　　　　　B. 唐太宗　　　　　C. 武则天　　　　　D. 唐玄宗

19. 北宋是被(　　　)灭亡的。

A. 辽　　　　　　　B. 南宋　　　　　　C. 金　　　　　　　D. 西夏

20. (　　　)设行省制度统治全国，影响深远。

A. 北宋　　　　　　B. 南宋　　　　　　C. 元朝　　　　　　D. 明朝

21. 1945 年，中华民族经历(　　　)年艰苦卓绝的抗日战争，最终赢得胜利。

A. 8　　　　　　　 B. 10　　　　　　　C. 12　　　　　　　D. 14

22. (　　　)是当时世界上最进步的文字，今天的汉字就是由它演变而来的。

A. 甲骨文　　　　　B. 金文　　　　　　C. 石鼓文　　　　　D. 隶书

23. 汉朝的(　　　)被誉为"草圣"。

A. 张芝　　　　　　B. 刘德升　　　　　C. 蔡邕　　　　　　D. 曹喜

24. (　　　)的狂草作品有《古诗四帖》等，也有"草圣"之誉。

A. 欧阳询　　　　　B. 颜真卿　　　　　C. 怀素　　　　　　D. 张旭

25. (　　　)的出现，标志着汉字的方块化已经定型，汉字的字体演变已经成熟。

A. 小篆　　　　　　B. 隶书　　　　　　C. 楷书　　　　　　D. 行书

26. 东汉末年的(　　　)堪称楷书之祖。

A. 蔡邕　　　　　　B. 钟繇　　　　　　C. 曹喜　　　　　　D. 王羲之

27. 东晋(　　　)被后人尊为"书圣"。

A. 王羲之　　　　　B. 王献之　　　　　C. 王洵　　　　　　D. 王挺之

28. (　　　)被誉为"天下第一行书"。

A.《祭侄文稿》　　B.《寒食帖》　　　C.《伯远帖》　　　D.《兰亭集序》

29. 战国时期的帛画(　　　)是目前可以看到的最早的古代绘画实物。

A.《龙凤人物图》 B.《女史箴图》　　C.《洛神赋图》　　D.《送子天王图》

30. 三国时期的(　　　)是第一个画佛像的画家。

A. 曹操　　　　　　B. 曹丕　　　　　　C. 曹植　　　　　　D. 曹不兴

31. 在我国绘画史上（　　）第一个明确提出"以形写神"的主张。

A. 钟繇　　　　　　B. 苏轼　　　　　　C. 顾恺之　　　　　D. 王羲之

32. （　　）被后人尊为"画圣"。

A. 吴道子　　　　　B. 阎立本　　　　　C. 展子虔　　　　　D. 李思训

33. （　　）倡导"诗中有画，画中有诗"，形成诗、书、画三位一体的独特风格，被后人奉为文人画的始祖。

A. 吴道子　　　　　B. 王维　　　　　　C. 李思训　　　　　D. 展子虔

34. （　　）时的画院日趋完备，"画学"也被正式列入科举之中，这是中国历史上宫廷绘画最为兴盛的时期。

A. 隋朝　　　　　　B. 唐朝　　　　　　C. 北宋　　　　　　D. 南宋

35. 张择端的《清明上河图》把北宋（　　）推向了高潮，在美术史上享有盛名。

A. 人物画　　　　　B. 民俗画　　　　　C. 山水画　　　　　D. 花鸟画

36. 中国文学史上，（　　）开中国现实主义文学之先河，对此后中国 2000 多年的文学发展产生极为深远的影响。

A. 《诗经》　　　　B. 《楚辞》　　　　C. 《离骚》　　　　D. 《九歌》

37. （　　）是屈原吸收南方民歌精华，融合古代神话传说而撰写成的我国古代第一篇长诗。

A. 《九歌》　　　　B. 《离骚》　　　　C. 《九章》　　　　D. 《天问》

38. 东晋的（　　）是第一个用诗歌的形式反映田园生活的"田园诗人"。

A. 陶渊明　　　　　B. 谢灵运　　　　　C. 孔融　　　　　　D. 曹植

39. （　　）是中国古代第一个大量写作山水诗的作家。

A. 陶渊明　　　　　B. 王粲　　　　　　C. 谢灵运　　　　　D. 孔融

40. 马致远的代表作是（　　）。

A. 《倩女离魂》　　B. 《拜月亭》　　　C. 《墙头马上》　　D. 《汉宫秋》

41. （　　）是我国最早的长篇历史小说。

A. 《三国志》　　　B. 《三国演义》　　C. 《水浒传》　　　D. 《封神演义》

42. （　　）是我国第一部以农民起义为题材的长篇小说。

A. 《三国志》　　　B. 《三国演义》　　C. 《封神演义》　　D. 《水浒传》

43. （　　）是我国最杰出的浪漫主义长篇神话小说。

A. 《西游记》　　　B. 《封神演义》　　C. 《山海经》　　　D. 《聊斋志异》

44. （　　）是我国古代长篇白话小说的高峰。

A. 《红楼梦》　　　B. 《三国演义》　　C. 《水浒传》　　　D. 《西游记》

45. （　　）是我国第一部文人创作的长篇世情小说。

A. 《红楼梦》　　　B. 《绿野仙踪》　　C. 《金瓶梅》　　　D. 《镜花缘》

46. （　　）是我国古代文言短篇小说的高峰。

A. 《绿野仙踪》　　B. 《红楼梦》　　　C. 《镜花缘》　　　D. 《聊斋志异》

47. （　　）成为我国现存也是世界上最早的史书。

A. 《诗经》   B. 《易经》   C. 《史记》   D. 《尚书》

48. ( )是我国第一部编年体史书。

     A. 《春秋》   B. 《汉书》   C. 《史记》   D. 《尚书》

49. ( )是我国第一部纪传体通史巨著，位居我国二十四史之首，也是传记文学的开山之作。

     A. 《春秋》   B. 《汉书》   C. 《史记》   D. 《尚书》

50. ( )是我国第一部断代体史书，成为后世"正史"的楷模。

     A. 《春秋》   B. 《汉书》   C. 《史记》   D. 《尚书》

51. ( )是我国第一部编年体通史巨著。

     A. 《春秋》   B. 《汉书》   C. 《史记》   D. 《资治通鉴》

52. 传奇小说产生在( )。

     A. 唐朝   B. 宋朝   C. 元朝   D. 明朝

53. ( )是构成珍贵传统文化系统中内涵最丰富、最能代表中华民族智慧及其自我觉醒意识的精华部分。

     A. 中国画   B. 中国文学   C. 中国史学   D. 中国传统哲学

54. 五行中与黑色相对应的是( )。

     A. 金   B. 木   C. 水   D. 火

55. 五行相生相克，其中，水生和水克的两种物质分别是( )。

     A. 金、木   B. 木 、火   C. 土、木   D. 金、火

56. 八卦中"兑"代表( )。

     A. 雷   B. 火   C. 水   D. 泽

57. 八卦中震、坤、巽、坎、艮依次代表( )。

     A. 雷、地、火、水、山   B. 雷、地、风、水、火

     C. 雷、地、风、水、泽   D. 雷、地、风、水、山

58. ( )提出"兼爱"、"非攻"、"尚同"等很有价值的思想。

     A. 孔子   B. 老子   C. 墨子   D. 庄子

59. 战国时期的( )是法家学说的集大成者。

     A. 李悝   B. 韩非   C. 商鞅   D. 申不害

60. ( )提出"性善论"，注重个体修养。

     A. 孔子   B. 孟子   C. 荀子   D. 老子

61. ( )主张礼法并用，提出"性恶论"强调后天学习的重要性。

     A. 孔子   B. 孟子   C. 荀子   D. 老子

62. ( )是理学发展的集大成者。

     A. 朱熹   B. 陆九渊   C. 程颐   D. 程颢

63. 明代王阳明继承了宋代( )"直探本心"的主张，强调知行合一，成为明代最大的理学家。

     A. 朱熹   B. 陆九渊   C. 程颐   D. 程颢

64. ( )所著的农书一般被认为是我国最早的一部农书。

A. 徐光启　　　　　B. 贾思勰　　　　C. 王祯　　　　　D. 氾胜之

65. （　　）是我国现存最早、最完备的农书。

A. 《氾胜之书》　B. 《农书》　　　C. 《农政全书》　D. 《齐民要术》

66. （　　）的《茶经》是世界上第一部茶叶专著，他本人被尊为"茶圣"。

A. 赵佶　　　　　B. 审安　　　　　C. 陆羽　　　　　D. 张源

67. （　　）贯穿着"治国治民"的"农政"思想，是一部集中国古代农学之大成的著作。

A. 《氾胜之书》　B. 《农书》　　　C. 《农政全书》　D. 《齐民要术》

68. （　　）是一部从全国范围内对整个农业进行系统研究、总结中国农业生产经验的综合性农学著作，书中图文并茂地介绍了农业生产工具，颇具特色。

A. 《氾胜之书》　B. 《农书》　　　C. 《农政全书》　D. 《齐民要术》

69. （　　）首创望、闻、问、切"四诊法"，成为中医诊断的基本方法。

A. 张仲景　　　　B. 扁鹊　　　　　C. 华佗　　　　　D. 王叔和

70. （　　）是我国现存最早的一部医术，为中医学奠定了理论基础，历来被中医界奉为理论经典。

A. 《黄帝内经》　B. 《神农本草经》　C. 《伤寒杂病论》　D. 《脉经》

71. （　　）是我国第一部完整的药物学著作。

A. 《黄帝内经》　B. 《神农本草经》　C. 《伤寒杂病论》　D. 《脉经》

72. （　　）开了中医临床辨证论治的先河，被称为"医圣"。

A. 华佗　　　　　B. 孙思邈　　　　C. 张仲景　　　　D. 王叔和

73. （　　）被誉为"神医"，发明了"麻沸散"。

A. 华佗　　　　　B. 孙思邈　　　　C. 张仲景　　　　D. 王叔和

74. （　　）的《脉经》是我国现存最早的脉学著作。

A. 华佗　　　　　B. 孙思邈　　　　C. 张仲景　　　　D. 王叔和

75. （　　）著成《针灸甲乙经》，这是我国第一部针灸学著作。

A. 华佗　　　　　B. 孙思邈　　　　C. 张仲景　　　　D. 皇甫谧

76. （　　）创办世界上第一座医校，比欧洲早200年。

A. 唐太宗　　　　B. 唐高宗　　　　C. 唐玄宗　　　　D. 唐中宗

77. （　　）是世界上第一部由国家编订颁布的药典，比欧洲早800多年。

A. 《洗冤集录》　B. 《本草纲目》　C. 《千金方》　　D. 《唐本草》

78. （　　）总结了前代医家的医学理论和治疗经验，被誉为"东方医学圣典"。

A. 《洗冤集录》　B. 《本草纲目》　C. 《千金方》　　D. 《唐本草》

79. （　　）被尊称为"药王"。

A. 李时珍　　　　B. 孙思邈　　　　C. 张仲景　　　　D. 皇甫谧

80. 南宋时期（　　）的《洗冤集录》是我国第一部系统的法医学著作，比西方早300年。

A. 王唯一　　　　B. 刘完素　　　　C. 张从正　　　　D. 宋慈

81. （　　）对前代药物学进行了全面总结，是当时世界上内容最丰富、考订最翔实的药物学著作。

A. 《洗冤集录》　B. 《本草纲目》　C. 《千金方》　　D. 《唐本草》

82. (   )是首位获得诺贝尔科学类奖项的中国本土女科学家。
    A. 莫言   B. 高锟   C. 屠呦呦   D. 高行健

83. 三七的主要产地是(   )。
    A. 云南、广西   B. 云南、贵州   C. 四川、云南   D. 广东、江西

84. 被李时珍誉为"金不换"的是(   )。
    A. 人参   B. 麝香   C. 鹿茸   D. 三七

85. (   )人参的产量、出口量均居全国首位。
    A. 黑龙江   B. 辽宁   C. 河北   D. 吉林

86. (   )味甘、性温，具有壮元阳、益精血、强筋骨之功效。
    A. 冬虫夏草   B. 鹿茸   C. 人参   D. 三七

87. (   )味甘微苦、性温，具有大补元气、生津、安神之功效。
    A. 冬虫夏草   B. 鹿茸   C. 人参   D. 三七

88. (   )药性味甘苦微温，具有散瘀止血、消肿定痛之功效。
    A. 冬虫夏草   B. 鹿茸   C. 人参   D. 三七

89. (   )味甘，性温，具有补虚损、益精气等功效。
    A. 冬虫夏草   B. 鹿茸   C. 人参   D. 三七

90. (   )中有中国历史上第一次有确切日期的日食记录。
    A.《诗经》   B.《春秋》   C.《甘石星经》   D.《汉书·五行志》

91. (   )保存了世界上关于哈雷彗星的最早记录。
    A.《诗经》   B.《春秋》   C.《甘石星经》   D.《汉书·五行志》

92. (   )是世界上最早的天文学著作。
    A.《诗经》   B.《春秋》   C.《甘石星经》   D.《汉书·五行志》

93. (   )中有世界公认的较早的黑子记录。
    A.《诗经》   B.《春秋》   C.《甘石星经》   D.《汉书·五行志》

94. 唐代和尚(   )在世界上第一次测量出地球子午线的长度。
    A. 玄奘   B. 鉴真   C. 怀素   D. 僧一行

95. 我国最古老最简单的天文仪器是(   )，用来度量日影的长短。
    A. 圭表   B. 浑天仪   C. 水运仪象台   D. 简仪

96. (   )发明了世界上第一台利用水力转动的浑天仪。
    A. 张衡   B. 僧一行   C. 苏颂   D. 落下闳

97. (   )制造的水运仪象台，它的一套动力装置"可能是欧洲中世纪天文钟的直接祖先"。
    A. 张衡   B. 僧一行   C. 苏颂   D. 落下闳

98. (   )制定的《授时历》是中国古代使用时间最长，也是最精确的历法。
    A. 郭守敬   B. 僧一行   C. 苏颂   D. 落下闳

99. (   )与国际通行的公历（格里哥利历）完全相同，但比之早了300年。
    A.《太初历》   B.《大明历》   C.《大衍历》   D.《授时历》

100. 西周时的(   )是见于著述的中国古代第一位数学家。

A. 商高　　　　　B. 祖冲之　　　　C. 张丘建　　　　D. 刘徽

101. （　　）是我国现存最早的天文历算和数学著作，书中有比较复杂的分数运算和开平方的方法，还最早提出了勾股定理。

A. 《缀术》　　　B. 《周髀算经》　　C. 《九章算术》　　D. 《张丘建算经》

102. （　　）的出现标志着我国古代数学体系的形成。

A. 《缀术》　　　B. 《周髀算经》　　C. 《九章算术》　　D. 《张丘建算经》

103. （　　）书中负数的概念以及正负数的加减法运算法则，具有世界意义的成就。

A. 《缀术》　　　B. 《周髀算经》　　C. 《九章算术》　　D. 《张丘建算经》

104. （　　）最早提出了十进小数的概念。

A. 商高　　　　　B. 祖冲之　　　　C. 张丘建　　　　D. 刘徽

105. （　　）在世界上第一次把圆周率的数值精确到小数点后第 7 位。

A. 商高　　　　　B. 祖冲之　　　　C. 张丘建　　　　D. 刘徽

106. （　　）准确地提出了球体积公式的推算原理。

A. 商高　　　　　B. 祖冲之　　　　C. 张丘建　　　　D. 刘徽

107. （　　）被称为人类"文明之母"。

A. 造纸术　　　　B. 印刷术　　　　C. 火药　　　　　D. 指南针

108. （　　）发明了活字印刷术，堪称人类印刷史上的空前革命。

A. 毕昇　　　　　B. 王祯　　　　　C. 孙思邈　　　　D. 曾公亮

109. （　　）发明了木活字和转轮排字架，使拣字、排字、印刷都得以完善。

A. 毕昇　　　　　B. 王祯　　　　　C. 孙思邈　　　　D. 曾公亮

110. （　　）在他的书中提出将硫黄、硝石、木炭制成药粉用以发火炼丹的配方。

A. 毕昇　　　　　B. 王祯　　　　　C. 孙思邈　　　　D. 曾公亮

111. 十二地支与十二种动物相配，搭配正确的是（　　）。

A. 子鼠、卯兔　　B. 戌蛇、巳狗　　C. 未羊、亥鸡　　D. 申猴、酉猪

112. （　　）等人所编著的《武经总要》中记载了最早的火药兵器，还列有 3 种火药配方。

A. 毕昇　　　　　B. 王祯　　　　　C. 孙思邈　　　　D. 曾公亮

113. 我国最迟在（　　）初就发明了火药。

A. 唐　　　　　　B. 宋　　　　　　C. 元　　　　　　D. 明

114. （　　）曾经对指南针进行了深入的研究，还发现了磁偏角。

A. 沈括　　　　　B. 王祯　　　　　C. 孙思邈　　　　D. 曾公亮

115. 东汉南阳太守（　　）发明"水排"，利用水利鼓风冶铁，比欧洲早 1000 多年。

A. 郦道元　　　　B. 杜预　　　　　C. 杜诗　　　　　D. 曾公亮

116. （　　）是古代地学史上最系统、最完备的水文地理著作。

A. 《水经注》　　B. 《五岳游草》　　C. 《徐霞客游记》　　D. 《广游志》

117. （　　）被誉为"中国科学史上的里程碑"。

A. 《水经注》　　B. 《梦溪笔谈》　　C. 《天工开物》　　D. 《徐霞客游记》

118. （　　）是中国古代科技的集大成之作，被誉为"中国 17 世纪的工艺百科全书"。

A. 《水经注》　　B. 《梦溪笔谈》　　C. 《天工开物》　　D. 《徐霞客游记》

119. （　　）是我国最早的一部野外考察记录和优秀的地理著作。

A. 《水经注》　　B. 《五岳游草》　　C. 《广游志》　　D. 《徐霞客游记》

120. （　　）是世界上第一个研究岩溶地貌的人。

A. 沈括　　　　B. 郦道元　　　　C. 徐弘祖　　　　D. 王士性

121. （　　）是中国人文地理学的开山鼻祖。

A. 沈括　　　　B. 郦道元　　　　C. 徐弘祖　　　　D. 王士性

122. 《清高宗实录》"文景之治"《永乐大典》三个专名中的"高宗""文景""永乐"依次分别是（　　）。

A. 谥号、年号和年号　　　　　　B. 庙号、谥号和年号

C. 年号、尊号和庙号　　　　　　D. 尊号、谥号和庙号

123. 下列谥号中，属于表扬性质的是（　　）。

A. 昭　　　　　B. 灵　　　　　C. 怀　　　　　D. 愍

124. 中国古代第一个年号是（　　）。

A. 中大通　　　B. 天册万岁　　C. 建元　　　　D. 洪熙

125. "周文王""汉高祖""皇太后""康熙"分别属于（　　）。

A. 庙号、尊号、年号、谥号　　　B. 尊号、年号、庙号、谥号

C. 谥号、庙号、尊号、年号　　　D. 谥号、尊号、庙号、年号

126. 仲春、季夏、孟秋、季冬分别是指（　　）。

A. 二月、六月、七月、十二月　　B. 一月、六月、八月、十二月

C. 三月、六月、八月、十一月　　D. 一月、五月、八月、十一月

127. 科举制度是中国古代特有的选官制度，它正式开始于（　　）。

A. 汉代　　　　B. 隋朝　　　　C. 唐朝　　　　D. 宋朝

128. 明清科举考试中，乡试通常每三年在（　　）举行一次，称为"大比"。

A. 各县县城　　B. 各省省城　　C. 京师的贡院　　D. 紫禁城的保和殿

129. 会试考中者称（　　）。

A. 秀才　　　　B. 举人　　　　C. 贡士　　　　D. 进士

130. 会试考中者的第一名称（　　）。

A. 解元　　　　B. 会元　　　　C. 状元　　　　D. 传胪

131. 殿试是由皇帝主试的考试，地点在紫禁城的（　　）。

A. 太和殿　　　B. 中和殿　　　C. 保和殿　　　D. 乾清宫

132. 根据时辰和现在时间有着对应关系，"卯时"对应的时间应为（　　）。

A. 1 时至 3 时　　B. 3 时至 5 时　　C. 5 时至 7 时　　D. 7 时至 9 时

133. 根据我国古代的"时辰"计时方法，上午 10:30 应属于（　　）。

A. 申时　　　　B. 巳时　　　　C. 卯时　　　　D. 亥时

134. 与十二地支中"卯"相对应的动物是（　　）。

A. 鼠　　　　　B. 牛　　　　　C. 虎　　　　　D. 兔

135. 近代史上"甲午战争""戊戌变法""辛亥革命"等重大事件，也是用（　　）来

表示的。

    A. 帝号纪年法   B. 年号纪年   C. 星象纪年   D. 干支纪年

136. "永乐十八年""乾隆十四年"是用(   )来表示的。

    A. 帝号纪年法   B. 年号纪年   C. 星象纪年   D. 干支纪年

137. "周平王元年"、"鲁孝公二十七年"是用(   )来表示的。

    A. 帝号纪年法   B. 年号纪年   C. 星象纪年   D. 干支纪年

138. 庚午年属于(   )年。

    A. 猴   B. 蛇   C. 羊   D. 马

139. 一年四季共有 24 节气，其中前四个节气依次称为(   )。

    A. 立春、雨水、惊蛰、春分   B. 雨水、立春、惊蛰、春分

    C. 立春、惊蛰、雨水、春分   D. 立春、雨水、春分、惊蛰

140. 干支纪年在(   )时以政府命令的形式在全国通行。

    A. 西周   B. 战国   C. 西汉   D. 东汉

二、多项选择题（每题有 2－4 个正确答案，多选、少选、错选均不得分）

1. 对北京山顶洞人说法正确的有(   )。

    A. 已经学会使用打制石器和天然火   B. 已经学会人工取火

    C. 已能制作精美的陶器和玉器   D. 已经能够加工石器和骨器

    E. 已有原始的宗教意识

2. 母系氏族文化遗存的代表有(   )。

    A. 仰韶文化   B. 大汶口文化中晚期

    C. 河姆渡文化   D. 龙山文化

    E. 良渚文化

3. 对河姆渡遗址及河姆渡人说法正确的有(   )。

    A. 母系氏族文化遗存的杰出代表之一

    B. 其中发现的稻种是目前世界上确认的已知年代最早的栽培稻

    C. 河姆渡人还最先发明打井技术

    D. 最先建造了中国南方特有的干栏式建筑

    E. 已能制作精美的陶器和玉器

4. 属于父系氏族文化遗存的有(   )。

    A. 仰韶文化   B. 大汶口文化中晚期

    C. 长江下游的良渚文化   D. 辽宁红山文化

    E. 黄河中下游的龙山文化

5. 战国七雄中除齐、楚、秦外，还有(   )。

    A. 晋   B. 魏   C. 燕   D. 韩

    E. 赵

6. 对秦始皇时期说法正确的有(   )。

    A. 建立了以皇帝为中心的政治体制   B. 实行郡县制度

C. 统一了文字、度衡量和货币　　　　　　D. 修筑了秦长城和驰道、直道

E. 设立太学，教授五经

7. 东晋灭亡后，江南相继出现了(　　)四个小王朝，称为南朝。

　　A. 宋　　　　　　　　B. 齐　　　　　　　　C. 梁　　　　　　　　D. 吴

　　E. 陈

8. 三国两晋南北朝时期，北朝除北魏外，还包括(　　)。

　　A. 曹魏　　　　　　　B. 东魏　　　　　　　C. 西魏　　　　　　　D. 北齐

　　E. 北周

9. 隋朝创立的(　　)为以后各朝代沿袭、改进。

　　A. 中央集权制　　　B. 三省六部制　　　C. 科举制　　　　　　D. 分封制

　　E. 募兵制

10. 唐朝在(　　)在位时，出现了"贞观之治""开元盛世"。

　　A. 唐高祖　　　　　B. 唐太宗　　　　　C. 武则天　　　　　D. 唐玄宗

　　E. 唐中宗

11. 唐朝灭亡后，中国出现"五代十国"分裂割据的局面。"五代"是后梁和(　　)。

　　A. 后唐　　　　　　B. 后晋　　　　　　C. 后蜀　　　　　　D. 后周

　　E. 后汉

12. "靖康之变"中，宋朝被俘的皇帝是(　　)。

　　A. 宋哲宗　　　　　B. 宋钦宗　　　　　C. 宋徽宗　　　　　D. 宋高宗

　　E. 宋宁宗

13. 成吉思汗和他的子孙们发动了扩张战争，先后消灭(　　)，建立了疆域辽阔的元朝。

　　A. 西夏　　　　　　B. 金　　　　　　　C. 大理　　　　　　D. 辽

　　E. 南宋

14. 朱元璋通过(　　)等措施，极大地强化了中央集权的封建君主专制。

　　A. 废除丞相　　　　　　　　　　　　B. 建立厂卫特务机构

　　C. 八股取士　　　　　　　　　　　　D. 设内阁

　　E. 在地方设三司

15. 铸在青铜器上的文字叫(　　)。

　　A. 金文　　　　　B. 钟鼎文　　　　　C. 石鼓文　　　　　D. 甲骨文

　　E. 铭文

16. (　　)等铭文是金文的代表作。

　　A.《毛公鼎》　　B.《琅琊台刻石》　C.《散氏盘》　　　D.《泰山刻石》

　　E.《会稽刻石》

17. 下列属于汉隶的代表作的是(　　)。

　　A.《衡方碑》　　B.《张迁碑》　　　C.《曹全碑》　　　D.《礼器碑》

　　E.《张猛龙碑》

18. (　　)被誉为"草圣"。

— 16 —

A. 张芝　　　　　B. 蔡邕　　　　　C. 怀素　　　　　D. 张旭

E. 苏轼

19. 魏碑的代表作有(　　　)。

A.《衡方碑》　　B.《龙门二十品》　C.《多宝塔碑》　　D.《曹全碑》

E.《张猛龙碑》

20. 唐代的(　　　)与元代赵孟頫的并称为"楷书四大家"。

A. 欧阳询　　　　B. 柳宗元　　　　C. 欧阳修　　　　D. 柳公权

E. 颜真卿

21. 北宋的(　　　)书法的主要成就也体现在行书上,人称"宋四家"。

A. 苏轼　　　　　B. 黄庭坚　　　　C. 米芾　　　　　D. 蔡京

E. 蔡襄

22. 东晋时的顾恺之专擅人物画,代表作有(　　　)。

A.《步辇图》　　　　　　　　B.《女史箴图》

C.《历代帝王图卷》　　　　　D.《洛神赋图》

E.《送子天王图》

23. 初唐的阎立本的代表作有(　　　)。

A.《步辇图》　　　　　　　　B.《女史箴图》

C.《历代帝王图卷》　　　　　D.《洛神赋图》

E.《送子天王图》

24. 南宋的(　　　),号称"南宋四家"。

A. 李唐　　　　　B. 米芾　　　　　C. 马远　　　　　D. 夏圭

E. 刘松年

25. 在绘画方面的"元四家"指(　　　)。

A. 倪赞　　　　　B. 黄公望　　　　C. 赵孟頫　　　　D. 王蒙

E. 吴镇

26. 清代早期,占据画坛的主导地位的"四王"是(　　　)。

A. 王时敏　　　　B. 王鉴　　　　　C. 王翚　　　　　D. 王云

E. 王原祁

27. 以(　　　)为代表的诗人,直接继承了汉乐府诗的现实主义精神,体现出当时的社会风貌和苍凉刚劲的风格,后世誉为"建安风骨"。

A. 三曹　　　　　B. 建安七子　　　C. 竹林七贤　　　D. 二王

E. 三阮

28. (　　　)代表了南北朝民歌的最高成就。

A.《孔雀东南飞》B.《西洲曲》　　C.《木兰辞》　　　D.《古诗十九首》

E.《乐府诗集》

29. 唐朝散文很有成就,苏洵、苏轼、苏辙、曾巩和(　　　)被誉为"唐宋八大家"。

A. 欧阳修　　　　B. 王安石　　　　C. 王维　　　　　D. 韩愈

E. 柳宗元

30. (   )合称"元曲四大家"。
    A. 关汉卿　　　　B. 王实甫　　　　C. 郑光祖　　　　D. 马致远
    E. 白朴

31. (   )通称为中国古典小说四大名著。
    A.《三国演义》　　B.《水浒传》　　　C.《西游记》　　　D.《红楼梦》
    E.《金瓶梅》

32. 下列说法正确的有(   )。
    A. 中国文学史上第一部诗歌总集《诗经》开中国现实主义文学之先河
    B. 战国时期伟大的爱国诗人屈原创造了"楚辞体"诗歌，其代表作是《离骚》
    C. 先秦诸子散文是我国古代散文的光辉起点
    D. 赋是汉代最盛行的一种文学形式，汉赋名家有枚乘、司马迁、班固、张衡等
    E. 魏晋南北朝时期的文学以诗歌成就最大

33. 下列说法正确的有(   )。
    A. 东晋的陶渊明是第一个用诗歌的形式反映田园生活的"田园诗人"
    B. 谢灵运是中国古代第一个大量写作山水诗的作家
    C. 南朝民歌中的抒情长诗《木兰辞》和北朝民歌中的叙事长诗《西洲曲》，分别
       代表南北朝民歌的最高成就
    D. 刘义庆的《世说新语》是笔记体小说
    E. 陈鸿的《长恨歌传》、李朝威的《柳毅传》等都是传奇小说

34. 下列说法正确的有(   )。
    A. 五代与宋代文学成就最突出的是"词"
    B. 元代文学成就最突出的是元曲，包括杂剧和散曲两种
    C. 明清文学最具时代特征的样式是小说
    D. 关汉卿、郑光祖、马致远、王实甫合称"元曲四大家"
    E. 明代罗贯中的《三国演义》是我国第一部以农民起义为题材的长篇小说

35. 对《史记》说法正确的有(   )。
    A. 是我国第一部纪传体通史巨著
    B. 位居我国二十四史之首
    C. 是传记文学的开山之作
    D. 世界上最早的史书，后世"正史"的楷模
    E. 被誉为"史家之绝唱，无韵之《离骚》"

36. 下列说法正确的有(   )。
    A. 鲁国史书《春秋》是我国第一部编年体史书
    B. 左丘明对《春秋》进行加工改造而成《左传》
    C. 西汉司马迁的《史记》是我国第一部纪传体通史巨著，位居我国二十四史之首
    D. 范晔的《后汉书》是我国第一部断代体史书
    E. 北宋司马光的《资治通鉴》是我国第一部编年体通史巨著

37. 关于八卦，说法正确的有(   )。

A. 八卦是 8 种符号，象征 8 种基本自然物象

B. 传说八卦是伏羲画出的

C. 八卦中乾代表天，坤代表地

D. 八卦中艮代表水，兑代表泽

E. 传说后来周文王又把八卦互相搭配变成六十四卦

38. 墨子提出( )等很有价值的思想。

　　A. 兼爱　　　　　　B. 非攻　　　　　　C. 仁政　　　　　　D. 尚同

　　E. 法治

39. 道家的代表人物有( )。

　　A. 老子　　　　　　B. 孟子　　　　　　C. 庄子　　　　　　D. 荀子

　　E. 韩非子

40. 战国时期法家的代表人物有( )。

　　A. 李悝　　　　　　B. 韩非　　　　　　C. 商鞅　　　　　　D. 荀子

　　E. 管仲

41. 下列属于"儒家"代表人物的有( )。

　　A. 孔子　　　　　　B. 孟子　　　　　　C. 韩非子　　　　　D. 庄子

　　E. 荀子

42. 对儒家学说说法正确的有( )。

　　A. 孔子主张德政

　　B. "礼"与"仁"是孔子儒学思想的主要组成部分

　　C. 孔子思想在中华民族的思想和文化发展史上影响最大、时间最久、程度最深

　　D. 孟子主张礼法并用，提出"性恶论"强调后天学习的重要性

　　E. 荀子提出"性善论"，注重个体修养

43. 对于孟子说法，正确的有( )。

　　A. 提出"性善论"，注重个体修养　　　B. 主张施行仁政，强调民本思想

　　C. 提出"民贵君轻"的思想主张　　　　D. 主张礼法并用

　　E. 反对苛政

44. 下列说法正确的有( )。

　　A. 儒家学说是中国 2000 多年以来处于主导地位的哲学思想

　　B. 孔子思想在中华民族的思想和文化发展史上影响最大、时间最久、程度最深

　　C. 西汉时，董仲舒提出"罢黜百家，独尊儒术"，实际是尊崇儒术

　　D. 春秋时的孔子是儒家学说的创始人

　　E. 儒学主张礼治，强调传统的伦常关系，是东方最有价值的知识系统

45. 中国是( )的原产地

　　A. 水稻　　　　　　B. 棉花　　　　　　C. 小麦　　　　　　D. 大豆

　　E. 苎麻

46. 下列说法正确的有( )。

　　A. 中国是世界上最早植桑养蚕的国家

B. 中国是水稻、大麦、大豆、苎麻的原产地
C. 中国是世界上最大的果树原产地之一
D. 早在新石器时代，中国就形成了"南稻北粟"的农业格局
E. 春秋战国时，中国已确立了耕作与时令的关系

47. 下列说法正确的有（　　）。
    A. 春秋战国时出现的牛耕是我国农业史上一次农用动力革命
    B. 秦汉时期出现了曲辕犁和耧车
    C. 汉代在南方有了双季稻
    D. 汉代龙骨水车是比较先进的灌溉和排水机械
    E. 汉代在土地多余的地方还推广轮作制

48. 下列说法正确的有（　　）。
    A. 陆羽的《茶经》是世界上第一部茶叶专著
    B. 唐朝出现了耧车和曲辕犁，犁耕至此基本定型
    C. 元代王祯所著的《农书》是一部从全国范围内对整个农业进行系统研究、总结中国农业生产经验的综合性农学著作
    D. 明朝徐光启的《农政全书》是一部集中国古代农学之大成的著作
    E. 北魏贾思勰的《齐民要术》是我国现存最早、最完备的农书

49. （　　）是在唐朝出现的。
    A. 筒车　　　　　　B. 耦犁　　　　　　C. 耧车　　　　　　D. 曲辕犁
    E. 铁犁牛耕

50. 对中国医药学说法正确的有（　　）。
    A. 中医理论体系的核心是整体观念和辨证论治的方法
    B. 中医强调"治病须治人"，心理治疗至关重要。
    C. 中医学认为"百病生于食"
    D. 中医学认为对疾病要辨证论治
    E. 八纲辨证是中医各种辨证的总纲

51. 金元时期，出现了各有创建的（　　）医学流派，他们被称为"金元四大家"。
    A. 李杲　　　　　　B. 朱震亨　　　　　　C. 宋慈　　　　　　D. 刘完素
    E. 张从正

52. 有关屠呦呦的说法，正确的有（　　）。
    A. 2015 年 10 月，获得"诺贝尔生理学或医学奖"
    B. 首位获得诺贝尔科学类奖项的中国本土女科学家
    C. 创制新型抗疟药——青蒿素和双氢青蒿素
    D. 抗疟药青蒿素和双氢青蒿素的发现者
    E. 2015 年还获得拉斯克奖临床医学奖

53. 下列说法正确的有（　　）。
    A.《黄帝内经》是我国现存最早的一部医书
    B. 东汉的《伤寒杂病论》是我国第一部完整的药物学著作

C. 唐朝孙思邈的《千金方》被誉为"东方医学圣典"

D. 南宋时期宋慈的《洗冤集录》是我国第一部系统的法医学著作

E. 明朝李时珍的《本草纲目》是当时世界上内容最丰富，考订最翔实的药物学著作

54. 中国的三大国粹是( )。

A. 中医中药　　　B. 丝绸　　　　C. 国画　　　　D. 京剧

E. 瓷器

55. 有关东汉张衡，说法正确的有( )。

A. 发明了我国最古老、最简单的天文仪器圭表

B. 发明了世界上第一台利用水力转动的浑天仪

C. 发明了世界上最早测定地震方位的仪器——地动仪

D. 写有《浑天仪图注》和《漏水转运浑天仪》等著作

E. 制造的水运仪象台"可能是欧洲中世纪天文钟的直接祖先"

56. 西汉时，( )等修订的《太初历》是我国现存第一部较为完整的历法。

A. 郭守敬　　　B. 唐都　　　　C. 邓平　　　　D. 张衡

E. 落下闳

57. 南北朝时期和唐朝的( )都是当时最优秀的历法，记录下了不少重大改革和天文学上的先进成果。

A. 《大明历》　　B. 《大衍历》　　C. 《太初历》　　D. 《授时历》

E. 格里哥利历

58. 下列关于我国古代历法，说法正确的有( )。

A. 《授时历》与国际通行的公历（格里哥利历）完全相同，但比之早了300年

B. 相传在远古时代就已经制定出我国历史上最早的一部历法《黄帝历》

C. 相传夏代又制定出以阴历正月为岁首的《夏历》，这是现在阴历的起源

D. 《大衍历》是我国现存第一部较为完整的历法

E. 元代郭守敬制定了《授时历》，这是中国古代使用时间最长，也是最精确的历法

59. 有关中国古代数学，说法正确的有( )。

A. 商代甲骨文的自然数已经使用十进位制

B. 先秦的八卦学说是古老的二进位制

C. 春秋时，九九乘法口诀成为士人的普通知识，有了分数的概念

D. 两汉开始出现了一批重要的算学著作和学者，标志着中国算学的正式形成

E. 珠算是中国数学的一项重大发明，大约成熟于明清时期

60. 有关指南针的说法，正确的有( )。

A. 相传早在黄帝与蚩尤作战时，黄帝就首造指南车来辨认方向

B. 战国时，已发现了磁石吸铁和指示南北的现象，造出了指南器具——司南

C. 北宋时期，出现了以人工磁化金属法制造的指南鱼和指南针

D. 沈括曾经对指南针进行了深入的研究，还发现了磁偏角

E. 北宋时，人们又把磁针安在刻有方位的罗盘上

21

61. 王士性是中国人文地理学的开山鼻祖，著有(   )三部地理著作。
   A. 《五岳游草》   B. 《水经注》   C. 《广游志》   D. 《广志绎》
   E. 《梦溪笔谈》

62. 下列关于中国古代科技，说法正确的有(   )。
   A. 两汉人民首创"井渠"（坎儿井）法，这是在旱地采用的节水技术
   B. 北魏郦道元的《水经注》是古代地学史上最系统、最完备的水文地理著作
   C. 北宋沈括的《梦溪笔记》被誉为中国 17 世纪的工艺百科全书
   D. 明朝宋应星的《天工开物》被誉为中国科学史上的里程碑
   E. 王士性是中国人文地理学的开山鼻祖

63. 下列关于姓氏称谓，说法正确的有(   )。
   A. 姓氏是一个人血统的标志
   B. 在先秦时期，姓和氏有不同含义。姓是一种族号，氏是姓的分支
   C. 姓的作用是"别婚姻"，即识别、区分氏族，实行族外婚
   D. 姓原本表示男子世代相传的血统关系，由男性方面决定
   E. 氏成为古代贵族的标志，宗族系统的称号，用于区别子孙的出身

64. 下列关于号，说法正确的有(   )。
   A. 号，亦称别号，一般为尊称、美称
   B. 古人在人际交往中，名具有"名以正体"的严肃性，一般用于谦称、卑称
   C. 下对上、平辈之间，称名不称字
   D. 在一般情况下直呼对方的名是不礼貌的
   E. 古人对人称呼常用字

65. 下列关于谥号、庙号和年号，说法正确的有(   )。
   A. 谥号是古代帝王及官僚死后，根据其生前事迹而加给的称号
   B. 谥号寓褒贬同情之意
   C. 庙号是帝王死后，其继承者在太庙立室奉祀，并追尊以某祖、某宗的名号
   D. 年号始于秦始皇时期
   E. 年号是皇帝用以纪年而设置的称号

66. 下列关于谥号、庙号和年号，说法正确的有(   )。
   A. 对隋以前的帝王一般称谥号
   B. 唐至元的皇帝通常称庙号
   C. 明、清两代的皇帝除明英宗外，常以其年号来称呼当时在位的皇帝
   D. 新君即位，于次年改用新年号，叫"改元"
   E. 每个朝代的第一个皇帝称"祖"，之后的嗣君都称"宗"

67. 对于避讳，说法正确的有(   )。
   A. 中国古代，人们言谈和书写时遇到君父尊亲的名字要设法回避，叫避讳
   B. 对帝王及春秋时诸子之名，众所共讳，称公讳、君讳或圣讳
   C. 人子不能直言父辈尊亲之名，称家讳或私讳
   D. 避讳之法一般为改字、空字、缺笔、改读等

E. 《红楼梦》中林黛玉的母亲名敏，因此她遇到"敏"要设法回避

68. 下列谥号中属于褒扬类的有(　　　)。

    A. 文　　　　　　B. 昭　　　　　　C. 武　　　　　　D. 炀

    E. 惠

69. 十二地支与十二种动物相配中，正确的有(　　　)。

    A. 寅虎、午马　　B. 酉鸡、丑牛　　C. 卯兔、子鼠　　D. 戌狗、亥牛

    E. 申猴、辰龙

70. 一昼夜12时辰与24小时对应表，正确的有(　　　)。

    A. 寅时，3－5点　　　　　　　　B. 戌时，21－23点

    C. 未时，13－15点　　　　　　　D. 酉时，17－19点

    E. 巳时，9－11点

71. 下列关于名、字，说法正确的有(　　　)。

    A. 古人幼时取名以供长辈呼唤

    B. 字是古人成年后取的别名，与名相表里，又叫"表字"

    C. 古代男子到18岁成人，要举行冠礼，要另取一个字

    D. 古代女子到了15岁许嫁时，要举行笄礼，也要取字

    E. 名和字在意义上一般是有联系的，字往往是名的阐释和补充

第二章　中国历史文化参考答案

一、单项选择题

1－5. DCBDD　6－10. ADCCB　11－15. ADCCA　16－20. BBDCC　21－25. DAADC

26－30. BADAD　31－35. CABCB　36－40. ABACD　41－45. BDAAC　46－50. DDACB

51－55. DADCB　56－60. DDCBB　61－65. CABDD　66－70. CCBBA　71－75. BCADD

76－80. ADCBD　81－85. BCADD　86－90. BCDAA　91－95. BCDDA

96－100. ACADA　101－105. BCCDB　106－110. BBABC　111－115. ADAAC

116－120. ABCDC　121－125. DBACC　126－130. ABBCB　131－135. CCBDD

136－140. BADAD

二、多项选择题

1. BDE　2. AC　3. ABCD　4. BCDE　5. BCDE　6. ABCD　7. ABCE　8. BCDE　9. BC

10. BD　11. ABDE　12. BC　13. ABCE　14. ABCE　15. ABE　16. AC　17. ABCD

18. AD　19. BE　20. ADE　21. ABCE　22. BD　23. AC　24. ACDE　25. ABDE

26. ABCE　27. ABC　28. BC　29. ABDE　30. ACDE　31. ABCD　32. ABCE　33. ABDE

34. ABC　35. ABCE　36. ABCE　37. ABCE　38. ABD　39. AC　40. ABC　41. ABE

42. ABC　43. ABCE　44. ABDE　45. ACDE　46. ACD　47. ACDE　48. ACDE　49. AD

50. ABDE　51. ABDE　52. ABCD　53. ACDE　54. ACD　55. BCD　56. BCE　57. AB

58. ABCE　59. ABCD　60. ABCD　61. ACD　62. ABE　63. ABCE　64. ABDE　65. ABCE

66. ABCD　67. ACDE　68. ABC　69. ABCE　70. ACDE　71. ABDE

第三章　中国民族民俗

一、单项选择题（每题有一个正确答案）

1. 我国人数最多的少数民族是(　　)。
   A. 蒙古族　　　　　B. 回族　　　　　C. 藏族　　　　　D. 壮族

2. 我国人数最少的少数民族是(　　)。
   A. 独龙族　　　　　B. 珞巴族　　　　C. 高山族　　　　D. 赫哲族

3. 我国共有(　　)个语族。
   A. 5　　　　　　　B. 10　　　　　　C. 16　　　　　　D. 60

4. 文字分为非拼音文字和拼音文字两大类，下列属于非拼音文字的是(　　)。
   A. 彝文　　　　　　B. 藏文　　　　　C. 傣文　　　　　D. 满文

5. 按字母形式和来源，藏文、傣文为(　　)。
   A. 印度字母变体体系　　　　　　B. 阿拉伯字母体系
   C. 回鹘字母体系　　　　　　　　D. 朝鲜文字母体系

6. 按字母形式和来源，蒙古文、满文、锡伯文为(　　)。
   A. 印度字母变体体系　　　　　　B. 阿拉伯字母体系
   C. 回鹘字母体系　　　　　　　　D. 朝鲜文字母体系

7. 按字母形式和来源，老维文、老哈萨克文为(　　)。
   A. 印度字母变体体系　　　　　　B. 阿拉伯字母体系
   C. 回鹘字母体系　　　　　　　　D. 朝鲜文字母体系

8. 岁时节庆属于(　　)。
   A. 经济民俗　　　　B. 社会民俗　　　C. 信仰民俗　　　D. 游艺民俗

9. 口承文学、民间歌舞属于(　　)。
   A. 经济民俗　　　　B. 社会民俗　　　C. 信仰民俗　　　D. 游艺民俗

10. 饮食、服饰属于(　　)。
    A. 经济民俗　　　　B. 社会民俗　　　C. 信仰民俗　　　D. 游艺民俗

11. 闽赣粤地区的客家人的居住以(　　)代表。
    A. 四合院　　　　　B. 石库门　　　　C. 天井式瓦房　　D. 大围楼

12. 元宵耍灯起源于(　　)。
    A. 汉代　　　　　　B. 南北朝时期　　C. 五代十国时期　D. 南宋时期

13. 既是节气，又是节日的是(　　)。
    A. 春节　　　　　　B. 清明节　　　　C. 中秋节　　　　D. 端午节

14. 在中国传统节日中，被称为"踏青节"的是(　　)。
    A. 春节　　　　　　B. 元宵节　　　　C. 清明节　　　　D. 端午节

15. 踏青又叫春游，古时叫探春，起源于(　　)。

A. 汉代　　　　　B. 唐代　　　　　C. 宋代　　　　　D. 元代

16. 清明节前一天为寒食节，寒食节有称冷节、禁烟节，它的设立据说是为了纪念(　　)。

　　A. 管仲　　　　　B. 鲍叔牙　　　　C. 晋文公　　　　D. 介子推

17. (　　)原是岁暮时张挂的门神，清代成为端午之神。

　　A. 钟馗　　　　　B. 神荼和郁垒　　C. 尉迟恭　　　　D. 秦叔宝

18. 祭月赏月活动始于周代，(　　)始定为中秋节。

　　A. 汉代　　　　　B. 唐代　　　　　C. 北宋　　　　　D. 南宋

19. (　　)年，我国把每年的重阳节定为老人节，成为尊老、爱老、敬老、助老的节日。

　　A. 1989　　　　　B. 1998　　　　　C. 2005　　　　　D. 2008

20. 根据国务院令，从(　　)年1月1日起，除春节外，清明节、端午节、中秋节等传统节日也成为全国性法定节日。

　　A. 1989　　　　　B. 1998　　　　　C. 2005　　　　　D. 2008

21. (　　)是唯一在中国历史上曾两度建立过王朝的少数民族。

　　A. 蒙古族　　　　B. 藏族　　　　　C. 满族　　　　　D. 壮族

22. 满族主要分布在东北三省及河北省，以(　　)最多。

　　A. 黑龙江　　　　B. 吉林　　　　　C. 辽宁　　　　　D. 河北

23. (　　)住房，一般东南开门，其结构形似口袋，三面设炕，俗称"口袋房，曼子炕"。

　　A. 蒙古族　　　　B. 藏族　　　　　C. 满族　　　　　D. 壮族

24. 古代(　　)"旗袍"经过改进，成为我国妇女喜爱的传统服装。

　　A. 蒙古族　　　　B. 藏族　　　　　C. 满族　　　　　D. 壮族

25. 满族最隆重的礼节是(　　)。

　　A. 献哈达　　　　B. 喝三道茶　　　C. 牛角酒　　　　D. 抱腰接面礼

26. (　　)的点心最为人们所称道的是"萨其马"。

　　A. 蒙古族　　　　B. 藏族　　　　　C. 满族　　　　　D. 壮族

27. "满洲"的原意是(　　)之意。

　　A. 吉祥　　　　　B. 光明的东方　　C. 永恒之火　　　D. "团结"、"联合"

28. 朝鲜族(　　)已被列入"人类口头与非物质文化遗产名录"。

　　A. 长鼓舞　　　　B. 农乐舞　　　　C. 象帽舞　　　　D. 顶水舞

29. (　　)爱穿白衣素服，因而有"白衣民族"之称。

　　A. 蒙古族　　　　B. 藏族　　　　　C. 维吾尔族　　　D. 朝鲜族

30. (　　)以大米、小米为主食，以汤、酱、泡菜为副食，每餐必有汤。调味品最爱用辣椒和豆酱，泡菜是佐餐的主要菜肴。

　　A. 蒙古族　　　　B. 藏族　　　　　C. 维吾尔族　　　D. 朝鲜族

31. (　　)别称"马背民族"，以能歌善舞、喜摔跤、射箭、爱赛马著称，风格粗犷豪放。

A. 蒙古族　　　　　B. 藏族　　　　　C. 维吾尔族　　　　　D. 满族

32. （　　）是全民信仰伊斯兰教的民族。

A. 蒙古族　　　　　B. 回族　　　　　C. 维吾尔族　　　　　D. 满族

33. 回族（　　）还被列入了《人类口头与非物质文化遗产名录》。

A. 摔跤　　　　　B. 古尔邦节　　　　　C. 重刀武术　　　　　D. 花儿

34. （　　）对肉食的选择比较严格，只吃反刍类偶蹄食草动物，如牛、羊、驼肉，食谷物类的禽肉及带鳞的鱼类。

A. 蒙古族　　　　　B. 回族　　　　　C. 维吾尔族　　　　　D. 满族

35. （　　）是古代维吾尔族人民创作大型套曲集，有"维吾尔音乐之母"的誉称，长期在民间流传。

A. 达瓦孜　　　　　B. 夏地亚纳　　　　　C. 十二木卡姆　　　　　D. 赛乃姆

36. （　　）的《阿凡提的故事》是广为流传、老幼皆知的民间故事。

A. 蒙古族　　　　　B. 回族　　　　　C. 维吾尔族　　　　　D. 满族

37. （　　）的男女老少都喜爱"尕帕"（四楞小花帽）。

A. 蒙古族　　　　　B. 回族　　　　　C. 维吾尔族　　　　　D. 满族

38. 藏族自称"博巴"，意为（　　）。

A. 永恒之火　　　　　B. 团结、联合　　　　　C. 本地人　　　　　D. 农业人群

39. 《阿诗玛》是（　　）民间著名的叙事长诗。

A. 彝族　　　　　B. 哈尼族　　　　　C. 纳西族　　　　　D. 壮族

40. （　　）有自己的文字，是中国最早的音节文字。

A. 蒙古族　　　　　B. 回族　　　　　C. 维吾尔族　　　　　D. 彝族

41. 祭鼓节是（　　）民间最大的祭祀活动。

A. 纳西族　　　　　B. 白族　　　　　C. 苗族　　　　　D. 傣族

42. （　　）妇女的服饰有便装和盛装之分，盛装有多种多样，仅插在发髻上的头饰就有几十种，以银饰为主，堪称中国民族服饰之最。

A. 彝族　　　　　B. 苗族　　　　　C. 壮族　　　　　D. 藏族

43. "分鸡心"是（　　）的交友礼节。

A. 彝族　　　　　B. 苗族　　　　　C. 壮族　　　　　D. 藏族

44. 芦笙节是（　　）民间传统节日，节日里他们会聚集在广场跳芦笙舞，进行斗牛、赛马、文艺表演、球类表演。

A. 纳西族　　　　　B. 苗族　　　　　C. 壮族　　　　　D. 藏族

45. 《格萨尔王传》是世界上最长的史诗之一，它是（　　）传统文化艺术。

A. 藏族　　　　　B. 蒙古族　　　　　C. 满族　　　　　D. 朝鲜族

46. 创造了被称为"活着的象形文字"的东巴文的民族是（　　）。

A. 藏族　　　　　B. 纳西族　　　　　C. 满族　　　　　D. 朝鲜族

47. （　　）是傣族民间流传最广的男子舞蹈。

A. 打舞柴　　　　　B. 摆手舞　　　　　C. 孔雀舞　　　　　D. 象脚鼓舞

48. （　　）时尚招赘婚。

A. 纳西族　　　　　B. 傣族　　　　　C. 黎族　　　　　D. 白族

E. 水族

49. （　　）建筑是傣族住房的特点。

A. 干栏式　　　　B. 木楞房　　　　C. 吊脚楼　　　　D. 大围楼

50. （　　）的饮食以大米为主食，爱食糯米，习惯现舂现吃。

A. 纳西族　　　　B. 傣族　　　　　C. 黎族　　　　　D. 白族

51. 用昆虫为原料制作各种风味菜肴和小吃，是（　　）食物构成的一个重要部分。

A. 纳西族　　　　B. 傣族　　　　　C. 黎族　　　　　D. 白族

52. 以青苔入菜，是（　　）特有的风味菜肴。

A. 纳西族　　　　B. 傣族　　　　　C. 黎族　　　　　D. 白族

53. （　　）人自称"毕慈卡"，意为本地人。

A. 纳西族　　　　B. 土家族　　　　C. 黎族　　　　　D. 白族

54. （　　）是土家族村寨每年最隆重的集体祭祀。

A. 祭牛王　　　　B. 祭山神　　　　C. 祭土王　　　　D. 祭本主

55. （　　）是最著名的土家舞蹈。

A. 摆手舞　　　　B. 八宝铜铃舞　　C. 茅古斯舞　　　D. 顶碗舞

56. （　　）的傩戏，被称为"中国戏剧的活化石"。

A. 纳西族　　　　B. 傣族　　　　　C. 藏族　　　　　D. 土家族

57. （　　）文化遗存中被列为《国家非物质文化遗产名录》的主要有摆手舞、织锦技艺等。

A. 纳西族　　　　B. 傣族　　　　　C. 藏族　　　　　D. 土家族

58. （　　）把是否善于哭嫁作为衡量女子才德的标准。

A. 纳西族　　　　B. 傣族　　　　　C. 藏族　　　　　D. 土家族

59. （　　）菜肴以酸辣为主要特点，有"辣椒当盐"的嗜好。

A. 纳西族　　　　B. 傣族　　　　　C. 藏族　　　　　D. 土家族

60. "歌圩"是（　　）人民对歌、赛歌的盛大集会，相传与歌仙刘三姐有关。

A. 纳西族　　　　B. 傣族　　　　　C. 壮族　　　　　D. 土家族

61. （　　）早年有婚后"不落夫家"的习俗，一般两三年后才住夫家。

A. 纳西族　　　　B. 傣族　　　　　C. 壮族　　　　　D. 土家族

62. 鼻箫是（　　）独特的乐器。

A. 黎族　　　　　B. 傣族　　　　　C. 壮族　　　　　D. 土家族

63. （　　）儿女成年后就住在屋外的"寮房"里，以便自由恋爱，俗称"放寮"。

A. 黎族　　　　　B. 傣族　　　　　C. 壮族　　　　　D. 土家族

64. （　　）是纳西族的宗教经书，是古代纳西族社会生活的百科全书。

A.《创世纪》　　　B.《东巴经》　　　C.《白沙天乐》　　D.《东巴画谱》

65. 竹筒烧饭是（　　）日常生活中独特的野炊方法。

A. 黎族　　　　　B. 傣族　　　　　C. 壮族　　　　　D. 土家族

66. "三月三"是（　　）最盛大的民间传统节日，也是青年男女自由交往的日子。

A. 黎族   B. 傣族   C. 壮族   D. 土家族

67. ( )有自己的语言，但语系未定。

     A. 满族   B. 蒙古族   C. 朝鲜族   D. 羌族

68. 土家族无文字，通用( )。

     A. 土文   B. 藏文   C. 纳西文   D. 汉文

69. 唐卡是( )传统艺术。

     A. 回族   B. 藏族   C. 彝族   D. 白族

70. 傣族民间歌手称为( )。

     A. 阿訇   B. 阿注   C. 赞哈   D. 山哈

71. 庆祝望果节的少数民族是( )。

     A. 藏族   B. 白族   C. 纳西族   D. 土家族

72. 男女披风称为"擦尔瓦"的民族是( )。

     A. 黎族   B. 傣族   C. 纳西族   D. 彝族

73. 西兰卡普是( )具有代表性的民间织品。

     A. 壮族   B. 苗族   C. 侗族   D. 土家族

74. 在少数民族的传统民居中，船型屋是( )的特色民居。

     A. 土家族   B. 黎族   C. 壮族   D. 朝鲜族

75. 那达慕大会、古尔邦节、歌圩节、望果节依次属于( )的民族传统节日。

     A. 蒙古族、维吾尔族、壮族、藏族   B. 朝鲜族、回族、彝族、黎族

     C. 维吾尔族、纳西族、土家族、藏族   D. 蒙古族、维吾尔族、白族、回族

76. 满族的房屋一般朝( )开门。

     A. 东北   B. 东南   C. 西   D. 南

77. 维吾尔族大门忌朝( )开。

     A. 东北   B. 东南   C. 西   D. 南

78. ( )头顶留一块二三寸头发，称为"子尔"，汉称"天菩萨"。

     A. 黎族   B. 苗族   C. 彝族   D. 朝鲜族

79. ( )青年男女通过"游方""跳月"等社交活动，可以自由对歌、恋爱成婚。

     A. 黎族   B. 苗族   C. 彝族   D. 朝鲜族

80. 藏族主要聚居在西藏自治区，以及( )四省部分地区。

     A. 四川、云南、贵州、甘肃   B. 四川、云南、贵州、青海

     C. 四川、贵州、甘肃、青海   D. 四川、云南、甘肃、青海

81. 相传为( )遗音的大型乐曲《白沙细乐》被誉为最古老的交响乐。

     A. 宋人   B. 元人   C. 明人   D. 清人

82. 纳西族的房屋多系土木瓦结构，普遍采用( )的形式。

     A. 一正二耳   B. 四合五天井   C. 吊脚楼   D. 三坊一照壁

83. ( )最具有特色的服饰是妇女的"七星披肩"。

     A. 白族   B. 纳西族   C. 傣族   D. 土家族

84. 纳西族具有民族特色的节日是( )，每年二月八日和八月羊日，要隆重祭拜，

并举行庙会集市和娱乐活动。

    A. 火把节   B. 三月街   C. 芦笙节   D. 三朵节

85. (　　)姑娘的头饰上，显示着"风花雪月"。

    A. 白族   B. 纳西族   C. 傣族   D. 土家族

86. 一苦、二甜、三回味的"三道茶"是(　　)传统的品茶艺术和待客礼仪。

    A. 白族   B. 纳西族   C. 傣族   D. 土家族

87. (　　)又称"观音街"、"观音市"，是白族人民的传统盛会，已有上千年历史。

    A. 绕三灵   B. 三月街   C. 耍海节   D. 三朵节

88. (　　)主要崇拜"本主"，即村社神。

    A. 白族   B. 纳西族   C. 傣族   D. 土家族

89. (　　)从事农业，是最早栽培水稻和使用犁耕的民族，有比较完整的耕作体系。

    A. 土家族   B. 傣族   C. 黎族   D. 壮族

90. (　　)地区的"普洱茶"中外驰名，橡胶等亚热带经济作物发展较快，水果品种丰富。

    A. 纳西族   B. 傣族   C. 黎族   D. 白族

二、多项选择题（每题有 2 - 4 个正确答案，多选、少选、错选均不得分）

1. 我国人口最多的三个少数民族是(　　)。

    A. 壮族   B. 蒙古族   C. 满族   D. 回族

    E. 藏族

2. 中国民族的分布特点是(　　)。

    A. 东南密、西北疏

    B. 汉族聚居区与少数民族多居住区具有比较明显的界限

    C. 形成了以汉族为主体的大杂居、小聚居、交错居住的格局

    D. 我国少数民族人口所占的比例虽小，但分布地区占全国总面积的 60% 以上

    E. 汉族多聚居在人口稠密的东南部，少数民族多居住在人口稀疏的边疆地区

3. 除(　　)使用汉语外，其余 54 个民族都有各自的语言。

    A. 汉族   B. 回族   C. 满族   D. 蒙古族

    E. 壮族

4. 我国 50 多个少数民族都有各自的语言，除汉藏语系外，还包括(　　)语系。

    A. 高加索语系   B. 阿尔泰   C. 南亚   D. 南岛

    E. 印欧

5. 文字分为非拼音文字和拼音文字两大类，下列属于拼音文字的是(　　)。

    A. 彝文   B. 藏文   C. 傣文   D. 满文

    E. 蒙古文

6. 拼音文字以按字母形式和来源分为斯拉夫字母体系、阿拉伯字母体系和(　　)。

    A. 印度字母变体体系   B. 藏文字母体系

    C. 回鹘字母体系   D. 朝鲜文字母体系

E. 拉丁文字母体系

7. 按民俗的内容，可将其划分为（　　）等几种类型。
   A. 经济民俗　　　　B. 社会民俗　　　　C. 生活民俗　　　　D. 信仰民俗
   E. 游艺民俗

8. 游艺民俗主要包括（　　）。
   A. 口承文学　　　　B. 民间歌舞　　　　C. 民间戏曲　　　　D. 岁时节庆
   E. 游戏竞技

9. 作为一种文化现象，除民族性与地方性外，民俗一般具有（　　）特点。
   A. 集体性与模式性　　　　　　　　B. 传承性与播布性
   C. 稳定性与变异性　　　　　　　　D. 流行性与通用性
   E. 原始性与神秘性

10. 对于汉族，下列说法正确的有（　　）。
    A. 汉族的饮食文化讲究色、香、味、形、器、意的完美结合，在世界上享有盛誉
    B. 夏朝时已形成以"华""夏"单称或"华夏"连称的族体，以与周边各族相区别
    C. 汉族是以先秦华夏为核心，在秦汉时形成的统一的、稳定的民族
    D. 汉族是全世界人口最多的民族
    E. 天命崇拜、祖先崇拜是汉族宗教信仰的传统观念

11. 对于汉族服饰与民居，下列说法正确的有（　　）。
    A. 汉服的服饰在式样上主要有上衣下裳和衣裳相连两种基本的形式
    B. 大襟左衽是汉族服饰始终保留的鲜明特点
    C. 北方以北京的四合院为主要代表
    D. 南方以天井式瓦房居多
    E. 对汉族民居影响最大的是"风水术"定下的范式

12. 对于春节，说法正确的有（　　）。
    A. 春节是中国最隆重的传统节日
    B. 春节始源于奴隶社会的腊祭
    C. 春节活动从腊月二十三过小年开始，经过除夕、春节，直到正月十五元宵节结束
    D. 贴春联、挂年画起源于古代的桃符
    E. 拜年是我国民间的传统习俗，是人们相互走访祝贺新春佳节，表示辞旧迎新的一种形式

13. 春节活动因时因地而异，主要有以下内容：（　　）。
    A. 打太平鼓　　　B. 祭灶　　　　C. 挂年画　　　　D. 耍社火
    E. 祀祖

14. 对于清明节，说法正确的有（　　）。
    A. 清明节又称踏青节
    B. 清明是二十四节气之一

C. 清明节后一天为寒食节，寒食节又称冷节、禁烟节

D. 清明节的习俗活动，主要有扫墓、插柳、踏青、射柳、放风筝、荡秋千等

E. 踏青又叫春游，古时叫探春，起源于唐代

15. 端午节又名( )。

A. 端阳节　　　　B. 天中节　　　　C. 女儿节　　　　D. 粽子节

E. 五月节

16. 关于我国汉族主要传统节日，说法正确的有( )。

A. 正月十五日为每年第一个望月，称为上元节，也称元宵节

B. 清明节节期在农历三月间，即公历4月5日前后

C. 中秋节在每年阳历八月十五举行

D. 中秋节的起源，与古代的秋祀、祭月习俗有关

E. 重阳节的习俗主要有登高，插茱萸，饮雄黄酒等

17. 端午节期间主要活动有( )等。

A. 挂钟馗像　　　B. 挂香袋　　　　C. 饮雄黄酒　　　D. 插茱萸

E. 插菖蒲

18. 满族在中国历史上曾两度建立过的王朝是( )等。

A. 宋朝　　　　　B. 金朝　　　　　C. 元朝　　　　　D. 明朝

E. 清朝

19. 对满族，说法正确的有( )。

A. 女真族是满族的直系祖先

B. 满族主要分布在东北三省及河北省，尤以吉林最多

C. 满族过去长期信奉萨满教

D. 满族最隆重的礼节是抱腰接面礼

E. 满族的点心最为人们所称道的是"萨其马"

20. 朝鲜族带有民族特色的三个家庭节日是( )。

A. 婴儿周岁　　　B. 回甲节　　　　C. 白节　　　　　D. 赶年

E. 回婚节

21. 蒙古族的文化遗产十分丰厚，被入为《国家非物质文化遗产名录》的主要有( )。

A. 马头琴音乐　　B. 蒙古长调　　　C. 祭敖包　　　　D. 那达慕

E. 摔跤

22. 蒙古族( )列入《人类口头与非物质文化遗产名录》。

A. 马头琴音乐　　B. 蒙古长调　　　C. 呼麦　　　　　D. 那达慕

E. 摔跤

23. 对蒙古族，说法正确的有( )。

A. 1206年"蒙古"开始成为民族的族称

B. "蒙古"其意为"团结""联合"

C. 蒙古族别称"马背民族"

D. 蒙古地区的标志性建筑常饰以穹庐顶

E. 那达慕大会是蒙古族最具特色的传统盛会

24. 吃烤全羊时，蒙古族最高的待客礼节是请客人吃（　　）。

    A. 羊头　　　　　　B. 羊耳朵　　　　　　C. 羊心　　　　　　D. 羊腿

    E. 羊尾巴

25. （　　）崇尚白色。

    A. 壮族　　　　　　B. 蒙古族　　　　　　C. 藏族　　　　　　D. 白族

    E. 傣族

26. 回族文化遗产中被列入国家非物质文化遗产名录的有（　　）等。

    A. 马头琴音乐　　B. 清蒸小吃　　　　C. 十二木卡姆　　　D. 重刀武术

    E. 花儿

27. （　　）是维吾尔族最普遍的民间集体舞蹈。

    A. 夏地亚纳　　　　B. 大鼓舞　　　　　C. 赛乃姆　　　　　D. 铁环舞

    E. 顶碗舞

28. （　　）并称中国"三大史诗"。

    A.《格萨尔王传》B.《创世纪》　　　C.《玛纳斯》　　　D.《江格尔》

    E.《东巴经》

29. 藏族入选国家非物质文化遗产名录的包括（　　）。

    A. 锅庄舞　　　　　B. 藏戏　　　　　　C. 唐卡　　　　　　D. 藏医药

    E. 望果节

30. 藏族已列入《人类口头与非物质文化遗产名录》的是（　　）。

    A.《格萨尔王》史诗　　　　　　B. 雪顿节　　　　　C. 藏戏

    D. 锅庄舞　　　E. 唐卡

31. 藏族服饰的基本特征是（　　）。

    A. 长袖　　　　　　B. 宽腰　　　　　　C. 长裙　　　　　　D. 长袍

    E. 长靴

32. （　　）被称为藏族饮食"四宝"。

    A. 酥油　　　　　　B. 茶叶　　　　　　C. 糌粑　　　　　　D. 酸奶

    E. 牛羊肉

33. 藏族的主要节日有（　　）等。

    A. 藏历年　　　　　B. 雪顿节　　　　　C. 花灯节　　　　　D. 敖包祭祀

    E. 望果节

34. 对于彝族，说法正确的有（　　）。

    A. 四川凉山彝族自治州是我国最大的彝族聚居区

    B. 彝族有自己的文字，是中国最早的象形文字

    C. 彝族祭司称"毕摩"

    D. 外出时男女都穿"擦尔瓦"

    E. 火把节是彝族最盛大的传统节日

35. 对于苗族，说法正确的有(　　　)。
    A. 祭山神是苗族民间最大的祭祀活动
    B. 盘歌是苗族青年男女向对方表达心意、显示才能的一种古老的对歌方式
    C. 芦笙舞是流传最广的民间舞蹈，芦笙是最具有代表性的乐器
    D. 苗族青年男女婚恋比较自由，通过"游方"、"跳月"等社交活动，自由对歌，恋爱成婚
    E. 苗族建筑最有特色的是吊脚楼

36. 苗族文化遗产较为丰富，(　　　)被列入《国家非物质文化遗产名录》。
    A. 芦笙舞　　　　B. 苗绣　　　　　C. 银饰技艺　　　D. 蜡染技艺
    E. 吊脚楼营造技艺

37. 纳西族的建筑、雕刻和绘画融合纳西族和(　　　)三民族的传统风格，具有浓郁的地方特色。
    A. 汉族　　　　　B. 白族　　　　　C. 彝族　　　　　D. 傣族
    E. 藏族

38. 下列民族中拥有自己文字的有(　　　)。
    A. 苗族　　　　　B. 满族　　　　　C. 羌族　　　　　D. 纳西族
    E. 维吾尔族

39. 对纳西族，说法正确的有(　　　)。
    A. 著名的《创世纪》是一部歌颂劳动、反映纳西族男女忠贞爱情的长篇史诗
    B. 用东巴文撰写的《东巴经》是纳西族的宗教经书，是古代纳西族社会生活百科全书
    C. 丽江古城从选址到建筑风格均融会了汉、藏、白等多民族的建筑艺术风格并有所创新
    D. 摩梭人是纳西族的一支，至今仍保留着"阿夏"、"阿注"走婚制和母系家庭的形式
    E. 纳西族最具有特色的服饰是妇女的"凤凰装"

40. (　　　)是白族民间最普遍的舞蹈。
    A. 霸王鞭　　　　B. 竹竿舞　　　　C. 打柴舞　　　　D. 摆手舞
    E. 八角鼓舞

41. 白族的(　　　)被列入国家非物质文化遗产名录。
    A. 霸王鞭　　　　B. 扎染技艺　　　C. 八角鼓舞　　　D. 绕三灵
    E. 砂锅弓鱼

42. 白族平坝住房多为瓦房，布局一般多为(　　　)。
    A. 一正二耳　　　B. 三坊一照壁　　C. 九街十八巷　　D. 船型
    E. 四合五天井

43. 白族的传统节日主要有(　　　)等。
    A. 火把节　　　　B. 耍海节　　　　C. 三朵节　　　　D. 绕三灵
    E. 三月街

44. 下列对白族的说法，正确的有(　　)。
　　A. 三月街又称"观音街""观音市"，是白族人民的传统盛会，已有上千年历史
　　B. 霸王鞭、八角鼓舞是白族民间最普遍的舞蹈
　　C. 白族的摆手舞和织锦技艺被列入《国家非物质文化遗产名录》
　　D. 白族姑娘的头饰上，显示着"风花雪月"
　　E. 一苦、二甜、三回味的"三道茶"是白族传统的品茶艺术和待客礼仪

45. 傣族与(　　)等有密切的关系，同源于古代的"百越"，他们以"断发文身"为共同习俗。
　　A. 壮族　　　　　　B. 白族　　　　　　C. 布依族　　　　　　D. 纳西族
　　E. 水族

46. 《国家非物质文化遗产名录》收入的傣族文化遗产主要有(　　)等。
　　A. 孔雀舞　　　　B. 象脚鼓舞　　　　C. 泼水节　　　　D. 霸王鞭
　　E. 八角鼓舞

47. 傣族的传统节日主要有(　　)等。
　　A. 泼水节　　　　B. 关门节　　　　　C. 开门节　　　　D. 耍海节
　　E. 绕三灵

48. 对傣族，说法正确的有(　　)。
　　A. 傣族从事农业，是最早栽培水稻和使用犁耕的民族，有比较完整的耕作体系
　　B. 象脚鼓舞是傣族民间流传最广的男子舞蹈
　　C. 国家非物质文化遗产名录收入的傣族文化遗产主要有孔雀舞、泼水节等
　　D. 吊脚楼建筑是傣族住房的特点
　　E. 傣族的传统节日主要有泼水节、关门节和开门节等

49. 土家族文化遗存中被列入《国家非物质文化遗产名录》的主要有(　　)等。
　　A. 摆手舞　　　　B. 织锦技艺　　　　C. 傩戏　　　　　D. 八宝铜铃舞
　　E. 土家织锦

50. 下列民族的房屋是吊脚楼的有(　　)。
　　A. 苗族　　　　　B. 土家族　　　　　C. 傣族　　　　　D. 黎族
　　E. 藏族

51. 对土家族，说法正确的有(　　)。
　　A. "祭牛王"是土家族村寨每年最隆重的集体祭祀
　　B. "摆手舞"是最著名的土家舞蹈
　　C. 土家族的傩戏，被称为"中国戏剧的活化石"
　　D. 摆手舞、织锦技艺等被列入《国家非物质文化遗产名录》
　　E. 菜肴以酸辣为主要特点，有"辣椒当盐"的嗜好

52. 我国的四大名锦是(　　)。
　　A. 云锦　　　　　B. 蜀锦　　　　　　C. 宋锦　　　　　D. 黎锦
　　E. 壮锦

53. 壮族的文化遗产中被列入《国家非物质文化遗产名录》的主要有(　　)等。

A. 壮族织锦技艺　B. 壮族的傩戏　　　C. 壮族歌圩　　　　D. 铜鼓习俗

E. 刘三姐歌谣

54. 黎族文化遗产中被列入《国家非物质文化遗产名录》的主要有(　　)等。

A. 打柴舞　　　　B. 纺染织绣技艺　C. "三月三"节日 D. 黎锦

E. 竹竿舞

55. 对黎族，说法正确的有(　　)。

A. "竹竿舞""打柴舞"场面欢快热烈

B. 鼻箫是黎族独特的乐器

C. 打柴舞、纺染织绣技艺以及"三月三"节日等列入《国家非物质文化遗产名录》

D. 黎族儿女成年后就住在屋外的"寮房"里，以便自由恋爱，俗称"放寮"

E. "歌圩节"是黎族最盛大的民间传统节日，也是青年男女自由交往的日子

56. 下列少数民族的语言属汉藏语系的是(　　)。

A. 壮族　　　　　B. 土家族　　　　C. 藏族　　　　　D. 羌族

E. 维吾尔族

57. 下列少数民族的语言属阿尔泰语系的是(　　)。

A. 满族　　　　　B. 蒙古族　　　　C. 藏族　　　　　D. 苗族

E. 维吾尔族

58. 下列不属于藏族节日的有(　　)。

A. 赶歌节　　　　B．花灯节　　　　C. 雪顿节　　　　D. 吃新节

E. 望果节

59. 回族每年的三大节日是(　　)。

A. 开斋节　　　　B. 古尔邦节　　　C. 圣纪节　　　　D. 春节

E. 望果节

60. 我国下列民族中，有居住干栏式住房的民族是(　　)。

A. 彝族　　　　　B. 白族　　　　　C. 傣族　　　　　D. 壮族

E. 黎族

61. 苗族青年男女是通过(　　)社交活动来自由恋爱成婚的。

A. 歌圩　　　　　B. 放寮　　　　　C. 游方　　　　　D. 跳月

E. 庙会

62. 不属于苗族节日的有(　　)。

A. 龙船节　　　　B. 三月三　　　　C. 赶秋坡　　　　D. 四月八

E. 六月六

63. 下列不属于白族的传统节日主要有(　　)。

A. 火把节　　　　B. 赶歌节　　　　C. 三朵节　　　　D. 花灯节

E. 三月街

64. 黎族的禁忌主要有(　　)。

A. 敬神之物，忌乱翻动　　　　　B. 睡觉忌脚朝门外

C. 禁食猪、牛等动物肉　　　　　D. 忌讳影子被别人踩踏

E. 妇女文身忌男人参与或偷看

65. 白族的主要禁忌有（　　　）。

    A. 白族热情好客，但倒茶忌满杯，倒酒忌半杯，所谓"酒满敬人，茶满欺人"

    B. 白族人家的火塘是个神圣的地方，忌讳向火塘内吐口水，禁止从火塘上跨过

    C. 白族人家的门槛也忌讳坐人

    D. 不能坐在火塘上方或跨过火塘

    E. 不能进入主人内室，忌头朝向主人家内室睡觉；

第三章　中国民族民俗参考答案

一、单项选择题

1-5. DBBAA　6-10. CBBDA　11-15. DABCB　16-20. DACAD　21-25. CCCCD

26-30. CABDD　31-35. ABDBC　36-40. CCDAD　41-45. CBBBA　46-50. BDBAB

51-55. BBBCA　56-60. DDDDC　61-65. CAABA　66-70. ACDBC　71-75. ADDBA

76-80. BCCBD　81-85. BDBDA　86-90. ABABB

二、多项选择题

1. ACD　2. ACDE　3. AB　4. BCDE　5. BCDE　6. ACDE　7. ABDE　8. ABCE　9. ABCE

10. ACDE　11. ACDE　12. ACDE　13. BCE　14. ABDE　15. ABCE　16. ABD

17. ABCE　18. BE　19. ACDE　20. ABE　21. ACDE　22. BC　23. ACDE　24. AE

25. BD　26. DE　27. AC　28. ACD　29. ABCD　30. AC　31. ABCE　32. ABCE

33. ABCE　34. ACDE　35. BCDE　36. ABDE　37. AE　38. ABDE　39. ABCD

40. AE　41. BD　42. ABE　43. ABDE　44. ABDE　45. ACE　46. AC　47. ABC

48. ABCE　49. AB　50. ABC　51. BCDE　52. ABCE　53. ACDE　54. ABC　55. ABCD

56. ABC　57. ABE　58. AD　59. ABC　60. CD　61. CD　62. BE　63. ABCD　64. ABDE

65. ABC

第四章　中国旅游景观

一、单项选择题（每题有一个正确答案）

1. （　　　）易发生球状风化，形成巨大的"石蛋"造型或浑圆多姿的巨石兀立形态。

    A. 红色沙砾岩　　　　B. 碳酸岩　　　　C. 花岗岩　　　　D. 石英砂岩

2. 丹霞地貌以（　　　）丹霞山最为典型，因此得名。

    A. 山东　　　　B. 广东　　　　C. 广西　　　　D. 云南

3. 陕西华山属于（　　　）。

    A. 丹霞地貌　　　　B. 花岗岩地貌　　　　C. 流纹岩地貌　　　　D. 石英砂岩峰林地貌

4. （　　　）是世界上喀斯特地貌分布最广泛、发育最充分、类型最齐全的国家。

A. 中国　　　　　　B. 美国　　　　　　C. 俄罗斯　　　　　D. 加拿大

5. (　　)是世界上最典型的石英砂岩峰林峡谷地貌，景区内有形态各异的数千座岩峰。

A. 山东泰山　　　B. 安徽黄山　　　C. 九华山　　　　D. 湖南张家界

6. 台湾野柳、海南东寨港红树林属于(　　)景观。

A. 丹霞地貌　　　B. 海岸地貌　　　C. 流纹岩地貌　　D. 石英砂岩峰林地貌

7. 新疆乌尔禾属于(　　)景观。

A. 丹霞地貌　　　B. 荒漠地貌　　　C. 流纹岩地貌　　D. 石英砂岩峰林地貌

8. (　　)享有"五岳独尊""五岳之首"的盛誉。

A. 衡山　　　　　B. 恒山　　　　　C. 泰山　　　　　D. 华山

9. (　　)留下了琳琅满目的碑碣、摩崖、楹联石刻，摩崖石刻居各名山之最。

A. 衡山　　　　　B. 恒山　　　　　C. 泰山　　　　　D. 华山

10. 五岳中最高的是(　　)。

A. 泰山　　　　　B. 华山　　　　　C. 恒山　　　　　D. 嵩山

11. (　　)以险峻著称，自古以来就有"奇险天下第一山"等说法。

A. 泰山　　　　　B. 华山　　　　　C. 恒山　　　　　D. 嵩山

12. 南岳衡山四绝不包括的是(　　)。

A. 祝融峰之高　　　　　　　　　B. 藏经殿之秀

C. 方广寺之深　　　　　　　　　D. 祝圣寺之古

13. (　　)历史上是读书人聚集讲学之地，先后在此出现了郏侯书院、文定书院、集贤书院等10余所书院。

A. 泰山　　　　　B. 华山　　　　　C. 衡山　　　　　D. 嵩山

14. (　　)具有扼关带水、地险山雄的特殊地理环境，成为历代兵家必争之地。

A. 恒山　　　　　B. 华山　　　　　C. 衡山　　　　　D. 嵩山

15. 悬空寺为(　　)景观之最，距地面高约50米。

A. 恒山　　　　　B. 华山　　　　　C. 衡山　　　　　D. 嵩山

16. 明代大旅行家徐霞客称(　　)为"天下巨观"。

A. 东岳庙　　　　B. 方广寺　　　　C. 少林寺　　　　D. 悬空寺

17. (　　)岩石演变完整，岩浆岩、沉积岩、变质岩的出露，构成了中国最古老的岩系——"登封朵岩"。

A. 恒山　　　　　B. 华山　　　　　C. 衡山　　　　　D. 嵩山

18. 被后人传颂为"五岳归来不看山，黄山归来不看岳"，源自(　　)对黄山的赞誉。

A. 徐霞客　　　　B. 沈括　　　　　C. 苏东坡　　　　D. 李白

19. 武夷山属典型的(　　)。

A. 丹霞地貌　　　B. 海岸地貌　　　C. 流纹岩地貌　　D. 石英砂岩峰林

20. (　　)素有"碧水丹山""奇秀甲东南"之美誉。

A. 恒山　　　　　B. 武当山　　　　C. 衡山　　　　　D. 武夷山

21. 曲折索回的九曲溪贯穿于丹崖群峰之间，如玉带串珍珠，人称"三三秀水清如玉，六六奇峰翠插天"，构成了奇幻百出的(   )水之胜。

    A. 恒山   B. 武当山   C. 衡山   D. 武夷山

22. (   )西部是全球生物多样性保护的关键地区，分布着世界同纬度带现存最完整、最典型、面积最大的中亚热带原生性森林生态系统。

    A. 恒山   B. 武当山   C. 衡山   D. 武夷山

23. (   )为花岗岩山体，不同成因的花岗岩微地貌密集分布，形成了世界上已知花岗岩地貌中分布最密集、形态最多样的峰林。

    A. 庐山   B. 三清山   C. 武陵源   D. 华山

24. (   )中，按八卦布局的三清宫古建筑群，被誉为"中国古代道教建筑的露天博物馆"。

    A. 庐山   B. 三清山   C. 武陵源   D. 华山

25. 武陵源独特的(   )峰林在国内外均属罕见，素有"奇峰三千，秀水八百"之称。

    A. 石英砂岩   B. 花岗岩   C. 流纹岩   D. 碳酸岩

26. (   )水景规模之巨，景型之多，数量之众，形态之美，布局之精和环境之佳等指标经综合鉴定，位居中国风景名胜区水景之冠。

    A. 漓江   B. 黄龙   C. 九寨沟   D. 桂林山水

27. (   )是黄龙景观的最大特色。

    A. 钙华湖群   B. 钙华瀑群   C. 钙华滩流   D. 地表钙华

28. (   )钙华景观类型齐全，是一座名副其实的天然钙华博物馆。

    A. 九寨沟   B. 黄龙   C. 武陵源   D. 武夷山

29. (   )有着"圣地仙境，人间瑶池"的美誉，是中国唯一保护完好的高原湿地。

    A. 九寨沟   B. 黄龙   C. 武陵源   D. 武夷山

30. 唐朝诗人韩愈的"江作青罗带，山如碧玉簪"的诗句，是(   )的最佳写照。

    A. 杭州西湖   B. 武陵山   C. 太湖山水   D. 桂林山水

31. (   )是世界上最大的独立纬向山系，同时也是世界上距离海洋最远的山系和全球干旱地区最大的山系。

    A. 祁连山   B. 天山   C. 阴山   D. 昆仑山

32. (   )被誉为"天然火山博物馆"和"打开的火山教科书"。

    A. 长白山   B. 雁荡山   C. 五大连池   D. 天山

33. (   )有"关东第一山"之誉。

    A. 长白山   B. 大兴安岭   C. 小兴安岭   D. 天山

34. (   )被誉为"海上名山，寰中绝胜"，史称"东南第一山"。

    A. 莫干山   B. 阿里山   C. 普陀山   D. 雁荡山

35. (   )是一本孕育了20多亿年的"天然地质天书"，也是大理石和大理冰期的命名地。

    A. 苍山   B. 阿里山   C. 普陀山   D. 雁荡山

36. (   )是野柳最具代表性的地形景观，"女王头"已成为野柳地质公园的象征。

    A. 蜂窝石   B. 蕈状石   C. 烛状石   D. 豆腐石

37. 我国大陆海岸线北起鸭绿江，南至(　　　)。
     A. 钱塘江口　　　　B. 珠江入海口　　　　C. 深圳河口　　　　D. 北仑河口

38. 我国大陆海岸线全长(　　　)公里。
     A. 14000　　　　B. 18000　　　　C. 17000　　　　D. 32000

39. (　　　)是一处以山、海、礁、岛自然景观为主的风景名胜区，是著名的海滨疗养、旅游和避暑胜地。
     A. 北戴河海滨　　　　　　　　B. 大连—旅顺口海滨
     C. 青岛海滨　　　　　　　　　D. 海南三亚海滨

40. (　　　)以滩缓、沙细、浪小、潮平著称，是著名的海滨避暑胜地。
     A. 北戴河海滨　　　　　　　　B. 大连—旅顺口海滨
     C. 青岛海滨　　　　　　　　　D. 海南三亚海滨

41. (　　　)城市依山就势，"青山、碧海、绿树、红瓦"，鳞次栉比的优美建筑成为独占鳌头的风光特色。
     A. 大连　　　　B. 青岛　　　　C. 厦门　　　　D. 三亚

42. (　　　)是第29届奥运会帆船比赛的举办地。
     A. 大连　　　　B. 青岛　　　　C. 厦门　　　　D. 三亚

43. (　　　)是中国第一个以群岛建制的地级市。
     A. 大连　　　　B. 青岛　　　　C. 舟山　　　　D. 三亚

44. (　　　)是国务院批准的中国首个以海洋经济为主题的国家战略层面新区。
     A. 上海浦东新区　　B. 南海　　　　C. 天津滨海新区　　D. 舟山群岛

45. (　　　)是中国第一大群岛。
     A. 舟山群岛　　　　B. 东沙群岛　　　　C. 南沙群岛　　　　D. 西沙群岛

46. (　　　)是一座风姿绰约的"海上花园"，"城在海上，海在城中"。
     A. 厦门　　　　B. 青岛　　　　C. 舟山　　　　D. 三亚

47. (　　　)栖息着成千上万的白鹭，其地形像一只白鹭，而被称为"鹭岛"。
     A. 厦门　　　　B. 青岛　　　　C. 舟山　　　　D. 三亚

48. (　　　)景观具有多样性，有沙滩、贝壳、崩崖、沙爆、钟乳石洞，有热带雨林稀有植物、种类繁多的昆虫蝴蝶，是长达半年的候鸟迁徙落脚地。
     A. 厦门　　　　B. 青岛　　　　C. 舟山　　　　D. 垦丁

49. 长江是我国最大最长的河流，发源于(　　　)境内的各拉丹冬雪山。
     A. 青海　　　　B. 西藏　　　　C. 四川　　　　D. 云南

50. 长江流经我国(　　　)个省、市、自治区。
     A. 9　　　　B. 10　　　　C. 11　　　　D. 12

51. 长江最后注入(　　　)。
     A. 渤海　　　　B. 黄海　　　　C. 东海　　　　D. 南海

52. 位于长江第一弯的(　　　)具有"狂涛卷地，飞瀑撼天"的雄伟气势。
     A. 瞿塘峡　　　　B. 巫峡　　　　C. 虎跳峡　　　　D. 西陵峡

53. 世界最大的水利枢纽工程三峡工程就位于(　　　)中段。

A. 瞿塘峡　　　　　　B. 巫峡　　　　　　　C. 虎跳峡　　　　　　D. 西陵峡

54. 壶口瀑布位于(　　)大峡谷下段，有"黄河之水天上来"之势。

A. 晋陕　　　　　　　B. 晋豫　　　　　　　C. 青陇　　　　　　　D. 豫鲁

55. 黄河入海口位于(　　)。

A. 渤海　　　　　　　B. 黄海　　　　　　　C. 东海　　　　　　　D. 南海

56. 京杭大运河是世界上里程最长、工程最大、最古老的运河，全长约(　　)公里。

A. 1794　　　　　　B. 1479　　　　　　C. 1497　　　　　　D. 1947

57. 隋朝大运河以(　　)为中心，北达涿郡（今北京南），南至余杭。

A. 洛阳　　　　　　　B. 安阳　　　　　　　C. 南阳　　　　　　　D. 开封

58. (　　)年径流量3300多亿立方米，居全国江河水系的第二位，仅次于长江。

A. 金沙江　　　　　　B. 海河　　　　　　　C. 钱塘江　　　　　　D. 珠江

59. 著名的黄果树瀑布、桂林山水都在(　　)流域。

A. 钱塘江　　　　　　B. 金沙江　　　　　　C. 珠江　　　　　　　D. 大渡河

60. 太湖、西湖从成因来看，属于(　　)。

A. 构造湖　　　　　　B. 堰塞湖　　　　　　C. 海迹湖　　　　　　D. 潟湖

61. 滇池、洱海、日月潭从成因来看，属于(　　)。

A. 构造湖　　　　　　B. 堰塞湖　　　　　　C. 海迹湖　　　　　　D. 河迹湖

62. (　　)平均水深204米，最深处达373米，为我国第一深水湖泊。

A. 滇池　　　　　　　B. 长白山天池　　　　C. 五大连池　　　　　D. 新疆喀纳斯湖

63. 五大连池、镜泊湖，从成因来看，属于(　　)。

A. 构造湖　　　　　　B. 堰塞湖　　　　　　C. 海迹湖　　　　　　D. 河迹湖

64. 贵州省威宁县的草海，从成因来看，属于(　　)。

A. 构造湖　　　　　　B. 堰塞湖　　　　　　C. 岩溶湖　　　　　　D. 河迹湖

65. 新疆喀纳斯湖，从成因来看，属于(　　)。

A. 构造湖　　　　　　B. 堰塞湖　　　　　　C. 岩溶湖　　　　　　D. 冰川湖

66. 敦煌的月牙泉，从成因来看，属于(　　)。

A. 构造湖　　　　　　B. 风成湖　　　　　　C. 岩溶湖　　　　　　D. 冰川湖

67. 鄱阳湖、洞庭湖，从成因来看，属于(　　)。

A. 河成湖　　　　　　B. 风成湖　　　　　　C. 岩溶湖　　　　　　D. 冰川湖

68. 杭州西湖、云南滇池、长白山天池和黑龙江五大连池分别是(　　)。

A. 潟湖、构造湖、火山口湖、火山堰塞湖

B. 风成湖、冰川湖、河成湖、渴湖

C. 火山堰塞湖、构造湖、火山口湖、风成湖

D. 潟湖、火山口湖、构造湖、火山堰塞湖

69. (　　)是我国第一大内陆湖泊，也是我国最大的咸水湖。

A. 青海湖　　　　　　B. 洞庭湖　　　　　　C. 镜泊湖　　　　　　D. 鄱阳湖

70. (　　)是我国最大的淡水湖。

A. 洞庭湖　　　　　　B. 洪泽湖　　　　　　C. 鄱阳湖　　　　　　D. 太湖

71. （　　）中有大量长江流域的珍贵鱼类，每年还有许多珍贵的鸟类栖息在这里，被称为"白鹤世界"、"珍禽王国"。
    A. 洞庭湖　　　　B. 洪泽湖　　　　C. 鄱阳湖　　　　D. 太湖

72. （　　）是现今《世界遗产名录》中少数几个和中国唯一一个湖泊类文化遗产。
    A. 洞庭湖　　　　B. 杭州西湖　　　C. 鄱阳湖　　　　D. 太湖

73. （　　）有"高原明珠"的美称，尤其是以摩梭人独特的文化和民族风俗而具有独特、丰富的内涵。
    A. 洞庭湖　　　　B. 洪泽湖　　　　C. 鄱阳湖　　　　D. 泸沽湖

74. （　　）是中国最大的火山堰塞湖。
    A. 镜泊湖　　　　B. 五大连池　　　C. 长白山天池　　D. 草海

75. 吊水楼瀑布是（　　）一道亮丽的风景。
    A. 洞庭湖　　　　B. 洪泽湖　　　　C. 鄱阳湖　　　　D. 镜泊湖

76. （　　）随季节和天气的变化而时时变换颜色，是有名的"变色湖"。
    A. 洞庭湖　　　　B. 喀纳斯湖　　　C. 鄱阳湖　　　　D. 镜泊湖

77. （　　）被称为"天湖"，为世界上海拔最高的大型湖泊，也是中国第二大咸水湖。
    A. 纳木错　　　　B. 喀纳斯湖　　　C. 长白山天池　　D. 镜泊湖

78. （　　）是我国最大的火山口湖和中国最深的湖泊。
    A. 纳木错　　　　B. 喀纳斯湖　　　C. 长白山天池　　D. 镜泊湖

79. （　　）形成"青山拥碧水，明潭抱绿珠"的美丽景观。
    A. 杭州西湖　　　B. 喀纳斯湖　　　C. 日月潭　　　　D. 镜泊湖

80. 清人曾作霖说（　　）是"山中有水水中山，山自凌空水自闲"。
    A. 杭州西湖　　　B. 喀纳斯湖　　　C. 日月潭　　　　D. 镜泊湖

81. 黄果树瀑布位于（　　）省。
    A. 黑龙江　　　　B. 山西　　　　　C. 陕西　　　　　D. 贵州

82. （　　）享有"中华第一瀑"之盛誉。
    A. 诺日朗瀑布　　B. 黄果树瀑布　　C. 壶口瀑布　　　D. 吊水楼瀑布

83. （　　）是我国水流量最大的瀑布。
    A. 诺日朗瀑布　　B. 黄果树瀑布　　C. 壶口瀑布　　　D. 吊水楼瀑布

84. （　　）是我国最宽的瀑布。
    A. 诺日朗瀑布　　B. 黄果树瀑布　　C. 壶口瀑布　　　D. 吊水楼瀑布

85. （　　）多级下跌，崖顶与崖壁上长满繁茂青翠的树木，水流从林木中穿流下泻，形成罕见的"森林瀑布"奇观。
    A. 诺日朗瀑布　　B. 黄果树瀑布　　C. 壶口瀑布　　　D. 吊水楼瀑布

86. （　　）是中国落差最大的瀑布。
    A. 诺日朗瀑布　　B. 蛟龙瀑布　　　C. 壶口瀑布　　　D. 吊水楼瀑布

87. （　　）为亚洲第一大跨国瀑布。
    A. 德天瀑布　　　B. 蛟龙瀑布　　　C. 壶口瀑布　　　D. 吊水楼瀑布

88. 习惯上，人们把泉口水温超过（　　　　）或显著高于当地年平均气温的地下水天然露头称为温泉。

    A. 18℃   B. 20℃   C. 22℃   D. 25℃

89. 被誉为温泉城的城市是(   )。

    A. 广东从化   B. 福州   C. 泉州   D. 济南

90. (   )有七十二泉,"家家泉水,户户垂杨",有"泉城"之誉。

    A. 从化   B. 杭州   C. 福州   D. 济南

91. 我国雾凇出现最多的是(   )市。

    A. 吉林   B. 沈阳   C. 哈尔滨   D. 大连

92. 我国(   )雨凇最多。

    A. 庐山   B. 黄山   C. 峨眉山   D. 恒山

93. (   )雨凇被称为"玻璃世界"。

    A. 庐山   B. 黄山   C. 峨眉山   D. 恒山

94. (   )素有"冰城"之称,每年冰雪节都举行大型冰雕、冰灯、雪雕的展出活动。

    A. 吉林   B. 沈阳   C. 哈尔滨   D. 大连

95. (   )佛光出现次数最多,最精彩。

    A. 庐山   B. 黄山   C. 五台山   D. 峨眉山

96. (   )蜃景出现次数最多。

    A. 山东蓬莱   B. 山东烟台   C. 山东青岛   D. 山东济南

97. (   )以"熊猫之乡"享誉中外。

    A. 卧龙自然保护区   B. 白水河自然保护区

    C. 马边大风顶自然保护区   D. 唐家河自然保护区

98. (   )是世界上最大的丹顶鹤繁殖地。

    A. 青海湖   B. 黑龙江扎龙   C. 鄱阳湖   D. 泸沽湖

99. (   )有世界最大的展示极地海洋动物及极地体验的场馆——极地馆。

    A. 大连老虎滩极地海洋馆   B. 青岛极地海洋世界

    C. 香港海洋公园   D. 上海海底世界

100. (   )是目前国内最大、拥有极地海洋动物品种最全、数量最多的场馆。

    A. 大连老虎滩极地海洋馆   B. 青岛极地海洋世界

    C. 香港海洋公园   D. 上海海底世界

101. (   )拥有全东南亚最大的海洋水族馆及主题游乐园。

    A. 大连老虎滩极地海洋馆   B. 青岛极地海洋世界

    C. 香港海洋公园   D. 上海海底世界

102. (   )是亚洲最大的海洋水族馆之一,拥有155米的海底观光隧道,堪称世界之最。

    A. 大连老虎滩极地海洋馆   B. 青岛极地海洋世界

    C. 香港海洋公园   D. 上海海底世界

103. 上海海底世界的(   )数量为中国水族馆之最。

    A. 水母   B. 沙虎鲨   C. 草海龙   D. 斑海豹

104. 我国于( )加入联合国《保护世界文化和自然遗产公约》的缔约国行列。

    A. 1972 年   B. 1985 年   C. 1990 年   D. 1997 年

105. 联合国教科文组织于( )年在巴黎举行了第十七届会议,会上通过了《保护世界文化和自然遗产公约》。

    A. 1970   B. 1972   C. 1974   D. 1976

106. 截至 2015 年 7 月,全世界共有( )个项目被联合国教科文组织列入了《世界遗产名录》。

    A. 1031   B. 1013   C. 3011   D. 3031

107. 到 2015 年 8 月,我国已申报成功的世界遗产有( )处。

    A. 45   B. 48   C. 54   D. 84

108. 截至 2015 年 8 月,我国已申报成功文化景观( )处。

    A. 2   B. 3   C. 4   D. 5

109. 截至 2015 年 8 月,我国已申报成功自然与文化遗产( )处。

    A. 3   B. 4   C. 5   D. 6

110. 截至 2015 年 8 月,我国已申报成功自然遗产( )处。

    A. 5   B. 10   C. 15   D. 20

111. 截至 2015 年 8 月,我国已申报成功文化遗产( )处。

    A. 10   B. 20   C. 30   D. 40

112. 截至 2015 年 8 月,我国已申报成功的世界遗产数量居世界第( )位。

    A. 一   B. 二   C. 三   D. 四

113. ( )是世界上拥有遗产项目数最多的城市。

    A. 北京   B. 悉尼   C. 莫斯科   D. 巴黎

114. 北京拥有世界遗产项目的数量是( )项。

    A. 5   B. 6   C. 7   D. 8

115. ( )是中国至今唯一承办过世界遗产委员会的城市。

    A. 北京   B. 苏州   C. 西安   D. 苏州

116. 截至 2015 年 6 月,国务院已审批的历史文化名城共有( )座。

    A. 105   B. 115   C. 125   D. 135

117. 我国首批国家历史文化名城有( )个。

    A. 14   B. 24   C. 41   D. 42

118. 我国首批国家级旅游度假区有( )个。

    A. 7   B. 10   C. 17   D. 24

119. 截至 2015 年,中国已有( )处地质公园进入联合国教科文组织世界地质公园网络名录。

    A. 17   B. 24   C. 33   D. 48

120. 在 2004 年,中国承办过第( )届世界遗产委员会。

    A. 17   B. 24   C. 28   D. 33

二、多项选择题（每题有2-4个正确答案，多选、少选、错选均不得分）

1. 下列属于我国著名的花岗岩地貌景观的是（　　　）。
   A. 山东泰山　　　　　B. 安徽齐云山　　　　C. 九华山　　　　　D. 江西三清山
   E. 浙江普陀山

2. 下列属于我国著名的丹霞地貌景观的是（　　　）。
   A. 福建武夷山　　　　B. 江西龙虎山　　　　C. 安徽黄山　　　　D. 浙江江郎山
   E. 湖南崀山

3. 下列属于喀斯特景观的有（　　　）。
   A. 峡谷　　　　　　　B. 天生桥　　　　　　C. 方山　　　　　　D. 峰丛
   E. 天坑

4. 我国喀斯特地貌分布以（　　　）最为集中。
   A. 广东　　　　　　　B. 山西　　　　　　　C. 广西　　　　　　D. 云贵高原
   E. 四川

5. 下列属于我国喀斯特地貌代表性景观的是（　　　）。
   A. 广西桂林山水　　　　　　　　　B. 云南石林
   C. 贵州织金洞　　　　　　　　　　D. 重庆金佛山
   E. 杭州西湖宝石山

6. 下列属于我国著名的流纹岩地貌景观有（　　　）。
   A. 浙江雁荡山　　　　B. 神仙居　　　　　　C. 仙都峰　　　　　D. 四川九寨沟
   E. 黄龙

7. 海岸地貌主要是指海岸地带受（　　　）等作用而形成的地貌。
   A. 波浪　　　　　　　B. 潮汐　　　　　　　C. 海流　　　　　　D. 内外营力
   E. 生物

8. 冰川侵蚀地貌景观一般分布在雪线以上位置，包括（　　　）。
   A. 冰斗　　　　　　　B. 角峰　　　　　　　C. 冰瀑　　　　　　D. 羊背石
   E. 冰塔林

9. 泰山同（　　　）合称五岳。
   A. 衡山　　　　　　　B. 恒山　　　　　　　C. 黄山　　　　　　D. 华山
   E. 嵩山

10. （　　　）并称我国四大古建筑群。
    A. 北京故宫　　　　　B. 布达拉宫　　　　　C. 岱庙　　　　　　D. 承德避暑山庄
    E. 山东曲阜三孔

11. （　　　）并称中国古代三大宫殿式建筑。
    A. 泰山天贶殿　　　　　　　　　　B. 北京故宫太和殿
    C. 曲阜孔庙大成殿　　　　　　　　D. 三清山三清殿
    E. 承德避暑山庄澹泊敬诚殿

12. 悬空寺建筑特色可以概括为(　　)三个字。
    A. 奇　　　　　　B. 险　　　　　　C. 悬　　　　　　D. 巧
    E. 高

13. 黄山以(　　)四绝著称于世。
    A. 奇松　　　　　B. 怪石　　　　　C. 云海　　　　　D. 日出
    E. 温泉

14. 奇峰和(　　)被称为武陵源"五绝"。
    A. 幽谷　　　　　B. 温泉　　　　　C. 秀水　　　　　D. 深林
    E. 溶洞

15. 翠海、叠瀑和(　　)被称为"九寨沟六绝"。
    A. 彩林　　　　　B. 雪峰　　　　　C. 峡谷　　　　　D. 藏情
    E. 蓝冰

16. 黄龙以(　　)四绝著称于世。
    A. 峡谷　　　　　B. 彩池　　　　　C. 雪山　　　　　D. 蓝冰
    E. 森林

17. 对五大连池,说法正确的有(　　)。
    A. 位于黑龙江省五大连池市境内
    B. 拥有世界上保存最完整、分布最集中、品类最齐全、状貌最典型的新老时期火山地质地貌
    C. 有24座新老时期火山,喷发年代跨越200多万年
    D. 被誉为"天然火山博物馆"和"打开的火山教科书"
    E. 是一处著名的火山景观和以矿泉为特色的疗养胜地

18. (　　)三个景区被称为"雁荡三绝"。
    A. 灵峰　　　　　B. 凝翠碧潭　　　C. 灵岩　　　　　D. 大龙湫
    E. 雄嶂胜门

19. 高山铁路和(　　)号称阿里山五奇。
    A. 樱花　　　　　B. 晚霞　　　　　C. 日出　　　　　D. 云海
    E. 森林

20. (　　)被称为最具吸引力的旅游资源。
    A. 蓝天　　　　　B. 阳光　　　　　C. 沙滩　　　　　D. 海水
    E. 森林

21. 黄河、长江都流经(　　)。
    A. 甘肃　　　　　B. 四川　　　　　C. 陕西　　　　　D. 青海
    E. 西藏

22. 属于长江三峡景区内的景点是(　　)。
    A. 白帝城　　　　B. 昭君故里　　　C. 观音故里　　　D. 巴人悬棺
    E. 三游洞

23. 长江三峡是由(　　)组成。

A. 瞿塘峡　　　　　B. 巫峡　　　　　　C. 虎跳峡　　　　　D. 西陵峡

E. 三门峡

24. 对于长江三峡，说法正确的有(　　　)。

A. 在重庆奉节以下至湖北宜昌之间

B. 自西向东分别是西陵峡、瞿塘峡、巫峡

C. 瞿塘峡是三峡中最短的一个，以雄伟险峻著称

D. 巫峡以幽深秀丽著称

E. 西陵峡是长江三峡中最长的峡，以滩多水急著称

25. 对于黄河，说法正确的有(　　　)。

A. 是世界上含沙量最高的河流

B. 黄河中游河段长期淤积抬升形成举世闻名的"地上悬河"

C. 黄河是中华民族的母亲河

D. 黄河流域保留了众多的古人类遗址、古都城遗迹、帝王陵墓、宗教胜迹等

E. 是中国第二长河

26. 三江并流指(　　　)这三条发源于青藏高原的大江在云南省境内形成世界上罕见的"江水并流而不交汇"的奇特自然地理景观。

A. 金沙江　　　　　B. 澜沧江　　　　　C. 怒江　　　　　　D. 雅砻江

E. 雅鲁藏布江

27. 京杭大运河北起北京，南到杭州，途经北京、天津和(　　　)六省市。

A. 河北　　　　　　B. 山东　　　　　　C. 江苏　　　　　　D. 浙江

E. 河南

28. 京杭大运河沟通了黄河和(　　　)五大水系。

A. 海河　　　　　　B. 淮河　　　　　　C. 长江　　　　　　D. 钱塘江

E. 珠江

29. 属于构造湖的是(　　　)。

A. 滇池　　　　　　B. 洱海　　　　　　C. 长白山天池　　　D. 镜泊湖

E. 杭州西湖

30. 属于堰塞湖的是(　　　)。

A. 滇池　　　　　　B. 洱海　　　　　　C. 五大连池　　　　D. 镜泊湖

E. 杭州西湖

31. 属于河成湖的是(　　　)。

A. 滇池　　　　　　B. 洱海　　　　　　C. 鄱阳湖　　　　　D. 洞庭湖

E. 杭州西湖

32. 鄱阳湖与(　　　)并称我国五大淡水湖。

A. 洪泽湖　　　　　B. 洞庭湖　　　　　C. 太湖　　　　　　D. 巢湖

E. 杭州西湖

33. 长白山天池是(　　　)三条大江的源头。

A. 松花江　　　　　B. 图们江　　　　　C. 鸭绿江　　　　　D. 牡丹江

E. 乌苏里江

34. 关于长白山天池，说法正确的有(　　)。
    A. 是中国和朝鲜的界湖
    B. 是松花江、乌苏里江、鸭绿江三条大江的源头
    C. 是我国最大的火山口湖
    D. 是中国最深的湖泊
    E. 是世界上海拔最高的大型湖泊

35. 关于喀纳斯湖，说法正确的有(　　)。
    A. 是典型的冰川湖泊
    B. 是有名的"变色湖"
    C. 是我国唯一的南西伯利亚区系动植物分布区
    D. 被称为"白鹤世界""珍禽王国"
    E. 是中国最大的火山堰塞湖

36. 历史上曾被命名为"天下第一泉"的有(　　)。
    A. 镇江中冷泉　　　B. 北京玉泉　　　　C. 济南趵突泉　　　D. 江西庐山谷帘泉
    E. 无锡惠山泉

37. 在我国(　　)都有极光出现。
    A. 黑龙江漠河　　　B. 黑龙江哈尔滨　　C. 新疆阿尔泰　　　D. 内蒙古包头
    E. 新疆乌鲁木齐

38. 下列有关气象、气候和天象旅游景观，说法正确的有(　　)。
    A. 我国著名雨景有江南烟雨、巴山夜雨
    B. 一般上现蜃景最多出现在沙漠地区，下现蜃景多出现在海滨地区
    C. 庐山天池亭是夕阳景观最佳观赏之地
    D. 日食只发生于望日，月食只发生于朔日
    E. 冰雪运动有"白色旅游"之称

39. 下列有关动植物旅游景观，说法正确的有(　　)。
    A. 北京香山红叶是秋天黄栌树叶红得像火焰一样而形成的
    B. 黑龙江扎龙国家级自然保护区是世界上最大的白鹤繁殖地
    C. 西双版纳野象谷是我国最大的亚洲象聚集地
    D. 青岛极地海洋世界是目前国内最大、拥有极地海洋动物品种最全、数量最多的场馆
    E. 每年的5月是青海湖观鸟的最好季节

40. 世界自然与文化遗产数量均为4项的国家是(　　)。
    A. 中国　　　　　　B. 西班牙　　　　　C. 俄罗斯　　　　　D. 澳大利亚
    E. 法国

41. 世界遗产包括(　　)四类。
    A. 世界文化遗产　　　　　　　　　B. 世界自然遗产
    C. 世界文化与自然遗产　　　　　　D. 文化景观

E. 世界记忆遗产

42. 南岳衡山四绝包括( )。
A. 祝融峰之高   B. 藏经殿之秀   C. 方广寺之深   D. 祝圣寺之古
E. 水帘洞之奇

第四章 中国旅游景观参考答案

一、单项选择题

1－5. CBBAD   6－10. BBCCB   11－15. BDCAA   16－20. DDAAD   21－25. DDBBA
26－30. CDBBD   31－35. BCADA   36－40. BDBBA   41－45. BBCDA   46－50. AADAC
51－55. CCDAA   56－60. AADCD   61－65. ABBCD   66－70. BAAAC   71－75. CBDAD
76－80. BACCC   81－85. DBCAA   86－90. BABBD   91－95. ACACD
96－100. AABAB   101－105. CDBBB   106－110. ABCBB   111－115. CBACD
116－120. CBCCC

二、多项选择题

1. ACDE   2. ABDE   3. ABDE   4. CD   5. ABCD   6. ABC   7. ABCE   8. ABD   9. ABDE
10. ACDE   11. ABC   12. ACD   13. ABCE   14. ACDE   15. ABDE   16. ABCE   17. ABDE
18. ACD   19. BCDE   20. ABCD   21. BD   22. ABDE   23. ABD   24. ACDE   25. ACDE
26. ABC   27. ABCD   28. ABCD   29. AB   30. CD   31. CD   32. ABCD   33. ABC
34. ACD   35. ABC   36. ABCD   37. AC   38. ACE   39. ACDE   40. AD   41. ABCD
42. ABCE

第五章 中国四大宗教

一、单项选择题（每题有一个正确答案）

1. ( )约创立于公元前6世纪。
A. 佛教   B. 道教   C. 伊斯兰教   D. 基督教

2. 在世界各大宗教中，创立时间最早的是( )。
A. 佛教   B. 道教   C. 基督教   D. 伊斯兰教

3. 裕固族人民主要信仰( )。
A. 藏传佛教   B. 道教   C. 基督教   D. 伊斯兰教

4. 彝族人民主要信仰( )。
A. 大乘佛教   B. 道教   C. 基督教   D. 伊斯兰教

5. 西双版纳傣族主要信仰( )。
A. 大乘佛教   B. 道教   C. 基督教   D. 上座部佛教

6. 佛教四大圣地中，相传释迦牟尼诞生于( )。

A. 拘尸那迦　　　　B. 鹿野苑　　　　C. 菩提伽耶　　　　D. 蓝毗尼花园

7. 佛教四大圣地中，释迦牟尼成道地是(　　)。
　　A. 拘尸那迦　　　　B. 鹿野苑　　　　C. 菩提伽耶　　　　D. 蓝毗尼花园

8. 佛教四大圣地中，释迦牟尼初转"法"轮地是(　　)。
　　A. 拘尸那迦　　　　B. 鹿野苑　　　　C. 菩提伽耶　　　　D. 蓝毗尼花园

9. 佛教四大圣地中，释迦牟尼涅槃地是(　　)。
　　A. 拘尸那迦　　　　B. 鹿野苑　　　　C. 菩提伽耶　　　　D. 蓝毗尼花园

10. 佛教四大圣地中，相传释迦牟尼诞生地位于今(　　)境内。
　　A. 印度　　　　B. 巴勒斯坦　　　　C. 尼泊尔　　　　D. 不丹

11. 小乘佛教又名(　　)。
　　A. 大众部佛教　　B. 上座部佛教　　C. 密乘佛教　　　D. 原始佛教

12. 世界上完整的佛教和世界上完整的佛教经典在(　　)。
　　A. 印度　　　　B. 尼泊尔　　　　C. 日本　　　　D. 中国

13. 在12世纪末至13世纪初，随着(　　)的侵入，佛教基本上被逐出了印度国境。
　　A. 苯教　　　　B. 道教　　　　C. 基督教　　　　D. 伊斯兰教

14. 公元前2年，大月氏王使臣伊存向中国博士弟子景卢口授(　　)，佛教开始传入中国。
　　A. 《正一经》　　　　　　　　　　B. 《道德经》
　　C. 《浮屠经》　　　　　　　　　　D. 《般若波罗蜜多心经》

15. (　　)是中国佛教的创造阶段和鼎盛时期。
　　A. 两汉之际　　B. 隋唐两代　　C. 宋元　　　　D. 明清

16. (　　)是最简便的法门，故在民间影响最大。
　　A. 禅宗　　　　B. 净土宗　　　　C. 天台宗　　　　D. 华严宗

17. 禅宗奉(　　)为初祖。
　　A. 释迦牟尼　　B. 菩提达摩　　C. 弘忍　　　　D. 慧能

18. (　　)是我国支派最多的佛教宗派，也是中国佛教史上流传最久远、对中国文化思想影响最广泛的宗派。
　　A. 禅宗　　　　B. 净土宗　　　　C. 天台宗　　　　D. 华严宗

19. 近代汉地佛教禅寺中绝大多数属(　　)宗。
　　A. 沩仰　　　　B. 曹洞　　　　C. 云门　　　　D. 临济

20. 西双版纳的小乘佛教受(　　)佛教的影响较大。
　　A. 越南　　　　B. 泰国　　　　C. 缅甸　　　　D. 新加坡

21. (　　)以口念"南无阿弥陀佛"为修行方式，以往生西方极乐世界为宗旨。
　　A. 禅宗　　　　B. 净土宗　　　　C. 天台宗　　　　D. 华严宗

22. (　　)是纯粹中国化的佛教，它以觉悟众生心性的本源（佛性）为主旨。
　　A. 禅宗　　　　B. 净土宗　　　　C. 天台宗　　　　D. 华严宗

23. (　　)僧人穿戴红色袈裟、僧裙、僧帽，俗称红教。
　　A. 宁玛派　　　B. 萨迦派　　　C. 噶举派　　　D. 格鲁派

24. (　　)寺院围墙涂有象征文殊、观音和金刚手菩萨的红白黑三色花纹，俗称花教。
　　　A. 宁玛派　　　　B. 萨迦派　　　　C. 噶举派　　　　D. 格鲁派

25. (　　)僧人穿白色僧裙和上衣，俗称白教。
　　　A. 宁玛派　　　　B. 萨迦派　　　　C. 噶举派　　　　D. 格鲁派

26. (　　)僧人戴黄色桃形僧帽，俗称黄教。
　　　A. 宁玛派　　　　B. 萨迦派　　　　C. 噶举派　　　　D. 格鲁派

27. (　　)僧人穿黑色僧衣，俗称黑教。
　　　A. 宁玛派　　　　B. 苯教　　　　C. 噶举派　　　　D. 格鲁派

28. 在 15 世纪初由宗喀巴创立的教派是(　　)。
　　　A. 宁玛派　　　　B. 萨迦派　　　　C. 噶举派　　　　D. 格鲁派

29. 由于明清两朝的册封、扶持，(　　)成为藏区执掌政权的教派，势力最大。
　　　A. 宁玛派　　　　B. 萨迦派　　　　C. 噶举派　　　　D. 格鲁派

30. (　　)大体可以概括为"五阴聚合说"、"十二因缘说"和"业报轮回说"。
　　　A. 苦谛　　　　　B. 集谛　　　　　C. 灭谛　　　　　D. 道谛

31. "五阴聚合说"中，(　　)包括风、火、水、土"四大"因素。
　　　A. 色阴　　　　　B. 受阴　　　　　C. 行阴　　　　　D. 识阴

32. 在佛教的基本教义"四谛"中，提出了佛教出世间的最高理想——涅槃的是(　　)。
　　　A. 苦谛　　　　　B. 集谛　　　　　C. 灭谛　　　　　D. 道谛

33. 按佛教天台宗说法，佛有"法身、报身、应身"三身，与他们相对应的佛名依次是(　　)。
　　　A. 释迦牟尼佛、卢舍那佛、毗卢遮那佛
　　　B. 卢舍那佛、释迦牟尼佛、毗卢遮那佛
　　　C. 毗卢遮那佛、卢舍那佛、释迦牟尼佛
　　　D. 卢舍那佛、毗卢遮那佛、释迦牟尼佛

34. "大肚弥勒"名契此，相传其道场在(　　)。
　　　A. 天台国清寺　　B. 奉化岳林寺　　C. 山东灵岩寺　　D. 南京栖霞寺

35. "华严三圣"除了文殊菩萨、普贤菩萨还包括(　　)。
　　　A. 大势至菩萨　　B. 观世音菩萨　　C. 月光菩萨　　D. 毗卢遮那佛

36. (　　)手持如意棒，身骑六牙大象，人称大行菩萨。
　　　A. 文殊菩萨　　　B. 观世音菩萨　　C. 普贤菩萨　　D. 地藏菩萨

37. (　　)手持宝剑（或宝卷），身骑狮子，人称大智菩萨。
　　　A. 文殊菩萨　　　B. 观世音菩萨　　C. 普贤菩萨　　D. 地藏菩萨

38. (　　)左手持净瓶，右手持杨柳枝，人称大悲菩萨。
　　　A. 文殊菩萨　　　B. 观世音菩萨　　C. 普贤菩萨　　D. 地藏菩萨

39. (　　)手持锡杖，或手捧如意珠，人称大愿菩萨。
　　　A. 文殊菩萨　　　B. 观世音菩萨　　C. 普贤菩萨　　D. 地藏菩萨

40. 以佛教名山峨眉山为道场的菩萨是(　　)。

A. 文殊菩萨　　　　B. 观世音菩萨　　　C. 普贤菩萨　　　　D. 地藏菩萨

41. 地藏菩萨的道场是(　　)。
　　A. 五台山　　　　B. 峨眉山　　　　C. 普陀山　　　　　D. 九华山

42. 观音菩萨的道场在(　　)。
　　A. 山西五台山　　B. 四川峨眉山　　C. 浙江普陀山　　　D. 安徽九华山

43. 文殊菩萨的道场在(　　)。
　　A. 山西五台山　　B. 四川峨眉山　　C. 浙江普陀山　　　D. 安徽九华山

44. 五台山、普陀山、峨眉山、九华山分别是(　　)的道场。
　　A. 文殊、普贤、观音、地藏王　　　　B. 文殊、观音、普贤、地藏
　　C. 地藏王、观音、文殊、普贤　　　　D. 普贤、文殊、地藏王、观音

45. 获得的觉是自觉、觉他的是(　　)。
　　A. 佛　　　　　　B. 菩萨　　　　　C. 罗汉　　　　　　D. 法师

46. 大势至菩萨的道场在(　　)。
　　A. 山西五台山　　B. 江苏南通狼山　　C. 浙江普陀山　　　D. 安徽九华山

47. 我国民间传说中的济公在佛教中属于(　　)。
　　A. 佛　　　　　　B. 罗汉　　　　　C. 菩萨　　　　　　D. 护法天神

48. 佛教四大天王中，手持宝剑的是(　　)。
　　A. 东方持国天王　B. 南方增长天王　C. 西方广目天王　D. 北方多闻天王

49. 佛教四大天王中，西方广目天王手缠的是(　　)。
　　A. 宝剑　　　　　B. 琵琶　　　　　C. 雨伞　　　　　　D. 龙或蛇

50. 四大天王中，身着白色衣服、手持琵琶的是(　　)。
　　A. 东方持国天王　B. 西方广目天王　C. 南方增长天王　D. 北方多闻天王

51. 四大天王是指(　　)。
　　A. 东方持国天王、南方增长天王、西方广目天王、北方多闻天王
　　B. 东方增长天王、南方持国天王、西方多闻天王、北方广目天王
　　C. 东方多闻天王、南方广目天王、西方增长天王、北方持国天王
　　D. 东方广目天王、南方多闻天王、西方持国天王、北方增长天王

52. 四大天王中，(　　)身绿色，右手持宝伞，有时左手握神鼠。
　　A. 东方持国天王　B. 西方广目天王　C. 南方增长天王　D. 北方多闻天王

53. (　　)代表尽职尽力主持国家事务。
　　A. 东方持国天王　B. 西方广目天王　C. 南方增长天王　D. 北方多闻天王

54. (　　)代表天天进步。
　　A. 东方持国天王　B. 西方广目天王　C. 南方增长天王　D. 北方多闻天王

55. 四大天王手持的法器中，(　　)代表做事要合乎中道、恰到好处。
　　A. 宝伞　　　　　B. 缠龙（蛇）　　　C. 慧剑　　　　　D. 琵琶

56. 四大天王中手持的法器中，(　　)代表遮挡世上的种种污垢。
　　A. 宝伞　　　　　B. 缠龙（蛇）　　　C. 慧剑　　　　　D. 琵琶

57. 四大天王中手持的法器中，(　　)代表变化。

A. 宝伞   B. 缠龙（蛇）   C. 慧剑   D. 琵琶

58. 在佛教的护法天神中，韦驮原为(　　)的手下神将。

    A. 东方持国天王   B. 西方广目天王   C. 南方增长天王   D. 北方多闻天王

59. 伽蓝神地位相当于寺院的(　　)。

    A. 门神   B. 土地神   C. 天神   D. 地神

60. (　　)是最著名的汉化伽蓝神。

    A. 关羽   B. 密迹金刚   C. 那罗延天   D. 哼哈二将

61. 大肚弥勒佛一般供奉在佛寺的(　　)中。

    A. 大雄宝殿   B. 天王殿   C. 钟楼   D. 鼓楼

62. (　　)不属于佛教的常见的礼仪。

    A. 合掌   B. 绕佛   C. 五体投地   D. 礼拜

63. (　　)是我国唯一兼有汉地佛教和藏传佛教道场的佛教圣地。

    A. 五台山   B. 峨眉山   C. 九华山   D. 普陀山

64. (　　)的大白塔，通高 75.3 米，为尼泊尔阿尼哥设计的藏式白塔，为五台山的象征标志。

    A. 显通寺   B. 塔院寺   C. 菩萨顶寺   D. 殊像寺

65. (　　)的前身是建于北魏的大浮屠灵鹫寺，因而是五台山历史最悠久、最负盛名的寺院。

    A. 显通寺   B. 塔院寺   C. 菩萨顶寺   D. 殊像寺

66. (　　)系传说中的文殊菩萨居住处，为五台山黄庙（藏传佛教寺院）之首。

    A. 显通寺   B. 塔院寺   C. 菩萨顶寺   D. 殊像寺

67. 位于五台山台外的(　　)，其大雄宝殿是我国现存最古老的木结构建筑。

    A. 显通寺   B. 南禅寺   C. 佛光寺   D. 塔院寺

68. (　　)是普陀山规模最大的寺院和佛教中心，为供奉观音大士的主刹。

    A. 普济寺   B. 法雨寺   C. 佛光寺   D. 慧济寺

69. (　　)成为近代中国佛教最大的国际性道场。

    A. 五台山   B. 峨眉山   C. 九华山   D. 普陀山

70. 峨眉山上最大寺院是(　　)。

    A. 报国寺   B. 伏虎寺   C. 普光殿   D. 万年寺

71. (　　)以屋瓦终年无败叶积落著称于世，康熙皇帝曾题额"无垢园"。

    A. 报国寺   B. 伏虎寺   C. 普光殿   D. 万年寺

72. (　　)内的拱顶无梁殿，供奉北宋铸普贤骑白象铜像，是峨眉山最著名佛像和"镇山之宝"。

    A. 报国寺   B. 伏虎寺   C. 普光殿   D. 万年寺

73. (　　)是九华山的开山寺、总丛林。

    A. 化城寺   B. 祇园寺   C. 东崖寺   D. 甘露寺

74. (　　)系九华山规模最大的寺院，也是九华山唯一宫殿式建筑的寺院。

    A. 祇园寺   B. 百岁宫   C. 东崖寺   D. 化城寺

E. 甘露寺

75. (　　)是我国也是世界上现有规模最大的佛教艺术宝库，已列入《世界遗产名录》。
　　A. 敦煌石窟　　　B. 云冈石窟　　　C. 龙门石窟　　　D. 麦积山石窟

76. (　　)以造像粗犷古朴、气魄雄伟、内容丰富多彩著称。
　　A. 敦煌石窟　　　B. 云冈石窟　　　C. 龙门石窟　　　D. 麦积山石窟

77. (　　)尤以唐代壁画艺术著称于世。
　　A. 敦煌石窟　　　B. 云冈石窟　　　C. 龙门石窟　　　D. 麦积山石窟

78. (　　)以数以千计的敷彩泥塑造像著称于世，有塑像馆之誉。
　　A. 敦煌石窟　　　B. 云冈石窟　　　C. 龙门石窟　　　D. 麦积山石窟

79. (　　)以两宋石造像为代表，其造像审美意趣完全汉化、世俗化。
　　A. 大足石刻　　　B. 云冈石窟　　　C. 龙门石窟　　　D. 麦积山石窟

80. (　　)以盛唐石造像为代表，艺术风格逐渐脱离印度影响，向民族化、世俗化发展；造像身躯健美，丰满端庄。
　　A. 大足石刻　　　B. 云冈石窟　　　C. 龙门石窟　　　D. 麦积山石窟

81. (　　)以74个窟尚存的精美壁画著称于世，有"戈壁明珠"之誉。
　　A. 克孜尔千佛洞　B. 云冈石窟　　　C. 龙门石窟　　　D. 麦积山石窟

82. 陕西(　　)是玄奘最后译经场与圆寂之地。
　　A. 西安华严寺　　B. 西安慈恩寺　　C. 西安兴教寺　　D. 铜川玉华寺

83. (　　)成为律宗根本道场，有"律宗第一名山"之誉，现为全国唯一的律寺。
　　A. 江苏句容隆昌寺B. 扬州大明寺　　C. 西安大兴善寺　D. 江西庐山东林寺

84. (　　)发掘出土释迦牟尼佛指舍利和举世仅存的唐密佛骨舍利供养曼荼罗（坛场）。
　　A. 江苏句容隆昌寺B. 陕西扶风法门寺C. 西安大兴善寺　D. 江西庐山东林寺

85. (　　)为中国第一座佛教寺庙，历来有"释源"之誉。
　　A. 陕西扶风法门寺B. 西安大兴善寺　C. 白马寺　　　　D. 扬州大明寺

86. (　　)是格鲁派第一座寺院和祖庭。
　　A. 甘丹寺　　　　B. 哲蚌寺　　　　C. 色拉寺　　　　D. 拉卜楞寺

87. (　　)以宗喀巴肉身灵塔最著名。
　　A. 甘丹寺　　　　B. 哲蚌寺　　　　C. 色拉寺　　　　D. 拉卜楞寺

88. (　　)现为藏传佛教规模最大的寺院，也是中国最大的寺院。
　　A. 甘丹寺　　　　B. 哲蚌寺　　　　C. 色拉寺　　　　D. 拉卜楞寺

89. (　　)系格鲁派创始人宗喀巴的诞生地。为我国西北地区藏、蒙古等民族的宗教中心。
　　A. 色拉寺　　　　B. 扎什伦布寺　　C. 塔尔寺　　　　D. 拉卜楞寺

90. (　　)是我国内地城市中最大的一座藏传佛教寺院。
　　A. 五当召　　　　B. 雍和宫　　　　C. 拉卜楞寺　　　　D. 甘丹寺

91. 五斗米道的创始人是(　　　　)。

53

A. 张角　　　　　B. 张陵　　　　　C. 张衡　　　　　D. 张鲁

92. （　　）被尊为道教的创始者。

A. 张角　　　　　B. 张陵　　　　　C. 张衡　　　　　D. 张鲁

93. 正一道的主要经典是（　　）。

A. 《道德经》　　　　　　　　　B. 《正一经》

C. 《般若波罗蜜多心经》　　　　D. 《孝经》

94. 全真道主要创派人为（　　）。

A. 张鲁　　　　　B. 王重阳　　　　C. 丘处机　　　　D. 张与材

95. （　　）曾说"中国根底全在道教"，"以此读史，有许多问题可以迎刃而解"。

A. 郭沫若　　　　B. 胡适　　　　　C. 鲁迅　　　　　D. 李大钊

96. 道教经籍的总集是（　　）。

A. 《道德经》　　B. 《正统道教》　C. 《万历续道藏》　D. 《道藏》

97. 道教的"三官"中，负责赐福的是（　　）。

A. 天官　　　　　B. 地官　　　　　C. 水官　　　　　D. 火官

98. 道教中的真武大帝原是指黄道圈上二十八宿中的（　　）。

A. 东方青龙　　　B. 西方白虎　　　C. 南方朱雀　　　D. 北方七宿玄武

99. 道教崇奉的最高尊神是（　　）。

A. 三官　　　　　B. 三清　　　　　C. 四御　　　　　D. 四灵

100. （　　）协助玉皇大帝执掌南北极和天地人三才，统御众星，并主持人间兵革之事。

A. 三清　　　　　　　　　　　　B. 中天紫微北极大帝

C. 勾陈上宫天皇大帝　　　　　　D. 后土皇地祇

101. （　　）协助玉皇大帝执掌天地经纬、日月星辰和四时气候。

A. 三清　　　　　　　　　　　　B. 中天紫微北极大帝

C. 勾陈上宫天皇大帝　　　　　　D. 后土皇地祇

102. 被民间看作"福神"，被列入福、禄、寿三星之中的是（　　）。

A. 天官　　　　　B. 地官　　　　　C. 水官　　　　　D. 黄帝

103. 在各地遍布供奉三官的三官庙、三元庵、三官堂、三官殿中，最负盛名的是（　　）的三元宫。

A. 成都　　　　　B. 南京　　　　　C. 广州　　　　　D. 昆明

104. （　　）即位后，在武当山大力营建宫观，历时 7 年，真武信仰达到鼎盛，全国各地掀起修建真武庙的高潮。

A. 赵匡胤　　　　B. 朱元璋　　　　C. 朱棣　　　　　D. 忽必烈

105. （　　）成为全国各地真武庙的祖庭。

A. 青城山　　　　B. 武当山　　　　C. 七曲山　　　　D. 终南山

106. 根据五行，真武又是（　　）。

A. 木神　　　　　B. 火神　　　　　C. 土神　　　　　D. 水神

107. （　　）中建于清初的金殿，俗称铜瓦寺，为全国最大铜殿。

A. 云南昆明太和宫　　　　　　　B. 广东佛山祖庙

C. 广西容县经略台真武阁　　　　D. 武当山

108. (　　)遂成为唯一受到儒、释、道三教共同尊崇的偶像。

A. 关公　　　　B. 孔子　　　　C. 老子　　　　D. 观音

109. (　　)关帝庙是全国规模最大、最为壮观、保存最完好的关帝庙。

A. 山西运城解州　B. 山东曲阜　　C. 河南洛阳　　D. 山东淄博

110. 道教中(　　)地位相当于佛教的韦驮。

A. 四御　　　　B. 真武大帝　　C. 关圣帝君　　D. 王灵官

111. 道教中的灵官殿相当于佛教的(　　)。

A. 禅堂　　　　B. 大雄宝殿　　C. 天王殿　　　D. 罗汉堂

112. 道教中的(　　)相当于佛教的大雄宝殿。

A. 灵官殿　　　B. 三清殿　　　C. 玉皇殿　　　D. 三官殿

113. 全真道道观的最高负责人称为(　　)。

A. 师父　　　　B. 监院　　　　C. 住持　　　　D. 方丈

114. 正一道道观的最高负责人称为(　　)。

A. 师父　　　　B. 监院　　　　C. 住持　　　　D. 方丈

115. (　　)为中国第一座道观。

A. 终南山草楼观　B. 青城山常道观　C. 北京白云观　D. 山西芮城永乐宫

116. (　　)有"道观之祖"之美誉。

A. 青城山常道观　B. 北京白云观　C. 终南山楼观　D. 山西芮城永乐宫

117. (　　)为正一道祖庭。

A. 龙虎山　　　B. 阁皂山　　　C. 茅山　　　　D. 罗浮山

118. (　　)成为酆都大帝祖庭和鬼国都城，山上有阴间天子殿、钟馗殿、奈何桥、孟婆茶楼等建筑。

A. 龙虎山　　　B. 茅山　　　　C. 平都山　　　D. 七曲山

119. (　　)是全国第一座文昌庙，也是全国文昌庙的祖庙。

A. 成都青羊宫　　B. 芮城永乐宫　　C. 武当山紫霄宫　D. 七曲山文昌宫

120. (　　)是国内外妈祖庙的祖庭。

A. 海南妈祖庙　　B. 台湾北港朝天宫　C. 湄洲岛妈祖庙　D. 天津天后宫

121. 基督教在(　　)由巴勒斯坦拿撒勒人耶稣创立。

A. 公元前1世纪　B. 公元前6世纪　C. 公元1世纪　　D. 公元7世纪

122. 西方人忌讳数字"13"，并将13日与星期(　　)视为凶日。

A. 二　　　　　B. 三　　　　　C. 四　　　　　D. 五

123. 基督教一传和二传中国，被时人称为(　　)。

A. 景教，也里可温教　　　　　　B. 天主教，景教

C. 也里可温教，天主教　　　　　D. 天主教，也里可温教

124. 东正教的最高首领称(　　)。

A. 主教　　　　B. 牧首　　　　C. 神父　　　　D. 教皇

125. 天主教最高首领称( )。
    A. 主教　　　　　B. 牧首　　　　　C. 神父　　　　　D. 教皇

126. 历史上，基督教有( )传中国之说。
    A. 二　　　　　　B. 三　　　　　　C. 四　　　　　　D. 五

127. ( )属美国学院哥特式风格，为典型的"社交堂"。
    A. 上海国际礼拜堂　　　　　　　　B. 上海沐恩堂
    C. 上海圣三一堂　　　　　　　　　D. 上海景灵堂

128. ( )是英国在华建造的最大教堂。
    A. 上海国际礼拜堂　　　　　　　　B. 上海沐恩堂
    C. 上海圣三一堂　　　　　　　　　D. 上海景灵堂

129. ( )因与宋氏家族的关联而著名。
    A. 上海国际礼拜堂　　　　　　　　B. 上海沐恩堂
    C. 上海圣三一堂　　　　　　　　　D. 上海景灵堂

130. ( )是伊斯兰教中人数最多的一派。
    A. 逊尼派　　　B. 什叶派　　　C. 哈瓦里吉派　　　D. 苏菲派

131. ( )是伊斯兰教内部的神秘主义派别，在我国新疆南疆地区称依禅派。
    A. 逊尼派　　　B. 什叶派　　　C. 哈瓦里吉派　　　D. 苏菲派

132. 伊斯兰教传入中国之始是在( )。
    A. 隋朝　　　　　B. 唐朝　　　　　C. 宋朝　　　　　D. 元朝

133. 伊斯兰教教徒礼拜必须面向沙特阿拉伯境内的圣城麦加，在中国即朝( )。
    A. 东方　　　　　B. 南方　　　　　C. 西方　　　　　D. 北方

134. ( )不设偶像。
    A. 佛教　　　　　B. 基督教　　　　C. 道教　　　　　D. 伊斯兰教

135. ( )是对参加过麦加朝圣的穆斯林的尊称。
    A. 伊玛目　　　　B. 阿訇　　　　　C. 毛拉　　　　　D. 哈吉

136. ( )是逊尼派用以称穆斯林的领袖，什叶派用以称所拥戴的政教领袖。
    A. 伊玛目　　　　B. 阿訇　　　　　C. 毛拉　　　　　D. 哈吉

137. ( )与广州怀圣寺、杭州真教寺、扬州仙鹤寺合称中国沿海伊斯兰教四大古寺。
    A. 泉州清净寺　　　　　　　　　　B. 北京牛街清真寺
    C. 西安化觉寺　　　　　　　　　　D. 喀什艾提尕尔清真寺

138. ( )是我国现存最古老的典型阿拉伯式清真寺，也是沿海四大清真古寺中规模最大、艺术价值最高的一座。
    A. 杭州真教寺　　B. 泉州清净寺　　C. 广州怀圣寺　　D. 扬州仙鹤寺

139. ( )因原建筑群布局状似凤凰，故又名"凤凰寺"。
    A. 杭州真教寺　　B. 泉州清净寺　　C. 广州怀圣寺　　D. 扬州仙鹤寺

140. ( )是我国现存规模最大、保存最完整的清真寺。
    A. 杭州真教寺　　B. 泉州清净寺　　C. 西安化觉寺　　D. 扬州仙鹤寺

141. ( )以高36.6米仿阿拉伯式邦克塔"光塔"著称于世。

A. 杭州真教寺　　B. 泉州清净寺　　　C. 广州怀圣寺　　　D. 扬州仙鹤寺

142. 复活节是在(　　)。
A. 12 月 25 日　　　　　　　　B. 3 月 21 日—4 月 25 日
C. 四月初八　　　　　　　　　D. 三月初三

143. 佛教、基督教、伊斯兰教产生的时间依次为(　　)。
A. 公元 6 世纪、公元前 1 世纪、公元 8 世纪
B. 公元 7 世纪、公元 1 世纪、6 世纪
C. 公元 5 世纪、公元 2 世纪、公元 7 世纪
D. 公元前 6 世纪、公元 1 世纪、公元 7 世纪

144. 伊朗将(　　)视为国教。
A. 基督教　　　B. 佛教　　　　C. 伊斯兰教　　　D. 道教

145. 基督教的标志是(　　)。
A. 十字架　　　B. 新月　　　　C. 太极八卦图　　　D. 万字符

二、多项选择题（每题有 2 - 4 个正确答案，多选、少选、错选均不得分）

1. (　　)称为中国四大宗教。
A. 佛教　　　B. 道教　　　　C. 伊斯兰教　　　D. 基督教
E. 天主教

2. 汉族宗教信仰的两个明显特点是(　　)。
A. 采取兼容并蓄的态度
B. 任何外来宗教都必须地方化、民族化，才能存在和发展
C. 佛教、基督教、伊斯兰教等为外来宗教，都被所有汉族人接受
D. 尊重和保护宗教信仰自由，是中国政府对宗教问题的一项长期和基本政策
E. 道教是本土宗教，汉族人都信仰它

3. 下列少数民族中，信仰伊斯兰教的少数民族有(　　)。
A. 哈萨克族　　　B. 傣族　　　C. 柯尔克孜族　　　D. 塔塔尔族
E. 鄂温克族

4. 下列少数民族中，信仰藏传佛教的少数民族有(　　)。
A. 蒙古族　　　B. 白族　　　C. 满族　　　D. 纳西族
E. 裕固族

5. 下列少数民族中，信仰大乘佛教的有(　　)。
A. 壮族　　　B. 彝族　　　C. 蒙古族　　　D. 朝鲜族
E. 纳西族

6. 下列少数民族中，信仰上座部佛教的有(　　)。
A. 傣族　　　B. 保安族　　　C. 阿昌族　　　D. 布朗族
E. 佤族

7. 信仰东正教的少数民族有(　　)。
A. 傣族　　　B. 德昂族　　　C. 阿昌族　　　D. 俄罗斯族

E. 鄂温克族

8. （ ）三代，大众佛教取得长足发展，出现"家家观世音，户户阿弥陀"的局面。
    A. 唐　　　　　B. 宋　　　　　C. 元　　　　　D. 明
    E. 清

9. 临济和（ ）五家，合称禅门五宗。
    A. 沩仰　　　　B. 曹洞　　　　C. 云门　　　　D. 临济
    E. 法眼

10. 对大乘佛教，说法正确的有（ ）。
    A. 认为十方世界都有佛
    B. 修行果位分为罗汉、菩萨、佛三级
    C. 修行的最终目的在于成佛
    D. 该教派弘扬菩萨和"菩萨行"
    E. 在理论和实践的基础体系上仍接近于原始佛教

11. 藏传佛教的四个特色是（ ）。
    A. 源于印度，但吸引了原始苯教的一些神祇和仪式
    B. 咒术性
    C. 对喇嘛异常尊崇
    D. 活佛转世思想
    E. 宗教与政治的结合

12. 对藏传佛教，说法正确的有（ ）。
    A. 藏传佛教源于印度，但吸引了原始苯教的一些神祇和仪式
    B. 活佛转世制度为藏传佛教所特有
    C. 藏传佛教现有五大教派
    D. 藏传佛教在其发展过程中出现两次大高潮，即前弘期和后弘期
    E. 在教义上，是大、小乘兼容而以大乘为主

13. 藏传佛教现在有哪些大教派？（ ）
    A. 宁玛派　　　B. 萨迦派　　　C. 噶举派　　　D. 格鲁派
    E. 黑教

14. 佛教的"四谛"，即（ ）。
    A. 苦　　　　　B. 集　　　　　C. 缘　　　　　D. 道
    E. 灭

15. 说明人生的本质及其形成的原因的二谛是（ ）。
    A. 苦　　　　　B. 集　　　　　C. 缘　　　　　D. 道
    E. 灭

16. 指明人生解脱的归宿和解脱之路的二谛是（ ）。
    A. 苦　　　　　B. 集　　　　　C. 缘　　　　　D. 道
    E. 灭

17. 集谛大体可以概括为（ ）。

A. "五阴聚合"说   B. "十二因缘"说

C. "业报轮回"说   D. "气化宇宙"说

E. "天堂地狱"说

18. "五阴聚合说"中，色阴包括(　　)"四大"因素。

  A. 气   B. 土   C. 水   D. 火

  E. 风

19. 佛法的特征是(　　)。

  A. 诸法无我   B. 诸行无常   C. 涅槃寂静   D. 诸恶莫做

  E. 众善奉行

20. 当代中国佛教界将佛教的宗旨归纳为(　　)。

  A. 诸恶莫做   B. 众善奉行   C. 庄严国土   D. 利乐有情

  E. 六道轮回

21. 藏传佛教大藏经称为(　　)。

  A. 甘珠尔   B. 丹珠尔   C. 正一经   D. 般若波罗蜜多心经

  E. 孝经

22. 三方佛是指(　　)。

  A. 毗卢遮那佛   B. 释迦牟尼佛   C. 迦叶佛   D. 阿弥陀佛

  E. 药师佛

23. 释迦三圣是指(　　)。

  A. 日光菩萨   B. 释迦牟尼佛   C. 文殊菩萨   D. 月光菩萨

  E. 普贤菩萨

24. 东方三圣是指(　　)。

  A. 日光菩萨   B. 药师佛   C. 文殊菩萨   D. 月光菩萨

  E. 普贤菩萨

25. 佛教中的"西方三圣"指的是(　　)。

  A. 观音菩萨   B. 文殊菩萨   C. 阿弥陀佛   D. 大势至菩萨

  E. 药师佛

26. 佛教中的三时佛（又名竖三世佛）指的是(　　)。

  A. 燃灯佛   B. 释迦牟尼佛   C. 药师佛   D. 弥勒佛

  E. 卢舍那佛

27. 寺院中弥勒造像有(　　)三种。

  A. 佛像   B. 菩萨像（天冠弥勒）

  C. 化身像（大肚弥勒）   D. 罗汉像

  E. 天王像

28. "华严三圣"包括(　　)。

  A. 文殊菩萨   B. 观世音菩萨   C. 月光菩萨   D. 毗卢遮那佛

  E. 普贤菩萨

29. 寺院中常见的菩萨除观世音菩萨外，还有(　　)。

A. 文殊菩萨　　　　B. 普贤菩萨　　　　C. 金刚手菩萨　　　D. 地藏菩萨
E. 大势至菩萨

30. 寺院中常见的菩萨，组合为"三大士"的是(　　　)。
A. 文殊菩萨　　　　B. 普贤菩萨　　　　C. 观世音菩萨　　　D. 地藏菩萨
E. 大势至菩萨

31. 寺院中常见的菩萨，组合为"四大士"的是(　　　)。
A. 文殊菩萨　　　　B. 普贤菩萨　　　　C. 观世音菩萨　　　D. 地藏菩萨
E. 大势至菩萨

32. 以下对文殊菩萨说法正确的有(　　　)。
A. 文殊菩萨是文殊师利菩萨的简称，意译为妙德、妙吉祥
B. 手持宝剑（或宝卷）象征智慧锐利
C. 身骑狮子，象征智慧威猛，人称大智菩萨
D. 相传其道场在山西恒山
E. 是"释迦三圣"之一

33. 在寺院建筑的山门（三门）中，三门指的是(　　　)。
A. 无作门　　　　B. 空门　　　　　C. 无相门　　　　D. 无形门
E. 无为门

34. 四众弟子除比丘、比丘尼外，还包括(　　　)。
A. 优婆塞　　　　B. 优婆夷　　　　C. 沙弥　　　　　D. 沙弥尼
E. 式叉摩那

35. 出家四众除比丘、比丘尼外，还包括(　　　)。
A. 优婆塞　　　　B. 优婆夷　　　　C. 沙弥　　　　　D. 沙弥尼
E. 式叉摩那

36. (　　　)合称佛教四大名山（又称四大道场）。
A. 山西五台山　　B. 浙江普陀山　　C. 河南嵩山　　　D. 四川峨眉山
E. 安徽九华山

37. (　　　)是 500 年来五台山佛教的最大特色。
A. 青庙与黄庙并存
B. 显教与密教竞传
C. 近代中国佛教最大的国际性道场
D. 拥有丰富的石雕、泥塑和壁画
E. 是我国历史最悠久、最负盛名的寺院

38. 显通寺和(　　　)并称为五台山五大禅林。
A. 塔院寺　　　　B. 菩萨顶寺　　　C. 殊像寺　　　　D. 罗睺寺
E. 报国寺

39. (　　　)并称普陀三大寺。
A. 普济寺　　　　B. 法雨寺　　　　C. 佛光寺　　　　D. 慧济寺
E. 南禅寺

40. 在( )法系上以禅宗为主。
    A. 五台山　　　　B. 普陀山　　　　C. 青城山　　　　D. 峨眉山
    E. 九华山

41. ( )并称为九华山四大丛林。
    A. 祇园寺　　　　B. 百岁宫　　　　C. 东崖寺　　　　D. 化城寺
    E. 甘露寺

42. 我国佛教石刻有三个高潮时期是( )。
    A. 东汉　　　　　B. 北朝　　　　　C. 盛唐　　　　　D. 两宋
    E. 元朝

43. 克孜尔石窟呈现许多与汉地佛教石窟显著不同的特点，主要表现在( )。
    A. 壁画内容反映了小乘佛教经典内容
    B. 出现了大量裸体人物形象，女性比重尤大，且丰乳肥臀
    C. 艺术风格逐渐脱离印度影响，向民族化、世俗化发展
    D. 其建筑形制与壁画艺术受到印度、希腊、（波斯）萨珊等外来文化的影响
    E. 造像审美意趣完全汉化、世俗化，造像典雅、精致、秀丽

44. ( )合称"天下四大丛林"。
    A. 西安华严寺　　B. 南京栖霞寺　　C. 天台国清寺　　D. 山东灵岩寺
    E. 湖北玉泉寺

45. 禅宗祖庭众多，最著名的有( )。
    A. 河南登封嵩山少林寺　　　　　B. 湖北黄梅县五祖寺
    C. 广东韶关南华禅寺　　　　　　D. 西安华严寺
    E. 南京栖霞寺

46. ( )为塔尔寺的艺术三绝。
    A. 酥油花　　　　B. 堆绣　　　　　C. 绘画　　　　　D. 五百罗汉山
    E. 檀木大佛

47. ( )为拉萨三大寺。
    A. 甘丹寺　　　　B. 扎什伦布寺　　C. 哲蚌寺　　　　D. 色拉寺
    E. 拉卜楞寺

48. 原始道教阶段，道教以( )为代表。
    A. 五斗米道　　　B. 太平道　　　　C. 全真道　　　　D. 正一道
    E. 丹鼎派

49. 全真道的主要经典是( )。
    A. 《道德经》　　　　　　　　　B. 《正一经》
    C. 《般若波罗蜜多心经》　　　　D. 《孝经》
    E. 《道藏》

50. 正一道"三山符箓"是指江南的( )等以符箓为主的道教三大宗。
    A. 庐山　　　　　B. 齐云山　　　　C. 龙虎山　　　　D. 阁皂山
    E. 茅山

51. 对全真道说法正确的有(　　)。

   A. 主张道、佛、儒三教合一

   B. 在修行方法上，重内丹修炼，不尚符箓，不事黄白之术（冶炼金银之术），以修身养性为正道

   C. 全真道士必须出家住宫观，不得蓄妻室，并制定严格的清规戒律

   D. 以行符箓为主要特征

   E. 道士可以有家室，可不出家，不住宫观

52. 中国现存最早的道藏是(　　)。

   A.《道德经》　　　B.《开元道藏》　　　C.《正统道教》　　　D.《万历续道藏》

   E.《道藏》

53. 下列属于伊斯兰教信仰的有(　　)。

   A. 信安拉　　　　　B. 信天使　　　　　C. 信圣人　　　　　D. 信前定

   E. 信经典

54. 下列属于伊斯兰教五功的有(　　)。

   A. 念功　　　　　　B. 朝功　　　　　　C. 礼功　　　　　　D. 斋功

   E. 学功

55. 中国传统式建筑清真寺的特点有(　　)。

   A. 没有明显中轴线

   B. 清真寺建筑内部不得设偶像

   C. 建筑内部不以动物形象作装饰

   D. 建筑内部多以阿拉伯文的经文和花草为饰

   E. 礼拜正殿和殿内壁龛背向西方

56. 伊斯兰教的经典是(　　)。

   A.《圣训》　　　　B.《道德经》　　　C.《圣经》　　　　D.《古兰经》

   E.《甘珠尔》

57. 中国曾称伊斯兰为(　　)。

   A. 清真教　　　　　B. 天方教　　　　　C. 回教　　　　　　D. 景教

   E. 也里可温教

58. 有关真武大帝，说法正确的有(　　)。

   A. 原为四方神中的玄武

   B. 为北方之神，又被奉为水神

   C. 武夷山为全国各地真武庙的祖庭

   D. 朱棣即位后，真武信仰达到鼎盛，全国各地掀起修建真武庙的高潮

   E. 真武原指黄道圈上二十八宿中的北方七宿玄武，呈龟蛇形象，为星宿神

59. 备受读书人崇拜的是(　　)。

   A. 真武大帝　　　B. 文昌帝君　　　C. 魁星　　　　　D. 关圣帝君

   E. 王灵官

60. 我国三大妈祖庙是(　　)。

A. 海南妈祖庙　　　　　　　　　　B. 台湾北港朝天宫

C. 湄洲岛妈祖庙　　　　　　　　　　D. 上海妈祖庙

E. 天津天后宫

61. 供奉妈祖的殿宇被称为( )。

A. 妈祖庙　　　　B. 天后宫　　　　C. 天妃宫　　　　D. 朝天宫

E. 女神宫

62. 下列属于道教护法神将的是( )。

A 关圣帝君　　　B. 王灵官　　　　C. 门神　　　　　D. 灶君

E. 城隍

63. 道教中的山门殿一般供奉( )。

A. 青龙神　　　　B. 白虎神　　　　C. 玄武神　　　　D. 朱雀神

E. 三官

64. 道教发祥地有( )。

A. 青城山　　　　B. 茅山　　　　　C. 终南山　　　　D. 龙虎山

E. 阁皂山

65. 全真道三大祖庭( )。

A. 终南山重阳宫　B. 山西芮城永乐宫　C. 青城山常道观　D. 北京白云观

E. 七曲山文昌宫

66. 道教符箓派三名山是( )。

A. 龙虎山　　　　B. 罗浮山　　　　C. 茅山　　　　　D. 阁皂山

E. 葛仙岭

67. 道教丹鼎派名山有( )。

A. 龙虎山　　　　B. 罗浮山　　　　C. 茅山　　　　　D. 阁皂山

E. 葛仙岭

68. 基督教在发展史上有两次大的分裂，时间是( )。

A. 公元 7 世纪　　　　　　　　　　B. 公元 11 世纪中叶

C. 公元 13 世纪　　　　　　　　　　D. 公元 16 世纪

E. 公元 17 世纪

69. 新中国成立后，基督教（即新教）倡导( )的三自爱国运动。

A. 自律　　　　　B. 自传　　　　　C. 自主　　　　　D. 自养

E. 自治

70. 基督教的基本教义可以归纳为( )。

A. 上帝创世说　　B. 信仰上帝说　　C. 原罪救赎说　　D. 天堂地狱说

E. 信前定

71. 下列属于中国东正教教堂的是( )。

A. 哈尔滨圣索菲亚教堂　　　　　　　B. 上海圣母大教堂

C. 上海国际礼拜堂　　　　　　　　　D. 广州圣心大教堂

E. 上海沐恩堂

72. 伊斯兰教主要分为( )三大派。
    A. 逊尼派   B. 什叶派   C. 哈瓦里吉派   D. 苏菲派
    E. 伊斯玛仪派

73. 在我国西北地区形成的( )四大门宦，属中国化的苏菲派。
    A. 虎夫耶   B. 卡迪林耶   C. 哲合忍耶   D. 伊斯玛仪
    E. 库布林耶

74. 伊斯兰教的教义包括( )。
    A. 六大信仰   B. 五功   C. 善行   D. 斋功
    E. 信穆罕默德

第五章　中国四大宗教参考答案

一、单项选择题

1 – 5. AAAAD   6 – 10. DCBAC   11 – 15. BDDCB   16 – 20. BBADB   21 – 25. BAABC

26 – 30. DBDDB   31 – 35. ACCBD   36 – 40. CABDC   41 – 45. DCABB   46 – 50. BBBDA

51 – 55. ADACD   56 – 60. ABCBA   61 – 65. BDABA   66 – 70. CBADD   71 – 75. BDAAA

76 – 80. BADAC   81 – 85. ADABC   86 – 90. AABCB   91 – 95. BBBBC

96 – 100. DADBC   101 – 105. BACCB   106 – 110. DAAAD   111 – 115. CBDCA

116 – 120. CACDC   121 – 125. CDABD   126 – 130. CBCDA   131 – 135. DBCDD

136 – 140. AABAC   141 – 145. CBDCA

二、多项选择题

1. ABCD   2. AB   3. ACD   4. AE   5. ABDE   6. ACDE   7. DE   8. CDE   9. ABCE

10. ABCD   11. BCDE   12. ABDE   13. ABCD   14. ABDE   15. AB   16. DE   17. ABC

18. BCDE   19. ABC   20. ABCD   21. AB   22. BDE   23. BCE   24. ABD   25. ACD

26. ABD   27. ABC   28. ADE   29. ABDE   30. ABC   31. ABCD   32. ABCE   33. ABC

34. AB   35. CD   36. ABDE   37. AB   38. ABCD   39. ABD   40. BDE   41. ABCE

42. BCD   43. ABD   44. BCDE   45. ABC   46. ABC   47. ACD   48. AB   49. ACD

50. CDE   51. ABC   52. CD   53. ABDE   54. ABCD   55. BCDE   56. AD   57. ABC

58. ABDE   59. BC   60. BCE   61. ABCD   62. AB   63. AB   64. AC   65. ABD   66. ACD

67. BE   68. BD   69. BDE   70. ACD   71. AB   72. ABD   73. ABCE   74. ABC

第六章　中国古代建筑

一、单项选择题（每题有一个正确答案）

1. ( )是我国现存最大、最完整的宫殿建筑群。
    A. 武当山古建筑群   B. 承德避暑山庄   C. 曲阜三孔   D. 北京明清故宫

2. 大型宫殿、坛庙、寺观、王府、宅第等豪华壮丽建筑物所采取的木构架结构是(　　)。
   A. 抬梁式　　　　B. 穿斗式　　　　C. 井干式　　　　D. 三段式

3. 我国南方民居和较小的殿堂楼阁多采用的木构架结构是(　　)。
   A. 抬梁式　　　　B. 穿斗式　　　　C. 井干式　　　　D. 三段式

4. (　　)是一种最原始而简单的木构架结构,在山区林地易见到。
   A. 抬梁式　　　　B. 穿斗式　　　　C. 井干式　　　　D. 三段式

5. 下列屋顶中,级别最高的是(　　)。
   A. 重檐庑殿　　　B. 重檐歇山　　　C. 重檐攒尖　　　D. 单檐庑殿

6. 由四个倾斜的屋面、一条正脊、四条垂脊、四条戗脊组成的屋顶是(　　)。
   A. 硬山顶　　　　B. 庑殿顶　　　　C. 悬山顶　　　　D. 歇山顶

7. 下列屋顶中,级别最低的是(　　)。
   A. 硬山顶　　　　B. 悬山顶　　　　C. 卷棚顶　　　　D. 攒尖顶

8. 屋面四坡五脊,前后屋面相交形成一条正脊,两侧屋面与前后屋面相交形成四条斜脊,俗称五脊顶的是(　　)。
   A. 硬山顶　　　　B. 庑殿顶　　　　C. 悬山顶　　　　D. 歇山顶

9. 故宫太和殿采用的屋顶是(　　)。
   A. 重檐庑殿　　　B. 重檐歇山　　　C. 重檐攒尖　　　D. 单檐庑殿

10. 故宫保和殿、天安门采用的屋顶是(　　)。
    A. 重檐庑殿　　　B. 重檐歇山　　　C. 重檐攒尖　　　D. 单檐庑殿

11. 有五脊二坡,又称挑山顶的屋顶是(　　)。
    A. 硬山顶　　　　B. 庑殿顶　　　　C. 悬山顶　　　　D. 歇山顶

12. (　　)没有明显的正脊,颇具曲线所独有的阴柔之美。
    A. 硬山顶　　　　B. 庑殿顶　　　　C. 悬山顶　　　　D. 卷棚顶

13. 从柱色来看,(　　)的级别最高。
    A. 红色　　　　　B. 金色　　　　　C. 黑色　　　　　D. 黄色

14. 清朝规定皇宫正殿门为(　　)。
    A. 红色　　　　　B. 金色　　　　　C. 黑色　　　　　D. 黄色

15. 彩画等级由高到低排列正确的是(　　)。
    A. 和玺彩画,旋子彩画,苏式彩画　　　B. 和玺彩画,苏式彩画,旋子彩画
    C. 旋子彩画,和玺彩画,苏式彩画　　　D. 旋子彩画,苏式彩画,和玺彩画

16. 从柱色来看,等级由高到低排列正确的是(　　)。
    A. 红色,金色,黑色　　　　　　　　　B. 金色,红色,黑色
    C. 红色,黑色,金色　　　　　　　　　D. 金色,黑色,红色

17. 北京故宫为明清两代的皇宫,有(　　)位皇帝相继在此登基执政。
    A. 14　　　　　　B. 24　　　　　　C. 34　　　　　　D. 44

18. 祭地在北郊的地坛,时间在有(　　)。
    A. 春分日　　　　B. 夏至日　　　　C. 秋分日　　　　D. 冬至日

19. 祭月于(　　)的月坛,时间在秋分日。

A. 东郊　　　　　　B. 西郊　　　　　　C. 西郊　　　　　　D. 北郊

20. 北京社稷坛是按"五行"中五方五色配置的，其中，中央为(　　)。

A. 青色　　　　　　B. 白色　　　　　　C. 红色　　　　　　D. 黄色

21. (　　)是中国礼制建筑中规模最大、等级最高的建筑群。

A. 地坛　　　　　　B. 北京社稷坛　　　C. 天坛　　　　　　D. 曲阜孔庙

22. (　　)被中国古建筑学家称为世界建筑史之奇迹"唯一的孤例"，不仅是儒家文化的载体，更是一座屹立于世界东方的文化艺术殿堂。

A. 地坛　　　　　　B. 北京社稷坛　　　C. 天坛　　　　　　D. 曲阜孔庙

23. 明清帝王在(　　)祭祀祖先。

A. 天坛　　　　　　B. 地坛　　　　　　C. 太庙　　　　　　D. 社稷坛

24. (　　)年故宫博物院正式成立。

A. 1912　　　　　　B. 1925　　　　　　C. 1949　　　　　　D. 1956

25. (　　)今为劳动人民文化宫。

A. 天坛　　　　　　B. 故宫　　　　　　C. 太庙　　　　　　D. 社稷坛

26. (　　)城垣内侧周长33千米，为世界第一。

A. 南京古城　　　　B. 西安古城　　　　C. 平遥古城　　　　D. 丽江古城

27. 在现今保存的明南京城墙中，(　　)规模最大，是我国现存最大、最为完整的堡垒瓮城，在我国城垣建筑史上占有极其重要的地位。

A. 聚宝门　　　　　B. 石城门　　　　　C. 神策门　　　　　D. 清凉门

28. (　　)是中国现存规模最大、保存最完整的古代城垣。

A. 南京古城　　　　B. 西安古城　　　　C. 平遥古城　　　　D. 丽江古城

29. (　　)城外有护城河，城内街道、集市、楼房、商店均保留原有形制，是研究我国明代县城建置的实物资料。

A. 南京古城　　　　B. 西安古城　　　　C. 平遥古城　　　　D. 丽江古城

30. (　　)城中道路网不规则，没有森严的城墙。

A. 南京古城　　　　B. 西安古城　　　　C. 平遥古城　　　　D. 丽江古城

31. 据文献记载，春秋时(　　)最早修筑长城数百里，称"方城"。

A. 齐国　　　　　　B. 楚国　　　　　　C. 秦国　　　　　　D. 赵国

32. (　　)是明长城中保存最完好、最具代表性的一段。

A. 八达岭长城　　　B. 居庸关　　　　　C. 山海关　　　　　D. 嘉峪关

33. (　　)是长城入海的端头部分，有"中华之魂"的盛誉。

A. 八达岭长城　　　B. 居庸关　　　　　C. 山海关　　　　　D. 老龙头长城

34. (　　)是目前保存最完整的一座城关，有"天下第一雄关"的美名，也是丝绸之路上的重要一站。

A. 八达岭长城　　　B. 居庸关　　　　　C. 山海关　　　　　D. 嘉峪关

35. 唐乾陵作为帝王陵园，是以(　　)为主要标志的典型代表。

A. 方上　　　　　　B. 以山为陵　　　　C. 宝城宝顶　　　　D. 悬棺葬

36. 早期帝王的陵墓，多取"方上"形式，其中尤以(　　)为典型。

A. 唐乾陵　　　　　B. 秦始皇陵　　　　C. 永陵　　　　　D. 黄帝陵

37. 宋代陵墓的形式为(　　)。
　　A. 方上　　　　　B. 以山为陵　　　　C. 宝城宝顶　　　D. 悬棺葬

38. 明清两代陵墓的形式为(　　)。
　　A. 方上　　　　　B. 以山为陵　　　　C. 宝城宝顶　　　D. 悬棺葬

39. 采用"方上""宝城宝顶""以山为陵"封土形制的帝王陵墓依次是(　　)。
　　A. 秦始皇陵，明定陵，明昭陵　　　　　B. 清孝陵，明泰陵，秦始皇陵
　　C. 秦始皇陵，明长陵，唐乾陵　　　　　D. 唐乾陵，清东陵，汉茂陵

40. 从汉代开始，普遍采用(　　)，这是中国古代陵墓制度一次划时代的大变化。
　　A. 土穴墓　　　　B. 木椁墓　　　　　C. 砖石墓　　　　D. 石室墓

41. (　　)是中国古代最大的一座帝王陵墓，也是世界上最大的一座陵墓。
　　A. 秦始皇陵　　　B. 汉茂陵　　　　　C. 唐乾陵　　　　D. 明孝陵

42. 作为中国明陵之首的(　　)壮观宏伟，代表了明初建筑和石刻艺术的最高成就。
　　A. 明定陵　　　　B. 明长陵　　　　　C. 明孝陵　　　　D. 明显陵

43. (　　)规划布局和建筑手法独特，在明代帝陵规制中具有承上启下的作用。尤其
　　是"一陵两冢"的陵寝结构为历代帝王陵墓所绝无仅有。
　　A. 明定陵　　　　B. 明长陵　　　　　C. 明孝陵　　　　D. 明显陵

44. 下列陵墓中，地点在今湖北省的有(　　)。
　　A. 明孝陵　　　　B. 明显陵　　　　　C. 唐乾陵　　　　D. 明十三陵

45. 下列陵墓中，地点在南京的有(　　)。
　　A. 明孝陵　　　　B. 明显陵　　　　　C. 唐乾陵　　　　D. 明十三陵

46. 从汉到隋、唐、宋、元、明、清各代，砖石砌筑的墓室和地宫不断发展，最著名的
　　地下宫殿是明代万历皇帝的(　　)。
　　A. 明孝陵　　　　B. 明显陵　　　　　C. 明定陵　　　　D. 明长陵

47. (　　)屋顶为四坡盝顶，屋面上凸下凹，为中国现存最大盝顶建筑。
　　A. 岳阳岳阳楼　　B. 武汉黄鹤楼　　　C. 宁波天一阁　　D. 南昌滕王阁

48. 滕王阁载誉古今，是与(　　)的《滕王阁序》分不开的，其经典语句"落霞与孤
　　鹜齐飞，秋水共长天一色"广为流传。
　　A. 王昌龄　　　　B. 王炯　　　　　　C. 王之涣　　　　D. 王勃

49. 塔源于(　　)。
　　A. 古埃及　　　　B. 古印度　　　　　C. 古巴比伦　　　D. 古罗马

50. (　　)为数众多、历史最久，形式也最为壮观。
　　A. 楼阁式塔　　　B. 密檐式塔　　　　C. 覆钵式塔　　　D. 金刚宝座塔

51. (　　)又称喇嘛塔，是藏传佛教的一种独特的建筑形式，与印度"窣堵坡"很
　　相近。
　　A. 楼阁式塔　　　B. 密檐式塔　　　　C. 覆钵式塔　　　D. 金刚宝座塔

52. (　　)大都是实心的，一般不能登临。
　　A. 楼阁式塔　　　B. 密檐式塔　　　　C. 覆钵式塔　　　D. 金刚宝座塔

53. （　　）一般在高大的台基座上建筑五座密檐方形石塔（象征五方五佛）和一个圆顶小佛殿。
　　　A. 楼阁式塔　　　　B. 密檐式塔　　　　C. 覆钵式塔　　　　D. 金刚宝座塔

54. （　　）初建于唐高宗永徽三年（652年），是由玄奘设计建造的仿印度窣堵坡式佛塔。
　　　A. 应县木塔　　　　B. 大雁塔　　　　C. 嵩岳寺塔　　　　D. 西安小雁塔

55. （　　）是我国现存最古、最高的一座木结构大塔。
　　　A. 应县木塔　　　　B. 大雁塔　　　　C. 嵩岳寺塔　　　　D. 西安小雁塔

56. （　　）是中国现存最早的砖塔。
　　　A. 应县木塔　　　　B. 大雁塔　　　　C. 嵩岳寺塔　　　　D. 西安小雁塔

57. （　　）是唐代著名佛寺荐福寺的佛塔，是中国早期方形密檐式砖塔的典型作品。
　　　A. 应县木塔　　　　B. 大雁塔　　　　C. 嵩岳寺塔　　　　D. 西安小雁塔

58. （　　）是中国现存年代最早、规模最大的喇嘛塔。
　　　A. 妙应寺白塔　　　B. 北京真觉寺塔　　C. 崇圣寺三塔　　　D. 嵩岳寺塔

59. （　　）是我国金刚宝座式塔中年代最早、雕刻最精美的一座。
　　　A. 妙应寺白塔　　　B. 北京真觉寺塔　　C. 崇圣寺三塔　　　D. 嵩岳寺塔

60. （　　）属于覆钵塔式。
　　　A. 妙应寺白塔　　　B. 北京真觉寺塔　　C. 崇圣寺三塔　　　D. 西安大雁塔

61. （　　）又称舟桥，因其架设便易，常用于军事目的，故也称"战桥"。
　　　A. 梁桥　　　　　　B. 浮桥　　　　　　C. 索桥　　　　　　D. 拱桥

62. （　　）是应用得最为普遍的一种桥，在历史上也较其他桥形出现得早。
　　　A. 梁桥　　　　　　B. 浮桥　　　　　　C. 索桥　　　　　　D. 拱桥

63. （　　）成为古桥中最富有生命力的一种桥型。
　　　A. 梁桥　　　　　　B. 浮桥　　　　　　C. 索桥　　　　　　D. 拱桥

64. （　　）开创了桥梁的新类型，是世界桥梁工程中的首创，也是世界上现存最大的敞肩桥。
　　　A. 苏州宝带桥　　　B. 安济桥　　　　　C. 泉州洛阳桥　　　D. 潮州湘子桥

65. （　　）是我国孔数最多的连拱石桥。
　　　A. 苏州宝带桥　　　B. 安济桥　　　　　C. 泉州洛阳桥　　　D. 潮州湘子桥

66. （　　）是我国古代著名的梁式石桥，为使桥基和桥墩石胶结牢固，采用了"种蛎固基法"。
　　　A. 苏州宝带桥　　　B. 安济桥　　　　　C. 泉州洛阳桥　　　D. 潮州湘子桥

67. （　　）是我国第一座启闭式桥梁。
　　　A. 苏州宝带桥　　　B. 安济桥　　　　　C. 泉州洛阳桥　　　D. 潮州湘子桥

68. 广西程阳永济桥是（　　）文化在建筑艺术上的结晶。
　　　A. 苗族　　　　　　B. 侗族　　　　　　C. 壮族　　　　　　D. 土家族

69. （　　）属于金刚宝座式塔。
　　　A. 妙应寺白塔　　　B. 北京真觉寺塔　　C. 崇圣寺三塔　　　D. 嵩岳寺塔

70. （　　）是玄奘西行求法、归国译经的纪念建筑物，具有重要的历史价值。
　　　A. 西安大雁塔　　　B. 西安小雁塔　　　C. 嵩岳寺塔　　　D. 崇圣寺三塔

二、多项选择题（每题有2－4个正确答案，多选、少选、错选均不得分）

1. 中国古代建筑以其( )在世界建筑史上占有重要地位，被称为"凝固的诗，立体的画"。
   A. 独特的取材　　　B. 巧妙的结构　　　C. 别具风格的造型艺术
   D. 多种屋顶形式　　E. 丰富的彩画

2. 传统思想在古代建筑中的体现主要包括( )。
   A. 敬天祀祖　　　B. 皇权至上　　　C. 以中为尊　　　D. 阴阳五行
   E. 前朝后寝

3. 我国古代建筑的基本特征有以下哪几方面？( )
   A. 巧妙而科学的木构架结构　　　　B. 庭院式的组群布局
   C. 丰富多彩的艺术形象　　　　　　D. 古代建筑森严的等级
   E. 对称的布局结构

4. 中国古代木构架结构，主要有以下( )三种形式。
   A. 抬梁式　　　B. 穿斗式　　　C. 井干式　　　D. 三段式
   E. 殿式

5. ( )是我国古代建筑最具特色的外观特征。
   A. 大屋顶　　　　B. 飞腾的挑檐　　　C. 丰富的色彩　　　D. 高大的台基
   E. 多样的彩画

6. 宫殿布局的特点是( )。
   A. 严格的中轴对称　B. 左祖右社　　　C. 前朝后寝　　　D. 敬天祀祖
   E. 皇权至上

7. 故宫前朝三大殿是( )。
   A. 交泰殿　　　　B. 太和殿　　　C. 中和殿　　　D. 保和殿
   E. 养心殿

8. 在布局上，天坛按照使用性质的不同划分为神乐署和( )等五组建筑。
   A. 圜丘坛　　　B. 皇穹宇　　　C. 祈年殿　　　D. 享殿
   E. 斋宫

9. 秦始皇统一六国后，以( )三国的北方长城作为基础，修缮增筑。
   A. 秦　　　　B. 赵　　　　C. 燕　　　　D. 韩
   E. 魏

10. 秦长城的起至点分别是( )。
    A. 临洮　　　B. 嘉峪关　　　C. 辽东　　　D. 鸭绿江
    E. 蒲昌海

11. 汉长城的起至点分别是( )。
    A. 临洮　　　B. 嘉峪关　　　C. 辽东　　　D. 鸭绿江
    E. 蒲昌海

12. 明长城的起至点分别是( )。

A. 临洮　　　　　B. 嘉峪关　　　　C. 丹东虎山　　　D. 鸭绿江
E. 莁昌海

13. 帝王陵的地面建筑主要有( )三部分。
A. 祭祀建筑区　　B. 大红墙　　　　C. 神道　　　　　D. 护陵监
E. 石像生

14. 储存四库全书的清代皇家藏书楼有( )。
A. 文渊阁　　　　B. 文清阁　　　　C. 文澜阁　　　　D. 文溯阁
E. 文汇阁

15. 清陵中，地点在辽宁的有( )。
A. 永陵　　　　　B. 福陵　　　　　C. 昭陵　　　　　D. 清东陵
E. 清西陵

16. 清陵中，地点在河北的有( )。
A. 永陵　　　　　B. 福陵　　　　　C. 昭陵　　　　　D. 清东陵
E. 清西陵

17. 下列陵墓中，地点在陕西的有( )。
A. 秦始皇陵　　　B. 汉茂陵　　　　C. 唐乾陵　　　　D. 北宋陵
E. 明十三陵

18. ( )属于楼阁式塔。
A. 西安大雁塔　　B. 应县木塔　　　C. 泉州开元寺双塔　D. 嵩岳寺塔
E. 西安小雁塔

19. ( )属于密檐式塔。
A. 西安大雁塔　　B. 崇圣寺三塔　　C. 泉州开元寺双塔　D. 嵩岳寺塔
E. 西安小雁塔

20. 长城的结构较复杂，其设施因时代而异，主要包括( )等。
A. 城墙　　　　　B. 敌台　　　　　C. 烽火台　　　　D. 关隘
E. 城池

第六章　中国古代建筑参考答案

一、单项选择题

1 – 5. DABCA　6 – 10. DCBAB　11 – 15. CDBAA　16 – 20. BBBBD　21 – 25. CDCBC
26 – 30. AABCD　31 – 35. BADDB　36 – 40. BACCC　41 – 45. ACDBA　46 – 50. CADBA
51 – 55. CBDBA　56 – 60. CDABA　61 – 65. BADBA　66 – 70. CDBBA

二、多项选择题

1. ABC　2. ABCD　3. ABC　4. ABC　5. AB　6. ABC　7. BCD　8. ABCE　9. ABC
10. AC　11. CE　12. BC　13. ACD　14. ACDE　15. ABC　16. DE　17. ABC　18. ABC
19. BDE　20. ABCD

第七章　中国古典园林

一、单项选择题（每题有一个正确答案）

1. （　　）园林体系以"规则和有序"为园林的艺术特色，整齐一律，均衡对称，通过人工美追求几何美，体现人文的力量。
   A. 西亚 　　　　B. 中国 　　　　C. 欧洲 　　　　D. 南亚

2. （　　）园林体系强调水法，把水作为园林的灵魂，使水在园林中尽量发挥作用。
   A. 西亚 　　　　B. 中国 　　　　C. 欧洲 　　　　D. 南亚

3. （　　）园林体系表现的是自然美，使人工美和自然美融为一体，做到"虽由人作，宛自天开"。
   A. 西亚 　　　　B. 中国 　　　　C. 欧洲 　　　　D. 南亚

4. （　　）树立了皇家园林一池三山的模式，开创了人为造山的先例。
   A. 灵囿 　　　　B. 艮岳 　　　　C. 辋川别业 　　　D. 上林苑

5. （　　）时期是中国园林发展的转折点。
   A. 西汉 　　　　B. 东汉 　　　　C. 魏晋南北朝 　　D. 唐宋

6. （　　）时期园林达到成熟阶段，官僚及文人墨客自建园林或参与造园工作，将诗与画融入园林的布局与造景中。
   A. 魏晋南北朝 　B. 唐宋 　　　　C. 元朝 　　　　D. 明清

7. （　　）时期园林艺术进入精深发展阶段，园林在设计和建造上都达到了高峰。
   A. 魏晋南北朝 　B. 唐宋 　　　　C. 元朝 　　　　D. 明清

8. 园林专家惊叹："造园者未见此山，正如学诗者不知李杜。"这里的此山指的是（　　）的假山。
   A. 上海豫园 　　B. 苏州环秀山庄 　C. 苏州留园 　　D. 杭州竹素园

9. （　　）象征高官厚禄。
   A. 玉兰 　　　　B. 牡丹 　　　　C. 紫薇 　　　　D. 桂花

10. 唐代（　　）在辋川别业中养鹿放鹤，以寄托"一生几经伤心事，不向空门何处销"的解脱情趣。
    A. 王之涣 　　　B. 王炯 　　　　C. 王勃 　　　　D. 王维

11. 宋徽宗所建（　　），集天下珍禽异兽数以万计。
    A. 灵囿 　　　　B. 艮岳 　　　　C. 上林苑 　　　D. 豹房

12. （　　）不仅体量较大，而且造型丰富，在园林中起到重要的点景作用。
    A. 厅堂 　　　　B. 楼阁 　　　　C. 亭 　　　　　D. 轩

13. （　　）在园林中还起着"点景"与"引景"的作用，既美化了风景，还可以作为游览的"向导"。
    A. 厅堂 　　　　B. 楼阁 　　　　C. 亭 　　　　　D. 轩

14. （　　）是我国古代园林中一种既"引"且"观"的建筑，不仅有交通的功能，更有观赏的用途。

  A. 厅堂   B. 廊   C. 亭   D. 轩

15. "山重水复疑无路,柳暗花明又一村"形容的是中国古典园林(　　)的构景效果。

  A. 移景   B. 抑景   C. 框景   D. 漏景

16. 园林入口处常迎门挡以假山,这种构景手法叫作(　　)。

  A. 移景   B. 抑景   C. 框景   D. 漏景

17. 当甲风景点在远方,如果在中间有乔木和近处花卉作过渡景,景色就显得有层次美,这中间的乔木和近处的花卉,叫作(　　)。

  A. 框景   B. 对景   C. 夹景   D. 添景

18. (　　)是中国现存最大的古典皇家园林。

  A. 北京颐和园 B. 苏州拙政园 C. 苏州留园 D. 承德避暑山庄

19. (　　)是中国目前保存最完整的皇家园林。

  A. 北京颐和园 B. 苏州拙政园 C. 苏州留园 D. 承德避暑山庄

20. (　　)是苏州现存最大的古典园林,也是苏州园林的代表作。

  A. 沧浪亭   B. 狮子林   C. 拙政园   D. 留园

21. (　　)以建筑布置精巧、奇石众多而著称。

  A. 沧浪亭   B. 狮子林   C. 拙政园   D. 留园

22. (　　)被认为是苏州古典园林中以少胜多的典范。

  A. 网师园   B. 狮子林   C. 拙政园   D. 留园

23. (　　)号称"四季假山",融造园法则与山水画理于一体,随候异色,被陈从周先生誉为"国内孤例"。

  A. 网师园   B. 狮子林   C. 扬州个园 D. 留园

24. (　　)规模宏伟,景色佳丽,兼有明清两代南方园林建筑风格,被誉为"奇秀甲于东南"。

  A. 网师园   B. 上海豫园 C. 扬州个园 D. 留园

25. 北京颐和园内的谐趣园、圆明园内的廓然大公(后来也称双鹤斋)均为仿(　　)而建。

  A. 网师园   B. 上海豫园 C. 扬州个园 D. 无锡惠山寄畅园

26. (　　)是广东"四大园林"中保存原貌最好的古典园林。

  A. 顺德清晖园 B. 东莞可园 C. 番禺余荫山房 D. 佛山梁园

27. 下列园林中属于江南园林的一组是(　　)。

  A. 拙政园、留园、个园   B. 可园、豫园、个园

  C. 留园、颐和园、个园   D. 清晖园、颐和园、个园

28. 在江南园林中尤以(　　)为代表。

  A. 上海   B. 杭州   C. 南京   D. 苏州

29. 扬州个园取(　　)的"月映竹成千个字"之句命名。

  A. 计成   B. 潘岳   C. 袁枚   D. 苏轼

30. (　　)玉华堂前的太湖石"玉玲珑"为"江南三大奇石"之冠。

A. 豫园　　　　　B. 拙政园　　　　　C. 留园　　　　　D. 个园

二、多项选择题（每题有 2 - 4 个正确答案，多选、少选、错选均不得分）

1. 世界园林形成了以(　　　)为代表的三大园林体系。
   A. 欧洲　　　　　B. 西亚　　　　　C. 南亚　　　　　D. 中国
   E. 美洲

2. 中国古典园林的特征有(　　　)。
   A. 顺应自然的指导思想　　　　　B. 规则有序的艺术特色
   C. 诗情画意的艺术风格　　　　　D. 力求含蓄的造园手法
   E. 以水为魂的造园特色

3. 我国皇家园林的特点是(　　　)。
   A. 规模宏大　　　　　B. 真山真水较多
   C. 园中建筑色彩金碧辉煌　　　　　D. 园中建筑体形高大
   E. 居住和游览合一

4. 现存著名的皇家园林有(　　　)。
   A. 留园　　　　　B. 承德避暑山庄　　　C. 北海公园　　　D. 颐和园
   E. 豫园

5. 现存著名的私家园林有(　　　)。
   A. 留园　　　　　B. 拙政园　　　　　C. 北海公园　　　D. 沈园
   E. 豫园

6. 北方类型的园林的特点是(　　　)。
   A. 范围较大　　　　　B. 建筑富丽堂皇
   C. 河川湖泊、园石和常绿树木较少　　　D. 风格粗犷，秀丽媚美略显不足
   E. 园林景致细腻精美，明媚秀丽

7. 北方园林的代表大多集中于(　　　)。
   A. 北京　　　　　B. 西安　　　　　C. 洛阳　　　　　D. 开封
   E. 郑州

8. 南方园林的代表大都集中于(　　　)和扬州等地。
   A. 南京　　　　　B. 上海　　　　　C. 无锡　　　　　D. 广州
   E. 杭州

9. 岭南类型园林较著名的有(　　　)等。
   A. 广东顺德的清晖园　　　　　B. 东莞的可园
   C. 拙政园　　　　　D. 番禺的余荫山房
   E. 留园

10. 我国古典园林的叠山的石材主要有(　　　)两种。
    A. 黄石　　　　　B. 太湖石　　　　　C. 灵璧石　　　　　D. 花岗石
    E. 宣石

11. 太湖石具有(　　　)四大特点。

A. 瘦　　　　　B. 皱　　　　　C. 硬　　　　　D. 漏

E. 透

12. （　　）被称为"江南三大奇石"。

A. 上海豫园的玉玲珑　　　　　　B. 苏州留园的冠云峰

C. 杭州竹素园的绉云峰　　　　　D. 南京瞻园仙人峰

E. 苏州留园的瑞云峰

13. 下列属于中国古典园林理水之法的是（　　）。

A. 掩　　　　　B. 隔　　　　　C. 破　　　　　D. 疏

E. 遮

14. 中国古典园林着意表现自然美，对花木的选择标准是（　　）。

A. 姿美　　　　B. 色美　　　　C. 动态美　　　　D. 味香

E. 意境美

15. （　　）象征荣华富贵。

A. 玉兰　　　　B. 牡丹　　　　C. 紫薇　　　　D. 桂花

E. 松柏

16. 下列说法正确的有（　　）。

A. 竹子象征人品清逸和气节高尚　　　B. 紫薇象征紫气东来

C. 石榴象征多子多孙　　　　　　　　D. 松柏象征坚强和长寿

E. 莲花象征洁净无瑕

17. （　　）被誉为"江南三大名廊"。

A. 苏州沧浪亭的复廊　　　　　　B. 豫园的复廊

C. 拙政园的水廊　　　　　　　　D. 留园的曲廊

E. 怡园的复廊

18. （　　）被称为我国"四大园林"。

A. 承德避暑山庄　B. 北京颐和园　　C. 苏州拙政园　　D. 苏州留园

E. 上海豫园

19. 苏州的（　　）被称为苏州"四大园林"。

A. 沧浪亭　　　　B. 狮子林　　　　C. 拙政园　　　　D. 留园

E. 网师园

20. 清代广东"四大园林"也被称为岭南"四大园林"，它们是（　　）。

A. 顺德清晖园　B. 东莞可园　　　C. 番禺余荫山房　　D. 开平立园

E. 佛山梁园

第七章　中国古典园林参考答案

一、单项选择题

1-5. CABDC　6-10. BDBCD　11-15. BBCBB　16-20. BDDAC　21-25. DACBD

26-30. CADCA

74

二、多项选择题

1. ABD　2. ACD　3. ABCD　4. BCD　5. ABDE　6. ABCD　7. ABCD　8. ABCDE
9. ABD　10. AB　11. ABDE　12. ABC　13. ABC　14. ABD　15. ABD　16. ACDE
17. ACD　18. ABCD　19. ABCD　20. ABCE

第八章　中国饮食文化

一、单项选择题（每题有一个正确答案）

1. （　　）的发明是烹饪技术的第一次飞跃，人类真正进入烹饪时代。
   A. 陶器　　　　　　　B. 铜器　　　　　　C. 铁器　　　　　　D. 瓷器

2. 中国烹饪经历西汉以后的（　　），发展到现在，烹饪工艺不断改进和完善，形成了
   富有中国特色的烹饪体系。
   A. 陶烹时期　　　　　B. 瓷烹时期　　　　C. 铜烹时期　　　　D. 铁烹时期

3. 在下列菜系中，不属于"八大菜系"之列的是（　　）。
   A. 徽菜　　　　　　　B. 川菜　　　　　　C. 沪菜　　　　　　D. 湘菜

4. 在下列菜系中，不属于"四大菜系"之列的是（　　）。
   A. 鲁菜　　　　　　　B. 川菜　　　　　　C. 闽菜　　　　　　D. 粤菜

5. 在下列菜系中，不属于"十大菜系"之列的是（　　）。
   A. 徽菜　　　　　　　B. 川菜　　　　　　C. 沪菜　　　　　　D. 秦菜

6. （　　）是我国北方历史悠久、影响最大的一个菜系，有北方代表菜之称。
   A. 鲁菜　　　　　　　B. 秦菜　　　　　　C. 京菜　　　　　　D. 沪菜

7. 元、明、清各代，（　　）进入宫廷，并成为御膳支柱。
   A. 鲁菜　　　　　　　B. 秦菜　　　　　　C. 京菜　　　　　　D. 沪菜

8. （　　）历来以选料广博奇杂、菜肴新颖奇异而闻名全国。
   A. 鲁菜　　　　　　　B. 川菜　　　　　　C. 苏菜　　　　　　D. 粤菜

9. 苏菜以（　　）为代表。
   A. 淮扬菜　　　　　　B. 江宁菜　　　　　C. 苏州菜　　　　　D. 无锡菜

10. 霸王别姬、羊方藏鱼是（　　）代表名菜。
    A. 鲁菜　　　　　　　B. 川菜　　　　　　C. 苏菜　　　　　　D. 粤菜

11. 夫妻肺片、麻婆豆腐是（　　）代表名菜。
    A. 鲁菜　　　　　　　B. 秦菜　　　　　　C. 川菜　　　　　　D. 沪菜

12. 九转大肠、清汤燕菜是（　　）代表名菜。
    A. 鲁菜　　　　　　　B. 川菜　　　　　　C. 苏菜　　　　　　D. 粤菜

13. 龙虎斗、白云猪手、太爷鸡是（　　）代表名菜。
    A. 鲁菜　　　　　　　B. 川菜　　　　　　C. 苏菜　　　　　　D. 粤菜

14. （　　）以味型多样、变化巧妙而著称。

A. 鲁菜　　　　　B. 川菜　　　　　C. 苏菜　　　　　D. 粤菜

15. (　　)讲究调味醇正，口味偏于咸鲜，具有鲜、嫩、香、脆的特色。
　　A. 鲁菜　　　　　B. 秦菜　　　　　C. 京菜　　　　　D. 沪菜

16. (　　)具有"一菜一格""百菜百味"的特殊风味。
　　A. 鲁菜　　　　　B. 秦菜　　　　　C. 京菜　　　　　D. 川菜

17. 佛跳墙、荔枝肉、南煎肝、鱼丸汤、糟鳗汤等属于(　　)的代表菜。
　　A. 浙菜　　　　　B. 徽菜　　　　　C. 闽菜　　　　　D. 湘菜

18. (　　)以其风味独特、制作精细享誉海内外，为八大菜系之首，对其他菜系的产生有重要的影响。
　　A. 鲁菜　　　　　B. 秦菜　　　　　C. 京菜　　　　　D. 沪菜

19. (　　)被当地人概括为"酸酸甜甜、汤汤水水、黏黏糊糊"。
　　A. 浙菜　　　　　B. 徽菜　　　　　C. 闽菜　　　　　D. 湘菜

20. (　　)以烹制山珍野味而著称。
　　A. 浙菜　　　　　B. 徽菜　　　　　C. 闽菜　　　　　D. 湘菜

21. (　　)烹调的特点为"三重"：重油、重色、重火功。
　　A. 浙菜　　　　　B. 徽菜　　　　　C. 闽菜　　　　　D. 湘菜

22. 符离集烧鸡、火腿炖鞭笋等属于(　　)的代表菜。
　　A. 浙菜　　　　　B. 徽菜　　　　　C. 闽菜　　　　　D. 湘菜

23. 辣和腊是(　　)的最大特色。
　　A. 浙菜　　　　　B. 徽菜　　　　　C. 川菜　　　　　D. 湘菜

24. 长于红糟调味、长于制汤和长于使用糖醋是(　　)的三大特色。
　　A. 浙菜　　　　　B. 徽菜　　　　　C. 闽菜　　　　　D. 湘菜

25. 板栗烧菜心、麻辣仔鸡属于(　　)的代表菜。
　　A. 浙菜　　　　　B. 徽菜　　　　　C. 闽菜　　　　　D. 湘菜

26. 东华鲊、水晶脍属于(　　)。
　　A. 北京仿膳宫廷菜　　　　　　　　B. 杭州仿宋菜
　　C. 开封仿宋菜　　　　　　　　　　D. 西安仿唐菜

27. 豌豆黄、芸豆卷、小窝头、肉末烧饼等名点属于(　　)。
　　A. 北京仿膳宫廷菜　　　　　　　　B. 杭州仿宋菜
　　C. 开封仿宋菜　　　　　　　　　　D. 西安仿唐菜

28. 东坡脯、莲花鸡签属于(　　)。
　　A. 北京仿膳宫廷菜　　　　　　　　B. 杭州仿宋菜
　　C. 开封仿宋菜　　　　　　　　　　D. 西安仿唐菜

29. 辋川小样、驼蹄羹、遍地锦装鳖等属于(　　)。
　　A. 北京仿膳宫廷菜　　　　　　　　B. 杭州仿宋菜
　　C. 开封仿宋菜　　　　　　　　　　D. 西安仿唐菜

30. (　　)是我国延续时间最长的典型官府菜。
　　A. 孔府菜　　　　B. 谭家菜　　　　C. 红楼菜　　　　D. 随园菜

31. 清汤燕窝、黄焖鱼翅、红烧鲍鱼等是(   )的代表名菜。
    A. 孔府菜   B. 谭家菜   C. 红楼菜   D. 随园菜

32. 糟鹅掌、火腿炖肘子等是(   )的代表名菜。
    A. 孔府菜   B. 谭家菜   C. 红楼菜   D. 随园菜

33. 鲅鱼炖鸭、白玉虾圆、雪梨鸡片等是(   )的代表名菜。
    A. 孔府菜   B. 谭家菜   C. 红楼菜   D. 随园菜

34. 八仙过海、怀抱鲤鱼等是(   )的代表名菜。
    A. 孔府菜   B. 谭家菜   C. 红楼菜   D. 随园菜

35. 随园素是因清代(   )的《随园食单》而得名的官府菜。
    A. 袁崇焕   B. 袁昶   C. 袁枚   D. 袁世凯

36. 谭家菜产生于中国清朝末年的官人(   )家中。
    A. 谭延闿   B. 谭嗣同   C. 谭震林   D. 谭宗浚

37. 在所有鱼翅菜中,谭家菜以(   )最为上乘。
    A. 黄焖鱼翅   B. 三丝鱼翅   C. 蟹黄鱼翅   D. 砂锅鱼翅

38. 红楼菜是依据《红楼梦》所记述的(   )的看馔饮食所研制的菜肴。
    A. 薛府   B. 史府   C. 荣国府   D. 贾府

39. 中国素菜三大派系不包括(   )。
    A. 寺院菜   B. 宫廷素菜   C. 民间素菜   D. 官府素菜

40. (   )是素菜中的精品。
    A. 寺院菜   B. 宫廷素菜   C. 民间素菜   D. 官府素菜

41. 我国著名的素餐馆有上海功德林、北京功德林和(   )真素园等。
    A. 成都   B. 南京   C. 西安   D. 天津

42. (   )人们已能利用发酵技术制作馒头。
    A. 夏代   B. 商代   C. 周代   D. 汉代

43. (   )出现"点心"的名称。
    A. 唐代   B. 宋代   C. 元代   D. 明代

44. 北京名点小吃中,因乾隆皇帝曾品尝而出名的是(   )。
    A. 小窝头   B. 豌豆黄   C. "都一处"烧卖   D. 豆面糕

45. 北京名点小吃中,又称"驴打滚"的是(   )。
    A. 小窝头   B. 豌豆黄   C. "都一处"烧卖   D. 豆面糕

46. 刀削面是(   )最有代表性的面条,堪称天下一绝,已有数百年的历史。
    A. 陕西   B. 山西   C. 山东   D. 四川

47. 打糕是(   )著名的传统风味食品。
    A. 藏族   B. 满族   C. 蒙古族   D. 朝鲜族

48. "大列巴"(大面包)是(   )独特的风味食品。
    A. 哈尔滨   B. 辽宁   C. 内蒙古   D. 山西

49. 江苏名点小吃中,(   )被誉为"天下一品"。
    A. 扬州三丁包子   B. 千层油糕   C. 翡翠烧卖   D. 蟹黄汤包

50. "大救驾"是( )寿县著名点心,相传为宋朝开国皇帝赵匡胤所喜爱,已经有1000多年的历史。

    A. 河北   B. 江苏   C. 安徽   D. 河南

51. 嘉兴五芳斋的( )因其滋味鲜美、携带方便、食用方便备受广大旅游者厚爱,有"东方快餐"之称,并获得了首届国货精品奖。

    A. 汤团   B. 酥饼   C. 粽子   D. 月饼

52. 麦糊烧是( )流行的大众化小吃。

    A. 江西   B. 江苏   C. 浙江   D. 河南

53. ( )皮薄馅满,汁多味美,风味独特,有"天下第一包"的美誉。

    A 江苏蟹黄汤包   B. 上海南翔小笼包   C. 天津狗不理包子   D. 开封灌汤包

54. ( )已成为陕西名食的"总代表"。

    A. 牛羊肉泡馍   B. 西安饺子   C. 臊子面   D. 水晶柿子饼

55. ( )有"百饺百味"之称。

    A. 成都钟水饺   B. 广东虾饺   C. 辽宁老边饺子   D. 西安饺子

56. ( )的特点可概括为"一清二白三红四绿五黄",即汤清,萝卜白,辣椒油红,香菜、蒜苗绿,面条黄亮。

    A. 河南浆面条   B. 兰州拉面   C. 中宁蒿子面   D. 陕西臊子面

57. 烤羊肉串是( )最有名的民族风味小吃。

    A. 甘肃   B. 山西   C. 陕西   D. 新疆

58. 过桥米线是( )特有风味小吃。

    A. 云南   B. 四川   C. 贵州   D. 重庆

59. 桂林米粉最有名的是( )米粉,每碗只有一根米粉,有"吃米粉找不到头"之说。

    A. 牛肉   B. 羊肉   C. 马肉   D. 驴肉

60. ( )别名素春卷,是贵阳街头最常见的小吃。

    A. 肠旺面   B. 烧饵块   C. 丝娃娃   D. 蚝饼

61. ( )吃起来辣味十足,具有"黑如墨,香如醇,嫩如酥,软如绒"的特点。

    A. 大理乳扇   B. 火宫殿臭豆腐   C. 马蹄糕   D. 热干面

62. ( )为湖北名点小吃,已有100余年历史,曾获巴拿马万国博览会银奖。

    A. 云梦炒鱼面   B. 三鲜豆皮   C. 热干面   D. 火宫殿臭豆腐

63. ( )是海南著名风味美食。

    A. 热干面   B. 竹筒饭   C. 肠粉   D. 丝娃娃

64. 世界上第一部茶叶专著《茶经》完成于( )。

    A. 隋代   B. 唐代   C. 五代十国   D. 宋代

65. ( )被称为"茶圣"。

    A. 吴理真   B. 陆龟蒙   C. 陆羽   D. 陆游

66. 花茶出现于( )。

    A. 汉代   B. 唐代   C. 宋代   D. 元代

67. (　　)是最古老的茶叶品种。
　　A. 红茶　　　　　B. 绿茶　　　　　C. 青茶　　　　　D. 黑茶

68. (　　)居中国名茶之冠，有"色绿，香郁，味醇，形美"四绝之说。
　　A. 西湖龙井　　　B. 太湖碧螺春　　C. 黄山毛峰　　　D. 云南普洱茶

69. (　　)原名为"吓煞人香"，后经康熙皇帝改名。
　　A. 西湖龙井　　　B. 太湖碧螺春　　C. 黄山毛峰　　　D. 云南普洱茶

70. (　　)芽身金黄，称为"金镶玉"。
　　A. 白毫银针　　　B. 白牡丹　　　　C. 贡眉　　　　　D. 君山银针

71. 下列不属于白茶的有(　　)。
　　A. 白毫银针　　　B. 白牡丹　　　　C. 贡眉　　　　　D. 君山银针

72. 普洱茶属于(　　)。
　　A. 红茶　　　　　B. 黄茶　　　　　C. 青茶　　　　　D. 黑茶

73. "越陈越香"被公认为是(　　)区别于其他茶类的最大特点，还有一定的减肥降脂功效。
　　A. 普洱茶　　　　B. 君山银针　　　C. 铁观音　　　　D. 武夷岩茶

74. (　　)味温性凉，有健胃提神之效，祛湿退热之功，常作为药用。
　　A. 白毫银针　　　B. 白牡丹　　　　C. 贡眉　　　　　D. 君山银针

75. (　　)属于后发酵茶，随时间的不同，发酵程度会发生变化。
　　A. 红茶　　　　　B. 黄茶　　　　　C. 青茶　　　　　D. 黑茶

76. 贵州茅台酒是(　　)类酒的典型代表。
　　A. 酱香型　　　　B. 浓香型　　　　C. 米香型　　　　D. 清香型

77. (　　)是许多重大外事活动的见证人，因而被誉为"国酒""外交酒"。
　　A. 贵州茅台酒　　B. 桂林三花酒　　C. 山西汾酒　　　D. 五粮液酒

78. 泸州老窖特曲、五粮液酒为(　　)类酒的代表。
　　A. 酱香型　　　　B. 浓香型　　　　C. 米香型　　　　D. 清香型

79. (　　)以"醇香浓郁，清冽甘爽，饮后尤香，回味悠长"的独特风格闻名于世。
　　A. 贵州茅台酒　　B. 泸州老窖特曲酒　C. 山西汾酒　　　D. 五粮液酒

80. 桂林三花酒属于(　　)类白酒的代表。
　　A. 酱香型　　　　B. 浓香型　　　　C. 米香型　　　　D. 清香型

81. 山西汾酒属于(　　)类白酒的代表。
　　A. 酱香型　　　　B. 浓香型　　　　C. 米香型　　　　D. 清香型

82. (　　)可以说是我国历史上最早的名酒。
　　A. 贵州茅台酒　　B. 山西汾酒　　　C. 泸州老窖特曲　D. 五粮液酒

83. (　　)素以入口绵、落口甜、饮后余香、回味悠长的特色而著称。
　　A. 贵州茅台酒　　B. 山西汾酒　　　C. 泸州老窖特曲　D. 五粮液酒

84. 贵州遵义董酒、陕西西凤酒为(　　)类白酒的代表。
　　A. 酱香型　　　　B. 浓香型　　　　C. 兼香型酒　　　D. 清香型

85. (　　)酒质芳香奇特，被人们誉为其他香型白酒中独树一帜的"药香型"的典型代表。

    A. 贵州遵义董酒　　B. 陕西西凤酒　　　C. 泸州老窖特曲　　D. 山西汾酒

86.（　　）醇香芬芳，清而不淡，浓而不艳，集清香、浓香之优点于一体，风格独特。

    A. 贵州遵义董酒　　B. 陕西西凤酒　　　C. 泸州老窖特曲　　D. 山西汾酒

87.（　　）具有营养丰富、高热量、低酒度的特点，有"液体面包"之誉。

    A. 果酒　　　　　　B. 黄酒　　　　　　C. 果酒　　　　　　D. 啤酒

88. 中国最著名的啤酒是（　　）。

    A. 青岛啤酒　　　　B. 雪花啤酒　　　　C. 燕京啤酒　　　　D. 百威啤酒

89.（　　）的酿法集我国黄酒酿造的各项传统精湛技术于一身。

    A. 绍兴加饭酒　　　B. 龙岩沉缸酒　　　C. 丹阳黄酒　　　　D. 白蒲黄酒

90.（　　）具有色泽橙黄清澈、香气芬芳浓郁、滋味鲜甜醇厚、越陈越香、久藏不坏的特点。

    A. 绍兴加饭酒　　　B. 龙岩沉缸酒　　　C. 丹阳黄酒　　　　D. 白蒲黄酒

二、多项选择题（每题有2－4个正确答案，多选、少选、错选均不得分）

1. 世界三大烹饪流派的代表是（　　）。

    A. 土耳其派　　　　B. 印度派　　　　　C. 西班牙派　　　　D. 法国派

    E. 中国派

2. 我国传统"四大菜系"包括鲁菜和（　　）。

    A. 闽菜　　　　　　B. 川菜　　　　　　C. 粤菜　　　　　　D. 苏菜

    E. 浙菜

3. 我国"八大菜系"之说，即在"四大菜系"上再加上（　　）。

    A. 浙江菜系　　　　B. 安徽菜系　　　　C. 湘菜系　　　　　D. 闽菜系

    E. 淮扬菜

4. 我国"十大菜系"之说，即在"八大菜系"上再加上（　　）。

    A. 京菜系　　　　　B. 安徽菜系　　　　C. 沪菜系　　　　　D. 闽菜系

    E. 淮扬菜

5. 我国"十二大菜系"之说，即在"十大菜系"上再加上（　　）。

    A. 京菜系　　　　　B. 豫菜系　　　　　C. 秦菜系　　　　　D. 闽菜系

    E. 淮扬菜

6. 下列属于鲁菜代表名菜的有（　　）。

    A. 糖醋鲤鱼　　　　B. 九转大肠　　　　C. 三套鸭　　　　　D. 葱烧海参

    E. 清汤燕菜

7. 苏菜的主要特点是（　　）。

    A. 用料广泛，以江河湖海水鲜为主

    B. 刀工精细，烹调方法多样，擅长炖、焖、煨、焐

    C. 追求本味，清鲜平和，适应性强

    D. 菜品风格雅丽，形质均美

E. 讲究调味醇正，口味偏于咸鲜，具有鲜、嫩、香、脆的特色

8. 下列属于苏菜的代表名菜的有(　　　)。
   A. 碧螺虾仁　　　　B. 霸王别姬　　　　C. 羊方藏鱼　　　　D. 燕窝四大件
   E. 叫花鸡

9. 下列属于粤菜代表名菜的有(　　　)。
   A. 龙虎斗　　　　　B. 盐水鸭　　　　　C. 白云猪手　　　　D. 太爷鸡
   E. 爽口牛丸

10. 川菜发展至今，已具有(　　　) 三个特征。
   A. 用料广博　　　B. 味道多样　　　C. 菜肴新颖奇异　　　D. 讲究调味醇正
   E. 菜肴适应面广

11. 下列属于川菜的代表名菜的有(　　　)。
   A. 龙虎斗　　　　B. 东坡肉　　　　C. 夫妻肺片　　　　D. 酸菜鱼
   E. 樟茶鸭

12. 浙菜的特点有(　　　)。
   A. 取料广泛，多用地方特产，常寓神奇于平凡
   B. 烹调精巧，讲究时鲜，突出主料本色真味
   C. 口味重鲜嫩清脆，清淡多变，以清鲜味真取胜
   D. 烹调火功独到之处在于烧、炖、蒸，而爆、炒菜少
   E. 用料广泛，刀工精细

13. 下列属于浙菜的代表名菜的有(　　　)。
   A. 东坡肉　　　　B. 宋嫂鱼羹　　　C. 冰糖甲鱼　　　D. 炒西施舌
   E. 沙茶焖鸭块

14. 福州菜有三大特色是(　　　)。
   A. 在品味上注重香鲜、酸辣　　　　　B. 长于红糟调味
   C. 长于制汤　　　　　　　　　　　　D. 长于使用糖醋
   E. 重油、重色、重火功

15. 下列属于徽菜的代表名菜的有(　　　)。
   A. 符离集烧鸡　　B. 问政山笋　　　C. 一品锅　　　　　D. 麻辣仔鸡
   E. 雪冬烧山鸡

16. 湘菜的代表名菜有(　　　)。
   A. 发丝牛百叶　　B. 麻辣子鸡　　　C. 板栗烧菜心　　　D. 红椒腊牛肉
   E. 雪冬烧山鸡

17. 历代宫廷肴馔的风味都具有共同的特点是(　　　)。
   A. 配菜讲究典式规格　　　　　　　　B. 用料广博益寿
   C. 制作奇巧精致　　　　　　　　　　D. 味道中庸平和
   E. 华贵珍奇

18. 历代宫廷肴馔的风味特点具体表现在(　　　)。
   A. 选料考究，配料严格　　　　　　　B. 烹调细腻，讲究刀工

C. 造型美观，寓意吉祥　　　　　　　D. 菜名典雅得趣，筵席名目繁多

E. 用餐环境古朴高贵

19. 清代宫廷菜主要是在(　　)三种各具特色的风味菜的基础上发展而来的。

A. 山东风味　　　B. 满族风味　　　C. 皖南风味　　　D. 苏杭风味

E. 淮扬风味

20. 清代宫廷菜的特点是(　　)。

A. 选料严格　　　B. 制作精细　　　C. 形色美观　　　D. 用料广博益寿

E. 口味以清、鲜、酥、嫩见长

21. 官府菜除讲究用料广博益寿、制作奇巧精致外，还讲究(　　)。

A. 选料考究，配料严格　　　　　　　B. 味道中庸平和

C. 菜名典雅得趣　　　　　　　　　　D. 筵席名目繁多

E. 用餐环境古朴高贵

22. 下列属于官府菜的有(　　)。

A. 孔府菜　　　B. 谭家菜　　　C. 红楼菜　　　D. 随园菜

E. 广府菜

23. 下列属于西安仿唐菜的有(　　)。

A. 两色腰子　　　B. 莲花鸡签　　　C. 辋川小样　　　D. 驼蹄羹

E. 遍地锦装鳖

24. 下列属于开封仿宋菜的有(　　)。

A. 两色腰子　　　B. 东华鲊　　　C. 水晶脍　　　D. 驼蹄羹

E. 蟹酿橙

25. 孔府菜的特点是(　　)。

A. 用料极其广泛，高至山珍海味，低到瓜、果、菜、椒或山林野菜等，都可烹制出佳蔬美味

B. 做工精细，善于调味，讲究盛器，烹调技法全面

C. 讲究原汁原味

D. 命名极为讲究，寓意深远，有些系沿用传统名称，有的取名古朴典雅，富有诗意

E. 选料考究，制作精细，尤其重火功和调味

26. 下列属于孔府菜的代表名菜的有(　　)。

A. 诗礼银杏　　　B. 八仙过海　　　C. 怀抱鲤鱼　　　D. 清汤燕窝

E. 御笔猴头

27. 下列属于谭家菜的代表名菜的有(　　)。

A. 黄焖鱼翅　　　B. 红烧鲍鱼　　　C. 乌龙戏珠　　　D. 草菇蒸鸡

E. 清汤燕窝

28. 下列属于红楼菜的代表名菜的有(　　)。

A. 糟鹅掌　　　B. 火腿炖肘子　　　C. 扒大乌参　　　D. 炸鹌鹑

E. 老蚌怀珠

29. 下列属于随园菜的代表名菜的有(　　　)。
    A. 鲹鱼炖鸭　　　B. 白玉虾圆　　　　C. 雪梨鸡片　　　　D. 清汤燕窝
    E. 素燕鱼翅

30. 谭家菜以(　　)的烹制最为有名。
    A. 鲍鱼　　　　　B. 河豚　　　　　　C. 鱼翅　　　　　　D. 海参
    E. 燕窝

31. 素菜的特点主要有(　　　)。
    A. 原料全素，时鲜为主，清爽素净　　　B. 营养独特，健身疗疾
    C. 模仿荤菜，形态逼真，口味相似　　　D. 味道中庸平和
    E. 菜名典雅得趣

32. 一般来说，点心、小吃可以分为(　　　)三大流派。
    A. 京式　　　　　B. 川式　　　　　　C. 广式　　　　　　D. 苏式
    E. 沪式

33. 北京名点小吃中，传说清代慈禧太后喜爱的有(　　　)。
    A. 小窝头　　　　B. 豌豆黄　　　　　C. "都一处"烧卖　　D. 豆面糕
    E. 茯苓夹饼

34. (　　　)被天津市商委和烹协命名为"天津三绝食品"。
    A. 桂发祥大麻花　B. 耳朵眼炸糕　　　C. 茯苓夹饼　　　　D. 狗不理包子
    E. 棋子烧饼

35. 属于上海名点小吃的有(　　　)。
    A. 拨鱼儿　　　　B. 桂发祥大麻花　　C. 排骨年糕　　　　D. 蟹壳黄
    E. 南翔小笼包

36. 扬州三丁包子的"三丁"，即以(　　　)为馅。
    A. 鸡丁　　　　　B. 土豆丁　　　　　C. 肉丁　　　　　　D. 笋丁
    E. 胡萝卜

37. 江苏名点小吃中，(　　　)被定为"中华名小吃"。
    A. 扬州三丁包子　B. 千层油糕　　　　C. 翡翠烧卖　　　　D. 蟹黄汤包
    E. 苏式月饼

38. (　　　)被誉为"西安饮食三绝"。
    A. 仿唐菜点　　　B. 牛羊肉泡馍　　　C. 水晶柿子饼　　　D. 西安饺子
    E. 臊子面

39. 下列属于杭州仿宋菜的有(　　　)。
    A. 金鱼鸭掌　　　B. 东坡脯　　　　　C. 莲花鸡签　　　　D. 蟹酿橙
    E. 一品官燕

40. 下列属于四川名点小吃的有(　　　)。
    A. 担担面　　　　B. 过桥米线　　　　C. 钟水饺　　　　　D. 龙抄手
    E. 赖汤圆

41. 下列属于广东名点小吃的有(　　　)。

A. 马蹄糕　　　　B. 娥姐粉果　　　　C. 肠粉　　　　D. 凤梨酥

E. 三鲜豆皮

42. 下列被评为"中华名小吃"的有(　　　)。

A. 扬州三丁包子　　B. 扬州千层油糕　　C. 扬州翡翠烧卖　　D. 郑州烩面

E. 河南浆面条

43. (　　　)现已成为世界三大饮料。

A. 茶叶　　　　　B. 咖啡　　　　　C. 可可　　　　D. 啤酒

E. 酸奶

44. 绿茶以(　　　)最为著名。

A. 西湖龙井茶　　B. 太湖碧螺春茶　　C. 武夷岩茶　　　D. 黄山毛峰茶

E. 铁观音

45. 青茶也称乌龙茶，名品有(　　　)等。

A. 福建的武夷岩茶　　　　　　B. 铁观音　　　　C. 广东的凤凰单枞

D. 台湾的乌龙　　E. 君山银针

46. 下列属于白茶的有(　　　)。

A. 白毫银针　　　B. 白牡丹　　　　C. 贡眉　　　　D. 君山银针

E. 铁观音

47. 茶叶按初加工方式可以分为绿茶、红茶和(　　　)。

A. 紫茶　　　　　B. 青茶　　　　　C. 黑茶　　　　D. 黄茶

E. 白茶

48. 紧压茶也称边销茶，主要以(　　　)为原料，经过蒸压处理，加工成茶块。

A. 黑茶　　　　　B. 黄茶　　　　　C. 红茶　　　　D. 绿茶

E. 白茶

49. 下列有关我国茶叶，说法正确的有(　　　)。

A. 绿茶是不发酵的茶叶，是最古老的茶叶品种

B. 红茶出现于唐朝，用全发酵法制成

C. 滇红工夫茶中，品质最优的是"滇红特级礼茶"，以一芽一叶为主制造而成

D. 青茶也称乌龙茶，属半发酵茶

E. 黄茶加工过程中采用杀青、焖黄的方法，使鲜叶进行非酶性氧化

50. 下列属于浓香型酒的有(　　　)。

A. 五粮液酒　　　B. 贵阳大曲　　　C. 茅台酒　　　D. 洋河大曲

E. 泸州老窖特曲

51. 下列属于兼香型酒的有(　　　)。

A. 贵州遵义董酒　　B. 陕西西凤酒　　C. 泸州老窖特曲　　D. 山西汾酒

E. 茅台酒

52. 下列属于黄酒类名酒的有(　　　)。

A. 绍兴加饭酒　　B. 福建龙岩沉缸酒　　C. 金奖白兰地　　D. 山西汾酒

E. 习水大曲

53. 根据葡萄酒的含糖量，葡萄酒分为(　　　)。
    A. 红葡萄酒　　　B. 半干红葡萄酒　　　C. 半甜红葡萄酒　　　D. 甜红葡萄酒
    E. 干红葡萄酒
54. 啤酒是一种含有多种(　　　)的饮料酒。
    A. 酵母　　　　　B. 氨基酸　　　　　C. 维生素　　　　　D. 蛋白质
    E. 二氧化碳
55. 五粮液酒，以优质大米和(　　　)五种粮食为原料酿制而得名。
    A. 玉米　　　　　B. 高粱　　　　　C. 小麦　　　　　D. 糯米
    E. 粳米

第八章　中国饮食文化参考答案

一、单项选择题

1－5. ADCCD　6－10. AADAC　11－15. CADBA　16－20. DCACB　21－25. BBDCD
26－30. CABDA　31－35. BCDAC　36－40. DADDB　41－45. DDACD　46－50. BDAAC
51－55. CADAD　56－60. BDACC　61－65. BABBC　66－70. CBABD　71－75. DDAAD
76－80. AABBC　81－85. DBBCA　86－90. BDABA

二、多项选择题

1. ADE　2. BCD　3. ABCD　4. AC　5. BC　6. ABDE　7. ABCD　8. ABCE　9. ACDE
10. ABE　11. CDE　12. ABC　13. ABC　14. BCD　15. ABCE　16. ABCD　17. AE
18. ABC　19. ABD　20. ABCE　21. BCDE　22. ABCD　23. CDE　24. ABC　25. ABD
26. ABCE　27. ABDE　28. ABDE　29. ABCE　30. CE　31. ABC　32. ACD　33. AB
34. ABD　35. CDE　36. ACD　37. ABC　38. ABD　39. BCD　40. ACDE　41. ABC
42. ABCD　43. ABC　44. ABD　45. ABCD　46. ABC　47. BCDE　48. ACD
49. ACDE　50. ABDE　51. AB　52. AB　53. BCDE　54. BCDE　55. ABCD

第九章　中国风物特产

一、单项选择题（每题有一个正确答案）

1. (　　　)以烧白瓷而著称。
    A. 官窑　　　　　B. 定窑　　　　　C. 汝窑　　　　　D. 哥窑
2. (　　　)专为宫廷烧制御用青瓷器，烧造工艺达到了中国陶瓷史上的极致。
    A. 官窑　　　　　B. 定窑　　　　　C. 汝窑　　　　　D. 哥窑
3. (　　　)瓷器釉色胎骨坚薄，釉色翠美清新，腴润如脂。
    A. 官窑　　　　　B. 定窑　　　　　C. 汝窑　　　　　D. 哥窑
4. (　　　)瓷器造型端庄古朴，传世者弥足珍贵。

A. 钧窑　　　　　B. 定窑　　　　　C. 汝窑　　　　　D. 哥窑

5. (　　)以烧制乳浊釉瓷为主，以其"入窑一色，出窑万彩"的神奇"窑变"而闻名。

　　A. 钧窑　　　　　B. 定窑　　　　　C. 汝窑　　　　　D. 哥窑

6. (　　)被视为我国"瓷都"。

　　A. 湖南醴陵　　　B. 江苏宜兴　　　C. 江西景德镇　　D. 江西龙泉

7. (　　)造型优美、品种繁多、装饰丰富、风格独特，以"白如玉，明如镜，薄如纸，声如磬"的独特风格蜚声海内外。

　　A. 湖南醴陵釉下彩瓷　　　　　　　　B. 江苏宜兴紫砂器
　　C. 江西景德镇青花瓷　　　　　　　　D. 江西龙泉青瓷

8. (　　)烧造历史最为悠久，位居四大名瓷之首，享有"瓷国明珠"之美誉。

　　A. 玲珑瓷　　　　B. 粉彩瓷　　　　C. 颜色釉瓷　　　D. 青花瓷

9. (　　)具有"青如玉、明如镜、薄如纸、声如磬"的特点。

　　A. 湖南醴陵釉下彩瓷　　　　　　　　B. 江苏宜兴紫砂器
　　C. 江西景德镇青花瓷　　　　　　　　D. 江西龙泉青瓷

10. (　　)青瓷传统烧制技艺于2009年9月30日正式入选联合国教科文组织世界非物质文化遗产保护名录。

　　A. 湖南醴陵　　　B. 江苏宜兴　　　C. 江西景德镇　　D. 江西龙泉

11. (　　)素有"紫口铁足"之称，堪称瓷中珍品。

　　A. 哥窑青瓷　　　B. 宜兴紫砂器　　C. 醴陵釉下彩瓷　D. 江西景德镇青花瓷

12. (　　)被认为是中国的"陶都"。

　　A. 湖南醴陵　　　B. 江苏宜兴　　　C. 江西景德镇　　D. 江西龙泉

13. (　　)享有天下"神品"之称。

　　A. 宜兴紫砂器　　B. 哥窑青瓷　　　C. 醴陵釉下彩瓷　D. 江西景德镇青花瓷

14. (　　)曾有"尺瓶寸盂视为无上之品，茗瓯酒盏叹为不世之珍"之说。

　　A. 强化瓷　　　　B. 骨质瓷　　　　C. 茶叶末釉　　　D. 雨点釉瓷

15. 在世界陶瓷史上"中国白"一词也成了(　　)白瓷的代名词。

　　A. 宜兴　　　　　B. 醴陵　　　　　C. 淄博　　　　　D. 德化

16. 古人称赞(　　)说它"黄杂绿色，娇嫩而不俗，艳于花，美如玉，最养目"。

　　A. 强化瓷　　　　B. 骨质瓷　　　　C. 茶叶末釉　　　D. 雨点釉瓷

17. (　　)是日本国宝级传统工艺品京都西阵织的前身。

　　A. 蜀锦　　　　　B. 侗锦　　　　　C. 云锦　　　　　D. 宋锦

18. (　　)在图案花纹上继承了古代织锦的传统，主要用于装裱书画和礼品装饰之用。

　　A. 蜀锦　　　　　B. 侗锦　　　　　C. 云锦　　　　　D. 宋锦

19. 宋锦是(　　)丝织产品，因始织于北宋时期，称为宋锦。

　　A. 江苏苏州　　　B. 江苏南京　　　C. 河南开封　　　D. 河南洛阳

20. (　　)使用大量的金线装饰，因此织品明丽辉煌，光彩夺目。

　　A. 蜀锦　　　　　B. 侗锦　　　　　C. 云锦　　　　　D. 宋锦

21. ( )在艺术上形成了图案秀丽、色彩和谐、线条明快、针法活泼、绣工精细的地方风格，被誉为"东方明珠"。

A. 苏州苏绣　　　B. 湖南湘绣　　　C. 广东粤绣　　　D. 四川蜀绣

22. 双面绣《猫》是( )现代作品的代表作。

A. 苏州苏绣　　　B. 湖南湘绣　　　C. 广东粤绣　　　D. 四川蜀绣

23. ( )以着色富有层次、绣品若画为特点。

A. 苏州苏绣　　　B. 湖南湘绣　　　C. 广东粤绣　　　D. 四川蜀绣

24. ( )以狮、虎为代表作。

A. 苏州苏绣　　　B. 湖南湘绣　　　C. 广东粤绣　　　D. 四川蜀绣

25. ( )的一个独特现象就是绣工多为男工。

A. 苏州苏绣　　　B. 湖南湘绣　　　C. 广东粤绣　　　D. 四川蜀绣

26. 金银线垫绣是( )中具有特色的工种之一，它使绣上的景物形象富有立体感。

A. 苏州苏绣　　　B. 湖南湘绣　　　C. 广东粤绣　　　D. 四川蜀绣

27. ( )代表作有《百鸟朝凤》，形象逼真，生机盎然。

A. 苏州苏绣　　　B. 湖南湘绣　　　C. 广东粤绣　　　D. 四川蜀绣

28. ( )刺绣技法甚为独特，至少有 100 种以上精巧的针法绣技。

A. 苏州苏绣　　　B. 湖南湘绣　　　C. 广东粤绣　　　D. 四川蜀绣

29. 云锦的主产地是( )。

A. 南京　　　　　B. 苏州　　　　　C. 宾阳　　　　　D. 成都

30. 鞍山玉佛苑的"玉佛"是( )代表作。

A. 新疆和田　　　B. 辽宁岫岩　　　C. 云南腾冲　　　D. 陕西蓝田

31. 寿山石晶莹温润，色泽艳丽，其中尤以( )最为名贵。

A. 雨花石　　　　B. 鸡血石　　　　C. 冻石　　　　　D. 田黄石

32. ( )以冻石尤为名贵，以刻图章最为有名。

A. 寿山石　　　　B. 昌化鸡血石　　C. 青田石　　　　D. 菊花石

33. ( )硬度不高，纹彩艳丽，光泽晶莹，肉质温润，极易制作印章，深受收藏家和篆刻家的喜爱。

A. 福建福州寿山石 B. 浙江昌化鸡血石 C. 浙江青田石　　D. 湖南菊花石

34. ( )素有"木雕之乡"之称。

A. 东阳　　　　　B. 潮州　　　　　C. 黄杨　　　　　D. 曲阜

35. ( )是最广泛用于所有妇女服饰品的淡水珍珠制品。

A. 淡水贝　　　　B. 白蝶贝　　　　C. 黑蝶贝　　　　D. 马氏贝

36. ( )与宝石齐名，历来被劳力士等高级钟表的表盘及其他高级装饰品所采用。

A. 淡水贝　　　　B. 白蝶贝　　　　C. 黑蝶贝　　　　D. 马氏贝

37. ( )被用在高级工艺品及装饰品中，最适合衬衫、女士外套及对襟毛衣，以突出其色泽亮丽、巧夺天工的特点。

A. 淡水贝　　　　B. 白蝶贝　　　　C. 黑蝶贝　　　　D. 马氏贝

38. 现在服装行业所采用的绝大多数纽扣都是由( )加工而成。

A. 淡水贝　　　　B. 白蝶贝　　　　C. 黑蝶贝　　　　D. 马蹄螺贝

39. (　　)广泛用于西装、工艺品及妇女服饰品，特别适合手工制作。

　　A. 淡水贝　　　　B. 白蝶贝　　　　C. 黑蝶贝　　　　D. 马蹄螺贝

40. 在史书上雕漆又称为(　　)。

　　A. 剔红　　　　　B. 剔黄　　　　　C. 剔绿　　　　　D. 剔黑

41. 中国锡器以(　　)个旧出产的锡器最为著名。

　　A. 云南　　　　　B. 广东　　　　　C. 福建　　　　　D. 山东

42. (　　)享有"盛水水清甜，盛酒酒香醇，储茶味不变，插花花长久"的美誉。

　　A. 陶器　　　　　B. 锡器　　　　　C. 瓷器　　　　　D. 银器

43. 自古至今公认为(　　)是茶叶长期保鲜的最佳器皿。

　　A. 纸制茶罐　　　B. 锡制茶罐　　　C. 铁皮茶罐　　　D. 陶制茶罐

44. 据金属理论分析，(　　)是"绿色环保金属"，性凉，散热效果极佳。

　　A. 铜　　　　　　B. 锡　　　　　　C. 铁　　　　　　D. 钒

45. 目前，我国最早冶炼的青铜器是(　　)马家窑遗址出土的青铜刀，距今已有5000多年。

　　A. 四川　　　　　B. 甘肃　　　　　C. 河南　　　　　D. 陕西

46. 下列地方中，不属于我国著名四大木刻年画产地的是(　　)。

　　A. 山东潍坊　　　B. 天津杨柳青　　C. 四川绵竹　　　D. 河南洛阳

47. (　　)年画是我国南方流传最广、影响最大的一种民间木刻画。

　　A. 山东潍坊杨家埠　　　　　　　　B. 苏州桃花坞

　　C. 天津杨柳青　　　　　　　　　　D. 四川绵竹

48. (　　)于明崇祯年间到清中后期最为风行，有"家家会刻版，人人善丹青"之誉。

　　A. 山东津坊杨家埠　　　　　　　　B. 苏州桃花坞

　　C. 天津杨柳青　　　　　　　　　　D. 四川绵竹

49. (　　)在2009年10月被联合国教科文组织列入人类非物质文化遗产代表作名录。

　　A. 年画　　　　　B. 雕漆　　　　　C. 剪纸艺术遗产　D. 风筝

50. (　　)有"活化石"之称，它较完整地传承了中华民族阴阳哲学思想与生殖繁衍崇拜的观念。

　　A. 浙江剪纸　　　B. 山西剪纸　　　C. 陕西剪纸　　　D. 扬州剪纸

51. 据传，嘉庆、道光年间，著名艺人(　　)的剪纸，花、鸟、鱼、蝶无不神形兼备，故有"神剪"之称。

　　A. 张永寿　　　　B. 包钧　　　　　C. 伏兆娥　　　　D. 刘期培

52. 1979年剪纸艺人(　　)被国家授予"中国工艺美术大师"称号。

　　A. 张永寿　　　　B. 包钧　　　　　C. 伏兆娥　　　　D. 刘期培

53. (　　)中的戏曲窗花也有独到之处，其擅取戏中典型的场面情节，充分体现人物的身段之美。

　　A. 陕西剪纸　　　B. 山西剪纸　　　C. 扬州剪纸　　　D. 浙江剪纸

54. 山西剪纸中最常见的是(　　)。

A. 窗花　　　　　B. 喜花　　　　　C. 礼花　　　　　D. 鞋花

55. 宣纸产于(　　)，有"纸寿千年"之说法。

A. 于广东省肇庆　　B. 安徽南部泾县　　C. 古徽州府　　　D. 浙江省湖州市

二、多项选择题（每小题有二至四个正确答案，多选、少选、错选均不得分）

1. 唐三彩因经常使用(　　)三种色彩而得名。

A. 黄　　　　　　B. 青　　　　　　C. 绿　　　　　　D. 褐

E. 黑

2. 宋代是中国制瓷业极其辉煌的时期，其中以定窑和(　　)五大名窑最为著名。

A. 汝窑　　　　　B. 官窑　　　　　C. 耀州窑　　　　D. 哥窑

E. 钧窑

3. 中国瓷器的主要产地除江西景德镇和浙江龙泉外，还有(　　)。

A. 湖南醴陵　　　B. 福建德化　　　C. 广东佛山　　　D. 山东淄博

E. 河北唐山

4. (　　)并称为景德镇四大传统名瓷。

A. 青花瓷　　　　B. 玲珑瓷　　　　C. 粉彩瓷　　　　D. 颜色釉瓷

E. 青瓷

5. (　　)并称为中国三大名锦。

A. 蜀锦　　　　　B. 侗锦　　　　　C. 云锦　　　　　D. 宋锦

E. 壮锦

6. 对云锦说法正确的有(　　)。

A. 产于江苏苏州，因锦纹如云而得名

B. 云锦使用大量的金线装饰，因此织品明丽辉煌，光彩夺目

C. 南京云锦木机妆花手工织造技艺于 2006 年列入首批国家级非物质文化遗产名录

D. 南京云锦木机妆花手工织造技艺 2009 年 9 月成功入选联合国教科文组织的人类
非物质文化通产代表作名录

E. 始织于南朝，明清尤盛

7. 龙泉青瓷产品有(　　)两种。

A. 弟窑　　　　　B. 哥窑　　　　　C. 钧窑　　　　　D. 汝窑

E. 官窑

8. (　　)于 2006 年列入首批国家级非物质文化遗产名录。

A. 云锦　　　　　B. 蜀锦　　　　　C. 宋锦　　　　　D. 侗锦

E. 壮锦

9. (　　)在 2009 年 9 月联合国教科文组织将其列入世界非物质文化遗产保护名录。

A. 云锦　　　　　B. 蜀锦　　　　　C. 宋锦　　　　　D. 侗锦

E. 壮锦

10. 现代蜀锦名品有(　　)等。

A. 联珠团花纹锦　　　　　　　　　B. 紫地凤唐章丸文锦

C. 方方锦　　　　　　　　　　　D. 雨丝锦

E. 月华锦

11. 下列名锦中，不是产于江苏的有（　　　）。

A. 云锦　　　　B. 蜀锦　　　　C. 宋锦　　　　D. 侗锦

E. 壮锦

12. （　　　）被誉为我国四大名绣。

A. 苏州苏绣　　　B. 湖南湘绣　　　C. 广东粤绣　　　D. 上海顾绣

E. 四川蜀绣

13. 蜀绣的代表作有（　　　）。

A. 《蜀宫乐女演乐图》挂屏　　　　　B. 《水草鲤鱼》座屏

C. 《熊猫》座屏　　　　　　　　　　D. 《芙蓉鲤鱼》

E. 《百鸟朝凤》

14. 中国玉雕原料玉石最著名的产地主要有（　　　）两处。

A. 新疆和田　　B. 辽宁岫岩　　　C. 云南腾冲　　　D. 陕西蓝田

E. 河南独山

15. 中国石雕的产地较多，最为著名的有（　　　）三处。

A. 青田石雕　　B. 寿山石雕　　　C. 昌化鸡血石雕　　D. 四川广元白花石刻

E. 湖南菊花石雕

16. "浙江三雕"是指（　　　）。

A. 昌化鸡血石雕　　B. 东阳木雕　　　C. 乐清黄杨木雕　　D. 青田石雕

E. 潮州木雕

17. 锡自身的一些优良特性有（　　　）。

A. 对人体是无害的　　　　　　　　　B. 具有优美的金属色泽

C. 具有良好的延展属性和加工性能　　D. 耐潮、耐高温、耐腐蚀

E. 锡制生活器皿有许多独特之处

18. （　　　）的青铜器是中国青铜器艺术趋于成熟的时期，有"青铜时代"之称。

A. 商代早期　　B. 商代中期　　　C. 商代晚期　　　D. 西周早期

E. 西周中晚期

19. （　　　）被称为文房四宝之首。

A. 湖笔　　　　B. 徽墨　　　　　C. 歙砚　　　　　D. 宣纸

E. 端砚

20. （　　　）被誉为中国的四大名砚。

A. 端砚　　　　B. 歙砚　　　　　C. 洮河砚　　　　D. 澄泥砚

E. 苴却砚

21. 我国著名的四大民间木刻年画的产地是（　　　）。

A. 天津杨柳青　　B. 苏州桃花坞　　C. 山东潍坊　　　D. 四川绵竹

E. 四川绵阳

22. 中国剪纸从具体用途看大致可以分为（　　　）四类。

A. 用于张贴　　　　B. 用于摆衬　　　　C. 用于刺绣底样　　D. 用于产品商标

E. 用于印染

23. 中国剪纸主要(　　)的剪纸较为有名。

A. 扬州剪纸　　　　B. 浙江剪纸　　　　C. 山西剪纸　　　　D. 河北剪纸

E. 陕西剪纸

24. 剪纸艺人张永寿被国家授予"中国工艺美术大师"称号，其代表作有(　　)。

A. 《百花齐放》　　B. 《百菊图》　　　C. 《百福图》　　　D. 《百蝶恋花图》

E. 《百艳图》

25. 中国风筝的技艺概括起来是(　　)。

A. 选样式　　　　　B. 扎架子　　　　　C. 糊纸面　　　　　D. 绘花彩

E. 放风筝

第九章　中国风物特产参考答案

一、单项选择题

1－5. BCADA　6－10. CCDDD　11－15. ABADD　16－20. CADAC　21－25. AABBC

26－30. CCDAB　31－35. DCBAA　36－40. BCDAA　41－45. ABBBB　46－50. DBCCC

51－55. BADAB

二、多项选择题

1. ACD　2. ABDE　3. ABDE　4. ABCD　5. ACD　6. BCDE　7. AB　8. ABCE　9. AC

10. CDE　11. BDE　12. ABCE　13. ABCD　14. AB　15. ABC　16. BCD　17. ABCE

18. AB　19. ABDE　20. ABCD　21. ABCD　22. ABCE　23. ABCE　24. ABD　25. BCDE

第十章　中国旅游诗词、楹联、游记选读

一、单项选择题（每题有一个正确答案）

1. 中国最早的文字是(　　)。

A. 甲骨文　　　　　B. 金文　　　　　　C. 大篆　　　　　　D. 小篆

2. 由于计算机中文信息处理技术的应用发展，促进了汉字"形、音、义、用"各方面的标准化，其中最主要的就是(　　)。

A. 字形的标准化　　　　　　　　　B. 字音的标准化

C. 字义的标准化　　　　　　　　　D. 字符集的标准化

3. 诗是用高度凝练的语言，形象地表达作者丰富的情感，而注重(　　)是诗歌的最大特点，也是最富有民族性的。

A. 形式美　　　　　B. 意境美　　　　　C. 声律美　　　　　D. 语言美

4. "风、雅、颂既亡，一变而为离骚，再变而为西汉五言，三变而为歌行杂体，四变而

为沈宋律诗。"这句话基本上反映了中国诗歌形式的流变轨迹，语出(　　)。

  A. 班固的《西都赋》　　　　　　　B. 刘勰《文心雕龙》

  C. 严羽的《沧浪诗话》　　　　　　D. 叶燮《原诗》

5. 诗歌形式发生第二次大的改变是(　　)。

  A.《弹歌》　　　　B.《诗经》　　　　C. 楚辞　　　　D. 汉赋

6. 楚辞对于后世诗体发展的历史贡献是确立了(　　)的节奏。

  A. 两字一顿　　　B. 三字尾　　　C. 四言句型　　　D. 七言句型

7. 汉赋的主要特点是(　　)，它被后世的格律诗所继承并发展。

  A. 铺采摛文，体物写志　　　　　　B. 篇幅较长，结构宏大

  C. 骈偶化　　　　　　　　　　　　D. 善于用铺陈、夸张的手法

8. (　　)诗可以看作是五言诗成熟的标志。

  A. 屈原的《楚辞》　　　　　　　　B. 班固的《西都赋》

  C. 班固的《咏史》　　　　　　　　D. 郭茂倩编的《乐府诗集》

9. (　　)彻底打破了句句押韵而又严格齐言的柏梁体格局，创造了一种新的七言歌行体，成为唐代以后七言的基本模式。

  A.《孔雀东南飞》　　　　　　　　B. 鲍照的《拟行路难》

  C. 张衡的《四愁诗》　　　　　　　D. 曹丕的《燕歌行》

10. 五言句以(　　)型为主。

  A. 上二下三　　　B. 上三下二　　　C. 上四下三　　　D. 上三下四

11. 七言句以(　　)型为主。

  A. 上二下三　　　B. 上三下二　　　C. 上四下三　　　D. 上三下四

12. (　　)的成熟为近体诗的形成奠定了形式上的基础。

  A. 五律　　　　B. 五言诗　　　　C. 七言诗　　　　D. 五七言诗

13. 近体诗又称"今体诗"，是相对于古体诗而言，它成熟于(　　)。

  A. 汉代　　　　B. 魏晋　　　　C. 唐代　　　　D. 宋代

14. (　　)就是写格律诗的圣手。

  A. 李白　　　　B. 杜甫　　　　C. 白居易　　　　D. 王勃

15. "无边落木萧萧下，不尽长江滚滚来"的作者是(　　)。

  A. 李白　　　　B. 杜甫　　　　C. 白居易　　　　D. 王勃

16. 律诗每首八句，每两句组成一联，依次称为(　　)。

  A. 首联、颔联、颈联、尾联　　　　B. 首联、颈联、颔联、尾联

  C. 颔联、首联、颈联、尾联　　　　D. 首联、颔联、尾联、颈联

17. "无边落木萧萧下，不尽长江滚滚来"，该联在诗中是(　　)。

  A. 首联　　　　B. 颔联　　　　C. 颈联　　　　D. 尾联

18. 近体诗用韵所依照的都是韵书，即《切韵》或《唐韵》，共(　　)韵，称为官韵。

  A. 206　　　　B. 260　　　　C. 602　　　　D. 620

19. 到了宋元之际，人们把这些规定可以同用的韵合并成(　　)韵，这就是平水韵。

  A. 106　　　　B. 160　　　　C. 601　　　　D. 610

20. 齐梁永明年间（　　）等发现汉语的平、上、去、入四声。
    A. 萧统　　　　　　B. 刘勰　　　　　　C. 沈约　　　　　　D. 钟嵘

21. 所谓（　　），就是同类的词相对。
    A. 工对　　　　　　B. 宽对　　　　　　C. 借对　　　　　　D. 邻对

22. （　　）就是一词有两个意义，诗人在诗中用的是甲义，但同时借用它的乙义来与另一词相为对仗。
    A. 工对　　　　　　B. 宽对　　　　　　C. 借对　　　　　　D. 邻对

23. （　　）是指对仗的上句和下句之间往往一气呵成，分开来读没有意义，至少是意义不全。
    A. 工对　　　　　　B. 宽对　　　　　　C. 流水对　　　　　D. 邻对

24. 杜甫《绝句》：两个黄鹂鸣翠柳，一行白鹭上青天。窗含西岭千秋雪，门泊东吴万里船。这首诗是（　　）。
    A. 工对　　　　　　B. 宽对　　　　　　C. 流水对　　　　　D. 邻对

25. "匈奴犹未灭，魏绛复从戎"属于（　　）。
    A. 工对　　　　　　B. 宽对　　　　　　C. 流水对　　　　　D. 邻对

26. "酒债寻常行处有，人生七十古来稀"属于（　　）。
    A. 工对　　　　　　B. 宽对　　　　　　C. 流水对　　　　　D. 借对

27. "思家步月清宵立，忆弟看云白日眠"属于（　　）。
    A. 工对　　　　　　B. 宽对　　　　　　C. 流水对　　　　　D. 借对

28. "行到水穷处，坐看云起时"属于（　　）。
    A. 工对　　　　　　B. 宽对　　　　　　C. 流水对　　　　　D. 借对

29. "烽火连三月，家书抵万金。"该句出自杜甫的（　　）。
    A.《春望》　　　　　B.《曲江》　　　　　C.《绝句》　　　　　D.《石壕吏》

30. "烽火连三月，家书抵万金。"该句的平仄为（　　）。
    A. 平平平仄仄，仄仄仄平平　　　　　　B. 仄仄平平仄，平平仄仄平
    C. 平平仄仄仄，仄仄仄平平　　　　　　D. 仄仄仄平平，平平平仄仄

31. 我国最早出现的一副春联的作者是（　　）。
    A. 孟郊　　　　　　B. 孟昶　　　　　　C. 王安石　　　　　D. 幸寅逊

32. 一般认为，我国最早出现的一副春联是（　　）。
    A. 新年纳余庆，嘉节号长春　　　　　　B. 垂馀庆，地接长春
    C. 闲门罢庆吊，高卧谢公卿　　　　　　D. 落花扫仍合，丛兰摘复生

33. （　　）诗中"千门万户曈曈日，总把新桃换旧符"之句，是当时民间新年悬挂春联盛况的真实写照。
    A. 苏轼　　　　　　B. 曾巩　　　　　　C. 王安石　　　　　D. 柳宗元

34. 楹联"与国咸休安富尊荣公府第；同天并老文章道德圣人家"属于（　　）。
    A. 门联　　　　　　B. 堂联　　　　　　C. 贺联　　　　　　D. 赠联

35. 楹联"有关家国书常读；无益身心事莫为"属于（　　）。
    A. 门联　　　　　　B. 堂联　　　　　　C. 自勉联　　　　　D. 赠联

36. 楹联"风声、雨声、读书声，声声入耳；家事、国事、天下事，事事关心"属于（　　）。
    A. 门联　　　　　B. 堂联　　　　　C. 自勉联　　　　　D. 赠联

37. 楹联"欲知千古事；须读五车书"属于（　　）。
    A. 行业联　　　　B. 堂联　　　　　C. 自勉联　　　　　D. 赠联

38. 楹联"宁作赵氏鬼；不为他邦臣"属于（　　）。
    A. 言志联　　　　B. 堂联　　　　　C. 贺联　　　　　　D. 赠联

39. 楹联"海纳百川，有容乃大；壁立千仞，无欲则刚"属于（　　）。
    A. 言志联　　　　B. 堂联　　　　　C. 贺联　　　　　　D. 赠联

40. 楹联"一对红心向四化；两双巧手绘新图"属于（　　）。
    A. 言志联　　　　B. 堂联　　　　　C. 贺联　　　　　　D. 赠联

41. "江山也要伟人扶，神化丹青即画图"出自（　　）的《谒岳王墓》一诗。
    A. 钱谦益　　　　B. 袁枚　　　　　C. 顾炎武　　　　　D. 吴伟业

42. "青山有幸埋忠骨，白铁无辜铸佞臣。"其中"忠骨"指历史上的哪一个历史人物？（　　）
    A. 岳飞　　　　　B. 秋瑾　　　　　C. 范仲淹　　　　　D. 苏轼

43. "与国咸休安富尊荣公府第；同天并老文章道德圣人家。"其中的"圣人"指历史上的哪一个历史人物（　　）。
    A. 老子　　　　　B. 孔子　　　　　C. 庄子　　　　　　D. 荀子

44. "由秀才封王，撑持半壁旧河山，为天下读书人顿生颜色；驱外夷出境，开辟千秋新世界，语中国有志者再鼓雄风。"该联对（　　）作了全面的肯定和颂扬。
    A. 林则徐　　　　B. 孙中山　　　　C. 郑成功　　　　　D. 毛泽东

45. 康有为《登万里长城》诗句"汉时关塞重卢龙，立马长城第一峰"中的"第一峰"指的是（　　）。
    A. 山海关　　　　B. 居庸关　　　　C. 司马台　　　　　D. 八达岭

46. 千古名句"二十四桥明月夜，玉人何处教吹箫"写的是（　　）迷人的情调。
    A. 苏州　　　　　B. 柳州　　　　　C. 杭州　　　　　　D. 扬州

47. 名句"碧毯线头抽早稻，（　　）"出自白居易诗《春题湖上》。
    A. 青罗裙带展新蒲　　　　　　B. 乱峰围绕水平铺
    C. 月点渡心一颗珠　　　　　　D. 一半勾留是此湖

48. 诗句"黄鹤一去不复返，（　　）"出自崔颢的《黄鹤楼》。
    A. 此地空余黄鹤楼　　　　　　B. 芳草萋萋鹦鹉洲
    C. 烟波江上使人愁　　　　　　D. 白云千载空悠悠

49. 诗句"湖光秋月两相和，潭面无风镜未磨。遥望洞庭山水色，白银盘里一青螺"是（　　）描写洞庭湖景色的名作。
    A. 苏轼　　　　　B. 刘禹锡　　　　C. 白居易　　　　　D. 何绍基

50. 李白名句"天河挂绿水，秀出九芙蓉"中的"天河"指的是（　　）。
    A. 瀑布　　　　　B. 长江　　　　　C. 银河　　　　　　D. 天池

51. 诗句"武夷三十六雄峰，九曲清溪境不同。山水若从奇处看，西湖终是小家容"是（　　）描写武夷山山水特色的名句。

   A. 郁达夫　　　　B. 徐志摩　　　　C. 郭沫若　　　　D. 赵朴初

52. 诗句"长白雄东北，嵯峨俯塞州"（《长白山》）的作者是（　　）。

   A. 韩承训　　　　B. 吴兆骞　　　　C. 鲁歌　　　　D. 阮元

53. "长白雄东北，嵯峨俯塞州。迥临沧海曙，独峙大荒秋"出自《长白山》，其作者吴兆骞是（　　）诗人。

   A. 清代　　　　B. 明代　　　　C. 宋代　　　　D. 唐代

54. "往事越千年，魏武挥鞭，东临碣石有遗篇。萧瑟秋风今又是，换了人间"描写的景点是（　　）。

   A. 北戴河　　　　B. 黄河　　　　C. 长江　　　　D. 太湖

55. "往事越千年，魏武挥鞭，东临碣石有遗篇。萧瑟秋风今又是，换了人间"中的"遗篇"指的是（　　）。

   A. 曹操的《观沧海》　　　　　　B. 诸葛亮的《出师表》
   C. 杜牧的《阿房宫赋》　　　　　D. 苏轼的《前赤壁赋》

56. 明代文学家杨慎的诗句"天气常如二三月，花枝不断四时春"描写的景点是（　　）。

   A. 青海湖　　　　B. 九寨沟　　　　C. 滇池　　　　D. 月牙泉

57. 联语"十里松杉围古寺，百重云水绕青山"出自（　　）。

   A. 《新界长山古寺联》　　　　B. 《松山风雨亭联》
   C. 《青山禅院联》　　　　　　D. 《塔尔寺联》

58. 名句"晴川历历汉阳树，芳草萋萋鹦鹉洲"所描写的景点是（　　）。

   A. 岳阳楼　　　　B. 蓬莱阁　　　　C. 滕王阁　　　　D. 黄鹤楼

59. 下列联句中，出自《应县木塔联》的是（　　）。

   A. 蠢蠢栏杆面面嬴　　　　　　B. 石门南面俨成行
   C. 云梯踏遍穿隆顶　　　　　　D. 苍苍岫嶂屹如屏

60. 对联"无边晴雪天山出；不断风云地极来"描写的著名关隘是（　　）。

   A. 嘉峪关　　　　B. 玉门关　　　　C. 山海关　　　　D. 居庸关

61. "两京锁钥无双地，万里长城第一关"此楹联描述之处是在（　　）。

   A. 沈阳附近　　　　B. 天津附近　　　　C. 秦皇岛附近　　　　D. 北京附近

62. 李白《登金陵凤凰台》的诗句"总为浮云能蔽日，长安不见使人愁"中的"浮云"比喻的是（　　）。

   A. 正人君子　　　　B. 仙人道士　　　　C. 奸佞小人　　　　D. 妖魔鬼怪

63. 毛泽东诗句"云横九派浮黄鹤，浪下三吴起白烟"中的"九派"指的是（　　）。

   A. 很多支流　　　　B. 很多山峰　　　　C. 九条大河　　　　D. 九座大山

64. 楹联"能攻心则反侧自消，从古知兵非好战；不审势即宽严皆误，后来治蜀要深思"的作者是（　　）。

   A. 熊克威　　　　B. 佚名　　　　C. 赵藩　　　　D. 刘咸

65. 李商隐的诗句"瑶池阿母绮窗开，黄竹歌声动地哀"中的"瑶池"在我国的（   ）上。

    A. 喜马拉雅山　　　B. 天山　　　　　C. 长白山　　　　　D. 昆仑山

66. "昔人已乘黄鹤去，此地空余黄鹤楼。黄鹤一去不复还，白云千载空悠悠"一诗的作者是唐朝诗人（   ）。

    A. 李白　　　　　　B. 王世贞　　　　 C. 孟浩然　　　　　D. 崔颢

67. "看松柏凌霄，纵横十万里，全球赤子仰黄陵"这一楹联中的"黄陵"位于（   ）省。

    A. 河北　　　　　　B. 河南　　　　　 C. 陕西　　　　　　D. 山西

68. 杨慎诗句"萍香波暖泛云津，渔柟樵歌曲水滨"中"柟"的读音是（   ）。

    A. yì　　　　　　　B. sì　　　　　　　C. xiè　　　　　　D. tī

69. 李商隐诗句"瑶池阿母绮窗开，黄竹歌声动地哀"中的"瑶池"在我国古代神话中是（   ）居住的地方。

    A. 西王母　　　　　B. 伏羲氏　　　　 C. 嫦娥　　　　　　D. 嫘祖

70. 联语"能攻心则反侧自消，从古知兵非好战"，赞颂的是（   ）的文韬武略。

    A. 孙权　　　　　　B. 周瑜　　　　　 C. 诸葛亮　　　　　D. 曹操

71. 诗句"白雪横千嶂，青天泻二流。登封如可作，应待翠华游"的作者是（   ）。

    A. 吴兆骞　　　　　B. 韩承训　　　　 C. 爱新觉罗·弘历　 D. 阮元

72. 陈谦的《题天安门广场人民英雄纪念碑联》下联为："超八百里湖光，挟七二峰岳色，壮微躯秭米，来仰丰碑"。其中的"秭米"指的是（   ）。

    A. 人名　　　　　　B. 地名　　　　　 C. 数目　　　　　　D. 粮食

73. "绝妙朋游，有明月一杯，好山四座；是何意态，看大江东去，秋色西来"是成多禄为（   ）题写的对联。

    A. 五台山中台顶　　　　　　　　　　 B. 泰山玉皇顶玉皇庙

    C. 吉林北山玉皇阁　　　　　　　　　 D. 岳麓山爱晚亭

74. 郭沫若的"开辟荆榛，千秋功业；驱除荷虏，一代英雄"联语赞颂的人物是（   ）。

    A. 邓世昌　　　　　B. 戚继光　　　　 C. 郑成功　　　　　D. 岳飞

75. 《西湖三潭印月联》下联"人在瀛洲仙境，红尘不到，四围潭水一山房"中的"瀛洲"指的（   ）。

    A. 传说东海上的仙山　　　　　　　　 B. 传说黄海上的仙山

    C. 传说北海上的仙山　　　　　　　　 D. 传说南海上的仙山

76. 《望九华山赠青阳韦仲堪》的作者是（   ）。

    A. 王维　　　　　　B. 苏轼　　　　　 C. 李白　　　　　　D. 杜甫

77. 诗人（   ）在《夜入瞿塘峡》中以"瞿塘天下险，夜上信难哉"描写瞿塘峡之险和行船之难。

    A. 李白　　　　　　B. 杨慎　　　　　 C. 白居易　　　　　D. 杜甫

78. 叶剑英在《游肇庆七星岩》中写下这样的诗句："借得西湖水一圈，更移阳朔七堆山。"诗中的"阳朔"在( )境内。

    A. 广东   B. 湖南   C. 广西   D. 贵州

79. "瑶池阿母绮窗开，黄竹歌声动地哀"这是《瑶池》诗中的句子，作者是( )。

    A. 王维   B. 李商隐   C. 刘禹锡   D. 崔颢

80. 毛泽东《浪淘沙·北戴河》的下阕是："往事越千年，魏武挥鞭，( )。萧瑟秋风今又是，换了人间。"

    A. 秦皇岛外打鱼船   B. 一片汪洋都不见

    C. 东临碣石有遗篇   D. 热风吹雨洒江天

81. 郁达夫在诗句"山水若从奇处看，西湖终是小家容"中，将( )的清溪与西湖作了比较。

    A. 洞庭湖   B. 武夷山   C. 九寨沟   D. 黄果树

82. "聚五千年浩气，凝四亿众深情，化万仞泰山，而成烈魂"是陈谦为( )题写的对联的上联。

    A. 人民英雄纪念碑   B. 太和殿

    C. 昭君墓   D. 南京雨花台

83. 赵孟頫诗"云雾润蒸华不注，波澜声震大明湖"中"华不注"的读音是( )。

    A. huá bù zhù   B. hua fǒu zhù   C. hua fu zhù   D. huà bu zhù

84. "爽借清风明借月；动观流水静观山"是为( )题写的对联。

    A. 沧浪亭   B. 狮子林   C. 留园   D. 拙政园

85. 毛泽东诗句"一山飞峙大江边，跃上葱茏四百旋"中的"山"指的是( )。

    A. 黄山   B. 庐山   C. 武夷山   D. 嵩山

86. 描写九华山的著名诗句"天河挂绿水，秀出九芙蓉"的作者是( )。

    A. 白居易   B. 李白   C. 杜甫   D. 李渔

87. "三山半落青天外，二水中分白鹭洲"出自唐诗( )。

    A. 《登金陵凤凰台》   B. 《登庐山》

    C. 《望庐山瀑布》   D. 《黄鹤楼》

88. "与国咸休，安富尊荣公府第；同天亦老，文章道德圣人家"是著名的孔府大门联，其作者是( )。

    A. 赵孟頫   B. 纪昀

    C. 爱新觉罗·弘历   D. 郭沫若

89. 王锦"青冢有情犹识路，平沙无处可招魂"诗句中的"青冢"指的是( )。

    A. 昭君墓   B. 秦始皇陵   C. 黄帝陵   D. 乾陵

90. 诗句"江作青罗带，山如碧玉簪"赞美的景观是( )。

    A. 乌江山水   B. 长江三峡   C. 九寨沟   D. 漓江山水

91. 毛泽东的诗句"一山飞峙大江边，跃上葱茏四百旋"中的"大江"指的是( )。

    A. 珠江   B. 松花江   C. 长江   D. 钱塘江

92. 程云俶作"天赐湖上名园，绿野初开，十亩荷花三径竹；人在瀛洲仙境，红尘不到，四围潭水一山房"所描写的景点是西湖的( )。

A. 平湖秋月　　　　B. 白堤　　　　　　C. 苏堤　　　　　　　D. 三潭印月

93. 杜牧的"二十四桥明月夜，玉人何处教吹箫"，这里"玉人"指的是(　　)。

A. 貌美之人　　　　B. 韩绰　　　　　　C. 戴玉的人　　　　　D. 二十四美人

94. 下列诗句出自清代诗人吴兆骞的《长白山》，其中描写天池美景的是(　　)。

A. 长白雄东北，嵯峨俯塞州　　　　B. 迥临沧海曙，独峙大荒秋

C. 白雪横千嶂，青天泻二流　　　　D. 登封如可作，应待翠华游

95. 下列《登金陵凤凰台》诗中，表现诗人受奸佞小人排挤，不能留在京城的诗句是(　　)。

A. 凤凰台上凤凰游，凤去台空江自流

B. 吴宫花草埋幽径，晋代衣冠成古丘

C. 三山半落青天外，一水中分白鹭洲

D. 总为浮云能蔽日，长安不见使人愁

96. 白居易《夜入瞿塘峡》"崖似双屏合，天如匹练开"主要描写瞿塘峡的(　　)。

A. 秀丽　　　　　　B. 开阔　　　　　　C. 高峻　　　　　　　D. 奇险

97. 郁达夫的诗句"武夷三十六雄峰，九曲清溪境不同。山水若从奇处看，西湖终是小家容"诗中主要采用了(　　)手法。

A. 比喻　　　　　　B. 夸张　　　　　　C. 对比　　　　　　　D. 拟人

98. (　　)存诗9300多首，是文学史上存诗最多的诗人。

A. 李白　　　　　　B. 杜甫　　　　　　C. 陆游　　　　　　　D. 苏轼

99. 把西湖以至整个杭州最美的特征概括出来的诗句是(　　)。

A. 烟柳画桥，风帘翠幕，参差十万人家

B. 三秋桂子，十里荷花

C. 云树绕堤沙，怒涛卷霜雪，天堑无涯

D. 异日图将好景，归去凤池夸

100. "此景只应天上有，岂知身在妙高峰"中的"妙高峰"指的是(　　)。

A. 武夷山　　　　　B. 九华山　　　　　C. 长白山　　　　　　D. 五台山

101. "此景只应天上有，岂知身在妙高峰"出自(　　)。

A. 郁达夫的《游武夷》　　　　　　B. 李白的《望九华山赠青阳韦仲堪》

C. 吴兆骞的《长白山》　　　　　　D. 元好问的《台山杂咏》

102. 吴兆骞《长白山》诗句"白雪横千嶂，青天泻二流"中的"二流"指的是(　　)。

A. 两条河流　　　　B. 两道瀑布　　　　C. 两条冰河　　　　　D. 两道霞光

103. "青山留胜迹，有层峦叠嶂宜晴宜雨，此地重吟道韫诗"出自(　　)。

A. 彭祜的《蝴蝶泉联》　　　　　　B. 李白的《望九华山赠青阳韦仲堪》

C. 佚名的《长城居庸关联》　　　　D. 郁达夫的《游武夷》

104. 康有为《登万里长城》中有"清时堡堠传烽静，出塞山川作势雄"的诗句，句中"清时"指的是(　　)。

A. 清明节　　　　　B. 清秋时节　　　　C. 清朝　　　　　　　D. 没有战争的年代

105. "山重水复疑无路 柳暗花明又一村"出自(   )。
    A. 陆游的《游山西村》　　　　　　B. 陶渊明的《桃花源记》
    C. 郁达夫的《游武夷》　　　　　　D. 李白的《望九华山赠青阳韦仲堪》

106. "阁中帝子今何在？槛外长江空自流"中的"帝子"指的是(   )。
    A. 李元婴　　　　B. 赤帝　　　　C. 皇帝　　　　D. 李元霸

107. "羽扇纶巾，谈笑间樯橹灰飞烟灭"描写(   )胸有成竹、稳操胜券的形象。
    A. 诸葛亮　　　　B. 周瑜　　　　C. 孙权　　　　D. 刘备

108. "雄关漫道真如铁，而今迈步从头越"中的"雄关"指的是(   )。
    A. 雁门关　　　　B. 娄山关　　　　C. 剑门关　　　　D. 山海关

109. "谁道崤函千古险？回看只见一丸泥"中的"一丸泥"指的是(   )。
    A. 嘉峪关　　　　B. 居庸关　　　　C. 函谷关　　　　D. 山海关

110. "严关百尺界天西，万里征人驻马蹄。飞阁遥连秦树直，缭垣斜压陇云低。天山巉峭摩肩立，瀚海苍茫入望迷。谁道崤函千古险？回看只见一丸泥。"此诗为林则徐路过嘉峪关时所作。嘉峪关是(   )。
    A. 秦长城的西起点　　　　　　　　B. 秦长城的东止点
    C. 明长城的东起点　　　　　　　　D. 明长城的西止点

111. "九寨水清鱼读月，黄龙山静鸟谈天"在描写黄龙、九寨沟美景时用了(   )的修辞手法。
    A. 排比　　　　B. 比喻　　　　C. 拟人　　　　D. 夸张

112. 对联"无边晴雪天山出。不断风云地极来"中"天山"指的是(   )。
    A. 新疆天山　　　　B. 祁连山　　　　C. 贺兰山　　　　D. 昆仑山

113. 游记《说天寿山》的作者是(   )。
    A. 乔宇　　　　B. 龚自珍　　　　C. 袁宏道　　　　D. 徐弘祖

114. 《岳阳楼记》的作者是(   )。
    A. 范仲淹　　　　B. 王勃　　　　C. 王绪　　　　D. 王仲舒

115. 《恒山记》中"其势冯冯煴煴，恣生于天，纵盘于地"中"冯冯煴煴"读音为(   )。
    A. féng féng yūn yūn　　　　　　B. píng píng yūn yūn
    C. féng féng yǔ yǔ　　　　　　　D. píng píng yǔ yǔ

二、多项选择题（每题有 2－4 个正确答案，多选、少选、错选均不得分）

1. 在文字产生之前人们为了帮助记忆、交流思想、传递信息，采用的最原始的记事方法为(   )。
    A. 结绳记事　　　　B. 契刻记事　　　　C. 图画记事　　　　D. 实物记事
    E. 语言记事

2. 在文字演变过程中，到唐朝时出现了(   )。
    A. 小篆　　　　B. 隶书　　　　C. 狂草　　　　D. 楷书
    E. 行书

3. 汉字的演变规律主要表现在(   )。

    A. 笔画的线条化   B. 字形的符号化

    C. 结构的规范化   D. 字集的标准化

    E. 使用的广泛化

4. 下列作品属于五言诗的是(   )。

    A. 《孔雀东南飞》   B. 《木兰诗》

    C. 张衡的《四愁诗》   D. 曹丕的《燕歌行》

    E. 班固的《咏史》

5. 下列作品属于七言诗的是(   )。

    A. 《孔雀东南飞》   B. 鲍照的《拟行路难》

    C. 张衡的《四愁诗》   D. 曹丕的《燕歌行》

    E. 班固的《咏史》

6. 律诗的基本特点有(   )。

    A. 每首限定八句四联，五律四十字，七律五十六字

    B. 押平声韵

    C. 每句的平仄都有规定

    D. 字数和句数不定，每首可用一个韵

    E. 每篇的对仗都有规定

7. 格律诗要讲究(   )。

    A. 押韵   B. 骈偶化   C. 平仄   D. 对仗

    E. 节奏

8. 古汉语四声为(   )。

    A. 平声   B. 上声   C. 去声   D. 入声

    E. 舒声

9. 现代汉语四声为(   )。

    A. 阴平   B. 阳平   C. 上声   D. 去声

    E. 入声

10. 古汉语四声演变为现代汉语四声，基本上是(   )。

    A. 古平声字在现代普通话中都为阴平

    B. 古上声字中，有一部分演变为去声，其余仍为上声

    C. 普通话上声中，也有部分来自古入声的字

    D. 古去声字在普通话中全部演变为去声

    E. 一部分古上声字和入声字在普通话中也演变为去声

11. 五律的"对"，只有下列(   )两副对联的形式。

    A. 平平平仄仄，仄仄仄平平   B. 平平仄仄仄，仄仄平平平

    C. 仄仄平平仄，平平仄仄平   D. 仄仄仄平平，平平平仄仄

    E. 平平仄仄平，仄仄平平仄

12. 对仗除工对外，还有(   )等几种基本类型。

A. 全对   B. 邻对   C. 宽对   D. 借对

E. 流水对

13. 下列诗句，属于邻对的有（   ）。

A. 两个黄鹂鸣翠柳，一行白鹭上青天

B. 征蓬出汉塞，归雁入胡天

C. 离堂思琴瑟，别路绕山川

D. 匈奴犹未灭，魏绛复从戎

E. 行到水穷处，坐看云起时

14. 下列对仗中，对仗运用得不好的是（   ）。

A. 酒债寻常行处有，人生七十古来稀

B. 江河似银汉，灯火如星空

C. 行到水穷处，坐看云起时

D. 心胸如宇宙，怀抱似苍穹

E. 征蓬出汉塞，归雁入胡天

15. 对联，特别是中长联，讲究（   ）。

A. 起   B. 承   C. 转   D. 结

E. 合

16. 下列有关对联的说法，正确的有（   ）。

A. 楹联俗称对联或对子，是从律诗的对偶句中演化出来的，是中国一种独特的文学样式

B. 楹联形式上成双成对，语意上要做到既对又联

C. 悬挂张贴的对联一般都是竖写，上联在左边，下联在右边

D. 对联的平仄规律，与诗基本相同，一般沿用诗的一三五不论，二四六分明的基本法则

E. 对联严格规定上联末字用仄声，下联末字用平声

17. 对联的上下联必须做到（   ）。

A. 字数相等，断句一致   B. 平仄相合，音调和谐

C. 词性相对，位置相同   D. 内容相关，上下衔接

E. 张挂的对联，传统做法还必须直写竖贴，自左而右，由上而下，不能颠倒

18. 对联"两京锁钥无双地；万里长城第一关"中"两京"指的是（   ）。

A. 北京   B. 沈阳   C. 嘉峪关   D. 长春

E. 西安

19. "乐山佛大世无双，肩并凌云脚踏江。"中的"江"指的是（   ）。

A. 岷江   B. 大渡河   C. 嘉陵江   D. 金沙江

E. 青衣江

20. 徐霞客的《游黄山记》曾着意加以描叙的有（   ）。

A. 奇松   B. 怪石   C. 云海   D. 温泉

E. 佛光

21. 下列关于《送桂州严大夫》一诗的解释中，正确的有（　　　　）。
    A. 此诗作者是韩愈
    B. "苍苍森八桂"中的"八桂"指一种桂树
    C. "江作青罗带"中的"江"指漓江
    D. "山如碧玉簪"描写了桂林山水之秀美
    E. 此诗表达了作者到桂林之后而写的咏桂林的诗

22. 《应县木塔联》"遥临恒岳，苍苍岫嶂屹如屏"中的"恒岳"是指北岳恒山，又名（　　　　）。
    A. 红岳　　　　　　B. 翠岳　　　　　　C. 玄岳　　　　　　D. 紫岳
    E. 碧岳

23. 下列对彭祜《蝴蝶泉联》的理解中，正确的有（　　　　）。
    A. 此联见于阳朔蝴蝶泉
    B. "蝴蝶舞翩跹"中"翩跹"是指飘逸飞翔的样子
    C. 联语"前生疑是庄周化"用了"庄周梦蝶"的典故
    D. 联语"此地重吟道韫诗"中"道韫"指的是谢灵运
    E. 此联在构思上善于想象，联想丰富

24. 下列是毛泽东写的诗句有（　　　　）。
    A. 萧瑟秋风今又是，换了人间
    B. 海角天涯今异古，丰收处处秧歌舞
    C. 雄关漫道真如铁，而今迈步从头越
    D. 一山飞峙大江边，跃上葱茏四百旋
    E. 借得西湖水一圜，更移阳朔七堆山

25. "东南形胜，三吴都会，钱塘自古繁华"中的"三吴"是（　　　　）。
    A. 吴兴　　　　　　B. 东吴　　　　　　C. 吴郡　　　　　　D. 会稽
    E. 吴中

26. "云横九派浮黄鹤，浪下三吴起白烟"中的"三吴"是（　　　　）。
    A. 东吴　　　　　　B. 西吴　　　　　　C. 中吴　　　　　　D. 北吴
    E. 南吴

27. "冷眼向洋看世界，热风吹雨洒江天"中的"热风"指（　　　　）。
    A. 夏日之风　　　　　　　　　　　B. 热情之风
    C. "大跃进"之风　　　　　　　　　D. 热天的风
    E. 反帝之风

28. 崔颢的《黄鹤楼》之所以成为千古传颂的名篇佳作，主要还在于诗歌本身具有的（　　　　）。
    A. 意境美　　　　　　B. 绘画美　　　　　　C. 音乐美　　　　　　D. 语言美
    E. 景色美

29. 《广州镇海楼联》的作者彭玉麟与（　　　　）并称中兴四大名臣。
    A. 曾国藩　　　　　　B. 左宗棠　　　　　　C. 李鸿章　　　　　　D. 胡林翼

E. 张之洞

30. 应县木塔与(　　)并称世界三大奇塔。

A. 意大利比萨斜塔   B. 埃及的金字塔

C. 巴黎埃菲尔铁塔   D. 亚历山大灯塔

E. 伊丽莎白塔

第十章　中国旅游诗词、楹联、游记选读参考答案

一、单项选择题

1－5. ADACC　6－10. BCCBA　11－15. CDCBB　16－20. ABAAC　21－25. ACCAB

26－30. DDCAB　31－35. BACAC　36－40. DAADC　41－45. BABCD　46－50. DADBA

51－55. ABAAA　56－60. CCDDB　61－65. CCCCB　66－70. DCAAC　71－75. ACCCA

76－80. CCCBC　81－85. BACDB　86－90. BABAD　91－95. CDBCD　96－100. DCCBD

101－105. DBADA　106－110. ABBCD　111－115. CBBAB

二、多项选择题

1. AB　2. CDE　3. ABCD　4. ABE　5. CD　6. ABCE　7. ACD　8. ABCD　9. ABCD

10. BCDE　11. AC　12. BCDE　13. BC　14. BD　15. ABCD　16. ABDE　17. ABCD

18. AB　19. ABE　20. ABCD　21. ACD　22. CD　23. ABCE　24. ACD　25. ACD

26. ABC　27. BC　28. ABC　29. ABD　30. AC

第十一章　中国港澳台地区和主要客源国概况

一、单项选择题（每题有一个正确答案）

1. (　　)素有"东方明珠"之称。

A. 香港　　　　　　B. 澳门　　　　　　C. 新加坡　　　　　D. 台湾

2. 香港特别行政区区花为(　　)。

A. 紫荆花　　　　　B. 睡莲　　　　　　C. 荷花　　　　　　D. 莲花

3. 香港的(　　)被称为"百业之首"，约占 GDP 的 1/4。

A. 金融业　　　　　B. 航运业　　　　　C. 制造业　　　　　D. 旅游业

4. 在 1997 年 7 月 1 日，香港结束了长达(　　)的殖民统治，顺利回归祖国。

A. 99 年　　　　　　B. 146 年　　　　　C. 156 年　　　　　D. 446 年

5. (　　)也称扯旗山，西方人称为维多利亚山，是香港的最高点。

A. 玉山　　　　　　B. 西望洋山　　　　C. 太平山　　　　　D. 阳明山

6. (　　)号称"天下第一湾"，有"东方夏威夷"之美誉，是香港最具代表性的沙滩。

A. 浅水湾　　　　　B. 维多利亚港湾　　C. 九龙海湾　　　　D. 浪茄湾

7. (　　)是香港香火最旺的地方，也是香港唯一一所可以举行道教婚礼的道教宫观。

A. 纯阳吕祖仙坛　　B. 黄大仙祠　　　　C. 先觉祠　　　　　D. 泓澄仙观

8. （　　）有"东方蒙特卡洛"之称。

A. 香港　　　　　　B. 澳门　　　　　　C. 台湾　　　　　　D. 泰国

9. 直至1999年12月20日，中国对澳门恢复行使主权，终于结束葡萄牙政府对澳门（　　）的殖民统治。

A. 99年　　　　　　B. 146年　　　　　　C. 156年　　　　　　D. 446年

10. （　　）忌讳称丈夫或妻子为"爱人"，"爱人"等同于"情人"。

A. 澳门人　　　　　B. 香港人　　　　　C. 台湾人　　　　　D. 日本人

11. 被称为"澳门的象征"的景点是（　　）。

A. 大三巴牌坊　　　B. 妈祖阁　　　　　C. 东望洋山　　　　D. 葡京游乐场

12. （　　）是澳门三大古刹中历史最悠久的。

A. 莲峰庙　　　　　B. 普济禅院　　　　C. 妈阁庙　　　　　D. 哪吒庙

13. 葡京娱乐场是（　　）最具规模的博彩娱乐场。

A. 香港　　　　　　B. 澳门　　　　　　C. 美国　　　　　　D. 日本

14. （　　）是个多地震的地区，也是我国台风过境最频繁的省份。

A. 海南　　　　　　B. 台湾　　　　　　C. 广东　　　　　　D. 福建

15. （　　）是台湾第二大城市，也是台湾最大的国际港口，有"港都"之名。

A. 高雄　　　　　　B. 台北　　　　　　C. 基隆　　　　　　D. 嘉义

16. （　　）是台湾最具特色的自然与人文合一的旅游景观。

A. 野柳　　　　　　B. 太鲁阁　　　　　C. 日月潭　　　　　D. 垦丁

17. （　　）是台湾唯一拥有海域和陆地的国家公园，被称为是台湾的天涯海角。

A. 玉山国家公园　　B. 太鲁阁国家公园　C. 阳明山国家公园　D. 垦丁国家公园

18. （　　）被称为"火山、地震之国"。

A. 日本　　　　　　B. 菲律宾　　　　　C. 印度尼西亚　　　D. 新西兰

19. 日本人最忌讳的颜色是（　　）。

A. 绿色　　　　　　B. 红色　　　　　　C. 蓝色　　　　　　D. 橙色

20. （　　）是日本皇室家族的标志。

A. 荷花　　　　　　B. 山茶花　　　　　C. 菊花　　　　　　D. 樱花

21. 日本人忌讳（　　），认为它是丧花。

A. 荷花　　　　　　B. 山茶花　　　　　C. 睡莲　　　　　　D. 蔷薇花

22. （　　）的唐招提寺是日本的佛教律宗的总寺院，是由中国唐代鉴真和尚亲自建造的，保留着中国唐代的建筑风格。

A. 京都　　　　　　B. 奈良　　　　　　C. 东京　　　　　　D. 神户

23. 富士山是日本的最高峰，海拔（　　）米，被日本人尊称为"圣岳"。

A. 3677　　　　　　B. 3767　　　　　　C. 3776　　　　　　D. 3763

24. （　　）国旗为太极旗。

A. 韩国　　　　　　B. 朝鲜　　　　　　C. 泰国　　　　　　D. 越南

25. 韩国的国花是（　　）。

A. 扶桑　　　　　B. 茉莉花　　　　　C. 睡莲　　　　　D. 木槿花

26. (　　) 饮食以泡菜文化为特色, 一日三餐都离不开泡菜。

A. 泰国　　　　　B. 印度　　　　　C. 韩国　　　　　D. 新加坡

27. (　　) 素称"礼仪之邦""君子之国"。

A. 泰国　　　　　B. 印度　　　　　C. 韩国　　　　　D. 新加坡

28. (　　) 被韩国人认为是幸运的数字。

A. 6　　　　　　B. 7　　　　　　C. 8　　　　　　D. 9

29. (　　) 有着与众不同的景观, 一直以"三多、三丽、三无"著称。

A. 芭提雅　　　　B. 普吉岛　　　　C. 圣淘沙岛　　　　D. 济州岛

30. (　　) 别称"狮城"。

A. 新加坡　　　　B. 首尔　　　　C. 釜山　　　　D. 曼谷

31. 新加坡的国花是(　　)。

A. 扶桑花　　　　B. 胡姬花　　　　C. 茉莉花　　　　D. 睡莲

32. (　　) 全面禁售、禁食口香糖。

A. 德国　　　　　B. 香港　　　　C. 日本　　　　D. 新加坡

33. 新加坡人最讨厌的数字是(　　)。

A. 4　　　　　　B. 7　　　　　　C. 13　　　　　　D. 14

34. 在(　　) 忌讳说"恭喜发财"之类的话。

A. 泰国　　　　　B. 韩国　　　　C. 朝鲜　　　　D. 新加坡

35. (　　) 裕廊鸟类公园是世界最大的鸟类公园。

A. 泰国　　　　　B. 韩国　　　　C. 朝鲜　　　　D. 新加坡

36. (　　) 是新加坡最为迷人的度假小岛, 被誉为欢乐宝石。

A. 芭提雅　　　　B. 普吉岛　　　　C. 圣淘沙岛　　　　D. 济州岛

37. (　　) 是亚洲唯一的粮食净出口国。

A. 泰国　　　　　B. 韩国　　　　C. 朝鲜　　　　D. 新加坡

38. (　　) 是天然橡胶的最大出口国。

A. 泰国　　　　　B. 柬埔寨　　　　C. 越南　　　　D. 新加坡

39. (　　) 在 2001 年被泰国确定为国花。

A. 玫瑰花　　　　B. 兰花　　　　C. 睡莲　　　　D. 金链花

40. (　　) 有"黄袍佛国"的美名。

A. 泰国　　　　　B. 柬埔寨　　　　C. 越南　　　　D. 新加坡

41. (　　) 人最喜欢的食物是咖喱饭。

A. 泰国　　　　　B. 柬埔寨　　　　C. 越南　　　　D. 新加坡

42. (　　) 被誉为"佛教之都", 是"世界佛教联谊会"总部所在地。

A. 新德里　　　　B. 清迈　　　　C. 曼谷　　　　D. 加尔各答

43. (　　) 是世界上佛寺最多的地方, 有大小寺院 400 多个。

A. 新德里　　　　B. 清迈　　　　C. 曼谷　　　　D. 加尔各答

44. (　　) 是泰国唯一没有和尚居住的佛寺。

A. 金佛寺　　　　　B. 玉佛寺　　　　　C. 卧佛寺　　　　D. 郑王庙

45.（　　）享有"东方夏威夷"之誉，已成为"海滩度假天堂"的代名词。

　　A. 芭提雅　　　　B. 普吉岛　　　　　C. 圣淘沙岛　　　D. 济州岛

46. 印度83％以上的国民信奉（　　）。

　　A. 佛教　　　　　B. 伊斯兰教　　　　C. 基督教　　　　D. 印度教

47.（　　）是世界人口第二大国。

　　A. 美国　　　　　B. 印度　　　　　　C. 印度尼西亚　　D. 巴西

48.（　　）是印度最大的海港，素有印度"商业首都"和"金融首都"之称。

　　A. 加尔各答　　　B. 班加罗尔　　　　C. 孟买　　　　　D. 新德里

49.（　　）是印度最大的城市。

　　A. 加尔各答　　　B. 班加罗尔　　　　C. 孟买　　　　　D. 新德里

50.（　　）有印度"硅谷"和"花园城市"之誉。

　　A. 加尔各答　　　B. 班加罗尔　　　　C. 孟买　　　　　D. 新德里

51.（　　）是马来西亚的国教。

　　A. 印度教　　　　B. 基督教　　　　　C. 伊斯兰教　　　D. 佛教

52.（　　）是世界上最大的天然橡胶、棕榈油及锡的出产国。

　　A. 马来西亚　　　B. 印度　　　　　　C. 印度尼西亚　　D. 巴西

53.（　　）有"世界锡都、胶都"之美誉。

　　A. 吉隆坡　　　　B. 布特拉贾亚　　　C. 槟城　　　　　D. 马六甲

54. 菲律宾90％以上的人信奉（　　）。

　　A. 印度教　　　　B. 天主教　　　　　C. 伊斯兰教　　　D. 佛教

55.（　　）成为世界上第12个人口过亿的国家。

　　A. 菲律宾　　　　B. 日本　　　　　　C. 墨西哥　　　　D. 尼日利亚

56.（　　）有"热带花园之都"之称。

　　A. 新加坡　　　　B. 曼谷　　　　　　C. 雅加达　　　　D. 马尼拉

57.（　　）是亚洲最欧化的城市，被称为"亚洲的纽约"。

　　A. 大马尼拉市　　B. 马尼拉　　　　　C. 宿务市　　　　D. 新加坡

58.（　　）是全世界最大的群岛国家，别称"千岛之国"。

　　A. 菲律宾　　　　B. 冰岛　　　　　　C. 印度尼西亚　　D. 巴西

59. 大多数印度尼西亚人信奉（　　）。

　　A. 印度教　　　　B. 天主教　　　　　C. 伊斯兰教　　　D. 佛教

60. 称为"椰城"的是（　　）。

　　A. 马尼拉　　　　B. 雅加达　　　　　C. 曼谷　　　　　D. 新加坡

61. 巴厘岛是印度尼西亚唯一信奉（　　）的地区，有寺院4000多座，故称"千庙之岛"。

　　A. 印度教　　　　B. 天主教　　　　　C. 伊斯兰教　　　D. 佛教

62.（　　）是世界上第一个完成工业革命的国家。

　　A. 英国　　　　　B. 法国　　　　　　C. 德国　　　　　D. 葡萄牙

63. 英国人讨厌的颜色是(　　　)。
    A. 红色　　　　　　B. 黑色　　　　　　C. 墨绿色　　　　　　D. 黄色

64. 在英国，被誉为"液体黄金"的是(　　　)。
    A. 英国雪利酒　　　B. 葡萄酒　　　　　C. 啤酒　　　　　　D. 威士忌

65. (　　)是欧洲最大的都会区，世界三大金融中心之一。
    A. 巴黎　　　　　　B. 伦敦　　　　　　C. 慕尼黑　　　　　D. 苏黎世

66. 英国首都是位于(　　)东南部的伦敦。
    A. 苏格兰　　　　　B. 英格兰　　　　　C. 威尔士　　　　　D. 北爱尔兰

67. (　　)是世界上历史最悠久、规模最大的博物馆。
    A. 大英博物馆　　　　　　　　　　　B. 卢浮宫
    C. 艾尔米塔什博物馆　　　　　　　　D. 纽约大都会博物馆

68. (　　)是英国著名的文化古城，素有"北方雅典""欧洲最有气势的城市"之称。
    A. 伯明翰　　　　　B. 利物浦　　　　　C. 伦敦　　　　　　D. 爱丁堡

69. (　　)市内建有欧洲最古老的中国城。
    A. 伯明翰　　　　　B. 利物浦　　　　　C. 伦敦　　　　　　D. 爱丁堡

70. (　　)是英国国家旅游局认定的英国最佳旅游城市。
    A. 伯明翰　　　　　B. 利物浦　　　　　C. 伦敦　　　　　　D. 爱丁堡

71. (　　)在2004年成为世界第一座文学之城。
    A. 伯明翰　　　　　B. 利物浦　　　　　C. 伦敦　　　　　　D. 爱丁堡

72. (　　)是世界第一旅游接待国，服务业产值占国内生产总值的75%以上。
    A. 英国　　　　　　B. 美国　　　　　　C. 法国　　　　　　D. 埃及

73. 法国最名贵的菜是(　　　)。
    A. 鹅肝　　　　　　B. 鸭肝　　　　　　C. 鸡肝　　　　　　D. 羊肝

74. 法国的国花是(　　　)。
    A. 金链花　　　　　B. 玫瑰　　　　　　C. 雏菊　　　　　　D. 香根鸢尾花

75. (　　)人讲究服饰美，该国妇女是世界上最爱打扮的。
    A. 中国　　　　　　B. 日本　　　　　　C. 法国　　　　　　D. 英国

76. (　　)是世界上最早公开行亲吻礼的国家，也是使用亲吻礼频率最多的国家。
    A. 英国　　　　　　B. 法国　　　　　　C. 俄罗斯　　　　　D. 美国

77. 法国人忌讳(　　　)的花，认为是不忠诚的表现。
    A. 绿色　　　　　　B. 红色　　　　　　C. 黄色　　　　　　D. 蓝色

78. (　　)被称为"法国最伟大的艺术杰作"。
    A. 巴黎圣母院　　　B. 凯旋门　　　　　C. 埃菲尔铁塔　　　D. 卢浮宫

79. 因大仲马的小说《基督山伯爵》而吸引众多游客慕名前来的景点是(　　　)。
    A. 西嘉岛　　　　　B. 圣路易岛　　　　C. 西堤岛　　　　　D. 伊夫岛

80. 法国最大的王宫建筑是(　　　)。
    A. 凡尔赛宫　　　　B. 卢浮宫　　　　　C. 莱尼姆宫　　　　D. 托普卡普皇宫

81. 地中海最大的港口是(　　　)。

  A. 马赛   B. 福斯   C. 热那亚   D. 巴塞罗那

82. ( )建于公元前 6 世纪的古希腊时代，距今已有 2500 多年的历史，是法国最古老的城市。

  A. 尼斯   B. 巴黎   C. 马赛   D. 里昂

83. ( )是欧洲乃至全世界最具魅力的黄金海岸。

  A. 尼斯   B. 巴黎   C. 马赛   D. 里昂

84. ( )是欧洲最大经济体，被称为"欧洲经济的火车头"。

  A. 法国   B. 英国   C. 德国   D. 瑞士

85. 欧洲中央银行总部设在( )。

  A. 巴黎   B. 法兰克福   C. 苏黎世   D. 伦敦

86. 德国约 700 万的外籍人，以( )为最多。

  A. 丹麦人   B. 索布族人   C. 中国人   D. 土耳其人

87. 德国的国花是( )。

  A. 矢车菊   B. 玫瑰   C. 雏菊   D. 香根鸢尾花

88. ( )喜欢肉类和啤酒，尤其爱吃猪肉，每年猪肉的消耗量居世界首位。

  A. 中国人   B. 德国人   C. 英国人   D. 日本人

89. ( )是德国"最翠绿"的大都市。

  A. 慕尼黑   B. 科隆   C. 法兰克福   D. 柏林

90. 德国的象征是( )。

  A. 国会大厦   B. 科隆大教堂   C. 勃兰登堡门   D. 海德堡

91. ( )拥有"欧洲建筑博物馆"之名。

  A. 慕尼黑   B. 科隆   C. 法兰克福   D. 柏林

92. ( )保留着原巴伐利亚王国都城的古朴风情，因此被人们称作"百万人的村庄"。

  A. 慕尼黑   B. 科隆   C. 法兰克福   D. 柏林

93. ( )是宝马汽车的故乡。

  A. 慕尼黑   B. 科隆   C. 法兰克福   D. 柏林

94. ( )是德国最古老、历史最悠久的城市，也是德国第四大城市。

  A. 慕尼黑   B. 科隆   C. 法兰克福   D. 柏林

95. ( )与北京是姐妹城市。

  A. 莫斯科   B. 科隆   C. 法兰克福   D. 柏林

96. ( )有两座哥特式尖塔，是目前世界上最高的双塔教堂。

  A. 柏林大教堂   B. 圣母教堂   C. 圣奥格斯汀教堂 D. 科隆大教堂

97. ( )拥有"德国最大的书柜"德意志图书馆，是世界图书业的中心，也是欧洲最繁忙的展览场所。

  A. 慕尼黑   B. 法兰克福   C. 海德堡   D. 科隆

98. 马克·吐温称( )是他到过的最美地方。

  A. 慕尼黑   B. 法兰克福   C. 海德堡   D. 科隆

99. （   ）98％以上的企业为中小企业，堪称"中小企业王国"。

    A. 英国   B. 德国   C. 意大利   D. 美国

100. （   ）素有"制鞋王国"之誉。

    A. 英国   B. 德国   C. 意大利   D. 美国

101. 在 2015 年，（   ）成为世界上最大的葡萄酒生产国。

    A. 法国   B. 德国   C. 意大利   D. 美国

102. 意大利的国花是（   ）。

    A. 金合欢   B. 雏菊   C. 荷花   D. 矢车菊

103. （   ）拥有全世界最悠久的起泡酒酿造历史。

    A. 法国   B. 德国   C. 意大利   D. 美国

104. （   ）人守时观念较差，活动迟到习以为常。

    A. 法国   B. 中国   C. 意大利   D. 美国

105. （   ）被称为"七丘城"和"永恒之城"。

    A. 米兰   B. 威尼斯   C. 佛罗伦萨   D. 罗马

106. （   ）被喻为全球最大的"露天历史博物馆"。

    A. 米兰   B. 威尼斯   C. 佛罗伦萨   D. 罗马

107. （   ）被称为"博物馆之城"，也是艺术与建筑的摇篮。

    A. 米兰   B. 威尼斯   C. 佛罗伦萨   D. 罗马

108. 但丁、达·芬奇、米开朗基罗等名人在（   ）诞生。

    A. 米兰   B. 威尼斯   C. 佛罗伦萨   D. 罗马

109. （   ）有"水上都市"和"百岛之城"之称。

    A. 米兰   B. 威尼斯   C. 佛罗伦萨   D. 罗马

110. （   ）是世界上唯一没有汽车的城市。

    A. 米兰   B. 威尼斯   C. 佛罗伦萨   D. 罗马

111. （   ）是意大利最重要的经济中心，有"经济首都"之称。

    A. 米兰   B. 威尼斯   C. 佛罗伦萨   D. 罗马

112. （   ）是世界时装之都。

    A. 米兰   B. 威尼斯   C. 佛罗伦萨   D. 罗马

113. （   ）是世界上最大的教堂。

    A. 柏林大教堂   B. 圣奥格斯汀教堂

    C. 科隆大教堂   D. 圣彼得大教堂

114. 达·芬奇的巨画《最后的晚餐》画在哪座教堂旁的修道院餐厅的墙壁上？（   ）

    A. 柏林大教堂   B. 圣奥格斯汀教堂

    C. 圣玛丽亚感恩教堂   D. 圣彼得大教堂

115. （   ）是世界上最小的国家。

    A. 摩纳哥   B. 梵蒂冈   C. 圣马力诺   D. 马尔代夫

116. （   ）是世界上面积最大的国家。

    A. 中国   B. 美国   C. 加拿大   D. 俄罗斯

117. 俄罗斯的国花为( )。

    A. 矢车菊   B. 雏菊   C. 向日葵   D. 金合欢

118. ( )人用"面包加盐"的方式迎接贵宾，以示最热烈的欢迎。

    A. 意大利   B. 加拿大   C. 俄罗斯   D. 德国

119. 俄罗斯人认为数字( )是幸福和成功的象征。

    A. 6   B. 7   C. 8   D. 9

120. 俄罗斯常人视( )为神圣的物品，打碎它意味着灵魂的毁灭。

    A. 镜子   B. 杯子   C. 碟子   D. 盘子

121. ( )是世界上人口超过百万的最北端城市。

    A. 圣彼得堡   B. 莫斯科   C. 朗伊尔城   D. 诺里尔斯克市

122. ( )整个城市由 40 多个岛屿组成，多条河流穿越而过，有"北方威尼斯"之称。

    A. 斯德哥尔摩   B. 圣彼得堡   C. 巴里萨尔   D. 阿姆斯特丹

123. ( )全年阳光充足，气候宜人，有"太阳王国"之称。

    A. 葡萄牙   B. 西班牙   C. 荷兰   D. 瑞士

124. ( )是传统的民族文化，也是西班牙的"国粹"。

    A. 弗拉门科舞蹈 B. 吉他   C. 摔跤   D. 斗牛

125. ( )是欧洲地势最高的首都，海拔 670 米。

    A. 莫斯科   B. 罗马   C. 马德里   D. 柏林

126. ( )是西班牙最大的海港，是最具欧洲气质的城市，有"伊比利亚半岛的明珠"之称。

    A. 塞维利亚   B. 巴塞罗那   C. 马德里   D. 瓦伦西亚

127. ( )是世界有名的低地之国，其 1/4 国土海拔不到 1 米。

    A. 新西兰   B. 马来西亚   C. 荷兰   D. 马尔代夫

128. ( )为荷兰四宝之首。

    A. 奶酪   B. 郁金香   C. 木鞋   D. 风车

129. 花卉是( )的支柱性产业，有"欧洲花园"的称号。

    A. 比利时   B. 英国   C. 荷兰   D. 瑞士

130. ( )是仅次于美国的世界第二大农产品出口国。

    A. 法国   B. 加拿大   C. 荷兰   D. 巴西

131. ( )城区大部分低于海平面 1～5 米，称得上是一座"水下城市"。

    A. 阿姆斯特丹   B. 鹿特丹   C. 马德里   D. 巴塞罗那

132. ( )是欧洲最大的海港，亚欧大陆桥的西桥头堡。

    A. 阿姆斯特丹   B. 鹿特丹   C. 马德里   D. 巴塞罗那

133. ( )钻石切工已成为完美切割与高品质钻石的代名词。

    A. 阿姆斯特丹   B. 鹿特丹   C. 马德里   D. 巴塞罗那

134. ( )以高原和山地为主，有"欧洲屋脊"之称。

    A. 土耳其   B. 瑞士   C. 法国   D. 卢森堡

135. （　　）人均国民生产总值一直位居世界前列，号称世界上"最富有"的国家。

    A. 土耳其　　　　B. 瑞士　　　　　C. 法国　　　　　D. 卢森堡

136. （　　）有"钟表王国"之称。

    A. 土耳其　　　　B. 瑞士　　　　　C. 法国　　　　　D. 卢森堡

137. （　　）旅游资源丰富，有"世界公园"的美誉。

    A. 加拿大　　　　B. 瑞士　　　　　C. 法国　　　　　D. 卢森堡

138. （　　）集中了120多家银行的全球及欧洲区总部，享有"欧洲百万富翁都市"的称号。

    A. 苏黎世　　　　B. 巴黎　　　　　C. 日内瓦　　　　D. 伦敦

139. （　　）被誉为湖上的花园城。

    A. 伯尔尼　　　　B. 日内瓦　　　　C. 苏黎世　　　　D. 鹿特丹

140. （　　）是许多国际组织的所在地，最著名的景点当数万国宫。

    A. 伯尔尼　　　　B. 日内瓦　　　　C. 苏黎世　　　　D. 鹿特丹

141. （　　）是"鲜花的王国"，是郁金香的真正原产地。

    A. 荷兰　　　　　B. 比利时　　　　C. 土耳其　　　　D. 法国

142. （　　）有着6500年悠久历史和前后13个不同文明的历史遗产，被称为"文明的摇篮"。

    A. 埃及　　　　　B. 中国　　　　　C. 印度　　　　　D. 土耳其

143. （　　）拥有世界七大奇迹中的两个：以弗所的阿耳忒弥斯神庙和位于哈利卡纳苏斯的摩索拉斯陵墓。

    A. 埃及　　　　　B. 西班牙　　　　C. 印度　　　　　D. 土耳其

144. （　　）是古代陆上丝绸之路的终点。

    A. 安卡拉　　　　B. 鹿特丹　　　　C. 伊斯坦布尔　　D. 罗马

145. （　　）城区内有40多座博物馆、20多座教堂、450多座清真寺，被称为"寺庙之城"。

    A. 开罗　　　　　B. 德黑兰　　　　C. 巴格达　　　　D. 伊斯坦布尔

146. （　　）人习惯称自己的国家是"从海洋到海洋"的国家。

    A. 美国　　　　　B. 加拿大　　　　C. 印度　　　　　D. 埃及

147. （　　）素有"枫叶之国"的美誉。

    A. 美国　　　　　B. 加拿大　　　　C. 印度　　　　　D. 埃及

148. （　　）是加拿大的国树，这是加拿大民族的象征。

    A. 柏树　　　　　B. 雪松　　　　　C. 枫树　　　　　D. 云杉

149. 加拿大人把（　　）喻为友谊的象征。

    A. 荷花　　　　　B. 白雪　　　　　C. 枫叶　　　　　D. 百日草

150. 加拿大人偏爱（　　），视它为吉祥的象征。

    A. 荷花　　　　　B. 白雪　　　　　C. 枫叶　　　　　D. 百日草

151. 加拿大人忌送（　　），因其主要用于悼念死者。

    A. 康乃馨　　　　B. 玫瑰　　　　　C. 雏菊　　　　　D. 百合花

152. (   )是世界上最寒冷的首都。

 A. 渥太华 B. 华沙 C. 莫斯科 D. 乌兰巴托

153. (   )是"冰球之城"。

 A. 渥太华 B. 华沙 C. 莫斯科 D. 乌兰巴托

154. 每年2月初，(   )成为世界上最大的天然滑冰场，吸引着世界各地的滑冰爱好者。

 A. 伏尔加河 B. 顿河 C. 漠河 D. 里多运河

155. (   )是世界上最具多元文化的城市，当地居民来自100多个民族，讲140多种不同的语言。

 A. 伦敦 B. 巴黎 C. 多伦多 D. 纽约

156. (   )是世界第一大跨国瀑布。

 A. 伊瓜苏瀑布 B. 尼亚加拉瀑布 C. 德天瀑布 D. 维多利亚瀑布

157. (   )是除法国巴黎以外的世界最大的法语城市，故有"小巴黎"之称。

 A. 蒙特利尔 B. 纽约 C. 伦敦 D. 魁北克

158. (   )有着悠久的历史，以法式建筑为主，称为"尖塔之城"。

 A. 蒙特利尔 B. 纽约 C. 伦敦 D. 魁北克

159. (   )是加拿大冬季最暖和的城市。

 A. 蒙特利尔 B. 温哥华 C. 多伦多 D. 渥太华

160. (   )是全球最大的城市公园。

 A. 温哥华斯坦利公园 B. 纽约中央公园

 C. 东京上野公园 D. 洛杉矶格里菲斯公园

161. (   )是加拿大最古老的城市，也是北美洲唯一一座拥有城墙的城市。

 A. 蒙特利尔 B. 温哥华 C. 魁北克 D. 渥太华

162. (   )是加拿大境内法兰西文化的发祥地，是加拿大第一座城市，被称为"新法兰西之父"。

 A. 蒙特利尔 B. 温哥华 C. 魁北克 D. 渥太华

163. 美国面积937万平方公里，位居世界第(   )。

 A. 二 B. 三 C. 四 D. 五

164. (   )是美国境内最长、流域面积最广、水量最大的巨型河。

 A. 亚马孙河 B. 密西西比河 C. 康涅狄格河 D. 圣劳伦斯河

165. (   )作为世界第一大经济体，其劳动生产率、国内生产总值和对外贸易额均位居世界第一。

 A. 俄罗斯 B. 德国 C. 美国 D. 加拿大

166. 美国的国花是(   )。

 A. 杜鹃花 B. 郁金香 C. 百合花 D. 玫瑰花

167. (   )是快餐文化的代名词，速食成为其餐饮界的发展方向。

 A. 英国 B. 法国 C. 美国 D. 加拿大

168. (   )被美国人称为"国家的心脏"。

    A. 纽约   B. 白宫   C. 华盛顿   D. 旧金山

169. (　　)是华盛顿的象征。

    A. 国会大厦   B. 白宫   C. 五角大楼   D. 林肯纪念堂

170. (　　)是美国最大的城市，也是联合国总部所在地。

    A. 纽约   B. 拉斯维加斯   C. 华盛顿   D. 旧金山

171. 自由女神像是(　　)送给美国独立 100 周年的礼物。

    A. 英国   B. 加拿大   C. 法国   D. 葡萄牙

172. (　　)是华侨在美国的聚集地，有著名的中国城。

    A. 纽约   B. 拉斯维加斯   C. 华盛顿   D. 旧金山

173. (　　)是美国第二大城市，也是美国西部最大的工业中心和港口，有"科技之城"的称号。

    A. 纽约   B. 拉斯维加斯   C. 华盛顿   D. 洛杉矶

174. (　　)是重要的文化中心，有著名的好莱坞和迪士尼乐园。

    A. 纽约   B. 拉斯维加斯   C. 华盛顿   D. 洛杉矶

175. (　　)别称"世界娱乐之都"、"赌城"。

    A. 纽约   B. 拉斯维加斯   C. 华盛顿   D. 洛杉矶

176. (　　)是世界上天主教徒最多的国家。

    A. 阿根廷   B. 巴西   C. 意大利   D. 德国

177. 巴西的官方语言是(　　)。

    A. 英语   B. 法语   C. 葡萄牙语   D. 西班牙语

178. (　　)被称为"足球王国"。

    A. 阿根廷   B. 巴西   C. 澳大利亚   D. 美国

179. (　　)是南美洲建都时间最短的城市。

    A. 布宜诺斯艾利斯   B. 巴西利亚

    C. 圣地亚哥   D. 利马

180. (　　)也是世界上绿地最多的都市。

    A. 莫斯科   B. 巴西利亚   C. 巴黎   D. 伦敦

181. 世界最大的足球场在(　　)。

    A. 巴西利亚   B. 圣保罗   C. 布宜诺斯艾利斯   D. 里约热内卢

182. 在(　　)举行 2016 年夏季奥运会。

    A. 巴西利亚   B. 圣保罗   C. 布宜诺斯艾利斯   D. 里约热内卢

183. (　　)有"咖啡王国"之称。

    A. 阿根廷   B. 巴西   C. 智利   D. 南非

184. (　　)是世界上唯一一个国土覆盖整个大陆的国家。

    A. 澳大利亚   B. 巴西   C. 加拿大   D. 南非

185. 澳大利亚国花是(　　)。

    A. 万代兰   B. 扶桑花   C. 木槿花   D. 金合欢

186. 澳大利亚人忌讳(　　)，认为这是一种不吉利的动物，看到它会倒霉。

A. 黄鼠狼　　　　B. 兔子　　　　　　C. 猫头鹰　　　　D. 乌鸦

187. 不可竖大拇指表示赞扬，在（　　　　）被视为下流动作。

A. 澳大利亚　　B. 巴西　　　　　　C. 加拿大　　　　D. 南非

188. （　　　　）是个纯粹的政治中心，被誉为"大洋洲的花园城市"。

A. 悉尼　　　　B. 堪培拉　　　　　C. 墨尔本　　　　D. 惠灵顿

189. （　　　　）是澳大利亚华侨和华人聚居最多的地区。

A. 悉尼　　　　B. 堪培拉　　　　　C. 墨尔本　　　　D. 惠灵顿

190. （　　　　）有"南半球的纽约"之称。

A. 悉尼　　　　B. 堪培拉　　　　　C. 墨尔本　　　　D. 惠灵顿

191. （　　　　）保留着许多19世纪维多利亚式建筑，是澳大利亚最具有欧洲韵味的城市，被称为"澳大利亚的伦敦"。

A. 悉尼　　　　B. 堪培拉　　　　　C. 墨尔本　　　　D. 惠灵顿

192. （　　　　）的大堡礁是世界上最大最长的珊瑚礁群，被称为"透明清澈的海中野生王国"。

A. 新西兰　　　B. 南非　　　　　　C. 巴西　　　　　D. 澳大利亚

193. （　　　　）被誉为"世界边缘的国家"。

A. 新西兰　　　B. 南非　　　　　　C. 巴西　　　　　D. 澳大利亚

194. （　　　　）是世界上最大的鹿茸生产国和出口国。

A. 新西兰　　　B. 南非　　　　　　C. 巴西　　　　　D. 澳大利亚

195. （　　　　）是世界上最南端的首都，有"风城"之称。

A. 悉尼　　　　B. 墨尔本　　　　　C. 茨内瓦　　　　D. 惠灵顿

196. （　　　　）人均拥有的帆船数量为全球之冠，故有"千帆之都"的美誉。

A. 悉尼　　　　B. 奥克兰　　　　　C. 墨尔本　　　　D. 惠灵顿

197. （　　　　）是英国之外最像英国的城市，也是进入南极的门户。

A. 悉尼　　　　B. 奥克兰　　　　　C. 墨尔本　　　　D. 基督城

198. （　　　　）毛利人的传统服饰鲜艳而简洁，最常见的是毛利草裙。

A. 新西兰　　　B. 澳大利亚　　　　C. 南非　　　　　D. 阿根廷

199. （　　　　）是世界上唯一一个有3个首都的国家。

A. 新西兰　　　B. 澳大利亚　　　　C. 南非　　　　　D. 阿根廷

200. （　　　　）的官方语言有11种。

A. 新西兰　　　B. 澳大利亚　　　　C. 南非　　　　　D. 阿根廷

201. （　　　　）是欧裔白人在南非建立的第一座城市，是南非最受欢迎的观光都市，被誉为"非洲明珠"。

A. 茨瓦内　　　B. 开普敦　　　　　C. 布隆方丹　　　D. 约翰内斯堡

202. （　　　　）现为世界最大金矿区，素有"黄金之城"的美誉。

A. 茨瓦内　　　B. 开普敦　　　　　C. 布隆方丹　　　D. 约翰内斯堡

203. （　　　　）西北140公里的太阳城市，是非洲的"拉斯维加斯"，全球第二大赌场。

A. 茨瓦内　　　B. 开普敦　　　　　C. 布隆方丹　　　D. 约翰内斯堡

204. ( )是一座欧化的城市，街头白人居多，城市街道的两旁种植着许多紫薇，故又名"紫薇城"。

   A. 茨瓦内　　　　　B. 开普敦　　　　　C. 布隆方丹　　　　D. 约翰内斯堡

205. ( )是世界四大文明古国之一，是世界上最早的王国。

   A. 古埃及　　　　　B. 古印度　　　　　C. 古中国　　　　　D. 古巴比伦

206. ( )是中东人口最多的国家。

   A. 伊朗　　　　　　B. 科威特　　　　　C. 伊拉克　　　　　D. 埃及

207. ( )是一座名副其实的伊斯兰博物院，有 800 多座建于不同时期、不同形式的清真寺。

   A. 伊斯坦布尔　　　B. 开罗　　　　　　C. 亚历山大　　　　D. 沙卡拉

208. ( )是世界上最大的露天博物馆，有"宫殿之城"的美誉。

   A. 开罗　　　　　　B. 亚历山大　　　　C. 卢克索　　　　　D. 沙卡拉

209. ( )喜欢吃甜食，通常以"耶素"为主食。

   A. 南非人　　　　　B. 巴西人　　　　　C. 埃及人　　　　　D. 新西兰人

210. 世界第一长河是( )。

   A. 长江　　　　　　B. 亚马孙河　　　　C. 密西西比河　　　D. 尼罗河

二、多项选择题（每题有 2－4 个正确答案，多选、少选、错选均不得分）

1. 香港以华人为主，外籍人口以( )人数最多。

   A. 印度尼西亚人　　B. 印度人　　　　　C. 菲律宾人　　　　D. 欧洲人

   E. 新加坡人

2. 香港是亚太地区乃至全球的( )。

   A. 金融中心　　　　　　　　　　　　　B. 国际航运中心

   C. 国际贸易中心　　　　　　　　　　　D. 旅游和信息中心

   E. 电子工业

3. 香港是继( )之后的世界第三大金融中心。

   A. 纽约　　　　　　B. 巴黎　　　　　　C. 伦敦　　　　　　D. 莫斯科

   E. 苏黎世

4. 根据发音谐音，香港人送花忌讳赠送( )等。

   A. 剑兰　　　　　　B. 百合花　　　　　C. 茉莉　　　　　　D. 梅花

   E. 菊花

5. 下列数字中香港人比较喜欢的是( )。

   A. 3　　　　　　　　B. 4　　　　　　　　C. 6　　　　　　　　D. 8

   E. 9

6. 对香港海洋公园，说法正确的有( )。

   A. 是东南亚最大的海洋主题休闲中心

   B. 拥有全东南亚最大的海洋水族馆及主题游乐园

   C. 亚洲第一个水上游乐中心

D. 拥有全世界第二长的户外电动扶梯

E. 拥有 155 米的海底观光隧道，堪称世界之最

7. 香港迪士尼乐园的( )为全世界独有。

A. 探险世界　　　　　B. 幻想世界　　　　　C. 灰熊山谷　　　　　D. 迷离庄园

E. 明日世界

8. 有关香港旅游景点，说法正确的有( )。

A. 太平山是香港的最高点，在山顶可以俯瞰香港全岛及维多利亚港美景

B. 浅水湾号称"天下第一湾"，有"东方夏威夷"之美誉 ，是香港最具代表性的沙滩

C. 海洋公园是亚洲最大的海洋主题休闲中心

D. 香港迪士尼乐园是全球第 5 座、亚洲第 2 座、中国第 1 座迪士尼乐园

E. 黄大仙祠是香港唯一一所可以举行道教婚礼的道教宫观

9. ( )是澳门现行官方语言。

A. 汉语　　　　　　　B. 葡萄牙语　　　　　C. 英语　　　　　　　D. 法语

E. 粤语

10. 澳门的区旗图包括( )。

A. 五星　　　　　　　B. 莲花　　　　　　　C. 大桥　　　　　　　D. 海

E. 牌坊

11. 澳门三大古刹是( )。

A. 妈阁庙　　　　　　B. 康公庙　　　　　　C. 莲峰庙　　　　　　D. 普济禅院

E. 哪吒庙

12. 对有关澳门的说法，正确的有( )。

A. 澳门是世界四大赌城之一，有"东方蒙特卡洛"之称

B. 大三巴牌坊是澳门的象征

C. 普济禅院是澳门三大古刹中历史最悠久的

D. 葡京娱乐场是澳门最具规模的博彩娱乐场

E. 金莲花广场是澳门一个著名地标及旅游景点

13. 台湾人的习俗禁忌有( )。

A. 禁送粽子和手帕　　　　　　　　　B. 禁送年糕和刀剪

C. 禁送雨伞和扇子　　　　　　　　　D. 禁送剑兰和梅花

E. 忌讳称丈夫或妻子为"爱人"

14. 台北故宫博物院的三大镇馆之宝是( )。

A. 翠玉白菜　　　　B. 富春山居图　　　　C. 肉形石　　　　　　D. 毛公鼎

E. 散氏盘

15. 森林和( )合称阿里山五奇。

A. 日出　　　　　　　B. 晚霞　　　　　　　C. 云海　　　　　　　D. 高山铁路

E. 温泉

16. 下列有关台湾的说法，正确的有( )。

A. 101 大楼是台湾的标志性建筑

B. 高雄是台湾最大的国际港口，有"港都"之名

C. 阿里山是台湾最理想的避暑胜地

D. 太鲁阁国家公园是台湾唯一拥有海域和陆地的国家公园

E. 垦丁国家公园是台湾最具特色的自然与人文合一的旅游景观

17. 日本的传统文化以"三道"为代表，即(　　　)。

　　A. 茶道　　　　　　　B. 花道　　　　　　　C. 书道　　　　　　　D. 柔道

　　E. 武士道

18. 日本人忌讳的数字有(　　　)。

　　A. 4　　　　　　　　　B. 5　　　　　　　　　C. 7　　　　　　　　　D. 13

　　E. 42

19. (　　　)是韩国皇家的颜色，象征着幸福。

　　A. 红色　　　　　　　B. 白色　　　　　　　C. 黄色　　　　　　　D. 绿色

　　E. 黑色

20. 首尔的四处世界遗产是(　　　)。

　　A. 昌德宫　　　　　　　　　　　B. 水原华城

　　C. 宗庙神殿　　　　　　　　　　D. 朝鲜王朝的皇家陵墓

　　E. 梵鱼寺

21. 济州岛的"三多"指(　　　)。

　　A. 女人多　　　　　B. 石多　　　　　　C. 风多　　　　　　D. 水产品多

　　E. 农作物多

22. 新加坡是继(　　　)之后的第四大国际金融中心。

　　A. 纽约　　　　　　　B. 伦敦　　　　　　　C. 巴黎　　　　　　　D. 香港

　　E. 苏黎世

23. 新加坡的官方语言为(　　　)。

　　A. 英语　　　　　　　B. 汉语　　　　　　　C. 马来语　　　　　　D. 泰米尔语

　　E. 葡萄牙语

24. 下列有关新加坡的说法，正确的有(　　　)。

　　A. 整个国家也即是一座城市，有"花园城市"的美誉

　　B. 新加坡别称"狮城"，鱼尾狮是新加坡的标志

　　C. 裕廊鸟类公园是世界最大的鸟类公园

　　D. 圣淘沙岛是新加坡最为迷人的度假小岛，被誉为欢乐宝石

　　E. 偏爱黑色和紫色，不喜欢红色

25. (　　　)被称为泰国三大国宝。

　　A. 金佛寺　　　　　B. 玉佛寺　　　　　　C. 卧佛寺　　　　　　D. 郑王庙

　　E. 大王宫

26. 下列有关普吉岛的说法，正确的有(　　　)。

　　A. 泰国境内唯一受封为国家级地位的岛屿

B. 泰国最大的岛

C. 泰国最小的府

D. 被称为"安达曼海上的一颗明珠"

E. 有"珍宝岛""金银岛"的美称

27. 亚洲四小虎是(   )四国。

A. 泰国　　　　　B. 马来西亚　　　　C. 菲律宾　　　　　D. 印度尼西亚

E. 新加坡

28. 亚洲四小龙是(   )。

A. 新加坡　　　　B. 韩国　　　　　　C. 台湾　　　　　　D. 香港

E. 马来西亚

29. 下列有关泰国的说法，正确的有(   )。

A. 泰国有"黄袍佛国"的美名

B. 泰国人最喜欢的食物是咖喱饭

C. 曼谷被誉为"佛教之都"，是"世界佛教联谊会"总部所在地

D. 普吉岛享有"东方夏威夷"之誉，已成为"海滩度假天堂"的代名词

E. 普吉岛还是泰国潜水行业的主要中心，也是世界排名前十位的潜水目的地之一

30. (   )是印度著名的旅游金三角。

A. 新德里　　　　B. 加尔各答　　　　C. 斋浦尔　　　　　D. 阿格拉

E. 孟买

31. 下列有关印度的说法，正确的有(   )。

A. 印度作为金砖国家，是世界上经济发展最快的国家之一

B. 泰姬陵为印度的标志

C. 新德里、斋浦尔和阿格拉是印度著名的旅游金三角

D. 孟买是印度最大的城市

E. 加尔各答是印度最大的海港，素有印度"商业首都"和"金融首都"之称

32. (   )被誉为马来西亚的三大珍宝。

A. 兰花　　　　　B. 巨猿　　　　　　C. 蜈蚣　　　　　　D. 蝴蝶

E. 锡器

33. 马来西亚是亚洲新兴的工业国之一，是世界上最大的(   )的出产国。

A. 天然橡胶　　　B. 棕榈油　　　　　C. 椰子　　　　　　D. 锡

E. 兰花

34. 下列有关马来西亚的说法，正确的有(   )。

A. 佛教是马来西亚的国教

B. 是世界上最大的天然橡胶、棕榈油及锡的出产国

C. 云顶高原是马来西亚唯一的合法赌场

D. 布特拉贾亚（太子城）是个"智慧型"花园城市

E. 双子塔是目前世界上最高的双子楼和第四高的建筑物

35. 下列有关菲律宾的说法，正确的有(   )。

A. 菲律宾大多数人信奉伊斯兰教

B. 大马尼拉有"热带花园之都"之称

C. 马尼拉是亚洲最欧化的城市，被称为"亚洲的纽约"

D. 菲律宾男子的国服叫"巴隆他加禄"衬衣，女子的国服称为"特尔诺"

E. 长滩岛是位于菲律宾中部的一个小岛，是世界最美丽的十大海滩之一

36. 印度尼西亚人口数量少于( )。

 A. 中国   B. 印度   C. 美国   D. 巴西

 E. 巴基斯坦

37. 巴厘岛可称为( )。

 A. 诗之岛   B. 舞之岛   C. 神明之岛   D. 花之岛

 E. 千庙之岛

38. 除中国的长城外，古代东方的五大奇迹还包括( )。

 A. 印度的泰姬陵   B. 柬埔寨的吴哥窟古迹

 C. 埃及的金字塔   D. 敦煌莫高窟

 E. 印度尼西亚的婆罗浮屠

39. 下列有关印度尼西亚的说法，正确的有( )。

 A. 是多火山、多地震、多群岛的国家

 B. 人口位居世界第四

 C. 东南亚国家联盟创立国之一，东南亚最大经济体及二十国集团成员国

 D. 婆罗浮屠为古代东方的五大奇迹之一

 E. 巴厘岛是印度尼西亚唯一信奉佛教的地区，有寺院4000多座，故称"千庙之岛"

40. 旅游业是英国最重要的经济部门之一，英国旅游业收入仅次于( )。

 A. 美国   B. 西班牙   C. 法国   D. 中国

 E. 意大利

41. 国花是玫瑰的国家有( )。

 A. 美国   B. 泰国   C. 法国   D. 英国

 E. 意大利

42. ( )是英国人的发明，也是现代快餐的标志。

 A. 炸鱼   B. 薯条   C. 炸鸡   D. 三明治

 E. 热狗

43. 英国人送礼忌送( )。

 A. 兰花   B. 康乃馨   C. 菊花   D. 玫瑰

 E. 百合花

44. 英国人忌用( )图案。

 A. 山羊   B. 猪   C. 大象   D. 孔雀

 E. 狮子

45. 下列有关利物浦的说法，正确的有( )。

A. 市内建有欧洲最古老的中国城

B. 是英国国家旅游局认定的英国最佳旅游城市

C. 是令流行乐迷倾倒的披头士乐队的故乡

D. 是体育运动之城，利物浦足球俱乐部和埃弗顿足球俱乐部享誉世界

E. 素有"北方雅典""欧洲最有气势的城市"之称

46. 下列有关英国的说法，正确的有(　　　)。

A. 英国是世界上第一个完成工业革命的国家

B. 英国旅游业收入居世界第五位

C. 英国国旗为米字旗，国花是玫瑰

D. 到英国人家里做客时，要提前到，最好是约定时间前 10 分钟到达

E. 英国人忌用山羊、大象和孔雀图案

47. 下列有关法国概况的说法，正确的有(　　　)。

A. 世界主要发达国家和欧洲四大经济体之一

B. 是世界第一大农产品出口国，葡萄酒的出口量占世界出口量的一半

C. 法国是世界第一旅游接待国

D. 法国是世界著名的三大烹饪王国之一

E. 法国是时尚之都、浪漫之都

48. 法国人忌讳(　　　)图案。

　　A. 黑桃　　　　　　B. 孔雀　　　　　　C. 仙鹤　　　　　　D. 山羊

　　E. 大象

49. 在法国一般不宜送(　　　)。

　　A. 菊花　　　　　　B. 玫瑰　　　　　　C. 桃花　　　　　　D. 水仙花

　　E. 金盏花

50. 法国人的礼节主要有(　　　)。

　　A. 握手礼　　　　　B. 拥抱礼　　　　　C. 贴面礼　　　　　D. 拱手礼

　　E. 吻手礼

51. 法国人最爱吃的菜是(　　　)。

　　A. 蜗牛　　　　　　B. 黄牛　　　　　　C. 青蛙腿　　　　　D. 山羊

　　E. 鸭掌

52. 巴黎被视为(　　　)。

　　A. 世界花都　　　　B. 时装之都　　　　C. 香水之都　　　　D. 浪漫之都

　　E. 世界会议城

53. 巴黎的三大地标是(　　　)。

　　A. 巴黎圣母院　　　B. 大本钟　　　　　C. 凯旋门　　　　　D. 埃菲尔铁塔

　　E. 卢浮宫

54. 卢浮宫的宫中三宝是(　　　)。

　　A.《蒙娜丽莎》名画　　　　　　　　　　B. 雕像《爱神维纳斯》

　　C.《雅典娜女神》　　　　　　　　　　　D.《胜利女神》

E. 《自由女神像》

55. 南欧三大游览中心是( )。
    A. 戛纳　　　　B. 伦敦　　　　C. 尼斯　　　　D. 蒙特卡洛
    E. 巴黎

56. 下列有关法国旅游城市与景点，说法正确的有( )。
    A. 戛纳拥有世界上最洁白、最漂亮的海滩，因每年国际电影节而闻名于世
    B. 尼斯是欧洲乃至全世界最具魅力的黄金海岸
    C. 马赛是"世界富豪聚集的中心"，也是游客心中的度假天堂
    D. 巴黎凯旋门是世界上最大的凯旋门
    E. 埃菲尔铁塔是巴黎最高的建筑物，成为巴黎和法国的象征

57. 凯旋门是法国为纪念拿破仑在奥斯特利兹战役中打败( )联军而建。
    A. 俄国　　　　B. 意大利　　　　C. 奥地利　　　　D. 美国
    E. 德国

58. 尼斯是法国第二大旅游城市，( )是这座城市永恒的地标。
    A. 地中海　　　　B. 马赛港　　　　C. 阿尔卑斯山　　　　D. 伊夫岛
    E. 凯旋门

59. 德国人送花时忌讳送( )。
    A. 荷花　　　　B. 水仙花　　　　C. 蔷薇　　　　D. 玫瑰
    E. 菊花

60. 有关德国人的习俗，下列说法正确的有( )。
    A. 德国人的规则和法律意识很强
    B. 同德国人打交道比较干脆、直接
    C. 德国人时间观念强，凡事喜欢提前预约
    D. 德国人讲究礼仪，到别人家做客，一般都会送礼物
    E. 德国人喜欢红色、红黑相间色以及褐色，特别忌墨绿色

61. 对德国慕尼黑，下列说法正确的有( )。
    A. 拥有"欧洲建筑博物馆"之名
    B. 被人们称作"百万人的村庄"
    C. 是宝马汽车的故乡
    D. 一年一度的慕尼黑啤酒节吸引着世界各地的游客
    E. 是德国"最翠绿"的大都市

62. 对德国科隆，下列说法正确的有( )。
    A. 德国最古老、历史最悠久的城市
    B. 与北京是姐妹城市
    C. 汽车、狂欢节和教堂被称为科隆三宝
    D. 科隆大教堂有两座哥特式尖塔，是目前世界上最高的双塔教堂
    E. 拥有德国最大的航空和铁路枢纽

63. ( )被称为科隆三宝。

A. 香水　　　　　　B. 狂欢节　　　　　　C. 教堂　　　　　　D. 宝马汽车
E. 勃兰登堡门

64. 对德国著名旅游城市与景点，下列说法正确的有(　　　)。
A. 柏林拥有"欧洲建筑博物馆"之名
B. 科隆是德国最古老、历史最悠久的城市
C. 慕尼黑是宝马汽车的故乡
D. 科隆与北京是姐妹城市
E. 法兰克福是世界图书业的中心，也是欧洲最繁忙的展览场所

65. 意大利人忌讳的东西有(　　　)。
A. 忌送十字架形的礼物　　　　　　B. 忌送手帕
C. 忌送菊花　　　　　　　　　　　D. 忌用紫色
E. 忌送花的花枝、花朵为单数

66. 罗马三多是(　　　)。
A. 雕塑多　　　　B. 喷泉多　　　　C. 斗兽场多　　　　D. 教堂多
E. 博物馆多

67. (　　　)并称为罗马三大古迹。
A. 比萨塔　　　　　　　　　　　　B. 罗马圣彼得大教堂
C. 斗兽场　　　　　　　　　　　　D. 地下墓穴
E. 万神殿

68. (　　　)并称为欧洲三大教堂。
A. 科隆大教堂　　　　　　　　　　B. 罗马圣彼得大教堂
C. 佛罗伦萨大教堂　　　　　　　　D. 杜奥莫教堂
E. 柏林大教堂

69. 佛罗伦萨是世界闻名的文化古城，以(　　　)著称，被称为"博物馆之城"
A. 博物馆　　　　B. 画廊　　　　C. 教堂　　　　D. 宫殿
E. 雕塑

70. 对罗马，下列说法正确的有(　　　)。
A. 被称为"七丘城"和"永恒之城"
B. 罗马的三多是指雕塑多、教堂多、喷泉多
C. 罗马被喻为全球最大的"露天历史博物馆"
D. 万神殿、斗兽场和地下墓穴并称为罗马三大古迹
E. 以博物馆、画廊、宫殿和教堂著称，被称为"博物馆之城"

71. 意大利包围着的两个微型国家是(　　　)。
A. 瑙鲁　　　　B. 列支敦士　　　　C. 图瓦卢　　　　D. 梵蒂冈
E. 圣马力诺

72. 俄罗斯人认为打碎(　　　)意味着富贵和幸福。
A. 镜子　　　　B. 杯子　　　　C. 碟子　　　　D. 盘子
E. 勺子

73. (   )是俄罗斯的标志，也是俄罗斯历史的见证。
    A. 克里姆林宫   B. 克格勃博物馆   C. 红场   D. 圣母升天大教堂
    E. 叶卡婕林娜宫

74. 西班牙的三大特色小吃是(   )。
    A. 哈蒙   B. 托尔大   C. 腌橄榄   D. 巧里索
    E. 油醋浸小鱼

75. 对荷兰影响最大的宗教是(   )。
    A. 天主教   B. 伊斯兰教   C. 新教   D. 佛教
    E. 东正教

76. (   )号称荷兰四宝。
    A. 风车   B. 木鞋   C. 橄榄油   D. 奶酪
    E. 郁金香

77. 下列国家中，地跨亚、欧两大洲的有(   )。
    A. 俄罗斯   B. 埃及   C. 土耳其   D. 伊朗
    E. 哈萨克斯坦

78. 土耳其拥有世界七大奇迹中的两个(   )。
    A. 亚历山大灯塔   B. 巴比伦空中花园
    C. 阿耳忒弥斯神庙   D. 罗德港巨人雕像
    E. 摩索拉斯陵墓

79. 加拿大人的生活习性包含着(   )三国人的综合特点。
    A. 英   B. 法   C. 美   D. 俄
    E. 墨西哥

80. (   )都属于加拿大的官方语言。
    A. 英语   B. 德语   C. 法语   D. 西班牙语
    E. 印第安语

81. 对于加拿大，下列说法正确的有(   )。
    A. 面积居世界第一，是一个地广人稀的国家
    B. 加拿大人习惯称自己的国家是"从海洋到海洋"的国家
    C. 加拿大成为世界上拥有最高生活品质、社会最富裕、经济最发达的国家之一
    D. 加拿大是世界上最大的钻石生产国之一
    E. 加拿大是全球最重要的教育枢纽之一

82. 对于加拿大的城市，下列说法正确的有(   )。
    A. 渥太华是世界上最寒冷的首都
    B. 多伦多是世界上最具多元文化的城市
    C. 温哥华是除法国巴黎以外的世界最大的法语城市，故有"小巴黎"之称
    D. 蒙特利尔是加拿大冬季最暖和的城市
    E. 魁北克市是加拿大最古老的城市，也是北美洲唯一一座拥有城墙的城市

83. (   )是美国经济的两大支柱。

A. 汽车工业　　　　B. 电子业　　　　　C. 建筑业　　　　D. 宇航工业

E. 航空业

84. 对于美国经济，下列说法正确的有(　　)。

A. 是世界第一大经济体

B. 劳动生产率、国内生产总值和对外贸易额均位居世界第一

C. 电子工业和建筑业是美国经济的两大支柱

D. 航空和宇航工业位居世界第一

E. 世界最大的农产品出口国

85. (　　)等成为人们最常吃的快餐。

A. 热狗　　　　　　B. 麦当劳　　　　　C. 汉堡包　　　　D. 三明治

E. 肯德基

86. 美国人不喜欢和忌讳的颜色有(　　)。

A. 白色　　　　　　B. 黄色　　　　　　C. 红色　　　　　D. 蓝色

E. 黑色

87. 美国人忌讳的图案有(　　)。

A. 蝙蝠图案　　　　B. 黑猫图案　　　　C. 白色秃鹰图案　　D. 白猫图案

E. 孔雀图案

88. 华盛顿哥伦比亚地区是在 1791 年，为了纪念(　　)而命名并成为美国首都。

A. 华盛顿　　　　　B. 杰弗逊　　　　　C. 哥伦布　　　　D. 林肯

E. 亚当斯

89. 对于美国夏威夷，下列说法正确的有(　　)。

A. 是美国最年轻的州　　　　　　　　B. 拥有全世界最活跃的火山

C. 是现代冲浪、草裙舞和夏威夷地方美食的发源地

D. 有世界知名的标志性景点金门大桥

E. 是美国西部最大的工业中心和港口，有"科技之城"的称号

90. 对于美国，下列说法正确的有(　　)。

A. 帝国大厦是华盛顿的象征

B. 国会大厦是纽约摩天大楼的象征，是纽约的标志性建筑之一

C. 曼哈顿是纽约的核心和象征　　　D. 自由女神像成为美国的象征

E. 金门大桥是旧金山的象征

91. 对于巴西，下列说法正确的有(　　)。

A. 巴西是南美洲最大的国家，国土面积居世界第五位

B. 巴西的官方语言是西班牙语

C. 巴西是世界上天主教徒最多的国家

D. 巴西是农牧业大国，咖啡、可可、甘蔗等产量都居全球首位

E. 巴西被称为"足球王国"

92. 巴西有(　　)之称。

A. 咖啡王国　　　　B. 足球王国　　　　C. 钻石王国　　　D. 甘蔗王国

E. 牛肉王国

93. 澳大利亚被称为(   )。
    A. 骑在羊背上的国家   B. 坐在矿车上的国家
    C. 手持麦穗的国家   D. 黄金业最发达的国家
    E. 世界边缘的国家

94. 新西兰现为英联邦成员国之一，官方语言是(   )。
    A. 英语   B. 法语   C. 毛利语   D. 新西兰手语
    E. 科萨语

95. 新西兰(   )的出口值皆为世界第一。
    A. 羊肉   B. 奶制品   C. 粗羊毛   D. 鹿茸
    E. 牛肉

96. (   )一起成为大洋洲的文化中心。
    A. 惠灵顿   B. 悉尼   C. 奥克兰   D. 墨尔本
    E. 堪培拉

97. 南非国家的首都是(   )。
    A. 茨瓦内   B. 太阳城   C. 布隆方丹   D. 开普敦
    E. 约翰内斯堡

98. 对于埃及，下列说法正确的有(   )。
    A. 埃及是中东人口最多的国家，也是非洲人口第一大国
    B. 开罗是一座名副其实的伊斯兰博物院，有800多座建于不同时期、不同形式的清
       真寺
    C. 尼罗河是世界文明的发祥地，也是埃及的"母亲河"
    D. 卢克索是世界上最大的露天博物馆，有"宫殿之城"的美誉
    E. 埃及人喜欢吃甜食，通常以"耶素"为主食

99. 对于新西兰，下列说法正确的有(   )。
    A. 被誉为"世界边缘的国家"
    B. 新西兰官方语言是英语、毛利语和新西兰手语
    C. 新西兰是世界上最大的鹿茸生产国和出口国
    D. 奥克兰是世界上最南端的首都，有"风城"之称
    E. 惠灵顿人均拥有的帆船数量为全球之冠，故有"千帆之都"的美誉

100. 对于澳大利亚，下列说法正确的有(   )。
    A. 大堡礁是世界上最大最长的珊瑚礁群，被列入世界自然遗产名录
    B. 黄金海岸海浪险急，是冲浪者的天堂
    C. 墨尔本是澳大利亚最具有欧洲韵味的城市，被称为"澳大利亚的伦敦"
    D. 悉尼歌剧院成为悉尼的标志
    E. 悉尼是个纯粹的政治中心，被誉为"大洋洲的花园城市"

第十一章　中国港澳台地区和主要客源国概况参考答案

一、单项选择题

1 – 5. AAACC　6 – 10. ABBDB　11 – 15. ACBBA　16 – 20. BDAAC　21 – 25. ABCAD

26 – 30. CCBDA　31 – 35. BDBDD　36 – 40. CAADA　41 – 45. ACCBA　46 – 50. DBCAB

51 – 55. CAABA　56 – 60. DACCB　61 – 65. AACDB　66 – 70. BADBB　71 – 75. DCADC

76 – 80. BCADB　81 – 85. ACACB　86 – 90. DABDC　91 – 95. AAABB

96 – 100. DBCCC　101 – 105. CBCCD　106 – 110. DCCBB　111 – 115. AADCB

116 – 120. DCCBA　121 – 125. ABBDC　126 – 130. BCCCC　131 – 135. ABABB

136 – 140. BBACB　141 – 145. CDDCD　146 – 150. BBCCB　151 – 155. DAADC

156 – 160. BAABA　161 – 165. CCCBC　166 – 170. DCCAA　171 – 175. CDDDB

176 – 180. BCBBB　181 – 185. DDBAD　186 – 190. BABAA　191 – 195. CDAAD

196 – 200. BDACC　201 – 205. BDDAA　206 – 210. DBCCD

二、多项选择题

1. AC　2. ABCD　3. AC　4. ACD　5. ACDE　6. ABCD　7. CD　8. ABDE　9. AB

10. ABCD　11. ACD　12. ABDE　13. ABC　14. ACD　15. ABCD　16. ABC　17. ABC

18. ADE　19. AC　20. ABCD　21. ABC　22. ABD　23. ABCD　24. ABCD　25. ABC

26. BCDE　27. ABCD　28. ABCD　29. ABCE　30. ACD　31. ABC　32. ABD

33. ABD　34. BCDE　35. DE　36. ABC　37. ACDE　38. ABCE　39. ABCD　40. ABCE

41. AD　42. ABD　43. CE　44. ACD　45. ABCD　46. ABCE　47. ACDE　48. ABC

49. ABDE　50. ABCE　51. AC　52. ABCE　53. ACD　54. ABD　55. ACD　56. ABDE

57. AC　58. AC　59. CDE　60. ABCD　61. ABCD　62. ABD　63. ABC　64. BCDE

65. ABCD　66. ABD　67. CDE　68. BCD　69. ABCD　70. ABCD　71. DE　72. BCD

73. AC　74. ABD　75. AC　76. ABDE　77. AC　78. CE　79. ABC　80. AC　81. BCDE

82. ABE　83. AC　84. ABDE　85. ACD　86. CE　87. AB　88. AC　89. ABC　90. CDE

91. ACDE　92. AB　93. ABC　94. ACD　95. ABCD　96. ABD　97. ACD　98. BCDE

99. ABC　100. ABCD

《全国导游基础知识》综合训练题（一）

一、单项选择题（每小题 1 分，共 40 分）

1. （　　）成为世界上旅游业标准最多的国家。

　　A. 中国　　　　　　B. 日本　　　　　　C. 美国　　　　　　D. 俄罗斯

2. 2011 年 3 月 30 日的国务院常务会议确定中国旅游日的时间为每年的（　　）。

　　A. 5 月 9 日　　　B. 5 月 19 日　　　C. 9 月 5 日　　　D. 9 月 15 日

3. 我国(　　)年加入太平洋亚洲旅游协会。

    A. 1983　　　　　　B. 1990　　　　　　C. 1993　　　　　　D. 1995

4. 世界旅行社协会联合会成立于(　　)年，总部设在(　　)。

    A. 1949，日内瓦　　B. 1966，罗马　　C. 1898，卢森堡　　D. 1975，马德里

5. (　　)遗址中发现的稻种，是目前世界上确认的已知年代最早的栽培稻，证实中国是世界上最早种植水稻的国家。

    A. 黄河流域的仰韶文化　　　　　　B. 长江流域的河姆渡文化

    C. 黄河中下游的大汶口文化中晚期　　D. 长江下游的良渚文化

6. (　　)成为春秋时期第一个霸主。

    A. 秦穆公　　　　　B. 齐桓公　　　　　C. 晋文公　　　　　D. 楚庄王

7. 汉朝的(　　)被誉为"草圣"。

    A. 张旭　　　　　　B. 刘德升　　　　　C. 蔡邕　　　　　　D. 曹喜

8. 东晋(　　)被后人尊为"书圣"。

    A. 王羲之　　　　　B. 王献之　　　　　C. 王献之　　　　　D. 王挺之

9. 在我国绘画史上(　　)第一个明确提出"以形写神"的主张。

    A. 钟繇　　　　　　B. 苏轼　　　　　　C. 顾恺之　　　　　D. 王羲之

10. 东晋的(　　)是第一个用诗歌的形式反映田园生活的"田园诗人"。

    A. 陶渊明　　　　　B. 谢灵运　　　　　C. 孔融　　　　　　D. 曹植

11. (　　)是我国最早的长篇历史小说。

    A.《三国志》　　　B.《三国演义》　　C.《水浒传》　　　D.《封神演义》

12. (　　)是我国第一部文人创作的长篇世情小说。

    A.《红楼梦》　　　B.《绿野仙踪》　　C.《金瓶梅》　　　D.《镜花缘》

13. 八卦中"兑"代表(　　)。

    A. 雷　　　　　　　B. 火　　　　　　　C. 水　　　　　　　D. 泽

14. (　　)是我国现存最早、最完备的农书。

    A.《氾胜之书》　　B.《农书》　　　　C.《农政全书》　　D.《齐民要术》

15. (　　)总结了前代医家的医学理论和治疗经验，被誉为"东方医学圣典"。

    A.《洗冤录》　　　B.《本草纲目》　　C.《千金方》　　　D.《唐本草》

16. (　　)保存了世界上关于哈雷彗星的最早记录。

    A.《诗经》　　　　B.《春秋》　　　　C.《甘石星经》　　D.《汉书·五行志》

17. (　　)被誉为中国科学史上的里程碑。

    A.《水经注》　　　B.《梦溪笔谈》　　C.《天工开物》　　D.《徐霞客游记》

18. 根据我国古代的"时辰"计时方法，上午10:30应属于(　　)。

    A. 申时　　　　　　B. 巳时　　　　　　C. 卯时　　　　　　D. 亥时

19. 一年四季共有24节气，其中，前四个节气依次称为(　　)。

    A. 立春、雨水、惊蛰、春分　　　　B. 雨水、立春、惊蛰、春分

    C. 立春、惊蛰、雨水、春分　　　　D. 立春、雨水、春分、惊蛰

20. 我国人数最少的少数民族是(　　)。

A. 独龙族   B. 珞巴族   C. 高山族   D. 赫哲族

21. ( )是古代维吾尔族人民创作大型套曲集，有"维吾尔音乐之母"的誉称，长期在民间流传。

     A. 达瓦孜   B. 夏地亚纳   C. 十二木卡姆   D. 赛乃姆

22. "三月三"是( )最盛大的民间传统节日，也是青年男女自由交往的日子。

     A. 黎族   B. 傣族   C. 壮族   D. 土家族

23. ( )中，按八卦布局的三清宫古建筑群，被誉为"中国古代道教建筑的露天博物馆"。

     A. 庐山   B. 三清山   C. 武陵源   D. 华山

24. ( )是现今《世界遗产名录》中少数几个和中国唯一一个湖泊类文化遗产。

     A. 洞庭湖   B. 杭州西湖   C. 鄱阳湖   D. 太湖

25. ( )僧人穿白色僧裙和上衣，俗称白教。

     A. 宁玛派   B. 萨迦派   C. 噶举派   D. 格鲁派

26. ( )成为近代中国佛教最大的国际性道场。

     A. 五台山   B. 峨眉山   C. 九华山   D. 普陀山

27. 佛教、基督教、伊斯兰教产生的时间依次为( )。

     A. 公元6世纪、公元前1世纪、公元8世纪

     B. 公元7世纪、公元1世纪、6世纪

     C. 公元5世纪、公元2世纪、公元7世纪

     D. 公元前6世纪、公元1世纪、公元7世纪

28. ( )被中国古建筑学家称为世界建筑史之奇迹"唯一的孤例"，不仅是儒家文化的载体，更是一座屹立于世界东方的文化艺术殿堂。

     A. 地坛   B. 北京社稷坛   C. 天坛   D. 曲阜孔庙

29. 采用"方上""宝城宝顶""以山为陵"封土形制的帝王陵墓依次是( )。

     A. 秦始皇陵，明定陵，明昭陵   B. 清孝陵，明泰陵，秦始皇陵

     C. 秦始皇陵，明长陵，唐乾陵   D. 唐乾陵，清东陵，汉茂陵

30. ( )被认为是苏州古典园林中以少胜多的典范。

     A. 网师园   B. 狮子林   C. 拙政园   D. 留园

31. ( )具有"青如玉、明如镜、薄如纸、声如磬"的特点。

     A. 湖南醴陵瓷器   B. 江苏宜兴紫砂器

     C. 江西景德镇青花瓷   D. 江西龙泉青瓷

32. ( )的一个独特现象就是绣工多为男工。

     A. 苏州苏绣   B. 湖南湘绣   C. 广东粤绣   D. 四川蜀绣

33. ( )是指对仗的上句和下句之间往往一气呵成，分开来读没有意义，至少是意义不全。

     A. 工对   B. 宽对   C. 流水对   D. 邻对

34. 诗句"武夷三十六雄峰，九曲清溪境不同。山水若从奇处看，西湖终是小家容"是( )描写武夷山山水特色的名句。

A. 郁达夫　　　　B. 徐志摩　　　　C. 郭沫若　　　　D. 赵朴初

35. 陈谦的《题天安门广场人民英雄纪念碑联》下联为："超八百里湖光，挟七二峰岳色，壮微躯秭米，来仰丰碑"。其中的"秭米"指的是(　　)。
　　A. 人名　　　　B. 地名　　　　C. 数目　　　　D. 粮食

36. "爽借清风明借月；动观流水静观山"是为(　　)题写的对联。
　　A. 沧浪亭　　　　B. 狮子林　　　　C. 留园　　　　D. 拙政园

37. (　　)被当地人概括为"酸酸甜甜、汤汤水水、黏黏糊糊"。
　　A. 浙菜　　　　B. 徽菜　　　　C. 闽菜　　　　D. 湘菜

38. (　　)有着与众不同的景观，一直以"三多、三丽、三无"著称。
　　A. 芭提雅　　　　B. 普吉岛　　　　C. 圣淘沙岛　　　　D. 济州岛

39. (　　)是亚洲最欧化的城市，被称为"亚洲的纽约"。
　　A. 大马尼拉市　　B. 马尼拉　　　　C. 宿务市　　　　D. 新加坡

40. (　　)居中国名茶之冠，有"色绿，香郁，味醇，形美"四绝之说。
　　A. 西湖龙井　　　B. 太湖碧螺春　　C. 黄山毛峰　　　D. 云南普洱茶

二、多项选择题（每题有 2－4 个正确答案，多选、少选、错选均不得分，每小题 2 分，共 60 分）

1. 下列属于事务性旅游的有(　　)。
　　A. 专业旅游　　　B. 公务旅游　　　C. 文化旅游　　　D. 宗教旅游
　　E. 商务旅游

2. 旅游的特点有(　　)。
　　A. 旅行与逗留的合成性　　　　　B. 异地性
　　C. 暂时性　　　　　　　　　　　D. 非移民性和非就业性
　　E. 轻松性

3. 我国国内旅游市场的主要特点有(　　)。
　　A. 国内旅游市场规模大，发展潜力足　　B. 旅游形式以散客为主
　　C. 旅游消费增长快，但消费水平仍较低
　　D. 发展速度快、消费水平高
　　E. 绝大多数游客采取的是自助游

4. 我国加入了的旅游相关组织有(　　)。
　　A. 世界旅游组织　　　　　　　　B. 太平洋亚洲旅游协会
　　C. 世界旅行协会联合会　　　　　D. 世界旅游城市联合会
　　E. 美洲旅行社组织

5. 母系氏族文化遗存的代表有(　　)。
　　A. 仰韶文化　　　　　　　　　　B. 大汶口文化中晚期
　　C. 河姆渡文化　　　　　　　　　D. 龙山文化
　　E. 良渚文化

6. 下列属于汉隶的代表作的是(　　)。

A. 《衡方碑》　　　　B. 《张迁碑》　　　　C. 《曹全碑》　　　　D. 《礼器碑》
E. 《张猛龙碑》

7. 对《史记》说法正确的有(　　　)。
A. 是我国第一部纪传体通史巨著　　　　B. 位居我国二十四史之首
C. 是传记文学的开山之作
D. 世界上最早的史书，后世"正史"的楷模
E. 被誉为"史家之绝唱，无韵之《离骚》"

8. 下列说法正确的有(　　　)。
A. 儒家学说是中国 2000 多年以来处于主导地位的哲学思想
B. 孔子思想在中华民族的思想和文化发展史上影响最大、时间最久、程度最深
C. 西汉时，董仲舒提出"罢黜百家，独尊儒术"，实际是尊崇儒术
D. 春秋时的孔子是儒家学说的创始人
E. 儒学主张礼治，强调传统的伦常关系，是东方最有价值的知识系统

9. 中国的三大国粹是(　　　)。
A. 中医中药　　　　B. 丝绸　　　　C. 国画　　　　D. 京剧
E. 瓷器

10. 下列关于姓氏称谓，说法正确的有(　　　)。
A. 姓氏是一个人的血统标志
B. 在先秦时期，姓和氏有不同含义。姓是一种族号，氏是姓的分支
C. 姓的作用是"别婚姻"，即识别、区分氏族，实行族外婚
D. 姓原本表示男子世代相传的血统关系、由男性方面决定
E. 氏成为古代贵族的标志，宗族系统的称号，用于区别子孙的出身

11. 蒙古族(　　　)列入《人类口头与非物质文化遗产名录》。
A. 马头琴音乐　　　　B. 蒙古长调　　　　C. 呼麦　　　　D. 那达慕
E. 摔跤

12. 傣族的传统节日主要有(　　　)等。
A. 泼水节　　　　B. 关门节　　　　C. 开门节　　　　D. 耍海节
E. 绕三灵

13. 历史上曾被命名为"天下第一泉"的有(　　　)。
A. 镇江中冷泉　　　　B. 北京玉泉　　　　C. 济南趵突泉　　　　D. 江西庐山谷帘泉
E. 无锡惠山泉

14. (　　　)合称"天下四大丛林"。
A. 西安华严寺　　　　B. 南京栖霞寺　　　　C. 天台国清寺　　　　D. 山东灵岩寺
E. 湖北玉泉寺

15. 伊斯兰教主要分为(　　　)三大派。
A. 逊尼派　　　　B. 什叶派　　　　C. 哈瓦里吉派　　　　D. 苏菲派
E. 伊斯玛仪派

16. (　　　)被称为"江南三大奇石"。

A. 上海豫园的玉玲珑　　　　　　　B. 苏州留园的冠云峰

C. 杭州竹素园的绉云峰　　　　　　D. 南京瞻园仙人峰

E. 苏州留园的瑞云峰

17. 正一道"三山符箓"是指江南的(　　　　)等以符箓为主的道教三大宗。

A. 庐山　　　　　B. 齐云山　　　　　C. 龙虎山　　　　　D. 阁皂山

E. 茅山

18. 黄河、长江都流经以下哪些省？(　　　　)。

A. 甘肃　　　　　B. 四川　　　　　C. 陕西　　　　　D. 青海

E. 西藏

19. 对土家族，说法正确的有(　　　　)。

A. "祭牛王"是土家族村寨每年最隆重的集体祭祀

B. "摆手舞"是最著名的土家舞蹈

C. 土家族的傩戏，被称为"中国戏剧的活化石"

D. 摆手舞、织锦技艺等被列入国家非物质文化遗产名录的主要有

E. 菜肴以酸辣为主要特点，有"辣椒当盐"的嗜好

20. 下列属于兼香型酒的有(　　　　)。

A. 贵州遵义董酒　　B. 陕西西凤酒　　　C. 泸州老窖特曲　　D. 山西汾酒

E. 龙岩沉缸酒

21. 中国风筝的技艺概括起来是(　　　　)。

A. 选样式　　　　B. 扎架子　　　　　C. 糊纸面　　　　　D. 绘花彩

E. 放风筝

22. 对联"两京锁钥无双地；万里长城第一关"中"两京"指的是(　　　　)。

A. 北京　　　　　B. 沈阳　　　　　C. 嘉峪关　　　　　D. 长春

E. 西安

23. 台北故宫博物院的三大镇馆之宝是(　　　　)。

A. 翠玉白菜　　　B. 富春山居图　　　C. 肉形石　　　　　D. 毛公鼎

E. 散氏盘

24. 除中国的长城外，古代东方的五大奇迹还包括(　　　　)。

A. 印度的泰姬陵　　　　　　　　　　B. 柬埔寨的吴哥窟古迹

C. 埃及的金字塔　　　　　　　　　　D. 敦煌莫高窟

E. 印度尼西亚的婆罗浮屠

25. 罗马有哪三多？(　　　　)

A. 雕塑多　　　　B. 喷泉多　　　　　C. 斗兽场多　　　　D. 教堂多

E. 博物馆多

26. (　　　　)号称荷兰四宝。

A. 风车　　　　　B. 木鞋　　　　　C. 橄榄油　　　　　D. 奶酪

E. 郁金香

27. 下列属于白茶的有(　　　　)。

A. 白毫银针   B. 白牡丹   C. 贡眉   D. 君山银针

E. 铁观音

28. （　　）为塔尔寺的艺术三绝。

A. 酥油花   B. 堆绣   C. 绘画   D. 五百罗汉山

E. 檀木大佛

29. 悬空寺建筑特色可以概括为（　　）三个字。

A. 奇   B. 险   C. 悬   D. 巧

E. 高

30. 苗族文化遗产较为丰富，（　　）被列入国家非物质文化遗产名录。

A. 芦笙   B. 苗绣   C. 银饰技艺   D. 蜡染技艺

E. 吊脚楼营造技艺

《全国导游基础知识》综合训练题（一）参考答案

一、单项选择题

1－5. ABCBB   6－10. BAACA   11－15. BCDDC   16－20. BBBAB   21－25. CABBC

26－30. DDDCA   31－35. DCCAC   36－40. DCDAA

二、多项选择题

1. BE   2. ABCD   3. ABCE   4. ABCD   5. AC   6. ABCD   7. ABCE   8. ABDE

9. ACD   10. ABCE   11. BC   12. ABC   13. ABCD   14. BCDE   15. ABD   16. ABC

17. CDE   18. BD   19. BCDE   20. AB   21. BCDE   22. AB   23. ACD   24. ABCE

25. ABD   26. ABDE   27. ABC   28. ABC   29. ABC   30. ACD

《全国导游基础知识》综合训练题（二）

一、单项选择题（每小题1分，共40分）

1. （　　）是世界上开展得最为普遍的消遣性旅游类型，也是目前我国接待量最大的市场类型。

A. 观光旅游   B. 度假旅游   C. 文化旅游   D. 宗教旅游

2. 国家旅游部门将（　　）确定为中国旅游业的标识。

A. 长城   B. 故宫   C. 太阳神鸟   D. 马踏飞燕

3. （　　）是首个总部落户中国、落户北京的国际性旅游组织，是全球第一个以城市为主体的国际旅游组织。

A. 世界旅游组织   B. 太平洋亚洲旅游协会

C. 世界旅行社协会联合会   D. 世界旅游城市联合会

4. 太平洋亚洲旅游协会成立于（　　）年，总部设在（　　）。

A. 1949，日内瓦　　　B. 1947，巴黎　　　　C. 1952，旧金山　　　D. 1986，悉尼

5. 考古发现，距今约200万年的(　　)化石是中国境内目前已知最早的古人类化石。

A. 元谋人　　　　　　B. 蓝田人　　　　　　C. 北京人　　　　　　D. 建始人

6. (　　)最先建造了中国南方特有的干栏式建筑。

A. 元谋人　　　　　　B. 蓝田人　　　　　　C. 北京山顶洞人　　　D. 河姆渡人

7. (　　)创立的三省六部制和科举制为以后各朝代沿袭、改进。

A. 汉朝　　　　　　　B. 隋朝　　　　　　　C. 唐朝　　　　　　　D. 宋朝

8. 东汉末年的(　　)堪称楷书之祖。

A. 蔡邕　　　　　　　B. 钟繇　　　　　　　C. 曹喜　　　　　　　D. 王羲之

9. 三国时期的(　　)是第一个画佛像的画家。

A. 曹操　　　　　　　B. 曹丕　　　　　　　C. 曹植　　　　　　　D. 曹不兴

10. (　　)是屈原吸收南方民歌精华，融合古代神话传说而撰写成的我国古代第一篇长诗。

A. 《九歌》　　　　　B. 《离骚》　　　　　C. 《九章》　　　　　D. 《天问》

11. (　　)是我国第一部以农民起义为题材的长篇小说。

A. 《三国志》　　　　B. 《三国演义》　　　C. 《封神演义》　　　D. 《水浒传》

12. (　　)是我国古代长篇白话小说的高峰。

A. 《红楼梦》　　　　B. 《三国演义》　　　C. 《水浒传》　　　　D. 《西游记》

13. 五行相生相克，其中，水生和水克的两种物质分别是(　　)。

A. 金、木　　　　　　B. 木 、火　　　　　C. 土、木　　　　　　D. 金、火

14. (　　)所著的农书一般被认为是我国最早的一部农书。

A. 徐光启　　　　　　B. 贾思勰　　　　　　C. 王祯　　　　　　　D. 氾胜之

15. (　　)是我国第一部完整的药物学著作。

A. 《黄帝内经》　　　B. 《神农本草经》　　C. 《伤寒杂病论》　　D. 《脉经》

16. (　　)中有中国历史上第一次有确切日期的日食记录。

A. 《诗经》　　　　　B. 《春秋》　　　　　C. 《甘石星经》　　　D. 《汉书·五行志》

17. (　　)是古代地学史上最系统、最完备的水文地理著作。

A. 《水经注》　　　　B. 《五岳游草》　　　C. 《徐霞客游记》　　D. 《广游志》

18. 根据时辰和现在时间有着对应关系，"卯时"对应的时间应为(　　)。

A. 1 时至 3 时　　　B. 3 时至 5 时　　　C. 5 时至 7 时　　　D. 7 时至 9 时

19. 近代史上"甲午战争"、"戊戌变法"、"辛亥革命"等重大事件，也是用(　　)来表示的。

A. 帝号纪年法　　　B. 年号纪年　　　　C. 星象纪年　　　　D. 干支纪年

20. (　　)原是岁暮时张挂的门神，清代成为端午之神。

A. 钟馗　　　　　　　B. 神荼和郁垒　　　　C. 尉迟恭　　　　　　D. 秦叔宝

21. (　　)爱穿白衣素服，因而有"白衣民族"之称。

A. 蒙古族　　　　　　B. 藏族　　　　　　　C. 维吾尔族　　　　　D. 朝鲜族

22. (　　)菜肴以酸辣为主要特点，有"辣椒当盐"的嗜好。

A. 纳西族　　　　　B. 傣族　　　　　　C. 藏族　　　　　D. 土家族

23. (　　) 素有"碧水丹山""奇秀甲东南"之美誉。

　　A. 恒山　　　　　B. 武当山　　　　　C. 衡山　　　　　D. 武夷山

24. (　　) 是我国最大的淡水湖。

　　A. 洞庭湖　　　　B. 洪泽湖　　　　　C. 鄱阳湖　　　　D. 太湖

25. (　　) 是最简便的法门，故在民间影响最大。

　　A. 禅宗　　　　　B. 净土宗　　　　　C. 天台宗　　　　D. 华严宗

26. 四大天王手持的法器中，(　　) 代表做事要合乎中道、恰到好处。

　　A. 宝伞　　　　　B. 缠龙（蛇）　　　C. 慧剑　　　　　D. 琵琶

27. (　　) 与广州怀圣寺、杭州真教寺、扬州仙鹤寺合称中国沿海伊斯兰教四大古寺。

　　A. 泉州清净寺　　　　　　　　　　　B. 北京牛街清真寺

　　C. 西安化觉寺　　　　　　　　　　　D. 喀什艾提尕尔清真寺

28. 祭地在北郊的地坛，时间在(　　)。

　　A. 春分日　　　　B. 夏至日　　　　　C. 秋分日　　　　D. 冬至日

29. (　　) 是长城入海的端头部分，有"中华之魂"的盛誉。

　　A. 八达岭长城　　B. 居庸关　　　　　C. 山海关　　　　D. 老龙头长城

30. "山重水复疑无路，柳暗花明又一村"形容的是中国古代园林(　　)的构景效果。

　　A. 移景　　　　　B. 抑景　　　　　　C. 框景　　　　　D. 漏景

31. (　　) 造型优美、品种繁多、装饰丰富、风格独特，以"白如玉，明如镜，薄如纸，声如磬"的独特风格蜚声海内外。

　　A. 湖南醴陵瓷器　　　　　　　　　　B. 江苏宜兴紫砂器

　　C. 江西景德镇青花瓷　　　　　　　　D. 江西龙泉青瓷

32. (　　) 在艺术上形成了图案秀丽、色彩和谐、线条明快、针法活泼、绣工精细的地方风格，被誉为"东方明珠"。

　　A. 苏州苏绣　　　B. 湖南湘绣　　　　C. 广东粤绣　　　D. 四川蜀绣

33. (　　) 就是写格律诗的圣手。

　　A. 李白　　　　　B. 杜甫　　　　　　C. 白居易　　　　D. 王勃

34. 诗句"湖光秋月两相和，潭面无风镜未磨。遥望洞庭山水色，白银盘里一青螺"是(　　)描写洞庭湖景色的名作。

　　A. 苏轼　　　　　B. 刘禹锡　　　　　C. 白居易　　　　D. 何绍基

35. 杨慎诗句"萍香波暖泛云津，渔栅樵歌曲水滨"中"栅"的读音是(　　)。

　　A. yì　　　　　　B. sì　　　　　　　C. xiè　　　　　D. tī

36. 元好问的"此景只应天上有，岂知身在妙高峰"的"妙高峰"指(　　)。

　　A. 庐山　　　　　B. 五台山　　　　　C. 天山　　　　　D. 九华山

37. (　　) 是我国延续时间最长的典型官府菜。

　　A. 孔府菜　　　　B. 谭家菜　　　　　C. 红楼菜　　　　D. 随园菜

38. (　　) 是亚洲唯一的粮食净出口国。

　　A. 泰国　　　　　B. 韩国　　　　　　C. 朝鲜　　　　　D. 新加坡

39. ( )是世界上最大的天然橡胶、棕榈油及锡的出产国。

    A. 马来西亚   B. 印度   C. 印度尼西亚   D. 巴西

40. 贵州茅台酒是( )类酒的典型代表。

    A. 酱香型   B. 浓香型   C. 米香型   D. 清香型

二、多项选择题（每题有 2－4 个正确答案，多选、少选、错选均不得分，每小题 2 分，共 60 分）

1. 公务旅游和商务旅游被纳入旅游活动，是因为( )。

    A. 访问期间大多伴有消遣性旅游

    B. 在目的地访问期间的消费被列入当地旅游收入账户

    C. 出访频率高   D. 消费水平高

    E. 不受季节影响

2. 旅游活动内容的新六要素中，"商"包括( )。

    A. 商务旅游   B. 公务旅游   C. 会议旅游   D. 奖励旅游

    E. 会议旅游

3. 我国入境旅游市场的主要特点有( )。

    A. 我国的入境旅游人数一直在上升

    B. 在入境游客人数中，中国香港、澳门游客一直占绝大多数

    C. 我国的外国人旅游市场基本稳定

    D. 我国的旅游外汇收入也在稳步增加，在世界各国的排名不断上升

    E. 旅游消费增长快，但消费水平仍较低

4. 根据国际旅游业的一般发展规律，旅游业在其打基础阶段的显著特点是( )。

    A. 高投入   B. 高速度   C. 低效益   D. 高技术

    E. 低质量

5. 对河姆渡遗址及河姆渡人说法正确的有( )。

    A. 母系氏族文化遗存的杰出代表之一

    B. 其中发现的稻种是目前世界上确认的已知年代最早的栽培稻

    C. 河姆渡人还最先发明打井技术

    D. 最先建造了中国南方特有的干栏式建筑

    E. 已能制作精美的陶器和玉器

6. ( )等铭文是金文的代表作。

    A.《毛公鼎》   B.《琅琊台刻石》   C.《散氏盘》   D.《泰山刻石》

    E.《会稽刻石》

7. ( )合称"元曲四大家"。

    A. 关汉卿   B. 王实甫   C. 郑光祖   D. 马致远

    E. 白朴

8. 对于孟子说法，正确的有( )。

    A. 提出"性善论"，注重个体修养   B. 主张施行仁政，强调民本思想

C. 提出"民贵君轻"的思想主张　　　D. 主张礼法并用

E. 反对苛政

9. 南北朝时期和唐朝的(　　)都是当时最优秀的历法，记录下了不少重大改革和天文学上的先进成果。

A. 《大明历》　　　B. 《大衍历》　　　C. 《太初历》　　　D. 《授时历》

E. 格里哥利历

10. 下列谥号中属于褒扬类的有(　　)。

A. 文　　　　　　B. 昭　　　　　　C. 武　　　　　　D. 炀

E. 惠

11. 朝鲜族带有民族特色的三个家庭节日是(　　)。

A. 婴儿周岁　　　B. 回甲节　　　　C. 白节　　　　　D. 赶年

E. 回婚节

12. (　　)被称为藏族饮食"四宝"。

A. 酥油　　　　　B. 茶叶　　　　　C. 糌粑　　　　　D. 酸奶

E. 牛羊肉

13. 世界自然与文化遗产数量均为4项的国家是(　　)。

A. 中国　　　　　B. 西班牙　　　　C. 俄罗斯　　　　D. 澳大利亚

E. 法国

14. 当代中国佛教界将佛教的宗旨归纳为(　　)。

A. 诸恶莫做　　　B. 众善奉行　　　C. 庄严国土　　　D. 利乐有情

E. 六道轮回

15. 全真道三大祖庭是(　　)。

A. 终南山重阳宫　B. 山西芮城永乐宫　C. 青城山常道观　D. 北京白云观

E. 七曲山文昌宫

16. 苏州的(　　)被称为苏州"四大园林"。

A. 沧浪亭　　　　B. 狮子林　　　　C. 拙政园　　　　D. 留园

E. 网师园

17. 道教符箓派三名山是(　　)。

A. 龙虎山　　　　B. 罗浮山　　　　C. 茅山　　　　　D. 阁皂山

E. 葛仙岭

18. 下列少数民族的语言属阿尔泰语系的是(　　)。

A. 满族　　　　　B. 蒙古族　　　　C. 藏族　　　　　D. 苗族

E. 维吾尔族

19. 对黎族，说法正确的有(　　)。

A. "竹竿舞""打柴舞"场面欢快热烈

B. 鼻箫是黎族独特的乐器

C. 打柴舞、纺染织绣技艺以及"三月三"节日等列为国家非物质文化遗产

D. 黎族儿女成年后就住在屋外的"寮房"里，以便自由恋爱，俗称"放寮"

E. "歌圩节"是黎族最盛大的民间传统节日，也是青年男女自由交往的日子

20. （　　）被誉为"西安饮食三绝"。
    A. 仿唐菜点　　　　B. 牛羊肉泡馍　　　　C. 水晶柿子饼　　　　D. 西安饺子
    E. 臊子面

21. "浙江三雕"是指（　　）。
    A. 昌化鸡血石雕　　B. 东阳木雕　　　　C. 乐清黄杨木雕　　　　D. 青田石雕
    E. 潮州木雕

22. 五律的"对"，只有下列哪两副对联的形式？（　　）
    A. 平平平仄仄，仄仄仄平平
    B. 平平仄仄仄，仄仄平平平
    C. 仄仄平平仄，平平仄仄平
    D. 仄仄仄平平，平平平仄仄
    E. 平平仄仄平，仄仄平平仄

23. 下列哪几个数字是香港人比较喜欢的（　　）。
    A. 3　　　　　　　B. 4　　　　　　C. 6　　　　　　D. 8
    E. 9

24. （　　）被誉为马来西亚的三大珍宝。
    A. 兰花　　　　　　B. 巨猿　　　　　C. 蜈蚣　　　　　D. 蝴蝶
    E. 锡器

25. 卢浮宫的宫中三宝是（　　）。
    A.《蒙娜丽莎》名画　　　　　　B. 雕像《爱神维纳斯》
    C.《雅典娜女神》　　　　　　　D.《胜利女神》
    E.《自由女神像》

26. 巴西有（　　）之称。
    A. 咖啡王国　　　　B. 足球王国　　　　C. 钻石王国　　　　D. 甘蔗王国
    E. 牛肉王国

27. 青茶也称乌龙茶，名品有（　　）等。
    A. 福建的武夷岩茶　　　　　　B. 铁观音
    C. 广东的凤凰单枞　　　　　　D. 台湾的乌龙
    E. 君山银针

28. 下列属于道教护法神的是（　　）。
    A. 关圣帝君　　　　B. 王灵官　　　　C. 门神　　　　　D. 灶君
    E. 城隍

29. 三江并流指（　　）这三条发源于青藏高原的大江在云南省境内形成世界上罕见的"江水并流而不交汇"的奇特自然地理景观。
    A. 金沙江　　　　　B. 澜沧江　　　　C. 怒江　　　　　D. 雅砻江
    E. 雅鲁藏布江

30. 白族的节日主要有（　　）。

A. 三月街　　　　B. 绕三灵　　　　C. 火把节　　　　D. 耍海节

E. 吃新节

《全国导游基础知识》综合训练题（二）参考答案

一、单项选择题

1 - 5. ADDCD　　6 - 10. DBBDB　　11 - 15. DABDB　　16 - 20. AACDA　　21 - 25. DDDCB

26 - 30. DABDB　　31 - 35. CABBA　　36 - 40. BAAAA

二、多项选择题

1. AB　2. ACD　3. ABCD　4. ABCE　5. ABCD　6. AC　7. ACDE　8. ABCE　9. AB

10. ABC　11. ABE　12. ABCE　13. AD　14. ABCD　15. ABD　16. ABCD　17. ACD

18. ABE　19. ABCD　20. ABD　21. BCD　22. AC　23. ACDE　24. ABD　25. ABD

26. AB　27. ABCD　28. AB　29. ABC　30. ABCD

《全国导游基础知识》综合训练题（三）

一、单项选择题（每小题 1 分，共 40 分）

1. 旅游业在国际上被称为旅游产业，即旅游业在性质上是一个（　　）。

　　A. 政治性产业　　　B. 经济性产业　　　C. 技术性产业　　　D. 文化性产业

2. （　　）我国颁布了《中华人民共和国旅游法》。

　　A. 2013 年　　　　B. 2014 年　　　　C. 2015 年　　　　D. 2016 年

3. （　　）是全球唯一的政府间国际旅游组织。

　　A. 世界旅游组织　　　　　　　　　B. 太平洋亚洲旅游协会

　　C. 世界旅行社协会联合会　　　　　D. 世界旅游城市联合会

4. 世界旅游组织由（　　）年在荷兰海牙成立的国际官方旅游组织联盟（IUOTO）发展而米，总部设在（　　）。

　　A. 1925，马德里　　B. 1947，巴黎　　　C. 1949，纽约　　　D. 1983，日内瓦

5. 上海海底世界的（　　）数量为中国水族馆之最。

　　A. 水母　　　　　　B. 沙虎鲨　　　　　C. 草海龙　　　　　D. 斑海豹

6. （　　）最先发明打井技术。

　　A. 元谋人　　　　　B. 蓝田人　　　　　C. 北京山顶洞人　　D. 河姆渡人

7. （　　）在秦国的变法最为成功，秦国的实力一跃而上，成为七国中的最强者。

　　A. 商鞅　　　　　　B. 管仲　　　　　　C. 吴起　　　　　　D. 李悝

8. （　　）的狂草作品有《古诗四帖》等，也有"草圣"之誉。

　　A. 欧阳询　　　　　B. 颜真卿　　　　　C. 怀素　　　　　　D. 张旭

9. （　　）被誉为"天下第一行书"。

　　A.《祭侄文稿》　　B.《寒食帖》　　　　C.《伯远帖》　　　　D.《兰亭集序》

10. (　　)倡导"诗中有画，画中有诗"形成诗、书、画三位一体的独特风格，被后人奉为文人画的始祖。

    A. 吴道子　　　　　B. 王维　　　　　　C. 李思训　　　　　D. 展子虔

11. (　　)是中国古代第一个大量写作山水诗的作家。

    A. 陶渊明　　　　　B. 王粲　　　　　　C. 谢灵运　　　　　D. 孔融

12. (　　)是我国最杰出的浪漫主义长篇神话小说。

    A.《西游记》　　　B.《封神演义》　　C.《山海经》　　　D.《聊斋志异》

13. 五行中与黑色相对应的是(　　)。

    A. 金　　　　　　　B. 木　　　　　　　C. 水　　　　　　　D. 火

14. 八卦中震、坤、巽、坎、艮依次代表(　　)。

    A. 雷、地、火、水、山　　　　　　　B. 雷、地、风、水、火

    C. 雷、地、风、水、泽　　　　　　　D. 雷、地、风、水、山

15. (　　)的《茶经》是世界上第一部茶叶专著，他本人被尊为"茶圣"。

    A. 赵佶　　　　　　B. 审安　　　　　　C. 陆羽　　　　　　D. 张源

16. (　　)对前代药物学进行了全面总结，是当时世界上内容最丰富、考订最翔实的药物学著作。

    A.《洗冤录》　　　B.《本草纲目》　　C.《千金方》　　　D.《唐本草》

17. (　　)最早提出了十进小数的概念。

    A. 商高　　　　　　B. 祖冲之　　　　　C. 张丘建　　　　　D. 刘徽

18. (　　)是中国古代科技的集大成之作，被誉为中国 17 世纪的工艺百科全书。

    A.《水经注》　　　B.《梦溪笔谈》　　C.《天工开物》　　D.《徐霞客游记》

19. 与十二地支中"卯"相对应的动物是(　　)。

    A. 鼠　　　　　　　B. 牛　　　　　　　C. 虎　　　　　　　D. 兔

20. 我国人数最多的少数民族是(　　)。

    A. 蒙古族　　　　　B. 回族　　　　　　C. 藏族　　　　　　D. 壮族

21. (　　)住房，一般东南开门，其结构形似口袋，三面设炕，俗称"口袋房，曼子炕"。

    A. 蒙古族　　　　　B. 藏族　　　　　　C. 满族　　　　　　D. 壮族

22. (　　)的傩戏，被称为"中国戏剧的活化石"。

    A. 纳西族　　　　　B. 傣族　　　　　　C. 藏族　　　　　　D. 土家族

23. 五岳中最高的是(　　)。

    A. 泰山　　　　　　B. 华山　　　　　　C. 恒山　　　　　　D. 嵩山

24. (　　)是我国第一大内陆湖泊，也是我国最大的咸水湖。

    A. 青海湖　　　　　B. 洞庭湖　　　　　C. 镜泊湖　　　　　D. 鄱阳湖

25. 佛教四大圣地中，释迦牟尼初转"法"轮地是(　　)。

    A. 拘尸那迦　　　　B. 鹿野苑　　　　　C. 菩提伽耶　　　　D. 蓝毗尼花园

26. 佛教四大天王中，手持宝剑的是(　　)。

    A. 东方持国天王　　B. 南方增长天王　　C. 西方广目天王　　D. 北方多闻天王

27. （　　）是伊斯兰教中人数最多的一派。
　　A. 逊尼派　　　　B. 什叶派　　　　C. 哈瓦利吉派　　D. 苏菲派

28. 由四个倾斜的屋面、一条正脊、四条垂脊、四条戗脊组成的屋顶是（　　）。
　　A. 硬山顶　　　　B. 庑殿顶　　　　C. 悬山顶　　　　D. 歇山顶

29. （　　）城垣内侧周长 33 千米，为世界第一。
　　A. 南京古城　　　B. 西安古城　　　C. 平遥古城　　　D. 丽江古城

30. 园林专家惊叹："造园者未见此山，正如学诗者不知李杜。"这里的此山指的是（　　）的假山。
　　A. 上海豫园　　　B. 苏州环秀山庄　　C. 苏州留园　　　D. 杭州竹素园

31. （　　）以烧制乳浊釉瓷为主，以其"入窑一色，出窑万彩"的神奇"窑变"而闻名。
　　A. 钧窑　　　　　B. 定窑　　　　　C. 汝窑　　　　　D. 哥窑

32. （　　）享有天下"神品"之称。
　　A. 宜兴紫砂器　　B. 哥窑青瓷　　　C. 醴陵釉下彩瓷　　D. 江西景德镇青花瓷

33. （　　）彻底打破了句句押韵而又严格齐言的柏梁体格局，创造了一种新的七言歌行体，成为唐代以后七言的基本模式。
　　A.《孔雀东南飞》　　　　　　　　　B. 鲍照的《拟行路难》
　　C. 张衡的《四愁诗》　　　　　　　　D. 曹丕的《燕歌行》

34. 楹联"风声、雨声、读书声，声声入耳；家事、国事、天下事，事事关心"属于（　　）。
　　A. 门联　　　　　B. 堂联　　　　　C. 自勉联　　　　D. 赠联

35. 名句"晴川历历汉阳树，芳草萋萋鹦鹉洲"所描写的景点是（　　）。
　　A. 岳阳楼　　　　B. 蓬莱阁　　　　C. 滕王阁　　　　D. 黄鹤楼

36. 毛泽东《浪淘沙·北戴河》的下阕是："往事越千年，魏武挥鞭，（　　）。萧瑟秋风今又是，换了人间。"
　　A. 秦皇岛外打鱼船　　　　　　　　　B. 一片汪洋都不见
　　C. 东临碣石有遗篇　　　　　　　　　D. 热风吹雨洒江天

37. （　　）烹调的特点为"三重"：重油、重色、重火功。
　　A. 浙菜　　　　　B. 徽菜　　　　　C. 闽菜　　　　　D. 湘菜

38. 日本人忌讳（　　），认为它是丧花。
　　A. 荷花　　　　　B. 山茶花　　　　C. 睡莲　　　　　D. 蔷薇花

39. （　　）享有"东方夏威夷"之誉，已成为"海滩度假天堂"的代名词。
　　A. 芭提雅　　　　B. 普吉岛　　　　C. 圣淘沙岛　　　D. 济州岛

40. 刀削面是（　　）最有代表性的面条，堪称天下一绝，已有数百年的历史。
　　A. 陕西　　　　　B. 山西　　　　　C. 山东　　　　　D. 四川

二、多项选择题（每题有 2 - 4 个正确答案，多选、少选、错选均不得分，每小题 2 分，共 60 分）

1. 下列属于消遣性旅游的有（　　）。

A. 专业旅游　　　　B. 会议旅游　　　　C. 文化旅游　　　　D. 宗教旅游

E. 探险旅游

2. 旅游活动内容六要素中，（　　）是首要的和核心的。

A. 食　　　　　　　B. 住　　　　　　　C. 行　　　　　　　D. 游

E. 娱

3. 与其他行业相比，旅游业的主要特征有（　　）。

A. 它是一个综合性的产业　　　　　　B. 它是一个资源密集型的服务产业

C. 它是一个脆弱性的产业，其发展受到多种因素的影响

D. 它是一个劳动密集型的服务产业　　E. 它是一个技术密集型的服务产业

4. 我国出境旅游市场的主要特点有（　　）。

A. 发展速度快、消费水平高

B. 因私出境和个人出游所占比重高

C. 出境旅游目的地以欧美国家和地区为主

D. 出境旅游目的地以亚洲国家和地区为主

E. 旅游消费增长快，但消费水平仍较低

5. 对北京山顶洞人说法正确的有（　　）。

A. 已经学会使用打制石器和天然火　　B. 已经学会人工取火

C. 已能制作精美的陶器和玉器　　　　D. 已经能够加工石器和骨器

E. 已有原始的宗教意识

6. 铸在青铜器上的文字叫（　　）。

A. 金文　　　　　　B. 钟鼎文　　　　　C. 石鼓文　　　　　D. 甲骨文

E. 铭文

7. （　　）代表了南北朝民歌的最高成就。

A.《孔雀东南飞》　B.《西洲曲》　　　　C.《木兰辞》　　　　D.《古诗十九首》

E.《乐府诗集》

8. 对儒家学说说法正确的有（　　）。

A. 孔子主张德政

B. "礼"与"仁"是孔子儒学思想的主要组成部分

C. 孔子思想在中华民族的思想和文化发展史上影响最大、时间最久、程度最深

D. 孟子主张礼法并用，提出"性恶论"强调后天学习的重要性

E. 荀子提出"性善论"，注重个体修养

9. 金元时期，出现了各有创建的（　　）医学流派，他们被称为"金元四大家"。

A. 李杲　　　　　　B. 朱震亨　　　　　C. 宋慈　　　　　　D. 刘完素

E. 张从正

10. 王士性是中国人文地理学的开山鼻祖，著有（　　）三部地理著作。

A.《五岳游草》　　B.《水经注》　　　　C.《广游志》　　　　D.《广志绎》

E.《梦溪笔谈》

11. 端午节又名（　　）。

A. 端阳节　　　　B. 天中节　　　　C. 女儿节　　　　D. 粽子节
E. 五月节

12. （　　）并称中国"三大史诗"。
    A. 《格萨尔王传》B. 《创世纪》　　C. 《玛纳斯》　　D. 《江格尔》
    E. 《东巴经》

13. （　　）并称中国古代三大宫殿式建筑。
    A. 泰山天贶殿　　　　　　　　　B. 北京故宫太和殿
    C. 曲阜孔庙大成殿　　　　　　　D. 三清山三清殿
    E. 承德避暑山庄澹泊敬诚殿

14. 藏传佛教现在有哪些大教派？（　　　）
    A. 宁玛派　　　　B. 萨迦派　　　　C. 噶举派　　　　D. 格鲁派
    E. 黑教

15. 我国三大妈祖庙是（　　　）。
    A. 海南妈祖庙　　B. 台湾北港朝天宫 C. 湄洲岛妈祖庙　D. 上海妈祖庙
    E. 天津天后宫

16. 世界园林形成了以（　　）为代表的三大园林体系。
    A. 欧洲　　　　　B. 西亚　　　　　C. 南亚　　　　　D. 中国
    E. 美洲

17. 下列属于中国东正教教堂的是（　　　）。
    A. 哈尔滨的圣索菲亚教堂　　　　B. 上海圣母大教堂
    C. 上海国际礼拜堂　　　　　　　D. 广州圣心大教堂
    E. 上海沐恩堂

18. （　　）三个景区被称为"雁荡三绝"。
    A. 灵峰　　　　　B. 凝翠碧潭　　　C. 灵岩　　　　　D. 大龙湫
    E. 雄嶂胜门

19. 下列属于我国喀斯特地貌代表性景观的是（　　　）。
    A. 广西桂林山水　B. 云南石林　　　C. 贵州织金洞　　D. 重庆金佛山
    E. 杭州西湖宝石山

20. 下列属于官府菜的有（　　　）。
    A. 孔府菜　　　　B. 谭家菜　　　　C. 红楼菜　　　　D. 随园菜
    E. 广府菜

21. （　　）并称为中国三大名锦。
    A. 蜀锦　　　　　B. 侗锦　　　　　C. 云锦　　　　　D. 宋锦
    E. 壮锦

22. 下列作品属于五言诗的是（　　　）。
    A. 《孔雀东南飞》　　　　　　　B. 《木兰诗》
    C. 张衡的《四愁诗》　　　　　　D. 曹丕的《燕歌行》
    E. 班固的《咏史》

23. 崔颢的《黄鹤楼》之所以成为千古传颂的名篇佳作，主要还在于诗歌本身具有的（　　）。

    A. 意境美　　　　B. 绘画美　　　　C. 音乐美　　　　D. 语言美

    E. 景色美

24. 日本的传统文化以"三道"为代表，即（　　）。

    A. 茶道　　　　　B. 花道　　　　　C. 书道　　　　　D. 柔道

    E. 武士道

25. 法国人的礼节主要有（　　）。

    A. 握手礼　　　　B. 拥抱礼　　　　C. 贴面礼　　　　D. 拱手礼

    E. 吻手礼

26. 西班牙的三大特色小吃是（　　）。

    A. 哈蒙　　　　　B. 托尔大　　　　C. 腌橄榄　　　　D. 巧里索

    E. 油醋浸小鱼

27. 绿茶以（　　）最为著名。

    A. 西湖龙井茶　　B. 太湖碧螺春茶　C. 武夷岩茶　　　D. 黄山毛峰茶

    E. 铁观音

28. 下列不属于中国古典园林理水之法的是（　　）。

    A. 掩　　　　　　B. 隔　　　　　　C. 破　　　　　　D. 疏

    E. 遮

29. 属于堰塞湖的是（　　）。

    A. 滇池　　　　　B. 洱海　　　　　C. 五大连池　　　D. 镜泊湖

    E. 杭州西湖

30. 国家非物质文化遗产名录收入的傣族文化遗产主要有（　　）等。

    A. 孔雀舞　　　　B. 象脚鼓舞　　　C. 泼水节　　　　D. 霸王鞭

    E. 八角鼓舞

《全国导游基础知识》综合训练题（三）参考答案

一、单项选择题

1－5. BAAAB　　6－10. DADDB　　11－15. CACDC　　16－20. BDCDD　　21－25. CDBAB

26－30. BADAB　　31－35. AABDD　　36－40. CBAAB

二、多项选择题

1. ACDE　2. AD　3. ACD　4. ABD　5. BDE　6. ABE　7. BC　8. ABC　9. ABDE

10. ACD　11. ABCE　12. ACD　13. ABC　14. ABCD　15. BCE　16. ABD　17. AB

18. ACD　19. ABCD　20. ABCD　21. ACD　22. ABE　23. ABC　24. ABC　25. ABCE

26. ABD　27. ABD　28. ABC　29. CD　30. AC

《政策与法律法规》

第一章　全面推进法治中国建设

一、单项选择题（每题有一个正确答案）

1. 法治建设在国家层面得到明确是在(　　　)。
   A. 十八大　　　　　　　　　B. 十八届三中全会
   C. 第十二届全国人民代表大会　　D. 十七届三中全会

2. (　　　)，党的十一届三中全会在总结我国民主法治建设正反两方面经验的基础上，提出了社会主义法制十六字建设方针。
   A. 1978 年　　　B. 1997 年　　　C. 2002 年　　　D. 2007 年

3. 党的(　　　)依据国家政治实践发展和社会主义市场经济的制度保障需要，首次提出了"依法治国，建设社会主义法治国家"的法治发展目标。
   A. 十七大　　　B. 十六大　　　C. 十五大　　　D. 十四大

4. (　　　)的宪法修正案将"中华人民共和国实行依法治国，建设社会主义法治国家"作为宪法第五条第一款而写入宪法。
   A. 1992 年　　　B. 1997 年　　　C. 1998 年　　　D. 1999 年

5. 依法执政的主体是(　　　)。
   A. 党　　　　　B. 国家　　　　C. 政府　　　　D. 社会

6. "法治中国"建设是满足全面深化改革制度需求的(　　　)。
   A. 核心途径　　B. 根本方式　　C. 重要保障　　D. 具体环节

7. "四个全面"的重大战略布局中，(　　　)是战略目标。
   A. 全面建成小康社会　　　　　　B. 全面深化改革
   C. 全面依法治国　　　　　　　　D. 全面从严治党

8. 《中共中央关于全面推进依法治国若干重大问题的决定》把(　　　)确定为全面推进依法治国的总目标。
   A. 建设中国特色社会主义法治体系
   B. 建设社会主义法治国家
   C. 依法治国、依法执政、依法行政
   D. 建设中国特色社会主义法治体系，建设社会主义法治国家

9. 依法治国的主体是(　　　)。
   A. 党　　　　　B. 国家　　　　C. 政府　　　　D. 人民

10. 社会主义法律的基本属性是(　　)。
　　A. 公平　　　　　B. 公开　　　　　C. 平等　　　　　D. 公正

11. 发展社会主义民主政治，最根本的是要把(　　)有机统一起来。
　　A. 法治和德治
　　B. 党的领导、人民当家做主和依法治国
　　C. 依法执政和法律监督体系
　　D. 中国特色社会主义法治理论和司法实践

12. 2010 年，我国形成了以(　　)为统帅的中国特色社会主义法律体系。
　　A. 党章　　　　　　　　　　B. 宪法
　　C. 民法　　　　　　　　　　D. 中国特色社会主义法治理论

13. "四个全面"的重大战略布局中，战略目标是(　　)。
　　A. 全面依法治国　　　　　　B. 全面深化改革
　　C. 全面建成小康社会　　　　D. 全面从严治党

14. 社会主义法治国家的工作布局中，(　　)处于关键的支配性地位。
　　A. 依法治国　　B. 依法执政　　C. 依法行政　　D. 司法独立

15. 法律的生命力在于(　　)。
　　A. 立法　　　　B. 司法　　　　C. 监督　　　　D. 实施

16. 高效的法治实施体系的首要任务是(　　)。
　　A. 严格执法　　B. 完善执法程序　　C. 公正司法　　D. 以宪执政

17. 到(　　)年基本建成法治政府。
　　A. 2018　　　　B. 2020　　　　C. 2025　　　　D. 2030

18. 国家旅游局在(　　)颁布了《关于贯彻党的十八届四中全会精神，全面推进依法兴旅、依法治旅的意见》。
　　A. 2014 年 10 月 1 日　　　　　　B. 2014 年 12 月 7 日
　　C. 2015 年 3 月 15 日　　　　　　D. 2015 年 5 月 8 日

二、多项选择题（每题有 2－4 个正确答案，多选、少选、错选均不得分）

1. 法治和法制的区别为(　　)。
　　A. 法制是制度范畴，法治是治国的原则和方法
　　B. 任何国家都有法制，只有民主制国家才有法治
　　C. 基本要求不同
　　D. 法治和法制实行的主标志不同
　　E. 适合的社会体制不同

2. 党的十六届四中全会提出，执政应当(　　)。
　　A. 科学　　　　B. 民主　　　　C. 依法　　　　D. 合理
　　E. 合情

3. 中共中央十八届三中全会通过的《中共中央关于全面深化改革若干重大问题的决定》第九部分以"推进法治中国建设"为题，从(　　)等方面全面部署了"法治中

国"建设蓝图。

  A. 战略目标   B. 主要任务   C. 建设时间表   D. 社会建设

  E. 经济建设

4. 邓小平同志提出的法制建设十六字方针内容为( )。

  A. 有法可依   B. 有法必依   C. 执法必严   D. 违法必究

  E. 以事实为依据

5. 从主体视角看,"法治中国"建设主体包括( )。

  A. 国家   B. 政府   C. 公民   D. 社会

  E. 经济

6. 从内容上看,"法治中国"建设包括( )等相互依存、相辅相成和互为补充的三个方面,依存与互补的各领域、各方面协同推进是"法治中国"建设的本真。

  A. 法治国家   B. 法治政府   C. 法治政党   D. 法治社会

  E. 法治经济

7. 习总书记指出党的十八大以来,党中央从坚持和发展中国特色社会主义全局出发,提出并形成了( )的战略布局。

  A. 全面依法治国   B. 全面深化改革

  C. 全面建成小康社会   D. 全面从严治党

  E. 全国和谐发展

8. 依法治国的重大意义是( )。

  A. "四个全面"战略布局的保障

  B. 实现国家治理体系和治理能力现代化的必然要求

  C. 确保党和国家长治久安的根本要求

  D. 解决各种社会问题的最有力手段

  E. 保障经济的快速发展

9. 全面推进依法治国的价值追求是( )。

  A. 维护宪法和法律权威   B. 维护人民利益

  C. 维护社会公平正义   D. 维护国家安全稳定

  E. 维护社会发展

10. 优化政府组织机构的核心则是完善( )既相互制约又相互协调的行政运行机制。

  A. 决策权   B. 参与权   C. 执行权   D. 监督权

  E. 司法权

11. 全面深化改革是立足国家( )而部署的改革,是进入可供腾挪的空间越来越小、允许试错的限度越来越小、不能再推延的问题越来越多、需要处理的矛盾越来越尖锐的深水区改革。

  A. 整体利益   B. 根本利益   C. 长远利益   D. 个人利益

  E. 民族利益

12. 充分尊重和保障人权首要的是在立法中坚持( )的根本理念,把公平公正原则贯穿于每一部法律法规制定的全过程。

A. 以人为本　　　　B. 权力本位　　　　C. 立法为民　　　　D. 政治引领

E. 服务为本

13. 全面推进依法治国，必须坚持(　　　)。

A. 党的领导　　　　　　　　　　　B. 全面深化改革

C. 中国特色社会主义制度　　　　　D. 中国特色法治理论

E. 法律面前，人人平等

14. 法治建设的三大支柱是(　　　)。

A. 法治文化　　　B. 法治国家　　　C. 法治政府　　　D. 法治社会

E. 法治思维

15. 法治的基本原则是(　　　)。

A. 坚持中国共产党的领导　　　　　B. 坚持人民主体地位

C. 坚持法律面前人人平等　　　　　D. 坚持依法治国和以德治国相结合

E. 坚持从中国实际出发

16. 法治监督体系中，最关键的就是(　　　)。

A. 党内监督　　　B. 民主监督　　　C. 行政监督　　　D. 司法监督

E. 社会监督

17. 完善立法体制，包括(　　　)。

A. 加强党对立法工作的领导　　　　B. 人大主导体制

C. 政府立法制度　　　　　　　　　D. 明确立法权力边界

E. 规范立法程序

18. 全面推进依法治国的重大任务，这就是(　　　)。

A. 完善以宪法为核心的中国特色社会主义法律体系

B. 加快建设法治政府

C. 提高司法机关办案能力

D. 增强全民法治观念，推进法治社会建设

E. 加强法治工作队伍建设与加强和改进党对全面推进依法治国的领导

19. 2014 年 10 月 23 日，中共十八届四中全会通过的《中共中央关于全面推进依法治国若干重大问题的决定》提出，全面推进依法治国，总目标是建设中国特色社会主义法治体系，建设社会主义法治国家，具体说是(　　　)。

A. 在中国共产党领导下，坚持中国特色社会主义制度

B. 贯彻中国特色社会主义法治理论，形成完备的法律规范体系

C. 高效的法治实施体系，严密的法治监督体系

D. 有力的法治保障体系，形成完善的党内法规体系

E. 坚持中国特色的法治理论

20. 强化对行政权力制约和监督主要包括(　　　)。

A. 加强对政府内部权力的制约

B. 增强监督合力和实效

C. 提高监督

D. 完善审计制度

E. 促进行政权力公开

21. 依法治旅的重要意义有( )。

A. 依法治旅是依法治国总目标对旅游业发展的根本要求

B. 依法治旅是新时期旅游业发展的重要标志

C. 依法治旅是新形势下旅游业法治建设的迫切要求

D. 依法兴旅是使我国旅游业国际化发展的保障

E. 依法兴旅游,是解决旅游纠纷的有力手段

22. 继续深化旅游业审批制度改革;扎实推进旅游行业的依法行政的主要措施有( )。

A. 全面落实依法兴旅职能   B. 严格履行依法治旅职责

C. 继续深化行政审批制度改革   D. 进一步优化行政决策机制

E. 扎实推进政务公开

23. 继续完善旅游法规制度体系的主要措施有( )。

A. 大力推进法治与改革决策的衔接

B. 努力完善以《旅游法》为核心的旅游法律规范体系

C. 探索完善旅游执法体制

D. 规范旅游执法行为

E. 加强旅游行为监督体系

24. 强化旅游法治建设保障的主要措施有( )。

A. 强化旅游部门法治学习和培训

B. 持续做好以《旅游法》为核心的普法工作

C. 加强对权力运行的监督和制约

D. 完善与修改《旅游法》

E. 加强《旅游法》及相关法规宣传

第一章　全面推进法治中国建设参考答案

一、单项选择题

1-5. AACDA　6-10. AACDC　11-15. BBCBD　16-18. DBB

二、多项选择题

1. ABCD　2. ABC　3. ABC　4. ABCD　5. ABD　6. ABD　7. ABCD　8. ABC　9. ABCD

10. ACD　11. ABC　12. AC　13. ACD　14. BCD　15. ABCE　16. CD　17. ABCD

18. ABDE　19. ABCD　20. AD　21. ABD　22. ABDE　23. AB　24. ABC

第二章 宪法的基本知识

一、单项选择题（每题有一个正确答案）

1. 我国的宪法日是(　　)。
   A. 10 月 1 日　　　　B. 12 月 7 日　　　　C. 12 月 4 日　　　　D. 5 月 8 日

2. (　　)年《宪法修正案》，把"国家尊重和保障人权"写入《宪法》。
   A. 1988　　　　B. 1993　　　　C. 1999　　　　D. 2004

3. 中国奉行(　　)的和平外交政策。
   A. 大国结盟　　　B. 周边结盟　　　C. 独立自主　　　D. 地区结盟

4. 我国的政权组织形式是(　　)。
   A. 人民民主专政　　　　　　　　B. 人民代表大会制度
   C. 民主集中制　　　　　　　　　D. 多党合作制

5. 各项公民权利中最基本的权利是(　　)。
   A. 人身自由权　　B. 政治权利　　C. 平等权　　D. 经济权利

6. 在全国人大常委会会议期间，常委会组成人员可以对国务院各部、各委员会提出质询案，但是应当(　　)。
   A. 10 人以上联名　　　　　　　　B. 20 人以上联名
   C. 30 人以上联名　　　　　　　　D. 50 人以上联名

7. 我国地方各级人大代表中，依法享有人身特别保护权的是(　　)。
   A. 地方各级人大代表
   B. 县级以上的地方各级人大代表
   C. 乡、民族乡的人大代表
   D. 镇的人大代表

8. 现行宪法规定，农村集体经济组织实行(　　)。
   A. 家庭承包经营为基础，统分结合的双层经营体制
   B. 统一的双层经营体制
   C. 家庭联产承包为主的责任制
   D. 统分结合的经营体制

9. 现行选举法规定，对于公布的选民名单有不同意见的，可以(　　)。
   A. 直接向人民法院提起诉讼
   B. 先向选举委员会提出申诉
   C. 向基层人大常委会提出申诉
   D. 向选举办公室提出申诉

10. 现行选举法规定，没有附加剥夺政治权利的服刑人员正在服刑期间(　　)。
    A. 没有选举权　　　　　　　　B. 停止行使选举权
    C. 可以行使选举权　　　　　　D. 经有关机关批准可以行使选举权

11. 现行宪法规定，依法服兵役和参加民兵组织是我国公民的(　　)。
    A. 神圣权利　　　B. 光荣义务　　　C. 权利和义务　　　D. 神圣职责

12. 现行宪法规定，有权审批省、自治区、直辖市的行政区域界限变更的国家机关是(　　)。
    A. 全国人民代表大会　　　　　　　B. 全国人大常委会
    C. 国务院　　　　　　　　　　　　D. 省、自治区、直辖市人民代表大会

13. 现行宪法规定，我国有权决定特赦的国家机关是(　　)。
    A. 全国人民代表大会　　　　　　　B. 全国人大常委会
    C. 国家主席　　　　　　　　　　　D. 最高人民法院

14. 现行宪法规定，我国有权领导和管理国防建设事业的国家机关是(　　)。
    A. 中央军事委员会　　　　　　　　B. 国务院
    C. 国防部　　　　　　　　　　　　D. 解放军总装备部

15. 现行选举法规定，由选民直接选举的代表候选人名额，应多于应选代表名额的(　　)。
    A. 1/2 至 1 倍　　　B. 1/3 至 1 倍　　　C. 1 倍以上　　　D. 1 倍

16. 现行宪法规定，公民在年老、疾病或者丧失劳动能力的情况下，有从国家和社会获得(　　)。
    A. 物质帮助的权利　　　　　　　　B. 休息休假的权利
    C. 特殊照顾的权利　　　　　　　　D. 优待的权利

17. 国籍是指一个人属于某个国家的一种(　　)。
    A. 特殊的称谓　　　B. 社会地位　　　C. 法律上的身份　　　D. 政治待遇

18. 公民的下列各项政治自由中居于首要地位的是(　　)。
    A. 结社自由　　　B. 言论自由　　　C. 集会自由　　　D. 示威自由

19. 现行宪法规定，军事法院院长由全国人大常委会根据(　　)。
    A. 全国人大主席团的提请任免　　　B. 委员长的提请任免
    C. 国家主席的提请任免　　　　　　D. 最高人民法院院长的提请任免

20. 现行宪法规定，我国中央军事委员会的领导体制是(　　)。
    A. 集体负责制　　　　　　　　　　B. 主席、副主席负责制
    C. 主席负责制　　　　　　　　　　D. 委员会制

21. 我国的人民民主专政(　　)是无产阶级专政。
    A. 原则上　　　B. 实质上　　　C. 基本上　　　D. 形式上

22. 我国县、市、市辖区的人民代表大会每届任期(　　)。
    A. 二年　　　B. 三年　　　C. 四年　　　D. 五年

23. 我国公民一词的含义是(　　)。
    A. 出生在我国的人　　　　　　　　B. 具有我国国籍的人
    C. 居留在我国的人　　　　　　　　D. 具有中国血统的人

24. 我国有权决定特别行政区的设立及其制度的是(　　)。
    A. 全国人大　　　　　　　　　　　B. 全国人大常委会

C. 国务院 　　　　　　　　　　　D. 人民政协

25. 我国五星红旗象征(　　　)。

    A. 我国各民族的团结 　　　　　B. 我国各阶级的联合

    C. 我国全国人民大团结 　　　　D. 工人阶级的领导

26. 全国人大会议每年举行一次，由(　　　)召集。

    A. 委员长 　　　　　　　　　　B. 全国人大常委会

    C. 全国人大主席团 　　　　　　D. 委员长会议

二、多项选择题（每题有2－4个正确答案，多选、少选、错选均不得分）

1. 宪法的特征体现在(　　　)。

    A. 规定国家生活中最根本最重要的方面

    B. 具有最高效力

    C. 是一切国家机关、武装力量、政党、社会团体以及公民的最高行为准则

    D. 制定和修改程序比其他法律更严格

    E. 内容比其他法律更全面

2. 宪法原则主要包括(　　　)。

    A. 主权原则 　　　　　　　　　B. 基本人权原则

    C. 权力制约原则 　　　　　　　D. 法治原则等

    E. 平等原则

3. 依法治国的根本要求是(　　　)。

    A. 有法可依 　　B. 有法必依 　　C. 执法必严 　　D. 违法必究

    E. 有罪必罚

4. 我国直接选举的人大代表包括(　　　)。

    A. 自治州、设区的市的人大代表 　　B. 县、自治县的人大代表

    C. 市辖区，不设区的市人大代表 　　D. 乡、镇的人大代表

    E. 省、自治区、直辖市人大代表

5. 关于行政区划，下列由全国人民代表大会决定的是(　　　)。

    A. 省、自治区、直辖市的设立、变更和撤销

    B. 省、自治区、直辖市的行政区域界限的变更

    C. 特别行政区的设立

    D. 县、市行政区域的变更

    E. 民族乡的设立

6. 宪法规定，国家对私营经济实行(　　　)。

    A. 指导 　　　　B. 监督 　　　　C. 扶植 　　　　D. 管理

    E. 服务

7. 根据我国宪法规定，中华人民共和国公民有从国家和社会获得物质帮助的权利，前
    提条件是在(　　　)。

    A. 自然灾害情况下 　　　　　　B. 年老情况下

C. 疾病情况下　　　　　　　　　　D. 丧失劳动能力情况下

E. 就学情况下

8. 关于人民法院的说法，正确的是(　　　)。

A. 人民法院是我国的审判机关　　　B. 上级人民法院领导下级人民法院

C. 审判制度是四级两审终审制　　　D. 专门人民法院不按行政区划设立

E. 对于纠纷，人民法院均应受理

9. 我国民族自治地方的自治机关是指自治地方的(　　　)。

A. 人民代表大会　　B. 人民政府　　　C. 人民法院　　　　D. 人民检察院

E. 政协委员会

10. 我国实行间接选举的有(　　　)。

A. 乡人大代表　　B. 县人大代表　　C. 省人大代表　　　D. 全国人大代表

E. 自治乡人大

11. 下列人员中，连续任职不得超过两届的有(　　　)。

A. 国家主席　　　　　　　　　　　B. 国务院总理

C. 全国人大常委会委员长　　　　　D. 中央军委主席

E. 全国人大代表

12. 下列权利中，同时具有义务性质的是(　　　)。

A. 生存权　　　　　B. 劳动权　　　C. 受教育权　　　　D. 休息权

E. 人身自由权

13. 宪法规定，国家保护私营经济的合法(　　　)。

A. 收入　　　　　　B. 权利　　　　C. 经营　　　　　　D. 利益

E. 财务

14. 人民法院依法不得公开审理的案件有(　　　)。

A. 涉及国家机密　　　　　　　　　B. 涉及民族关系

C. 涉及个人隐私　　　　　　　　　D. 涉及未成年人犯罪

E. 涉及人身利益

第二章　宪法的基本知识参考答案

一、单项选择题

1－5. CDCBA　6－10. ABABC　11－15. BCBBB　16－20. ACBDC

21－25. BDBAC　26. B

二、多项选择题

1. ABCD　2. ABCD　3. ABCD　4. BCD　5. AC　6. BC　7. ABCD　8. ACD

9. AB　10. CD　11. ABC　12. BC　13. BD　14. ACD

第三章　旅游方针政策

一、单项选择题（每题有一个正确答案）

1. （　　　）《国务院关于加快发展旅游业的意见》正式发布。
   A. 2009 年 10 月 1 日　　　　　　　　　B. 2009 年 12 月 1 日
   C. 2008 年 10 月 1 日　　　　　　　　　D. 2008 年 10 月 1 日

2. 《国务院关于加快发展旅游业的意见》对旅游业做出全新定位为（　　　）和人民群众更加满意的现代服务业的宏伟目标。
   A. 把我国培育成旅游经济强国
   B. 把我国培育成旅游经济大国
   C. 把旅游业培育成国民经济新的增长点
   D. 把旅游业培育成国民经济的战略性支柱产业

3. 我国计划逐步建立以（　　　）评价为主的旅游目的地评价机制。
   A. 政府　　　　　　B. 社会　　　　　　C. 游客　　　　　　D. 游客与政府

4. 我国旅游走内涵式发展道路，实现（　　　）相统一。
   A. 速度、公平、质量、效益　　　　　　B. 速度、结构、质量、效益
   C. 速度、公平、质量、业绩　　　　　　D. 速度、结构、质量、数量

5. 我国力争到（　　　）年使我国旅游产业规模、质量、效益基本达到世界旅游强国水平。
   A. 2020　　　　　　B. 2025　　　　　　C. 2023　　　　　　D. 2018

6. 国务院发布了《关于加快发展旅游业的意见》提出（　　　）。
   A. 城乡居民旅游休闲消费水平大幅度增长，健康、文明、环保的休闲理念成为社会共识
   B. 开展旅游标准化试点
   C. 把旅游业培育成国民经济的战略性支柱产业和人民群众更加满意的现代服务业
   D. 建立国家公园体制

7. 景区门票价格调整要提前（　　　）向社会公布。
   A. 1 年　　　　　　B. 半年　　　　　　C. 3 个月　　　　　　D. 10 个月

8. 为满足人民群众日益增长的旅游休闲需求，促进旅游休闲产业健康发展，推进具有中国特色的国民旅游休闲体系建设，国务院办公厅于（　　　）发布了《国民旅游休闲纲要（2013 – 2020 年）》。
   A. 2013 年 1 月 1 日　　　　　　　　　B. 2013 年 5 月 1 日
   C. 2013 年 10 月 1 日　　　　　　　　　D. 2013 年 2 月 2 日

9. 2013 年年初，（　　　）被确定为中国旅游总体形象。
   A. "大美中国之旅"　　　　　　　　　B. "美丽中国之旅"
   C. "平安中国之旅"　　　　　　　　　D. "文明中国之旅"

10. 目前我国旅游直接从业人数超过（　　　）万人，与旅游相关的就业人数约 8000 万人。

A. 1350　　　　　B. 1550　　　　　C. 1600　　　　　D. 2000

11. 《国民旅游休闲纲要（2013－2020年）》，以（　　　）为出发点和落脚点。
　　A. 推动人与经济社会的全面、协调、可持续发展
　　B. 提升人民的幸福指数
　　C. 满足人民群众日益增长的旅游休闲需求
　　D. 促进旅游经济增长

12. 我国应坚持以人为本、服务民生、（　　　）第一、绿色消费，大力推广健康、文明、环保的旅游休闲理念。
　　A. 安全　　　　　B. 效益　　　　　C. 持续　　　　　D. 协调

13. 到（　　　）年，职工带薪年休假制度基本得到落实。
　　A. 2020　　　　　B. 2025　　　　　C. 2023　　　　　D. 2018

14. （　　　）国务院发布了《国务院关于促进旅游业改革发展的若干意见》。
　　A. 2014年1月1日　　　　　　　　　B. 2014年8月21日
　　C. 2014年10月1日　　　　　　　　D. 2013年2月2日

15. 到2020年，境内旅游总消费额达到（　　　）万亿元，城乡居民年人均出游4.5次，旅游业增加值占国家生产总值的比重超过5%。
　　A. 5.5　　　　　B. 6　　　　　C. 7　　　　　D. 8

16. （　　　）首次谈及优化调整休假安排。
　　A. 《国务院关于加快发展旅游业的意见》
　　B. 《关于进一步促进旅游投资和消费的若干意见》
　　C. 《国民旅游休闲纲要（2013－2020年）》
　　D. 《国务院关于促进旅游业改革发展的若干意见》

17. 到2020年，全国计划建成（　　　）个邮轮始发港。
　　A. 15　　　　　B. 12　　　　　C. 10　　　　　D. 20

18. 到2020年，全国建成6000个以上乡村旅游模范村，形成（　　　）万个以上休闲农业和乡村旅游特色村、300万农家乐，乡村旅游年接待游客20亿人次，受益农民5000万人。
　　A. 15　　　　　B. 12　　　　　C. 10　　　　　D. 20

二、多项选择题（每题有2－4个正确答案，多选、少选、错选均不得分）

1. 《国务院关于加快发展旅游业的意见》包括（　　　）。
　　A. 分总体要求　　　　　　　　　B. 主要任务
　　C. 保障措施　　　　　　　　　　D. 责任划分
　　E. 经济支持

2. 出台《国务院关于加快发展旅游业的意见》的意义是（　　　）。
　　A. 旅游业定位实现历史性突破　　　B. 保障措施更加充分到位
　　C. 规划更加科学合理　　　　　　　D. 发展方向体现"三化"
　　E. 目标更加明确

3. 在全社会大力倡导( )旅游观。
   A. 健康旅游　　　　B. 文明旅游　　　　C. 绿色旅游　　　　D. 生态旅游
   E. 智慧旅游

4. 我国旅游业发展方向体现了( )。
   A. 人性化　　　　B. 信息化　　　　C. 协调化　　　　D. 国际化
   E. 区域化

5. 《国务院关于加快发展旅游业的意见》的主要任务是( )。
   A. 深化旅游业改革开放　　　　　　B. 优化旅游企业社会环境
   C. 倡导文明健康的旅游方式　　　　D. 加快旅游基础设施建设
   E. 提高旅游服务水平

6. 出台《国民旅游休闲纲要》的意义是( )。
   A. 发展国民旅游休闲，有利于彰显以人为本的执政理念
   B. 旅游休闲是生活的重要内容
   C. 旅游休闲是人民分享改革开放成果、体验"美丽中国"的重要载体
   D. 发展旅游休闲顺应了旅游业发展趋势，有利于推动旅游业转型升级
   E. 有利于进一步发挥旅游业拉动内需、促进就业的作用

7. 《休闲纲要》的主要任务和措施是( )。
   A. 保障国民旅游休闲时间
   B. 改善国民旅游休闲环境
   C. 推进国民旅游休闲国家经济投入
   D. 加强国民旅游休闲产品开发与活动组织
   E. 完善国民旅游休闲公共服务

8. 《国务院关于促进旅游业改革发展的若干意见》包括( )。
   A. 树立科学旅游观　　　　　　　　B. 增强旅游发展动力
   C. 保障旅游经济投入　　　　　　　D. 优化旅游发展环境
   E. 完善旅游发展政策

9. 我国旅游业发展还存在一些不容忽视的问题是( )。
   A. 重建设、轻管理，重硬件、轻软件，重规模、轻品质，重开发、轻保护等问题
   B. 政府参与不足，政府对市场引导不够
   C. 部分景区景点门票价格过高，景区的公益属性体现不足
   D. 当地居民没有合理分享旅游发展的收益，旅游的综合带动作用有待进一步强化
   E. 旅游市场秩序和服务质量与群众期待还有较大差距，"黑导游"和诱导、欺骗、强迫游客消费等行为仍大量存在

10. 《国务院关于促进旅游业改革发展的若干意见》推出的重要举措有( )。
    A. 通过加快推进旅游领域政企分开、政事分开，发挥各类旅游行业协会作用，鼓励中介组织发展，使市场在资源配置中起决定性作用。
    B. 建立公开透明的市场准入标准和运行规则，打破行业、地区壁垒，推动旅游市场向社会资本全面开放

C. 培育壮大市场主体，鼓励发展专业旅游经营机构，推动优势旅游企业实施跨地区、跨行业、跨所有制兼并重组

D. 落实《职工带薪年休假条例》，鼓励机关、团体、企事业单位引导职工灵活安排全年休假时间

E. 鼓励开展城市周边乡村度假，积极发展自行车旅游、自驾车旅游、体育健身旅游、医疗养生旅游、温泉冰雪旅游、邮轮游艇旅游等旅游休闲产品，弘扬优秀传统文化，大力发展红色旅游，提高红色旅游经典景区和精品线路

11. 《国务院关于促进旅游业改革发展的若干意见》提出进一步释放旅游消费潜力，应重点挖掘新的增长点包括(　　)。
    A. 积极发展休闲度假旅游
    B. 大力发展城市旅游
    C. 深度挖掘文化内涵，不断创新文化旅游产品
    D. 积极开展中小学生研学旅行
    E. 大力发展老年旅游

12. 实施旅游消费促进计划，培育新的消费热点有(　　)。
    A. 丰富提升特色旅游商品　　　　B. 积极发展老年旅游
    C. 支持研学旅行发展　　　　　　D. 积极发展中医药健康旅游
    E. 推进教育旅游发展

13. 优化休假安排的措施有(　　)。
    A. 学生春假和秋假　　　　　　　B. 鼓励错峰休假
    C. 落实职工带薪年休假制度　　　D. 增加传统节日假期
    E. 鼓励弹性作息

第三章　旅游方针政策参考答案

一、单项选择题

1 – 5. BDCBA　6 – 10. CBDBA　11 – 15. CAABA　16 – 18. BCC

二、多项选择题

1. ABC　2. AD　3. ABC　4. ABD　5. ACDE　6. ACDE　7. ABDE　8. ABDE　9. ACDE
10. ABC　11. ACDE　12. ABCD　13. BCE

第四章　中国旅游业发展"十三五"规划纲要

一、单项选择题（每题有一个正确答案）

1. "十三五"期间，旅游业发展围绕(　　)的总体目标。
   A. 文明、有序、安全、发展、富民、强国

B. 文明、有序、安全、便利、发展、强国

C. 文明、有序、安全、便利、富民、强国

D. 文明、和谐、安全、便利、富民、强国

2. ( )是指导旅游业发展的主导方针，亦即纲领性文件。

A. 《国务院关于加快发展旅游业的意见》

B. 《关于进一步促进旅游投资和消费的若干意见》

C. 《国民旅游休闲纲要（2013－2020）》

D. 《中国旅游业发展"十三五"规划纲要》

3. 我国旅游业发展"十三五"时期以( )为主题。

A. 创新、协调、绿色、开放、共享　　　B. 速度、结构、质量、效益

C. 改革创新、提质增效　　　D. 满足人民群众日益增长的旅游休闲需求

4. 我国旅游业发展"十三五"时期努力建成( )。

A. 全面小康型旅游资源大国　　　B. 全面小康型旅游大国

C. 全面小康型旅游资源强国　　　D. 全面小康型旅游强国

5. ( )是旅游发展新引擎。

A. "旅游＋互联网"行动　　　B. "旅游＋"策略

C. 开展旅游标准化试点　　　D. 生态旅游、智慧旅游

6. 到"十三五"末，全国共计划新建、改扩建旅游厕所( )万座，其中新建( )万座，改扩建( )万座，全面实现"数量充足、干净无味、实用免费、管理有效"的目标。

A. 11、7、4　　　B. 11、7、5　　　C. 12、7、5　　　D. 12、7、4

7. 旅游业发展应坚持( )原则。

A. 保护优先、市场为主　　　B. 保护优先、分类指导

C. 安全优先、效益为主　　　D. 安全优先、政府引导

8. 为确保提升市场监管能力，重要的工作之一是在全国旅游系统建立( )。

A. 旅游执法大队　　　B. 旅游宣传队伍

C. 旅游监督机构　　　D. 旅游调解委员会

9. 健全旅游市场监管机制，加快推动( )。

A. "1＋3"旅游监管模式　　　B. "2＋3"旅游监管模式

C. "1＋4"旅游监管模式　　　D. "1＋2"旅游监管模式

二、多项选择题（每题有2－4个正确答案，多选、少选、错选均不得分）

1. 旅游发展的"四个翻番"指到2020年，( )等指标实现比2015年翻一番。

A. 人均出游率　　　B. 旅游消费总额

C. 旅游经济国家总体投入　　　D. 旅游投资总额

E. 旅游就业总量

2. 全面推进大众化消费提升计划的措施有( )。

A. 大力推动老年旅游

B. 推动落实带薪年休假制度，鼓励错峰休假

C. 激发旅游消费需求，不断提升游客出游率

D. 巩固提升观光旅游消费

E. 提升旅游休闲度假消费，改善国民旅游休闲度假环境

3. 实施旅游消费提升计划，培育旅游新需求的措施有(　　)。

　　A. 积极发展新兴旅游消费　　　　　　B. 着力拓展潜力旅游需求

　　C. 全面推进大众化旅游消费　　　　　D. 降低旅游消费水平

　　E. 提高旅游消费服务水平

4. 《"十三五"规划纲要》中关于中国旅游业发展主要内容有(　　)。

　　A. 阐明"十三五"时期国家旅游业发展战略意图

　　B. 明确政府工作重点

　　C. 总结国家"十二五"时期的主要成绩和问题

　　D. 明确旅行社、导游及游客之间的关系

　　E. 引导市场主体行为

5. 实施旅游投资促进计划，壮大旅游新供给的措施主要有(　　)。

　　A. 加快休闲度假产品开发建设

　　B. 实施"旅游＋互联网"行动，打造旅游发展新引擎

　　C. 加快休闲度假产品开发建设

　　D. 实施旅游新产品、新业态开发工程

　　E. 实施品牌驱动战略，构建旅游发展新产能

6. 到"十三五"末，计划我国旅游厕所全面实现(　　)的目标。

　　A. 数量充足　　　B. 干净无味　　　C. 实用免费　　　D. 管理有效

　　E. 市场管理

7. 共享发展，着力推动旅游普惠民生措施包括(　　)。

　　A. 实施城乡旅游扶贫工程　　　　　　B. 实施国民旅游休闲计划

　　C. 实施旅游创业创新扶持计划　　　　D. 大力发展旅游共享经济

　　E. 完善旅游业发展成果共享机制

8. 规范旅游市场秩序，开展专项治理行动包括(　　)。

　　A. 开展打击不合理低价游和强迫购物消费行为

　　B. 建立与旅游目的地国家和地区工作机制，联合开展打击出境游"零负团费"专项
　　　行动，查处一批违法违规的旅游企业和从业人员

　　C. 重点打击虚假广告、不签订合同、未经游客同意转团或拼团、擅自变更行程、强
　　　制购物等行为

　　D. 严厉打击"黄金周"等重大节假日旅游违规行为

　　E. 清理旅游景区违规经营行为

9. 我国旅游业旅游监管方式应转变为(　　)。

　　A. 发布"全国旅游市场秩序综合水平指数"

　　B. 发布旅游目的地警示

C. 建立“重点监管区”机制

D. 建立旅游纠纷投诉机制

E. 建立“双随机”抽查机制

10. 建立健全诚信体系的重要举措有（　　　）。

A. 建立旅游失信记录信息发布制度

B. 建立信息共享制度，将游客不文明行为记录、旅游经营服务不良信息记录与有关部门实现共享联合惩戒

C. 完善诚信指标体系

D. 建立服务质量提升制度

E. 建立诚信评价体系

11. 实施旅游服务质量提升计划包括（　　　）。

A. 丰富提升特色旅游商品

B. 规范旅游市场秩序，开展专项治理

C. 全面实施《旅游服务质量提升纲要》，加快建立以游客评价为主的旅游目的地评价机制

D. 建立企业产品和服务标准自我声明公开和监督制度，推进旅游服务质量升级试点，充分发挥旅游者、社会公众及新闻媒体的监督和引导作用，推进旅游服务质量提升

E. 设立“品质旅游产品榜”，建立发布旅游优质供应商目录

12. 我国“十三五”期间导游管理体制改革的重点有（　　　）。

A. 打破“旅行社委派制”

B. 用智能终端、电子认证技术取代目前的导游卡

C. 改进年审方式，进行网上年审，并在年审内容上增加奖励、游客评价等内容

D. 将处罚结果列入旅游经营服务不良信息记录，并转入旅游经营服务信用档案，向社会予以公布

E. 完善旅游的监督管理模式，提高管理绩效

第四章　中国旅游业发展“十三五”规划纲要参考答案

一、单项选择题

1－5. CDCBA　6－9. ABDA

二、多项选择题

1. ABDE　2. BCDE　3. ABC　4. ABE　5. ACD　6. ABCD　7. BCDE　8. ABC　9. ABCE

10. ABD　11. CDE　12. ABCD

第五章　旅游法的基本知识

一、单项选择题（每题有一个正确答案）

1. 广义的旅游法，是指调整旅游活动领域中各种(　　)的法律规范的总称。

    A. 社会活动　　　　B. 法律行为　　　　C. 社会关系　　　　D. 法律关系

2. 《旅游法》的框架共设(　　)章，112 条。具体包括：第一章总则，共 8 条，规定了《旅游法》的立法目的、适用范围、原则等内容；第二章旅游者，共 8 条，规定了旅游者的权利和义务；第三章旅游规划和促进，共 11 条，规定了旅游规划的编制及与相关规划的衔接、旅游促进及保障等内容。

    A. 8　　　　　　　　B. 9　　　　　　　　C. 10　　　　　　　　D. 12

3. 《旅游法》第二章规定(　　)。

    A. 总则　　　　　　　　　　　　B. 旅游规划和促进

    C. 旅游者　　　　　　　　　　　D. 旅游经营

4. 《旅游法》在(　　)会上通过会议初次审议。2013 年 4 月 25 日下午，在充分吸收一审、二审、三审以及社会各方面意见和建议的基础上，以 15 票赞成、5 票弃权表决通过了本届人大常委会通过的第一部法律《旅游法》，并于同年 10 月 1 日生效。

    A. 全面人大财经委第 64 次全体会议

    B. 十一届全国人大常委会第二十八次会议

    C. 十一届全国人大常委会第二十九次会议

    D. 十二届全国人大常委会第二次会议

5. 《旅游法》于(　　)生效。

    A. 2013 年 10 月 1 日　　　　　　　B. 2013 年 4 月 25 日

    C. 2013 年 5 月 1 日　　　　　　　 D. 2013 年 3 月 15 日

6. 《旅游法》由(　　)牵头组织起草。

    A. 全国人大财经委　　　　　　　　B. 全国人大常委

    C. 国家发展和改革委员会　　　　　D. 国家旅游局

7. 法律的适用范围，是指法律的(　　)范围。

    A. 管辖　　　　　　B. 效力　　　　　　C. 主管　　　　　　D. 调整

8. 下列哪一选项不属于《旅游法》的特点。(　　)

    A. 民事规范和行政规范并重

    B. 设置了严格的旅游市场违法行为惩处规则

    C. 保护旅游者权利

    D. 协调旅游者与旅游经营者之间的权益

9. 《旅游法》属于(　　)。

    A. 法律　　　　　　B. 行政法规　　　　C. 规章　　　　　　D. 地方性法规

10. 《旅游法》第五条规定，国家倡导(　　)的旅游方式。

A. 健康、文明、环保　　　　　　　　B. 健康、智慧、生态

C. 智慧、文明、环保　　　　　　　　D. 生态、文明、智慧

11. 下列可以作为旅游消费者的是(　　)。

A. 某公司　　　　　　　　　　　　B. 12 岁的限制民事行为能力人

C. 饭店　　　　　　　　　　　　　D. 交通企业

12. 旅行社在旅游合同中不写明自费项目，侵害了旅游者的(　　)。

A. 公平交易权　　　B. 自主选择权　　　C. 知悉真情权　　　D. 受到尊重权

13. 李某参加某旅行社组织的旅游活动，支付了 200 元服务费，由于旅行社提供的服务存在欺诈，按《消费者权益保护法》规定，旅行社应向李某赔偿(　　)。

A. 200 元　　　　B. 300 元　　　　C. 600 元　　　　D. 500 元

14. 旅行社以低价组织旅游活动，诱骗旅游者，并通过安排购物或者另行付费旅游项目获取回扣等不正当利益，旅行者有权在旅游行程结束后(　　)日内，要求旅行社为其办理退货并先行垫付退货货款，或者退还另行付费旅游项目的费用。

A. 15　　　　　　B. 30　　　　　　C. 7　　　　　　D. 60

15. 下列(　　)不属于旅游者有权就包价旅游合同中的应当知悉的信息。

A. 行程安排、成团最低人数　　　　B. 服务项目的具体内容和标准

C. 自由活动时间安排　　　　　　　D. 同团其他队友的费用

16. 包价旅游合同必须采用(　　)形式。

A. 书面　　　　　　B. 打印　　　　　C. 备案　　　　　D. 口头

17. 包价旅游合同附随的(　　)是合同的重要组成部分。

A. 旅游经营者资质证明　　　　　　B. 旅游行程单

C. 旅游费用　　　　　　　　　　　D. 旅游时间

18. 旅游者人身、财产受到侵害的，有依法获得(　　)的权利。

A. 补偿　　　　　　B. 赔偿　　　　　C. 恢复原状　　　　D. 帮助

19. 残疾人、老年人、(　　)等旅游者在旅游活动中依照法律、法规和有关规定享受便利和优惠。

A. 老干部　　　　　B. 退伍军人　　　C. 未成年人　　　　D. 在校学生

20. 根据《旅游法》规定，旅游者购买、接受旅游服务时，应当向旅游经营者如实告知与旅游活动相关的个人健康信息，遵守旅游活动中的(　　)规定。

A. 旅游合同　　　　B. 安全警示　　　C. 旅游服务　　　　D. 行程安排

21. (　　)是组织编制旅游发展规划的主体。

A. 政府　　　　　　B. 旅游局　　　　C. 旅行社　　　　　D. 旅游者

22. 国务院和(　　)以上地方人民政府应当制定并组织实施有利于旅游业持续健康发展的产业政策。

A. 省　　　　　　　B. 市　　　　　　C. 县　　　　　　　D. 乡

23. 旅游经营者是指(　　)和景区以及为旅游者提供交通、住宿、餐饮、购物的经营者。

A. 旅游从业人员　　B. 旅游局　　　　C. 旅行社　　　　　D. 旅游者

24. 景区、住宿经营者将其部分经营项目或者场地交由他人从事住宿、餐饮、购物、游览、娱乐、旅游交通等经营的，应当对实际经营者的经营行为给旅游者造成的损害（　　）。

    A. 承担同等责任　　　　　　　　　B. 承担连带责任

    C. 按过错承担责任　　　　　　　　D. 不承担责任

25. 景区不符合规定的开放条件接待旅游者的，由景区主管部门责令停业整顿直至符合开放条件，并处（　　）。

    A. 1 万元以上 10 万元以下罚款　　　B. 5 万元以上 20 万元以下罚款

    C. 2 万元以上 10 万元以下罚款　　　D. 2 万元以上 20 万元以下罚款

26. 景区门票在定价机制上，实行（　　）。

    A. 政府定价或者政府指导价　　　　B. 市场定价

    C. 政府定价　　　　　　　　　　　D. 政府指导价

27. 景区提高门票价格应当提前（　　）个月公布。

    A. 1　　　　　　B. 3　　　　　　C. 6　　　　　　D. 12

28. （　　）是流量控制的责任主体。

    A. 景区　　　　B. 政府　　　　C. 旅游局　　　　D. 旅行社

29. 景区在旅游者数量可能达到最大承载量时，未依照《旅游法》规定公告或者未向当地人民政府报告，未及时采取疏导、分流等措施，或者超过最大承载量接待旅游者的，情节严重的责令停业整顿（　　）。

    A. 1 个月至 6 个月　　　　　　　　B. 2 个月至 6 个月

    C. 1 个月至 3 个月　　　　　　　　D. 2 个月至 4 个月

二、多项选择题（每题有 2—4 个正确答案，多选、少选、错选均不得分）

1. 狭义的《旅游法》，是指调整（　　）等形式的旅游活动以及为旅游活动提供相关服务中发生的权利义务关系的基本法。

    A. 游览　　　　　B. 导游　　　　　C. 休闲　　　　　D. 度假

    E. 讲解

2. 属于《旅游法》的特点有（　　）。

    A. 采取综合立法模式　　　　　　　B. 在权益平衡基础上注重保护旅游者

    C. 规范市场秩序，完善市场规则　　D. 借鉴吸收国际立法经验

    E. 积极引导新兴旅游消费

3.《旅游法》注重保护旅游者利益的方式有（　　）。

    A. 坚持以人为本，安全第一，以保障旅游者合法权益为主线

    B. 注重平衡各方权益，厘清政府与旅游者和旅游经营者，旅游者和旅游经营者，旅游者和旅游从业人员、旅游经营者之间的权利、义务和责任

    C. 坚持诚信经营、公平竞争，严格规范旅游经营者的经营行为

    D. 在合同部分针对旅游活动的特殊性设定若干规范

    E. 在维护权益总体平衡的基础上，更加突出以旅游者为本

4. 《旅游法》的立法目的是(　　　)。

    A. 借鉴和吸引国际优秀立法经验

    B. 保障旅游者和旅游经营者的合法权益，规范旅游市场秩序

    C. 保护和合理利用旅游资源

    D. 规范市场秩序，完善市场规则

    E. 促进旅游业持续健康发展

5. 《旅游法》的法律的适用范围包括(　　　)。

    A. 地域范围　　　　B. 结果范围　　　　C. 主体范围　　　　D. 改造范围

    E. 行为范围

6. 《旅游法》的主体主要包括(　　　)。

    A. 政府　　　　　　B. 消费者协会　　　C. 旅游经营者　　　D. 旅游者

    E. 公安机关

7. 《旅游法》的地域范围具体指(　　　)。

    A. 我国公民在境内的旅游活动

    B. 外国旅游者的入境旅游活动

    C. 在我国境内，通过旅行社等经营者组织的，由我国境内赴境外的团队旅游活动

    D. 我国公民出境活动

    E. 外国公民入境活动

8. 《旅游法》调整(　　　)。

    A. 景区购买旅游设备的行为

    B. 观光、休闲、度假等有特定目的经营行为

    C. 旅游者出入境行为

    D. 购买旅游保险法律行为

    E. 住宿行为

9. 《旅游法》的基本原则包括(　　　)。

    A. 发展旅游事业，完善旅游公共服务

    B. 依法保护旅游者在旅游活动中的权利的原则

    C. 社会、经济、生态效益相统一的原则

    D. 保护和合理利用旅游资源

    E. 国家鼓励全社会参与旅游业发展的原则

10. 旅游业发展应当遵循(　　　)相统一的原则。

    A. 旅游者利益　　　B. 公共利益　　　　C. 社会效益　　　　D. 经济效益

    E. 生态效益

11. 旅游综合管理制度的内容包括(　　　)。

    A. 国务院建立健全旅游综合协调机制

    B. 地方政府统筹协调旅游业发展和管理

    C. 旅游市场综合监管机制

    D. 旅游纠纷调解和管理机制

E. 整合投诉受理机构、投诉受理部门间转办、处理结果告知的旅游投诉统一受理制度

12. 下列属于旅游服务合同的特点的是( )。
    A. 关系复杂性   B. 主客体双方不完全对等
    C. 合同的非物质性   D. 合同履行人身关联性
    E. 权利义务平等性

13. 与一般消费者相比，旅游者的特殊性表现在( )。
    A. 旅游消费的行为比一般消费行为选择的自由度更小
    B. 旅游者参加旅游活动的目的是获得精神上的愉悦，与满足人的基本需求有明显的不同。由此，对于提供旅游服务的经营者的要求更高
    C. 由于旅游活动的空间移动性和一定的时间性特征，旅游者的弱者地位更加明显
    D. 旅游消费的复杂性和专业性，先付费再旅游的特点，使旅游者对旅游经营者的依赖更加明显
    E. 安全隐患比一般的消费行为更多

14. 知悉真情权利的主要内容有( )。
    A. 有权要求导游的信息真实
    B. 有权要求按约定提供旅游产品和服务
    C. 有权要求宣传信息真实
    D. 有权要求旅游经营者作为合同一方主体的情况真实
    E. 有权获得旅游产品和服务的真实详情

15. 旅游者的( )应当得到尊重。
    A. 人格尊严   B. 民族风俗习惯
    C. 人身自由   D. 宗教信仰
    E. 财产权利

16. 人格尊严得到尊重意味着其在参加旅游活动中，应当受到旅游经营者和他人的尊重，任何人不得侵犯其( )。
    A. 姓名权   B. 名誉权   C. 荣誉权   D. 肖像权
    E. 人身自由

17. 旅游者在旅游活动中依据遵纪守法、文明旅游义务的要求，应当做到( )。
    A. 遵守公共秩序和社会公德
    B. 尊重当地风俗习惯、文化传统和宗教信仰
    C. 爱护旅游资源，保护生态环境
    D. 遵守旅游文明行为规范
    E. 不得损害当地居民的利益

18. 旅游者在旅游活动中应当做到( )。
    A. 遵纪守法、文明旅游   B. 安全配合
    C. 不得非法滞留   D. 不得分团或脱团
    E. 不得损害他人合法权益

19. ( )应当按照国民经济和社会发展规划的要求，组织编制旅游发展规划。

  A. 国务院   B. 省、自治区、直辖市人民政府

  C. 设区的市人民政府   D. 旅游资源丰富的县人民政府

  E. 县人民政府

20. 旅游发展规划应当与( )规划相衔接。

  A. 经济发展规划   B. 土地利用总体规划

  C. 城乡规划   D. 环境保护规划

  E. 其他自然资源和文物等人文资源的保护和利用规划

21. 《旅游法》第23条规定，国务院和县级以上地方人民政府应当制定并组织实施有利于旅游业持续健康发展的产业政策( )。

  A. 推进旅游休闲体系建设   B. 推动区域旅游合作

  C. 促进旅游与其他领域的融合   D. 扶持少数民族地区旅游业发展

  E. 发展乡村旅游

22. 旅游经营者应当保证其提供的商品和服务符合( )的要求。

  A. 合同约定   B. 国家标准   C. 行业标准   D. 保障人身

  E. 财产安全

23. 旅游经营者组织、接待出入境旅游，发现旅游者从事违法活动应当及时向( )报告。

  A. 公安机关   B. 旅游主管部门   C. 我国驻外机构   D. 所在旅行社

  E. 政府

24. 旅游经营者应当( )。

  A. 追求经济利益

  B. 公平竞争

  C. 承担社会责任

  D. 为旅游者提供安全、健康、卫生的旅游服务

  E. 为旅游者提供方便的旅游服务

25. 景区开放应当具备的条件包括( )。

  A. 有必要的旅游配套服务和辅助设施

  B. 有必要的安全设施及制度，经过安全风险评估，满足安全条件

  C. 有必要的环境保护设施和生态保护措施

  D. 有必要的宣传与推广行为

  E. 法律、行政法规定的其他条件

26. 公益性( )逐步免费开放。

  A. 城市公园   B. 博物馆   C. 纪念馆   D. 展览馆

  E. 历史文物

27. 县级以上人民政府旅游主管部门监督检查的事项范围主要包括( )。

  A. 经营旅行社业务以及从事导游、领队服务是否取得经营执业许可

  B. 旅行社的经营行为

C. 导游和领队等旅游从业人员的服务行为

D. 旅游者的旅游行为

E. 法律、法规规定的其他事项

第五章　旅游法的基本知识参考答案

一、单项选择题

1－5. CCCDA　6－10. ABDAA　11－15. BCCBD　16－20. ABBCB　21－25. ACCBD

26－29. ACAA

二、多项选择题

1. ACD　2. ABCD　3. ABE　4. BCE　5. ACE　6. ABCD　7. ABC　8. BCDE　9. ABCE

10. CDE　11. ABCE　12. ABCD　13. BCD　14. CDE　15. ABD　16. ABCD　17. ABCD

18. ABCE　19. ABC　20. BCDE　21. ABCD　22. DE　23. ABC　24. BCDE　25. ABCE

26. ABC　27. ABCE

第六章　合同与旅游服务合同

一、单项选择题（每题有一个正确答案）

1. 对格式合同条款的理解发生争议的，应当按照(　　)予解释。

　　A. 不利于提供格式条款一方　　　　B. 不利于同意格式条款一方

　　C. 通常理解　　　　　　　　　　　D. 该条款应当无效

2. 旅游行程开始前，旅游者将包价旅游合同中自身的权利义务转让给第三人，旅行
　　社(　　)。

　　A. 可以直接拒绝　　　　　　　　　B. 没有正当理由不得拒绝

　　C. 可以要求旅游者增加费用　　　　D. 可以追究旅游者擅自转让的违约责任

3. 下列不属于合同的是(　　)。

　　A. 旅行社与游客之间签订的旅游服务协议

　　B. 旅行社与旅游局签订的文明守法经营协议

　　C. 旅行社与景区之间签订的接待协议

　　D. 旅行社与汽车公司之间签订的用车租赁协议

4. 以下属于狭义的旅游合同的是(　　)。

　　A. 旅游规划合同　　　　　　　　　B. 旅游委托代理合同

　　C. 旅游开发合同　　　　　　　　　D. 旅行社与旅游者之间的旅游服务合同

5. 在订立合同时，一方不得将自己的意志强加于另一方，体现了(　　)。

　　A. 平等原则　　　　B. 自愿原则　　　　C. 公平原则　　　　D. 诚实信用原则

6. 当事人订立合同，应当具有(　　)。

A. 相应的经济实力　　　　　　　　　　B. 一定的履约能力

C. 完备的审批手续　　　　　　　　　　D. 相应的民事权利能力和民事行为能力

7. 除法律、法规规定外，合同以(　　　)形式为常态。

　　A. 口头形式　　　　B. 书面形式　　　　C. 公证形式　　　　D. 登记形式

8. 根据《中华人民共和国合同法》的规定，对格式条款有两种解释的，应当做出(　　　)的解释。

　　A. 有利于格式条款提供者　　　　　　B. 不利于格式条款提供者

　　C. 折中　　　　　　　　　　　　　　D. 由仲裁机构仲裁

9. 希望与他人订立合同的意思表示，称为(　　　)。

　　A. 承诺　　　　　　B. 承认　　　　　　C. 要约　　　　　　D. 邀约

10. 下列属于要约的是(　　　)。

　　A. 宾馆总台的房价表上标示"八折"字样

　　B. 旅游价目表中申明"以我方最后确认为准"

　　C. 广告精略介绍旅游线路

　　D. 前往旅行社询问旅游线路

11. 下列情形中，(　　　)为承诺。

　　A. 甲向乙发出要约，乙得知后表示接受甲的条件

　　B. 丙向丁发出要约，丁考虑后向戊表示接受甲的条件

　　C. 张某向孙某发出要约，要求10天给予答复，过期视为承诺，孙某未能如期答复

　　D. 王某根据广告上刊登的价格，给某体育用品厂汇款购买某型体育用品

12. 《合同法》规定采用格式条款订立合同时提供格式条款的一方应当遵循(　　　)确定当事人之间的权利和义务。

　　A. 公平原则　　　　B. 平等原则　　　　C. 自愿原则　　　　D. 诚实信用原则

13. 下列格式条款有效的是(　　　)。

　　A. 旅游过程中如发生意外责任自负

　　B. 本旅行社拥有最终解释权

　　C. 黄山特色宴为本店选择性赠送项目，最终是否赠送以本旅行社最终确定为准

　　D. 住星级宾馆

14. 未经旅行社授权，旅行社工作人员以旅行社名义与他人签订的旅游服务合同，旅行社拒绝追认的合同(　　　)。

　　A. 无效　　　　　　B. 可撤销　　　　　C. 效力待定　　　　D. 有效

15. 根据《中华人民共和国合同法》的规定，下列不属于违约责任的承担方式的一项是(　　　)。

　　A. 继续履行　　　　B. 不再履行　　　　C. 采取补救措施　　　D. 赔偿损失

16. 下列不属于可撤销合同的情形有(　　　)。

　　A. 将仿制品当作真品文物购买

　　B. 零团费旅游服务合同

　　C. 强迫旅游者参加自费项目

D. 误把未成年人认作成年人签订的旅游服务合同

17. 旅行社将已经签约的旅游者转让给其他旅行社应当( )。

    A. 通知旅游者

    B. 向旅游局申请许可

    C. 与旅游者协商，征得旅游者同意方能转让，不需要签订书面的转让协议

    D. 与旅游者协商，征得旅游者同意方能转让，并签订书面的转让协议

18. 下列情况当事人不可以径直解除合同的情形是( )。

    A. 因不可抗力致使合同的目标不能实现的

    B. 在履行期届满之前，一方当事人明确表示不履行主要债务的

    C. 当事人一方迟延履行主债务的

    D. 因当事人的违约行为导致合同的目标不能实现的

19. 合同一方当事人因过失而在合同订立过程中给另一方造成损失应承担的赔偿责任称为( )。

    A. 违约责任　　　B. 预期违约　　　C. 缔约过失责任　　D. 侵权责任

20. 旅行社在( )情况下应当承担违约责任。

    A. 因大雾天气导致航班延误

    B. 因物价上涨，旅游成本增加，要求游客增加旅游服务费用，旅客拒绝后，不履行合同

    C. 在签订合同过程中隐瞒重要自费项目，在未签订合同前游客发现后，要求旅行社赔偿误工费和交通费

    D. 因战争而取消某国外旅游线路

21. 如果格式条款的提供者不尽提请对方注意和说明的义务，它违背的是 ( )。

    A. 公平原则　　　B. 平等原则　　　C. 自愿原则　　　D. 诚实信用原则

22. 根据《民法通则》的规定，下列选项中，属于无效合同的是( )。

    A. 限制民事行为能力人实施的合同　　B. 恶意串通损害第三人利益的合同

    C. 所附条件尚未成就的附条件合同　　D. 因重大误解而实施的合同

23. 个体工商户张某于2012年开了一家商店，专门经营日常百货。开业后的1个月内张某从事了以下行为：①在没有取得烟草销售许可证的情况下，将香烟销售给郑某。②卖给了8周岁的萌萌一支价值10元的钢笔。③欺骗李某说自己家销售的洗发水包治百病。④张某与郭某签订了店面转让合同，合同中约定第二天凑足了钱，就把商店转卖给郭某。结合以上材料，下列选项的表述中，不正确的是( )。

    A. 张某向李某销售洗发水的行为属于合同

    B. 张某与郑某之间的香烟销售合同为无效合同

    C. 张某与萌萌之间的钢笔买卖合同为有效合同

    D. 张某与郭某之间的买卖合同已经成立但是没有生效

24. 15周岁的少年大学生李某属于( )。

    A. 无民事行为能力人　　　　　　B. 视为完全民事行为能力人

    C. 完全民事行为能力人　　　　　　D. 限制民事行为能力人

25. 民事权利能力是指自然人、法人、其他社会组织享有民事权利、承担民事义务的(　　)。
    A. 资格　　　　　　B. 能力　　　　　　C. 可能性　　　　　　D. 事实

26. 代理人接受委托，代替被代理人同第三人签订合同，以(　　)的名义实施民事法律行为；被代理人对代理人的代理行为承担民事责任。
    A. 代理人　　　　　B. 被代理人　　　　C. 本人　　　　　　D. 第三人

27. 某宾馆按照某旅行社的委托招徕游客，并与游客签订了旅游合同，如果引起纠纷后，应该承担责任的是(　　)。
    A. 宾馆　　　　　　B. 旅行社　　　　　C. 宾馆和旅行社　　D. 保险公司

28. 以下不属于合同订立的书面形式的是（　　）。
    A. 合同书　　　　　B. 信件　　　　　　C. 数据电文　　　　D. 电话

29. 梁某与甲旅游公司签订合同，约定梁某参加甲公司组织的旅游团赴某地旅游。旅游出发前15日，梁某因出差通知甲公司，由韩某替代跟团旅游。旅游行程一半，甲公司不顾韩某反对，将其旅游业务转给乙公司。乙公司组织游客参观某森林公园，该公园所属观光小火车司机操作失误致火车脱轨，韩某遭受重大损害。下列哪个表述是不正确的？（　　）。
    A. 即使甲公司不同意，梁某仍有权将旅游合同转让给韩某
    B. 韩某有权请求甲公司和乙公司承担连带责任
    C. 韩某有权请求某森林公园承担赔偿责任
    D. 韩某有权请求小火车司机承担赔偿责任

30. 要约可以撤销。撤销要约的通知应当在(　　)之前到达受要约人。
    A. 受要约人发出承诺通知　　　　　　　B. 受要约人做出承诺
    C. 要约人接到承诺　　　　　　　　　　D. 要约人收到承诺

31. 下列不属于可撤销合同的是(　　)。
    A. 因重大误解订立的合同
    B. 在订立时显失公平的合同
    C. 乘人之危订立的合同
    D. 因欺诈、胁迫订立的，损害国家利益的合同

32. 债务人将合同的义务全部或者部分转移给第三人的，应当(　　)。
    A. 经债权人同意　　　　　　　　　　　B. 通知债权人
    C. 不可以转让　　　　　　　　　　　　D. 经国家机关批准

33. 甲、乙公司于2005年3月10日签订买卖合同，3月15日甲发现自己对合同标的有重大误解，遂于3月20日向法院请求撤销合同，4月10日法院依法撤销该合同。下列符合规定的是(　　)。
    A. 合同自3月10日起归于无效　　　　　B. 合同自3月15日起归于无效
    C. 合同自3月20日起归于无效　　　　　D. 合同自4月10日起归于无效

34. 合同价款或者报酬不明确的，按照(　　)的市场价格履行。
    A. 订立合同时签订地　　　　　　　　　B. 履行合同时履行地

C. 订立合同时履行地　　　　　　　　D. 履行合同时签订地

35. 某旅行社与旅游者王某签订了黄山三日游的合同，因旅行社方面的原因，合同义务未能如期履行，某旅行社立即通知了王某，采取了相应的补救措施，但王某仍然向旅游行政管理部门提出赔偿损失，支付违约金的申诉，对此某旅行社应承担的责任是(　　　)。

   A. 支付违约金，但不赔偿损失

   B. 支付违约金不足弥补损失，应支付赔偿金

   C. 赔偿损失但不支付违约金

   D. 由于采取补救措施，可免除赔偿损失和支付违约金的责任

36. 当事人如果认为约定的违约金过高或者过低的，可以(　　　)。

   A. 单方面调整违约金的数额

   B. 当事人向仲裁机构或者人民法院请求调整违约金数额

   C. 由旅游行政管理部门调整违约金的数额

   D. 由第三方进行调解违约金的数额

37. 承担违约责任的方式有(　　　)。

   A. 继续履行合同、采取补救措施、提起诉讼

   B. 继续履行合同、采取补救措施、请求仲裁

   C. 继续履行合同、采取补救措施、赔偿损失

   D. 继续履行合同、追究侵权责任、赔偿损失

38. 旅行社由于航空公司不能提供机票而对旅游者造成违约，(　　　)应当向旅游者承担违约责任。

   A. 旅行社和航空公司　　　　　　　　B. 航空公司

   C. 旅行社　　　　　　　　　　　　　D. 旅行社或航空公司

39. 阳光旅行社与花海线旅行社签订一份合同，约定：任何一方违约应向对方支付违约金1000元，同时，乙向甲支付500元定金。后来，乙完全不履行合同，造成甲实际损失1200元，乙应向甲支付(　　　)元。

   A. 500　　　　　　B. 1000　　　　　　C. 1500　　　　　　D. 1200

40. 某当事人延迟履行合同后发生不可抗力导致合同无法履行，某当事人(　　　)。

   A. 因不可抗力，不承担责任　　　　　B. 因不可抗力，责任减轻

   C. 不能免除责任　　　　　　　　　　D. 责任双方分担

41. 包价旅游合同，是指旅行社预先安排行程，提供或者通过履行辅助人提供交通、住宿、餐饮、游览、导游或领队等(　　　)以上旅游服务，旅游者以总价支付旅游费用的合同。

   A. 两项　　　　　B. 三项　　　　　C. 四项　　　　　D. 五项

42. 包价旅游合同应当采用(　　　)形式。

   A. 口头　　　　　B. 登记　　　　　C. 要约、承诺　　　　　D. 书面

43. 组团社将接待业务委托地接社履行的，若因地接社的导游擅自变更行程安排，由此引发的责任由(　　　)承担。

A. 组团社　　　　　B. 地接社　　　　　C. 导游　　　　　D. 游客

44. 旅行社招徕旅游者组团旅游，因未达到约定人数不能出团的，组团社可以解除合同。但是，境内旅游应当至少提前(　　)日通知旅游者。

　　A. 5　　　　　　　B. 7　　　　　　　C. 10　　　　　　　D. 15

45. 旅行社招徕旅游者组团旅游，因未达到约定人数不能出团的，组团社可以解除合同。但是，出境旅游应当至少提前(　　)日通知旅游者。

　　A. 15　　　　　　B. 30　　　　　　C. 45　　　　　　D. 40

46. 由于旅行社或履行辅助人的原因导致合同解除的，返程费用由(　　)承担。

　　A. 旅行社　　　　　　　　　　　B. 履行辅助人

　　C. 旅游者　　　　　　　　　　　D. 旅行社与履行辅助人

二、多项选择题（每题有 2 - 4 个正确答案，多选、少选、错选均不得分）

1. 合同当事人之间订立合同的表现方式主要有(　　)。

　　A. 口头形式　　　B. 书面形式　　　C. 其他形式　　　D. 默示形式

　　E. 要约承诺形式

2. 合同生效的条件包括(　　)。

　　A. 主体是民事主体　　　　　　　B. 符合要约承诺方式

　　C. 意思表示真实　　　　　　　　D. 具备规定的形式要件

　　E. 不违反法律和社会公德

3. 缔约过失责任的构成要件有(　　)。

　　A. 此种责任发生在合同订立阶段

　　B. 订立合同当事人一方有过失过错行为

　　C. 订立合同相对人受到了实际损失

　　D. 此种责任发生在合同履行阶段

　　E. 因为一方当事人的过错使得合同没有订立，或者已经订立的合同无效

4. 违约责任的构成要件包括(　　)。

　　A. 有违约行为　　　B. 无免责事由　　　C. 故意　　　　　D. 过失

　　E. 过错

5. 旅游合同应当包括(　　)。

　　A. 旅行社、旅游者基本信息　　　B. 旅游行程安排

　　C. 成团的最高人数　　　　　　　D. 自由活动时间安排

　　E. 游览、娱乐项目

6. 合同无效或被撤销的法律后果是(　　)。

　　A. 返还财产　　　B. 赔偿损失　　　C. 追缴财产　　　D. 赔礼道歉

　　E. 消除影响

7. 合同活动应遵循的基本原则包括(　　)。

　　A. 当事人法律地位平等原则　　　B. 合同自愿原则

　　C. 合同公示原则　　　　　　　　D. 诚实信用原则

E. 遵守法律和维护公德原则

8. 合同履行的基本原则包括（   ）。
   A. 全面履行原则   B. 诚实信用原则
   C. 自愿履行原则   D. 公平履行原则
   E. 情事变更原则

9. 可撤销的合同包括（   ）。
   A. 因重大误解订立的合同
   B. 显失公平的合同
   C. 一方以欺诈、胁迫的手段或者乘人之危，使对方在违背真实意思的情况下订立的合同
   D. 无效代理订立的合同
   E. 以合法形式掩盖非法目的合同

10. 承担违约责任的主要形式有（   ）。
   A. 赔偿损失   B. 支付违约金
   C. 继续履行   D. 采取补救措施
   E. 赔礼道歉

11. 下列哪些情形行为人可以减免侵权责任？（   ）
   A. 正当防止   B. 紧急避险
   C. 受害人的故意   D. 不可抗力
   E. 因旅行社租的车辆故障，造成未在规定时间到达旅游目的地

12. 下列哪些情形下合同无效？（   ）
   A. 恶意串通，损害国家、集体或者第三人利益的
   B. 以合法形式掩盖非法目的
   C. 损害社会公共利益
   D. 以欺诈、胁迫的手段订立合同
   E. 一方以欺诈、胁迫的手段或者乘人之危，使对方在违背真实意思的情况下订立的合同

13. 合同的法律特征包括（   ）。
   A. 合同符合民事法律规定的合法行为
   B. 合同是平等主体之间的民事法律行为
   C. 合同是双方或多方意思表示一致的民事法律行为
   D. 合同是以设立、变更、终止民事权利义务关系为内容的民事法律行为
   E. 合同是合法的民事法律行为

14. 民事权利义务关系是民法所调整的平等主体之间的（   ）关系在法律上的表现。
   A. 财产关系   B. 人身   C. 社会   D. 管理
   E. 交往

15. 合同是（   ）一致的民事法律行为。
   A. 单方行为   B. 双方行为   C. 多方行为   D. 权利义务

E. 履行时间

16. 根据《合同法》的规定，在下列何种情形下，要约不得撤销。（   ）

A. 要约人确定了承诺期限

B. 以其他形式明示要约不可撤销的

C. 受要约人有理由认为要约是不可撤销的

D. 受要约人已经为履行合同做了准备工作

E. 要约人约定了承诺的明确条件

17. 一项有效的承诺必须符合的条件是（   ）。

A. 承诺必须由要约人做出

B. 承诺必须是对被要约人做出

C. 承诺必须在要约有效期限内做出

D. 承诺必须是对要约的完全同意

E. 承诺必须是受要约人做出

18. 有下列情形之一的，要约失效。（   ）

A. 拒绝要约的通知到达要约人

B. 要约人依法撤销要约

C. 承诺期限届满，受要约人未做出承诺

D. 要约人将承诺转让给第三人

E. 受要约人对要约的内容做出实质性变更

19. 下列（   ）不属于合同的基本条款。

A. 当事人的名称或者姓名和住所

B. 履行期限、地点和方式

C. 合同的生效条件

D. 合同的解除条件

E. 解决争议的方法

20. 根据《合同法》规定，旅行社在采用格式条款时具有下列义务（   ）。

A. 遵循公平原则确立当事人之间的权利义务关系

B. 履行提示或者说明的义务

C. 照顾旅游者的利益

D. 照顾导游的利益

E. 以合理方式，按对方要求，对免除或限制责任条款予以说明

21. 根据《合同法》规定，下列属于无效格式条款的有（   ）。

A. 损害社会公共利益的格式条款

B. 违反法律强制性规定的格式条款

C. 有两种以上解释的格式条款

D. 以合法形式掩盖非法目的的格式条款

E. 限制相对人利益的条款

22. 合同权利不得转让的情形主要有（   ）。

A. 根据合同性质不得转让的

B. 按照当事人约定不得转让的

C. 依照法律规定不得转让的

D. 债务人认为不得转让的

E. 其他依法不得转让的

23. 下列属于无效合同的有(　　)。

A. 导游小李与某旅游工艺品商店经理恶意串通订立的损害游客利益的合同

B. 导游小王与患病急需用钱的游客张某订立的低价购买其数码相机的合同

C. 导游小高与游客订立的直接承揽导游业务的合同

D. 某旅行社因欺诈而与游客订立的青岛三日游合同

E. 导游与游客订立的零团费合同

24. 违约责任具有以下特点(　　)。

A. 违约责任以合同的有效存在为前提

B. 是当事人不履行合同义务所产生的责任

C. 具有相对性，即违约责任只能在合同关系的当事人之间发生

D. 可以由当事人约定

E. 是一种对违约行为进行处罚的责任

25. 下列有关承担违约责任的说法，正确的是(　　)。

A. 赔偿损失是承担违约的主要方式

B. 违约金和赔偿损失同时使用时，赔偿损失优先

C. 当事人可以在合同中约定违约金和定金

D. 当事人延迟履行后发生的不可抗力，可以免除责任

E. 旅游合同中，旅行社承担违约责任常用的方法是采取补救措施

26. 《合同法》中违约责任的归责原则是(　　)。

A. 有过错责任原则　　　　　　　B. 过失原则

C. 严格责任原则　　　　　　　　D. 无过错责任原则

E. 公平责任原则

27. 《合同法》规定的不可抗力具有如下特征(　　)。

A. 不能预见　　B. 不能避免　　C. 不能忽视　　D. 不能克服

E. 不能解决

28. 当事人一方因不可抗力不能履行合同的，应当履行的法定义务是(　　)。

A. 提供证明　　B. 尽量避免　　C. 及时通知　　D. 减少损失

E. 及时变更或解除合同

29. 旅游服务合同具有以下法律特征(　　)。

A. 可以口头、书面等形式签订

B. 是双务合同

C. 是一种旅游经历以及为获得这种经历所必需的食、住、行、游、购、娱等旅游
服务活动的合同

D. 多为格式合同

E. 是有偿、诺成合同

30. 《旅游法》规定的旅游服务合同主要是指( )。

A. 旅游管理合同   B. 包价旅游合同

C. 旅游代订合同   D. 旅游设计、咨询合同

E. 旅行社与景点的合作合同

31. 包价旅游合同的特征表现在( )。

A. 合同内容中的旅游行程及相关服务是由旅行社预先安排的

B. 服务的数量符合法律规定

C. 合同价款以总价方式一揽子支付

D. 合同双方当事人协商一致

E. 合同以产生、变更或终止当事人旅游过程中民事权利义务关系为目的

32. 订立包价旅游合同时，旅行社还应当向旅游者告知下列事项：( )。

A. 旅游者不适合参加旅游活动的情形

B. 旅游活动中的安全注意事项

C. 旅游者依法可以减免责任的信息

D. 旅游者应当注意的旅游目的地相关法律、法规和风俗习惯、宗教禁忌，依照中国法律不宜参加的活动等

E. 法律、法规规定的其他应当告知的事项

33. 包价旅游合同履行规则包括( )。

A. 组团社必须根据合同约定的内容、标准提供服务

B. 组团社将接待业务必须委托给有资质的地接社履行

C. 地接社必须按包价旅游合同履行义务

D. 对合同履行中可能存在的风险必须告知旅游者

E. 尊重旅游者的意愿，与旅游者协商

34. 旅行社一方，除( )可以解除、变更合同外，必须根据合同所约定的服务内容和标准，向旅游者提供其所承诺的相关服务。

A. 由于景区等第三方的原因   B. 由于旅游者个人的原因

C. 不可抗力等客观因素   D. 导游等工作人员因素

E. 因多数旅行者的需求

35. 旅游合同的内容主要有( )。

A. 当事人的名称   B. 旅游行程

C. 旅游价格   D. 履行期限

E. 旅游合同的解除

36. 依据《合同法》的规定，下列属于合同终止情形的有( )。

A. 某旅行社履行了与游客签订的旅游合同，旅游活动圆满结束

B. 某旅行社在组织游客旅游过程中，因遭遇泥石流而取消剩余行程

C. 某旅行社拖欠某宾馆住宿费用，后经协商该旅行社合并为宾馆的旅游部

D. 某旅行社通知某企业将所欠该旅行社的旅游费用直接偿还给某宾馆

E. 游客清偿欠旅行社的旅游服务费

37. 组团社将接待业务委托地接社履行时应当遵守下列规定：（ 　　 ）。

A. 选择缔约对象时，应当选择具有相应资质的旅行社

B. 应当采取书面形式约定双方的权利和义务

C. 应当要求地接社承担因履行不恰当的相应责任

D. 应当向地接社提供与旅游者订立的包价旅游合同的副本

E. 应当向地接社支付不低于接待和服务成本的费用

38. 旅游行程开始前，旅游者将包价旅游合同、自身的权利义务转让给第三人，下列说法正确的有（ 　　 ）。

A. 旅行社没有正当理由的不得拒绝

B. 只需要直接通知旅行社即可

C. 原报名者办理的相关服务、手续不能变更或者不能及时变更

D. 旅游活动对于旅游者的身份、资格等有特殊要求的，第三人并不具备相应身份、资格等，旅行社可以拒绝

E. 因此增加的费用由第三人承担

39. 依照法律规定，组团社应当在扣除必要的费用后，将余款退还旅游者。必要费用包括（ 　　 ）。

A. 约定的违约金

B. 银行同期利息

C. 组团社已向地接社或者履行辅助人支付且不可退还的费用

D. 旅游行程中已实际发生的费用

E. 旅行社的预期收益

40. 旅游者有下列情形之一的，旅行社可以解除合同：（ 　　 ）。

A. 患有传染病等疾病，可能危害其他旅游者健康和安全的

B. 携带危害公共安全的物品且不同意交有关部门处理的

C. 从事违法或者违反社会公德的活动的

D. 从事严重影响其他旅游者权益的活动，且不听劝阻、不能制止的

E. 不服从旅行社行程安排，自行脱团的

41. 旅行社承担惩罚性赔偿责任的构成要件包括（ 　　 ）。

A. 旅行社具备履行条件但拒不履行合同

B. 经旅游者要求仍然拒绝履行合同

C. 旅游者发生人身损害、滞留等严重后果

D. 拒绝履行与人身损害、滞留之间存在因果关系

E. 旅行社主观方面具有故意

第六章 合同与旅游服务合同参考答案

一、单项选择题

1－5. CBBDB 6－10. DABCA 11－15. AACAC 16－20. DDCCB 21－25. DBCDA

26－30. BBDDA 31－35. DAACD 36－40. BCCDC 41－45. ADABB 46. A

二、多项选择题

1. ABC 2. BCDE 3. ABDE 4. AB 5. ABDE 6. ABC 7. ABDE 8. AB 9. ABC

10. ABCD 11. ABCD 12. ABC 13. BCDE 14. AB 15. BC 16. ABCD 17. CDE

18. ABCE 19. CD 20. ABCE 21. ABD 22. ABC 23. ACE 24. ABCD 25. AC

26. CD 27. ABD 28. AC 29. BCDE 30. BCD 31. ABC 32. ABDE 33. ABC

34. BC 35. ABCD 36. ABCE 37. ABDE 38. ACD 39. CD 40. ABCD 41. ABCD

第七章　旅行社法律制度

一、单项选择题（每题有一个正确答案）

1. 国内旅游业务，仅限于(　　)。
   A. 入境旅游业务
   B. 出境旅游业务
   C. 国际旅游业务
   D. 中国内地居民在境内旅游的业务

2. 组团社违反规定，不为旅游团队安排专职领队的，处(　　)的罚款。
   A. 5000 元以上 10 000 元以下
   B. 5000 元以上 20 000 元以下
   C. 5000 元以上 50 000 元以下
   D. 10 000 元以上 30 000 元以下

3. 符合条件的经营国内、入境游旅行社，每增加一个分社，增存质量保证金(　　)。
   A. 5 万元人民币
   B. 10 万元人民币
   C. 15 万元人民币
   D. 20 万元人民币

4. 旅行社业务经营许可证有效期为 3 年。旅行社应当在许可证到期前的(　　)个月内，持许可证到原颁证机关换发。
   A. 1
   B. 2
   C. 3
   D. 4

5. 甲旅行社组织 30 名旅游者赴泰国旅游，由于境外接待社的过失，使旅游者权益遭受严重侵害。根据《旅行社条例》规定，旅游者应该向(　　)索赔。
   A. 甲旅行社
   B. 境外接待社
   C. 甲旅行社和境外接待社
   D. 甲旅行社或境外接待社

6. 旅行社投保旅行社责任保险采取的投保方式是(　　)。
   A. 一年一保
   B. 两年一保
   C. 三年一保
   D. 五年一保

7. 申请设立旅行社，应当向省、自治区、直辖市旅游行政管理部门提出申请。省、自治区、直辖市旅游行政管理部门应当自受理申请之日起(　　)个工作日内，依据规定的条件对申请审查完毕。

A. 15 B. 20 C. 30 D. 60

8. 设立国际旅行社，应当向( )旅游行政管理部门提出申请。

   A. 所在地的省、自治区、直辖市人民政府

   B. 国家旅游局

   C. 所在地的市级人民政府

   D. 所在地的县级人民政府

9. 旅行社招徕、接待旅游者，应当制作和保存完整的业务档案。其中，出境旅游档案保存期最低为( )年。

   A. 1 B. 2 C. 3 D. 4

10. 旅行社设立分社的，应当持旅行社业务经营许可证副本向分社所在地的工商行政管理部门办理设立登记，并自设立登记之日起( )个工作日内向分社所在地的旅游行政管理部门备案。

   A. 5 B. 7 C. 3 D. 10

11. 以下对旅行社分社的叙述正确的是( )。

   A. 分社的经营范围不得超出设立社的经营范围

   B. 设立分社的旅行社年接待旅游者要达到 10 万人次以上

   C. 进入全国旅行社百强排名

   D. 旅行社每设立一个分社，需增交质量保证金 50 万元

12. 《旅行社条例》规定，旅行社未与旅游者签订旅游合同，情节严重的，由旅游行政管理部门责令停业整顿( )。

   A. 一至三个月   B. 三至六个月

   C. 六个月至一年   D. 一年

13. 导游王某带团海南 8 日游，到达返程的机场时，因游客对旅游过程中住宿标准问题有异议，游客与王某发生争执，游客迟迟不办理登机手续，王某一气之下独自离团返津，造成该团滞留海口机场无人负责，对旅游者滞留期间所支出的食宿等直接费用应由( )。

   A. 旅行社承担并赔偿全部旅游费用 20% 违约金

   B. 旅行社承担并赔偿全部旅游费用 30% 违约金

   C. 王某承担并赔偿全部旅游费用 30% 违约金

   D. 导游和旅游者共同承担，因为旅游者也有过错

14. 有关旅行社分社正确的叙述是( )。

   A. 旅行社分社的设立受到地域限制

   B. 旅行社分社具有独立法人资格，但以设立社名义开展旅游业务且经营范围不得超出其设立社经营范围

   C. 旅行社分社不应当接受所在地旅游行政管理部门的行业管理，而直接受其设立社管理

   D. 旅行社分社应当接受所在地旅游行政管理部门的行业管理

15. 以下属于正常经营范围的是( )。

A. 旅行社的服务网点组织、接待旅游者进行旅游活动

B. 经营入境旅游业务的旅行社组织中国公民赴港澳旅游

C. 中外合资旅行社经营中国公民出境旅游

D. 具有出境旅游业务经营权的旅行社组织中国公民国内旅游

16. 旅行社的组织形式应当采取(　　)形式。
   A. 合伙 　　　　　　　　　　　　B. 个体工商户
   C. 股份责任公司 　　　　　　　　D. 法人

17. 旅行社的注册资本不少于(　　)万元。
   A. 20 　　　　　B. 30 　　　　　C. 40 　　　　　D. 60

18. 旅行社根据业务经营和发展的需要，可以设立(　　)和服务网点等分支机构。
   A. 法人分社 　　　B. 非法人分社 　　　C. 办事处 　　　D. 代表处和联络处

19. 旅行社取得经营许可满(　　)年，且未因侵害旅游者合法权益受到行政机关(　　)以上处罚的，可以申请经营出境旅游业务。
   A. 3 年，警告 　　B. 3 年，罚款 　　C. 2 年，警告 　　D. 2 年，罚款

20. 经营国内旅游业务和入境旅游业务的旅行社应当存入(　　)万元质量保证金；经营出境旅游业务的旅行社，应当存入(　　)万元质量保证金。
   A. 20，60 　　　B. 20，120 　　　C. 30，60 　　　D. 30，120

21. 增设经营国内旅游业务和入境旅游业务的旅行社分社应当存入(　　)万元质量保证金，增设经营出境旅游业务的旅行社分社，应当存入(　　)万元质量保证金。
   A. 5，30 　　　B. 10，60 　　　C. 5，20 　　　D. 10，30

22. 旅行社自交纳或者补足质量保证金之日起(　　)年内，未因侵害旅游者合法权益而受到行政机关罚款以上处罚的，旅游行政管理部门应当将质量保证金降低(　　)。
   A. 2，50% 　　　B. 3，50% 　　　C. 2，60% 　　　D. 3，40%

23. 旅行社应当在收到旅游行政部门补交质量保证金通知之日起(　　)个工作日内补足质量保证金。
   A. 3 　　　　　B. 5 　　　　　C. 7 　　　　　D. 10

24. 因旅行社原因不能成行的，国内旅游出发前 7 日至 4 日通知旅游者的，应当支付旅游总额(　　)的违约金。
   A. 0% 　　　　　B. 10% 　　　　　C. 15% 　　　　　D. 20%

25. 旅行未经旅游者同意，擅自转团、拼团的应当支付旅游总额(　　)的违约金。
   A. 10% 　　　　　B. 15% 　　　　　C. 20% 　　　　　D. 25%

二、多项选择题（每题有 2－4 个正确答案，多选、少选、错选均不得分）

1. 旅行社的主要法律特征是(　　)。
   A. 旅行社是企业法人 　　　　　　B. 旅行社是从事旅游业务的企业
   C. 旅行社是合伙制企业 　　　　　D. 旅行社是公有制企业
   E. 旅行社是私有制企业

2. 申请设立旅行社，经营国内旅游业务和入境旅游业务的，应当具备下列条件(　　)。

A. 有固定的场所，必要的营业设施

B. 符合规定的注册资本和质量保证金

C. 符合规定的经营人员的资格要求

D. 设立申请书，旅行社章程

E. 有旅行社的规章制度

3. 旅行社按照经营业务范围，分为(　　)。

A. 境内旅游业务　　　　　　　　B. 入境旅游业务

C. 港澳台旅游业务　　　　　　　D. 出境旅游业务

E. 跨境旅游业务

4. 旅行社对其设立的分社实行(　　)。

A. 统一管理　　　　　　　　　　B. 统一财务

C. 统一招徕　　　　　　　　　　D. 统一接待

E. 统一宣传

5. 以下属于旅行社分支机构的有(　　)。

A. 旅行社分社　　　　　　　　　B. 旅行社服务网点

C. 旅行社代表处、联络处　　　　D. 旅行社办事处

E. 旅行社联络处

6. 旅行社有下列情形之一的，由旅游行政管理部门或者工商行政管理部门责令改正，没收违法所得，违法所得10万元以上的，并处违法所得1倍以上5倍以下的罚款；违法所得不足10万元或者没有违法所得的，并处10万元以上50万元以下的罚款。(　　)

A. 未取得相应的旅行社业务经营许可，经营国内旅游业务、入境旅游业务、出境旅游业务的

B. 分社的经营范围超出设立分社的旅行社的经营范围的

C. 旅行社服务网点从事招徕、咨询以外的活动的

D. 设立分社未在规定期限内向分社所在地旅游行政管理部门备案的

E. 国家旅游局认定的其他超范围经营活动

7. 申请开办旅行社必须提交的文件有(　　)。

A. 设立申请书

B. 股东履历表及身份证明

C. 企业章程

D. 经营场所的证明

E. 工商行政管理部门出具的《企业名称预先核准通知书》

8. 旅行社的设立应当具备下列条件(　　)。

A. 有固定的营业场所　　　　　　B. 有必要的营业设施

C. 有符合规定的经营人员　　　　D. 有规定的注册资本和质量保证金

E. 有旅行社管理的规章制度

9. 旅行社超范围经营的情形有(   )。

    A. 国内旅行社经营国际旅行社业务

    B. 国际旅行社未经批准经营出境旅游业务、港澳台地区旅游业务和边境旅游业务

    C. 国际旅行社经营国内旅行社业务

    D. 国家旅游局认定的其他超范围经营活动

    E. 国内旅行社经营国内民族地区旅行业务

10. 以下关于国内旅行社的经营范围的描述正确的是(   )。

    A. 招徕我国旅游者在国内旅游，为其安排交通、游览、住宿、饮食、购物、娱乐及提供导游等相关服务

    B. 为我国旅游者代购、代订国内交通客票，提供行李服务

    C. 其他经国家旅游局规定的与国内旅游有关的业务

    D. 经国家旅游局批准，招徕、组织中华人民共和国境内居民到香港和澳门特别行政区旅游

    E. 接待外国游客的入境旅游业务

11. 旅行社禁止提供的旅游项目包括(   )。

    A. 含有损害国家利益和民族尊严内容的

    B. 含有淫秽、迷信、赌博内容的

    C. 含有民族、种族、宗教、性别歧视内容的

    D. 含有其他法律、法规禁止的内容的

    E. 旅游合同中未约定的内容

12. 我国旅行社经营管理的法规依据主要有(   )。

    A. 《旅行社管理条例》

    B. 《旅行社责任保险管理办法》

    C. 《旅行社条例实施细则》

    D. 《旅行社服务质量赔偿标准》

    E. 《中国公民出国旅游管理办法》

13. 以下关于旅游广告的说法正确的有(   )。

    A. 旅游广告应当注明旅行社名称、许可证号码、类别、地址和联系电话

    B. 委托代理业务广告应当注明被代理旅行社的名称

    C. 旅游业务广告应包括旅游线路、项目和主要内容、天数、旅游服务价格和收费等

    D. 旅游广告应当附上旅行社负责人姓名和联系电话

    E. 旅游广告属于要约

14. 《中国公民出国旅游管理办法》规定，出国旅游组团社有(   )的情形且情节严重的，旅游行政部门可以暂停其经营出国旅游业务并取消其出国旅游业务经营资格。

    A. 入境旅游业绩下降的

    B. 因自身原因，在 2 年内未能正常开展出国旅游业务的

C. 因出国旅游服务质量问题被投诉并经查实的

D. 有逃汇、非法套汇行为的

E. 以旅游名义弄虚作假，骗取护照、签证等出入境证件或者送他人出境的

15. 根据《旅行社条例》规定，旅行社为旅游者提供服务，应当与旅游者签订旅游合同并载明下列事项( )。

A. 旅行社的名称及其经营范围、地址、联系电话和旅行社业务经营许可证编号

B. 导游、领队人员名单

C. 旅游行程中交通、住宿、餐饮服务安排及其标准

D. 旅行社安排的购物次数、停留时间及购物场所的名称

E. 旅游者应当交纳的旅游费用及交纳方式

16. 根据《旅行社条例》规定，违反本条例的规定，旅行社有下列情形之一的，由旅游行政管理部门责令改正，处 2 万元以上 10 万元以下的罚款；情节严重的，责令停业整顿 1 个月至 3 个月。( )

A. 未与旅游者签订旅游合同

B. 与旅游者签订的旅游合同未载明本条例第二十八条规定的事项

C. 取得旅游者同意，将旅游业务委托给其他旅行社

D. 将旅游业务委托给不具有相应资质的旅行社

E. 未与接受委托的旅行社就接待旅游者的事宜签订委托合同

17. 某旅行社成立于 2015 年 12 月，其经营范围包括( )。

A. 入境旅游业务   B. 出境旅游业务

C. 国内旅游业务   D. 旅游保险业务

E. 赴港奥台旅游业务

18. 经营国内旅游业务和入境旅游业务的旅行社的成立条件包括( )。

A. 固定的营业场所   B. 基本的设备设施

C. 注册资本 30 万元人民币   D. 缴纳质量保证金 20 万元人民币

E. 有五名以上专业导游

19. 下列关于旅行社分支机构说法正确的是( )。

A. 分社的设立不受地域的限制

B. 分社的设立受地域的限制

C. 旅行社分支机构的经营范围不得超出设立社的经营范围

D. 旅行社服务网点应当在设立社所在地设区市的行政区划内

E. 设立服务网点不收低于限制

20. 旅行社根据业务经营和发展的需要可以设立下列分支机构( )。

A. 非法人分社   B. 营业部   C. 办事处   D. 旅行社服务网点

E. 联络处

21. 下列情形，适用保证金对旅游者进行赔偿的有( )。

A. 导游人员赵某的导游服务没有达到规定的标准

B. 由于饭店的原因，低于合同约定的饭店等级档次的

C. 旅游者在旅游期间发生人身意外事故的

D. 导游人员赵某擅自改变了活动日程

E. 旅行社因不可抗力因素不能履行合同的

22. 以下对质量保证金不正确的认识是(　　)。

A. 保证金及其利息为旅行社所有，其为现金形式，有价证券无效

B. 保证金支付赔偿不足部分旅行社应当在收到旅游行政管理部门补交质量保证金的通知之日起5个工作日内补足

C. 旅行社缴纳保证金的凭证可作抵押或偿还债务的凭证

D. 质量保证金赔偿案件受理时效期间为以请求人受侵害事实发生之日起的90天内

E. 旅行社每设立一个经营国内旅游业务和入境旅游业务的分社，应当向其质量保证金账户增存5万元

第七章　旅行社法律制度参考答案

一、单项选择题

1－5. DCACA　6－10. ABACC　11－15. AABDD　16－20. DBADB　21－25. ABBBD

二、多项选择题

1. AB　2. ABCD　3. ABD　4. ABC　5. AB　6. ABC　7. ACDE　8. ABCD　9. ABD

10. ABC　11. ABCD　12. ACDE　13. ABC　14. ACDE　15. ACDE　16. ABDE

17. AC　18. ABC　19. ACD　20. AD　21. ABD　22. ABD

第八章　导游与领队人员法律制度

一、单项选择题（每题有一个正确答案）

1. 下列不属于导游人员特征的是(　　)。

A. 依法取得导游人员资格证书

B. 接受旅行社委派

C. 主要工作任务是为旅游者提供向导、讲解及相关旅游服务

D. 佩戴导游证

2. 获得导游人员资格证(　　)年未从业的，资格证自动失效。

A. 1　　　　　　　　B. 2　　　　　　　　C. 3　　　　　　　　D. 4

3. 颁发导游证的旅游行政管理部门应当自收到申请领取导游证之日起的(　　)日内，颁发导游证。

A. 15　　　　　　　　B. 30　　　　　　　　C. 45　　　　　　　　D. 60

4. 《导游人员管理条例》规定，无导游证进行导游活动的，由旅游行政部门责令改正并予以公告，并处(　　)的罚款。

A. 1000 元以上 3000 元以下 B. 1000 元以上 5000 元以下

C. 1000 元以上 10 000 元以下 D. 1000 元以上 30 000 元以下

5. 《导游人员管理条例》规定，导游人员未经旅行社委派，私自承揽或者以其他任何方式直接承揽导游业务，进行导游活动的，由旅游行政部门责令改正，处(　　)的罚款。

A. 1000 元以上 3000 元以下 B. 1000 元以上 5000 元以下

C. 1000 元以上 10 000 元以下 D. 1000 元以上 30 000 元以下

6. 《导游人员管理条例》规定，导游人员有擅自变更接待计划的、擅自增加或者减少旅游项目的、擅自中止导游活动的情形之一的，由旅游行政部门责令改正，暂扣导游证(　　)。

A. 1 个月至 2 个月 B. 1 个月至 6 个月

C. 3 个月至 6 个月 D. 6 个月至 1 年

7. 《导游人员管理条例》规定，导游人员进行导游活动，向旅游者兜售物品或者购买旅游者的物品的，或者以明示或者暗示的方式向旅游者索要小费的，或者欺骗、胁迫旅游者消费或者与经营者串通欺骗、胁迫旅游者消费的，由旅游行政部门责令改正，处(　　)的罚款。

A. 1000 元以上 3000 元以下 B. 1000 元以上 5000 元以下

C. 1000 元以上 10 000 元以下 D. 1000 元以上 30 000 元以下

8. 导游人员必须参加所在地旅游行政管理部门举办的年审培训，培训时间应根据导游业务需要灵活安排，每年累计培训时间不得少于(　　)小时。

A. 56 B. 60 C. 65 D. 80

9. 对高级导游员的评定每(　　)年进行一次。

A. 1 B. 2 C. 3 D. 5

10. 各级导游员等级资格有效期一般为(　　)年。

A. 2 B. 3 C. 4 D. 5

11. 在导游人员的年审管理中，累计扣分达到 10 分的，将会(　　)。

A. 不予通过年审 B. 暂缓通过年审 C. 全行业通报 D. 警告批评

12. 中级导游员要求其旅游者反映良好率不低于(　　)。

A. 85% B. 90% C. 95% D. 98%

13. 导游证的有效期为 3 年，导游证持有人在有效期满后继续从事导游活动的，应当在有效期届满(　　)个月前，向省、自治区、直辖市人民政府旅游行政部门申请办理换发导游证手续。

A. 1 B. 2 C. 3 D. 4

14. 下列不属于导游人员人身权利和自由的是(　　)。

A. 生命权 B. 人格尊严权 C. 人身自由权 D. 休息权

15. 取得导游人员资格证书的，经(　　)，方可持所订立的劳动合同或者登记证明材料，向省、自治区、直辖市人民政府旅游行政部门申请领取导游证。

A. 与旅行社订立劳动合同

B. 导游服务公司登记

C. 与旅行社订立劳动合同，并在导游服务公司登记

D. 与旅行社订立劳动合同或者所在导游服务公司登记

16. 具有特定语种语言能力的人员，虽未取得导游人员资格证书，旅行社需要聘请其临时从事导游活动的，可由（　　）向省、自治区、直辖市人民政府旅游行政部门申请领取临时导游证。

　　A. 具备特定语种语言能力的申请人

　　B. 旅行社

　　C. 导游服务公司

　　D. 旅行社或者所在导游服务公司

17. 年审以考评为主，考评的内容应包括：当年从事导游业务情况、扣分情况、接受行政处罚情况、游客反映情况等，（　　），不予通过年审。

　　A. 一次扣分达到 10 分的　　　　　　B. 累计扣分达到 10 分的

　　C. 一次被扣 8 分的　　　　　　　　D. 一次被扣 6 分的

18. 根据《导游人员管理实施办法》的规定，导游人员一次予以扣除 8 分的情形是（　　）。

　　A. 欺骗、胁迫旅游者消费的

　　B. 误接、误送旅游团的

　　C. 擅自终止导游活动的

　　D. 私自承揽或者以其他任何方式直接承揽导游业务的

19. 导游证有效期为（　　）年。

　　A. 3　　　　　　　　B. 4　　　　　　　　C. 5　　　　　　　　D. 6

20. 导游人员等级考核标准规定中级导游员的游客反映良好率不低于（　　）。

　　A. 80%　　　　　　B. 85%　　　　　　C. 90%　　　　　　D. 95%

21. 中文系列的中级导游员要求具有（　　）。

　　A. 初中及其以上学历　　　　　　　B. 高中及其以上学历

　　C. 大专及其以上学历　　　　　　　D. 本科及其以上学历

22. 根据《导游人员管理条例》，下列不予颁发导游证的人是（　　）

　　A. 乙肝患者已治愈　　　　　　　　B. 曾被吊销导游证者

　　C. 因过失犯罪被判处两年有期徒刑者　　D. 18 周岁的健康公民

23. 关于导游证下列表述正确的有（　　）。

　　A. 导游证标志着国家准许持证人从事导游职业

　　B. 导游证表明持证人具备了从事导游职业的资格

　　C. 获得导游证 3 年不从事导游业务，该证失效

　　D. 导游证由聘请该导游的旅行社向旅游行政管理部门申领

24. 导游人员可以有下列行为（　　）。

　　A. 经旅游者同意购买旅游者的物品

　　B. 欺骗消费

C. 在旅游合同未开始履行前遇有损害旅游者人身权利的情形自行改变接待计划

D. 接受旅游者主动给付的小费

25. 申请高级导游人员资格, 应须取得中级导游员资格(　　　)年以上。

A. 2　　　　　　　　B. 3　　　　　　　　C. 4　　　　　　　　D. 5

二、多项选择题（每题有2-4个正确答案，多选、少选、错选均不得分）

1. 构成中止导游活动的条件是(　　　)。

　　A. 必须在导游活动结束之前　　　　　　B. 必须是擅自中止

　　C. 必须是彻底中止　　　　　　　　　　D. 必须在导游活动开始之前

　　E. 必须是未向旅行社事先说明

2. 国家对导游人员实行等级考核制度, 导游人员的等级分为(　　　)。

　　A. 初级导游员　　　B. 中级导游员　　　C. 高级导游员　　　D. 特级导游员

　　E. 一级导游员

3. 以导游人员服务时使用的语言为标准, 导游人员可分为(　　　)。

　　A. 外语导游员　　　B. 中文导游员　　　C. 粤语导游员　　　D. 普通话导游员

　　E. 双语导游员

4. 我国导游人员管理和导游队伍建设的主要法律依据有(　　　)。

　　A. 1987年11月30日发布的《关于颁发中华人民共和国导游证书暂行办法》

　　B. 1999年5月14日发布的《导游人员管理条例》

　　C. 2001年国家旅游局制定并颁布的《导游人员管理实施办法》

　　D. 《旅行社管理条例》

　　E. 《导游人员服务流程》

5. 我国对导游人员进行考核管理的制度主要有(　　　)。

　　A. 资格考试制度　　　B. 等级考核制度　　　C. 计分管理制度　　　D. 年度审核制度

　　E. 监督制度

6. 不得颁发导游证的情形包括(　　　)。

　　A. 无民事行为能力或者限制民事行为能力的人员

　　B. 患有传染性疾病的人员

　　C. 受过刑事处分的人员, 过失犯罪的人员除外

　　D. 被吊销导游证的人员

　　E. 不具有中华人民共和国国籍的人员

7. 导游人员在导游活动中扣除4分的情形包括(　　　)。

　　A. 私自带人随团游览

　　B. 在导游活动中未佩戴导游证或者未携带计分卡

　　C. 无故不随团活动

　　D. 不尊重旅游者宗教信仰和民族风俗

　　E. 谩骂游客

8. 导游人员年审考核的考评等级为(　　　)。

A. 通过年审　　　　B. 暂缓通过年审　　C. 不予通过年审　　D. 全行业通报

E. 吊销导游证

9. 申请领取导游证应具备的条件包括(　　　)。

A. 取得导游人员资格证书

B. 与旅行社订立劳动合同

C. 在导游服务公司登记

D. 品行好，没有受过刑事处罚，未被吊销导游证

E. 具有中华人民共和国国籍

10. 导游人员行使调整或变更接待计划的权利时，必须符合的条件包括(　　　)。

A. 必须在引导旅游者旅行、游览过程中

B. 必须征得多数旅游者的同意

C. 必须是遇到有可能危及旅游者人身安全的紧急情形

D. 应当立即报告旅行社

E. 应当征得旅行社同意

11. 导游人员在导游活动中扣除 8 分的情形包括(　　　)。

A. 拒绝、逃避检查，或者欺骗检查人员

B. 擅自增加或者减少旅游项目

C. 擅自中止导游活动

D. 讲解中掺杂庸俗、下流、迷信内容

E. 未经旅行社委派私自承揽或者以其他任何方式直接承揽导游业务

12. 导游人员资格证书与导游证的区别包括(　　　)。

A. 性质不同　　　　　　　　　B. 颁证的机关不同

C. 领取证书的程序不同　　　　D. 公示效果不同

E. 期限不同

13. 导游证和临时导游证的区别包括(　　　)。

A. 取得证书的前提条件不同

B. 对语言能力的要求不同

C. 申领主体和程序不同

D. 有效期限不同

E. 从事工作范围不同

14. 导游人员享有如下权利：(　　　)。

A. 人身权利和自由。即导游人员进行导游活动时，人身自由不受非法限制和剥夺，人格尊严不受侵犯，名誉不受损害的权利

B. 社会经济权利。即私人财产所有权、劳动权、休息权、生活保障权

C. 导游人员享有的调整或变更接待计划权利

D. 诉权。即导游人员对旅游行政行为不服时，依法享有向上一级行政管理机关申请复议权利，享有向人民法院提起诉讼的权利

E. 定期接受培训的权利

15. 导游人员的义务是指导游人员依法承担的必须履行的责任，是法律规定的必须做出一定行为或者不得做出一定行为的约束。主要有( )。

A. 提高自身业务素质和职业技能的义务

B. 先行垫付旅游者费用的义务

C. 必须经旅行社委派的义务

D. 维护国家利益和民族尊严的义务

E. 遵守职业道德的义务

16. 特级导游员评审采用( )形式。

A. 论文答辩　　　B. 笔试　　　C. 跟团实查　　　D. 专家审议

E. 集中面试

17. 导游人员进行导游活动，向旅游者兜售物品，或者以明示、暗示方式向旅游者索要小费的，由旅游行政管理部门责令改正，( )。

A. 处 1000 元以上 3 万元以下罚款

B. 情节严重的，由省、自治区、直辖市人民政府旅游行政管理部门吊销导游证并予以公告

C. 对委派该导游人员的旅行社予以警告，直至责令停业整顿

D. 有违法所得的，并处没收违法所得

E. 向旅游者赔礼道歉

18. 导游员在导游过程中的( )行为应该被扣 8 分。

A. 为多挣回扣擅自增加一次购物

B. 由于轻信天气预报，擅自取消了一个景点

C. 讲解中掺杂下流内容

D. 殴打、谩骂旅游者

E. 终止导游活动

19. 导游员有下列( )行为的，将不予通过年审。

A. 擅自终止导游活动　　　　B. 在带团过程中谩骂旅游者

C. 因自身原因漏接旅游团　　　　D. 在讲解中掺杂了下流内容

E. 与商店老板串通欺骗游客购物

20. 导游员王某进行导游活动时，与旅游购物商店赵某串通起来欺骗旅游者消费，使该团旅游者购买了大量假冒伪劣旅游商品，依据《导游人员管理条例》，旅游行政部门可以处罚( )。

A. 王某　　　　　　　　　B. 王某所在的旅行社

C. 王某所在旅行社的经理　　　　D. 旅游购物商店

E. 赵某

第八章　导游与领队人员法律制度参考答案

一、单项选择题

1－5. ACADD　6－10. CDACD　11－15. BBCDA　16－20. BACAC　21－25. CBADC

二、多项选择题

1. ABC　2. ABCD　3. AB　　4. ABC　5. ABCD　6. ABCD　7. ABCD　8. ABC　9. ABCD
10. ABCD　11. ABDE　12. ABCE　13. ABCD　14. ABCD　15. AD　16. ACD
17. ABCD　18. ABCE　19. DE　20. AB

第九章　旅游安全和保险法律制度

一、单项选择题（每题有一个正确答案）

1. 当特大的旅游安全事故发生后，首先应做好（　　）工作。
   A. 报告工作　　　　　　　　　　　B. 现场保护工作
   C. 现场保护与报告工作　　　　　　D. 成立处理小组

2. 某国际旅行社接待美国入境旅游团旅游，旅游期间美国一名旅游者不幸死亡，该国际旅行社做法不正确的是（　　）。
   A. 立即通过有关途径通知美国驻华使馆
   B. 立即通知境外组团社
   C. 对前来了解、处理事故的外方人员提供方便
   D. 完成取证后将尸体就地火化

3. 轻微事故是指一次事故造成旅游者轻伤，或经济损失在（　　）元以下者。
   A. 5000　　　　　　B. 8000　　　　　　C. 1 万　　　　　　D. 2 万

4. 特大事故是指一次事故造成旅游者死亡多名，或者经济损失在（　　）万元以上，或者性质特别严重产生重大影响者。
   A. 10　　　　　　　B. 50　　　　　　　C. 100　　　　　　D. 200

5. 2010 年 11 月 25 日，中国保险监督管理委员会和国家旅游局发布了《旅行社责任保险管理办法》，自（　　）起施行。
   A. 2011 年 2 月 1 日　　　　　　　B. 2011 年 5 月 1 日
   C. 2011 年 7 月 1 日　　　　　　　D. 2011 年 8 月 1 日

6. 投保人是指与保险人订立保险合同，并按照保险合同负有（　　）义务的人，可以是自然人，也可以是法人。
   A. 支付保险金　　　　　　　　　　B. 支付保险费
   C. 支付违约金　　　　　　　　　　D. 支付赔偿金

7. 旅游意外保险的投保人应为（　　）。
   A. 旅游者　　　　B. 组团社　　　　C. 地接社　　　　　D. 导游人员

8. 导游在带团游览过程中，如果发生了旅游安全事故，导游人员应当立即（　　）。
   A. 向所属旅行社报告　　　　　　　B. 严格保护事故现场
   C. 抢救受伤的旅游者　　　　　　　D. 调查事故原因

9. 《旅行社投保旅行社责任保险规定》规定：旅行社责任保险期限为（　　）年，旅行

社对保险公司请求赔偿或者给付保险金的权利，自其知道保险事故发生之日起2年不行使而消灭。

    A. 1   B. 2   C. 3   D. 半

10. 保险合同的三要素是指(　　)。

    A. 主体、客体、内容   B. 保险人、投保人、被保险人

    C. 旅行社、旅客、保险公司   D. 保险人、投保人、受益人

11. 旅游意外保险是属于(　　)。

    A. 普通保险   B. 特殊保险   C. 强制保险   D. 自愿保险

12. 旅行社责任保险是属于(　　)。

    A. 普通保险   B. 特殊保险   C. 强制保险   D. 自愿保险

13. 《旅行社投保旅行社责任保险规定》中规定，旅行社办理旅行社责任保险的保险金额不得低于人民币(　　)万元。

    A. 15   B. 20   C. 50   D. 60

14. 保险公司收到赔偿保险金的请求和相关证明的至少应在(　　)日内做出核定。

    A. 15   B. 20   C. 30   D. 40

15. 保险公司与旅行社达成赔偿保险金协议后(　　)日内，履行赔偿保险金的义务。

    A. 5   B. 10   C. 10   D. 30

16. 关于旅行社责任保险的说法不正确的是(　　)。

    A. 旅行社责任保险是一种强制保险

    B. 旅行社必须向在境内经营责任保险的保险公司投保

    C. 旅行社必须与承保保险公司签订书面合同

    D. 旅行社采取按团投保的方式

17. 旅游安全管理应当贯彻(　　)的方针。

    A. 安全第一，预防为主   B. 预防第一，安全为主

    C. 分工负责，基层为主   D. 分工负责，政府为主

二、多项选择题（每题有2-4个正确答案，多选、少选、错选均不得分）

1. 旅游安全事故可分为(　　)。

    A. 轻微事故   B. 一般事故   C. 重大事故   D. 特大事故

    E. 重特大安全事故

2. 保险活动应遵循的原则主要有(　　)。

    A. 可保利益原则   B. 诚信原则

    C. 损失补偿原则   D. 代位追偿原则

    E. 自愿原则

3. 旅游保险合同的要素包括(　　)。

    A. 保险合同主体   B. 保险合同客体   C. 保险合同内容   D. 保险公司

    E. 保险受益人

4. 某旅行社向某保险公司投保了旅行社责任保险，该旅行社为保险合同的(　　)。

A. 要保人   B. 受益人   C. 保险人   D. 承保人

E. 被保险人

5. 下列(   )情形不应由旅行社承担责任。

A. 旅游者在旅游行程中，由自身疾病引起的各种损失或损害

B. 由于旅游者自身过错导致的人身伤亡

C. 由于旅游者自身过错导致的财产损失

D. 旅游者在自行终止旅行社安排的旅游行程后，发生的人身损害

E. 由于旅游景点的过错导致的人身财产伤害

6. 在一次旅游安全事故中，属于一般事故的有(   )。

A. 旅游者轻伤   B. 旅游者重伤

C. 经济损失1万元   D. 经济损失2万元

E. 旅游者1人死亡

7. 旅游安全事故处理的一般程序是(   )。

A. 报告   B. 保护现场

C. 协同抢救、侦察   D. 现场处理

E. 经验总结

8. 关于旅行社责任保险的说法正确的是(   )。

A. 旅行社责任保险是一种强制保险

B．旅行社必须向在境内经营责任保险的保险公司投保

C．旅行社必须与承保保险公司签订书面合同

D．旅行社采取按年度投保的方式

E. 旅行社责任保险的受益人是旅游者

第九章　旅游安全和保险法律制度参考答案

一、单项选择题

1-5. CDCCA　6-10. BAAAA　11-15. DCBBB　16-17. DA

二、多项选择题

1. ABCD　2. ABCD　3. ABC　4. BD　5. ABCD　6. BCD　7. ABCD　8. ABCD

第十章　旅游出入境与交通法律制度

一、单项选择题（每题有一个正确答案）

1. (   )不属于中国公民限制出境情形。

A. 被判处刑罚尚未执行完毕

B. 有未了结的民事案件

C. 现役军人

D. 国务院有关主管部门认为出境有可能危害国家安全和利益

2. 我国普通护照有效期，未满 16 周岁(　　)年，年满 16 周岁(　　)年。

A. 3，6　　　　　　B. 4，8　　　　　　C. 5，10　　　　　　D. 6，12

3. 张某欲报名参加当地旅行社组织的出境旅游，他应当向(　　)的市、县公安机关申请办理出境证件。

A. 组团旅行社所在地　　　　　　B. 出境口岸所在地

C. 户口所在地　　　　　　　　　D. 公司所在地

4. 西安市居民王某应聘在珠海某公司短期工作，他欲报名参加当地旅行社组织的出境旅游，他应当向(　　)的市、县公安机关申请办理出境证件。

A. 组团旅行社所在地　　　　　　B. 出境口岸所在地

C. 户口所在地　　　　　　　　　D. 公司所在地

5. 外国人在中国居民家住宿，在城镇的，须于抵达后(　　)内，到当地公安机关申报。

A. 12 小时　　　　B. 24 小时　　　　C. 48 小时　　　　D. 72 小时

6. 中国公民持有效护照或者其他有效证件，出入我国国境(　　)。

A. 应当办理签证　　　　　　　　B. 入境必须办理签证

C. 出境必须办理签证　　　　　　D. 无须办理签证

7. 中国公民出国旅游目的地的国家和地区，应当由(　　)确定。

A. 旅行社自行　　　　　　　　　B. 国家旅游局

C. 公安部　　　　　　　　　　　D. 国务院审批后

8. 公安机关通常应当自收到申请材料之日起(　　)日内签发普通护照。

A. 5　　　　　　　B. 15　　　　　　C. 20　　　　　　D. 30

9. 短期出国的公民在国外发生护照遗失，应当向中华人民共和国驻外使馆、领馆或者外交部委托的其他驻外机构申请(　　)。

A. 签证　　　　　　B. 旅行证　　　　　C. 护照　　　　　D. 出入境通行证

10. 公民参加边境旅游，可以向公安部委托的县级以上地方人民政府公安机关出入境管理机构申请(　　)。

A. 签证　　　　　　B. 旅行证　　　　　C. 护照　　　　　D. 出入境通行证

11. 外国的普通签证共有(　　)类。

A. 6　　　　　　　B. 8　　　　　　　C. 10　　　　　　D. 12

12. 外国人临时入境的期限不得超过(　　)日。

A. 6　　　　　　　B. 15　　　　　　C. 10　　　　　　D. 12

13. 在接待境外旅客住宿时，除了要履行查验身份证件、如实登记规定项目外，旅馆还应当在(　　)小时内向当地公安机关报送住宿登记表。

A. 24　　　　　　　B. 12　　　　　　C. 48　　　　　　D. 72

14. 外国人入境，应当向中国的外交代表机关、领事机关或者外交部授权的其他驻外机关申请办理(　　)。

A. 护照　　　　　B. 旅行证　　　　　C. 居留证　　　　　D. 签证

15. 中国公民出境旅游应申请办理(　　)。

A. 普通护照　　　B. 旅游护照　　　C. 外交护照　　　D. 公务护照

16. (　　)是中国旅游者出入境的主要证件，由中国驻外的外交代表机关、领事机关或外交部授权的其他驻外机关颁发。

A. 护照　　　　　B. 旅行证　　　　　C. 签证　　　　　D. 出入境通行证

17. 旅客或者其继承人向铁路运输企业请求赔偿的请求，应当自事故发生之日起(　　)内提出。

A. 1 年　　　　　B. 2 年　　　　　C. 3 年　　　　　D. 4 年

18. 航空公司将客票售出，便意味着与旅客签订了(　　)。

A. 购票协议　　　B. 行李运输合同　　C. 订座协议　　　D. 航空运输合同

19. 发生重大航空事故时，作为责任人的承运人按照规定应当承担赔偿责任，对每名旅客的责任限额为人民币(　　)万元。

A. 30　　　　　B. 40　　　　　C. 50　　　　　D. 100

20. 铁路运输企业按照《铁路旅客运输损害赔偿规定》应当承担赔偿责任的，对每名旅客人身伤亡的赔偿责任限额为人民币(　　)万元。

A. 2　　　　　B. 4　　　　　C. 7　　　　　D. 10

21. 2003 年 10 月 28 日，第十届全国人民代表大会常务委员会第五次会议通过了《中华人民共和国道路交通法》，自(　　)起施行。

A. 2003 年 10 月 28 日　　　　　B. 2003 年 12 月 1 日

C. 2004 年 1 月 1 日　　　　　　D. 2004 年 5 月 1 日

22. 我国第八届人大常委会第十六次会议于(　　)通过了《中华人民共和国民用航空法》，对旅游航空运输管理做了明确规定。

A. 1995 年 10 月 30 日　　　　　B. 1996 年 12 月 1 日

C. 1996 年 1 月 1 日　　　　　　D. 1997 年 5 月 1 日

23. 第七届全国人民代表大会常务委员会第十五次会议于(　　)通过了《中华人民共和国铁路法》，对铁路运输、铁路建设、铁路安全与保护等做出了具体规定。

A. 1990 年 9 月 7 日　　　　　　B. 1991 年 12 月 1 日

C. 1991 年 1 月 1 日　　　　　　D. 1990 年 10 月 1 日

24. 旅客或其继承人向铁路运输企业要求赔偿的请求，应当自事故发生之日起 1 年内提出，铁路运输企业应当自接到赔偿请求之日起(　　)内答复。

A. 1 年　　　　　B. 3 个月　　　　C. 6 个月　　　　D. 30 日

25. 李某患有心脏病，在乘坐某航班飞行时旧病复发，导致死亡，依据有关法规，承运人(　　)。

A. 应承担责任　　B. 承担主要责任　　C. 承担次要责任　　D. 不承担责任

26. 根据《国内航空运输承运人赔偿责任限额规定》，对每名旅客随身携带物品的赔偿责任限额为(　　)。

A. 3000 元　　　B. 5000 元　　　C. 2000 元　　　D. 8000 元

27. 我国《铁路法》规定，托运人已办理保价运输的，以（   ）进行赔偿。

    A. 物品原价   B. 实际损失   C. 申明的价格   D. 最高责任限额

28. 我国《民用航空法》规定，禁止旅客携带的危险品主要是指（   ）。

    A. 违法书刊   B. 毒品、黄色音像制品

    C. 伪钞和枪支   D. 易燃易爆、剧毒和放射性物品

29. 旅客或者其继承人向铁路运输企业要求赔偿的请求，应当自事故发生之日起（   ）内提出。

    A. 1 年   B. 6 个月   C. 3 个月   D. 2 年

30. 铁路运输企业应当自接到赔偿请求之日起（   ）日内答复。

    A. 30   B. 60   C. 15   D. 90

31. 根据有关规定，身高超过（   ）厘米的未成年人在我国乘坐旅客列车应当购买成人票。

    A. 120   B. 130   C. 140   D. 150

二、多项选择题（每题有 2 - 4 个正确答案，多选、少选、错选均不得分）

1. 中国公民出入境管理的法律制度主要有（   ）。

    A.《中华人民共和国公民出境入境管理法》及其《实施细则》

    B.《中华人民共和国海关法》

    C.《中华人民共和国出境入境边防检查条例》

    D.《中国公民出国旅游管理办法》

    E.《外国人出入境管理办法》

2. 中国公民出入境的有效证件包括（   ）。

    A. 护照   B. 旅行证

    C. 出入境通行证   D. 签证

    E. 身份证

3. 下列关于外国人出入我国国境和居留的说法正确的是（   ）。

    A. 外国旅游者入出中国国境应经过中国政府主管机关许可，持有效证件

    B. 外国旅游者的人身自由不受侵犯

    C. 外国人在中国境内宾馆饭店住宿，应出示有效护照或居留证件，并填写临时住宿登记表

    D. 外国旅游者入出境要接受"一关四检"的检查制度

    E. 出入我国国境和居留享有国民待遇

4. 中国公民出入境旅游申办护照应履行下列手续（   ）。

    A. 交验户口簿   B. 交验其他户籍证明

    C. 提交出境申请书   D. 交验出入境通行证

    E. 由驻外领事机关颁发

5. L 字签证是发给来中国（   ）或处理其他私人事务入境的人员。

    A. 留学   B. 旅游   C. 探亲   D. 定居

E. 公务

6. 依据《中华人民共和国公民出境入境管理法》，以下说法正确的是( )。
   A. 对违反本法规定，非法出境、入境，伪造、涂改、冒用、转让出境入境证件的，公安机关可以处以警告或者 15 日以下的拘留处罚；情节严重、构成犯罪的，依法追究刑事责任
   B. 受公安机关拘留处罚的公民对处罚不服的，在接到通知之日起 15 日内，可以向上一级公安机关提出申诉，由上一级公安机关做出最后的裁决，也可以直接向当地人民法院提起诉讼
   C. 中国公民持护照出入中国境无须办理签证
   D. 中国公民因私出境，需向居住地的市县公安机关提出申请
   E. 中国公民持护照出入中国境应当办理签证

7. 下列外国人不准入境的是( )。
   A. 被驱逐出境未满不准入境年限的
   B. 入境后可能进行恐怖、暴力、颠覆活动的
   C. 患有精神病、麻风病、艾滋病、性病等传染病的
   D. 不能保障其在中国所需费用的
   E. 未与我国建立外交关系的国家的公民

8. 我国的护照分为( )。
   A. 普通护照　　　　B. 旅游护照　　　　C. 外交护照　　　　D. 公务护照
   E. 留学护照

9. 中国政府受理外国人入境、过境、居留、旅行申请的机关是( )。
   A. 中国的外交代表机关
   B. 外交部授权的其他驻外机关
   C. 公安部、公安部授权的地方公安机关
   D. 外交部授权的地方外事部门
   E. 海关

10. ( )可以申请换发或者补发护照。
    A. 有效期届满　　　　　　　　　B. 签证页即将使用完毕
    C. 护照被盗　　　　　　　　　　D. 护照丢失
    E. 护照破损

11. 签证分为( )。
    A. 外交签证　　　　B. 旅游签证　　　　C. 礼遇签证　　　　D. 公务签证
    E. 普通签证

12. ( )可以免办签证。
    A. 互签免签协议的
    B. 持有效的外国人居留证件
    C. 持联程客票从中国过境前往第三国或者地区，在中国境内停留不超过 24 小时且不离开口岸

D. 入境的期限不超过 48 小时

E. 签证机关认为可以免办签证的其他情况

13. 法律规定，民用航空一般的责任包括(　　　)。

A. 保障飞行安全和航班正常

B. 在航空过程中旅客突发急病的尽力救护

C. 及时发布航班的相关信息

D. 空中飞行过程中，根据飞行时间向旅客提供饮料或餐食

E. 准时、安全

14. 法律规定，民用航空因天气原因不正常的航班责任包括(　　　)。

A. 协助旅客办理改期

B. 退款

C. 协助旅客安排食宿，相关费用需旅客自理，航空公司可不承担任何费用

D. 协助旅客安排食宿，相关费用航空公司应承担

E. 及时说明延误原因

15. 行李票是行李托运和运输合同的初步证据，发生下列(　　　)情形时，托运合同的存在或有效不受影响。

A. 旅客未能出示行李票　　　　　　B. 承运人出具的行李票不符合规定

C. 行李票遗失　　　　　　　　　　D. 行李票过期失效

E. 其他

16. 在 (　　　) 情况下，应当免除航空承运人责任。

A. 在旅客、行李运输中，完全是由于索赔人的过错造成损失的

B. 旅客将小宠物作为一般行李托运，因延误时间造成死亡的

C. 在民航飞机起降时乘客不听劝阻在过道上行走而受伤的

D. 在民用航空器中滑倒摔伤的

E. 在上下航空器的过程中滑倒摔伤的

17. 按有关规定，承运人应当对以下情形下的旅客人身安全承当责任：(　　　)

A. 发生在飞机上的与旅客人身伤亡有因果关系的事件造成乘客身亡的

B. 在承运人的"责任期间"以外造成旅客人身伤亡的

C. 完全是旅客本人的疾病而造成的旅客人身伤亡的

D. 部分由旅客本人的健康状况造成的旅客人身伤亡的

E. 由于天气原因造成的航空事故

18. 《民用航空法》规定，公共航空运输企业不得运输法律、行政法规规定的禁运物品，主要包括(　　　)。

A. 毒品　　　　　　　　　　　　　B. 黄色淫秽音像制品或图片

C. 伪钞　　　　　　　　　　　　　D. 枪支、管制刀具

E. 液体状物品

19. 《铁路法》规定："铁路运输企业应当保证旅客和货物运输的安全，做到列车正点到达。"具体要求是(　　　)。

A. 保证旅客的乘车安全　　　　　B. 保证货物、行李的安全和完好

C. 保证列车安全正点到达目的地　　D. 保证旅客的退票自由

E. 保证列车准时到达目的地

20. 机动车不得超车的情形主要包括(　　)。

A. 前车正在左转弯、掉头、超车的

B. 与对面来车有会车可能的

C. 前车为执行紧急任务的警车、消防车、救护车、工程救险车的

D. 行经铁路道口、交叉路口、窄桥、弯道、陡坡、隧道、人行横道、市区交通流量大的路段等没有超车条件的

E. 前车发生交通事故的

第十章　旅游出入境与交通法律制度参考答案

一、单项选择题

1－5. CCCBB　6－10. DDBBD　11－15. DBADA　16－20. AADBB　21－25. DAADD

26－31. ACDAAD

二、多项选择题

1. ABC　2. ABC　3. ABCD　4. ABC　5. BC　6. CD　7. ABCD　8. ACD　9. ABCD

10. ABCD　11. ABC　12. ABC　13. ABD　14. ABCE　15. ABC　16. ABC　17. AD

18. ABC　19. ABC　20. ABC　21. ABCD

第十一章　食品安全、住宿与娱乐法律制度

一、单项选择题（每题有一个正确答案）

1. 我国《食品安全法》的立法宗旨是(　　)。

A. 保证食品安全、保障公众身体健康和生命安全

B. 保证食品安全、规范食品生产与流通

C. 维护食品秩序，保障公众身体健康和生命安全

D. 食品风险监测、风险评估

2. 下列不属于食品的是(　　)。

A. 红枣　　　　　B. 劲酒　　　　　C. 雨水　　　　　D. 以上都是食品

3. 国家对(　　)食品严格监管。

A. 酒类　　　　　　　　　　B. 声称具有特定保健功能的

C. 原料类　　　　　　　　　D. 婴幼儿类

4. 食品生产经营人员应(　　)进行健康检查。

A. 每半年　　　B. 每一年　　　C. 每两年　　　D. 每三年

5. 发生食品生产安全事故的单位应自事故发生之时起(　　)小时内向所在地县级人民政府卫生行政部门报告。

    A. 1　　　　　　　B. 2　　　　　　　C. 3　　　　　　　D. 4

6. 生产不符合食品安全标准的食品或者销售明知是不符合食品安全标准的食品，消费者除要求赔偿损失外，还可以向生产者或者销售者要求支付价款(　　)倍的赔偿金。

    A. 1　　　　　　　B. 3　　　　　　　C. 5　　　　　　　D. 10

7. 申请开办旅馆，应经主管部门审查批准，并由(　　)批准发给开办旅馆许可证。

    A. 当地工商局　　　B. 当地旅游局　　　C. 当地公安机关　　　D. 当地文化机关

8. 第八届全国人大常委会于(　　)年通过了《中华人民共和国食品卫生法》，目的是为保证食品卫生，防止食品污染和有害因素对人体的危害，保障人民的身体健康，增强人民体质。

    A. 1995　　　　　　B. 1996　　　　　　C. 1997　　　　　　D. 1998

9. 经国务院批准，公安部于(　　)年发布了《旅游业治安管理办法》，这是我国旅游住宿业治安管理的基本行政法规。

    A. 1995　　　　　　B. 1987　　　　　　C. 1999　　　　　　D. 1998

10. 如果遗留物主不明，旅馆应当揭示招领，经招领(　　)个月后仍无人认领的，应当移送当地公安机关。

    A. 1　　　　　　　B. 2　　　　　　　C. 3　　　　　　　D. 6

11. 旅馆明知旅客是犯罪嫌疑人而不报告的，情节严重处(　　)日以下拘留，可以并处(　　)元以下罚款。

    A. 5，500　　　　　B. 10，1000　　　　C. 5，1000　　　　D. 10，500

12. 正式营业(　　)年以上的旅游饭店，均可申请星级评定。

    A. 1　　　　　　　B. 2　　　　　　　C. 3　　　　　　　D. 4

13. 星级评定的有效期为(　　)年。

    A. 1　　　　　　　B. 2　　　　　　　C. 3　　　　　　　D. 4

14. 绿色旅游饭店标志有效期限为(　　)年。

    A. 1　　　　　　　B. 3　　　　　　　C. 5　　　　　　　D. 6

15. 经批准开业的旅馆，如有歇业、转业、合并、迁移、改变名称等情况，应当在工商行政管理部门办理变更登记后(　　)日内，向当地的县、市公安局、公安分局备案。

    A. 3　　　　　　　B. 10　　　　　　　C. 15　　　　　　　D. 30

16. 在接待境外旅客住宿时，除了要履行查验身份证件、如实登记规定项目外，旅馆还应当在(　　)小时内向当地公安机关报送住宿登记表。

    A. 24　　　　　　　B. 12　　　　　　　C. 48　　　　　　　D. 72

17. 娱乐场所取得营业执照后，应当在(　　)日内向所在地县级公安部门备案。

    A. 3　　　　　　　B. 10　　　　　　　C. 15　　　　　　　D. 30

18. 凡是被降低或取消星级的饭店，自降低或取消之日起(　　)年内，不予恢复星级。

A. 0.5　　　　　　　　B. 1　　　　　　　　C. 2　　　　　　　　D. 3

19. 每日(　　)，娱乐场所不得营业。

　　　A. 凌晨 0 时至上午 8 时　　　　　　　B. 凌晨 2 时至上午 8 时

　　　C. 凌晨 0 时至上午 6 时　　　　　　　D. 凌晨 2 时至上午 6 时

二、多项选择题（每题有 2 - 4 个正确答案，多选、少选、错选均不得分）

1. 食品是指供人食用或者饮用的(　　)。

　　　A. 成品　　　　　　　　　　　　　　B. 原料

　　　C. 按照传统既是食品又是药品的物品　D. 不包括以治疗为目的的物品

　　　E. 药品

2. 食品安全事故包括(　　)。

　　　A. 食物中毒

　　　B. 食源性疾病

　　　C. 食品污染

　　　D. 对人体健康有危害或者可能危害的其他事故

　　　E. 食物过期

3. 我国旅游饭店星级划分与评定的依据包括(　　)。

　　　A.《旅游饭店星级的划分与评定》

　　　B.《〈旅游饭店星级的划分与评定〉实施办法》

　　　C.《中国旅游饭店行业规范》

　　　D.《中华人民共和国旅游法规》

　　　E.《旅行社管理条例》

4. 我国食品的基本制度有(　　)。

　　　A. 食品安全风险监测和评估　　　　　B. 生产经营许可制度

　　　C. 安全监管　　　　　　　　　　　　D. 从业人员健康管理

　　　E. 食品安全培训

5. 以下选项中属于旅游饭店等级的有(　　)。

　　　A. 5A　　　　　　　B. 4A　　　　　　　C. 3A　　　　　　　D. 2A

　　　E. 6A

6. 我国《食品卫生法》对食品安全基本要求的规定主要包括(　　)。

　　　A. 食品首先必须是无毒、无害的

　　　B. 各种食品应当符合各自的营养要求

　　　C. 食品应当具有相应的色、香、味等感官性状

　　　D. 食品应当对人们的健康有益

　　　E. 食品应当具有一定的功效

7. 以五个星级来划分旅游饭店的依据包括(　　)。

　　　A. 饭店的建筑、装潢、设备、设施条件

　　　B. 饭店的设备设施的维修保养状况

C. 饭店的管理水平

D. 饭店的服务质量

E. 饭店的服务项目

8. 娱乐场所经营单位设立应当具备的条件包括(   )。

A. 有单位名称、住所、组织机构和章程

B. 有确定的经营范围和娱乐项目

C. 有与其提供的娱乐项目相适应的场地和器材设备

D. 娱乐场所的安全、消防设施和卫生条件符合国家规定的标准

E. 有相应的从业管理人员

第十一章 食品安全、住宿与娱乐法律制度参考答案

一、单项选择题

1 – 5. ACBBB   6 – 10. DCABC   11 – 15. DACCA   16 – 19. ACBB

二、多项选择题

1. ABCD   2. ABCD   3. AB   4. ABCD   5. ABCD   6. ABC   7. ABCD   8. ABCD

第十二章 旅游资源保护法律制度

一、单项选择题（每题有一个正确答案）

1. 一渔民在南沙群岛附近捕鱼时，打捞到一箱古董，内有不少的瓷器和玉器，经行家鉴定是我国宋代宫中的酒器。该渔民正确做法是(   )。

A. 是捕鱼所得，个人收藏   B. 是不义之财，上缴国家

C. 是珍贵文物，卖给古玩店   D. 卖给外国人，获取高价回报

2. 风景名胜区批准后，(   )主管全国风景名胜区的监督管理工作。

A. 国家旅游局办公室   B. 国家旅游局规划发展与财务司

C. 国家旅游局质量规范与管理司   D. 国务院建设主管部门

3. 自然保护区的(   )是禁止任何单位和个人随意进入，也不允许进入从事科学研究活动。

A. 核心区   B. 缓冲区   C. 实验区   D. 游览区

4. 一般文物出口或者个人携带私人收藏文物出境，都必须向海关申报，并由(   )行政管理部门发给许可出口凭证。

A. 公安   B. 工商   C. 文化   D. 文物

5. 中国于(   )年加入《保护世界文化和自然遗产公约》，成为缔约方。

A. 1965   B. 1976   C. 1985   D. 1999

6. 根据我国自然保护区功能划分原则及排列秩序，下列选项中正确的是(   )。

A. 核心区、缓冲区、实验区　　　　　B. 核心区、实验区、缓冲区

C. 实验区、核心区、缓冲区　　　　　D. 缓冲区、实验区、核心区

7. 一般来说，作为风景名胜区，应当同时具备(　　　)。

A. 历史、文物和科学价值　　　　　B. 观赏、文化和科学价值

C. 文化、艺术和经济价值　　　　　D. 历史、文化和观赏价值

8. 历史文化名城是保护文物特别丰富，具有重大(　　　)的城市。

A. 历史价值和文化意义　　　　　B. 艺术价值和历史意义

C. 历史价值和革命意义　　　　　D. 文化价值和科学意义

9. 私人收藏的文物私自卖给外国人，可以(　　　)。

(1) 追究刑事责任；(2) 处以罚款；(3) 没收该文物；(4) 没收违法所得。

A. (1) (2) (3) (4)　　　　　B. (2) (3) (4)

C. (3) (4)　　　　　D. (1) (3) (4)

10. 对风景名胜区旅游资源的保护、开发和利用三者的关系应当是(　　　)。

A. 保护是前提，是基础；利用是手段；开发是目的

B. 利用是前提，是基础；开发是手段；保护是目的

C. 保护是目的；利用是手段；开发是前提，是基础

D. 保护是前提，是基础；开发是手段；利用是目的

11. 2006 年 9 月 6 日，国务院颁布《风景名胜区条例》，自(　　　)起施行。

A. 2006 年 10 月 1 日　　　　　B. 2007 年 1 月 1 日

C. 2007 年 5 月 1 日　　　　　D. 2006 年 12 月 1 日

12. 第九届全国人民代表大会常务委员会第三十次会议于(　　　)通过了《中华人民共和国文物保护法》。

A. 2002 年 10 月 28 日　　　　　B. 2003 年 12 月 1 日

C. 2004 年 1 月 1 日　　　　　D. 2004 年 5 月 1 日

13. 风景名胜区应当自设立之日起(　　　)年内编制完成总体规划。总体规划的规划期一般为 20 年。

A. 2　　　　　B. 1　　　　　C. 0.5　　　　　D. 3

14. 我国国务院于(　　　)年颁布了《中华人民共和国自然保护区条例》，目的是为了加强自然保护区的建设和管理，保护自然环境和自然资源。

A. 1995　　　　　B. 1987　　　　　C. 1994　　　　　D. 1998

15. 对有代表性的自然生态系统、珍稀濒危野生动植物物种的天然集中分布区、有特殊意义的自然遗迹等保护对象所在的陆地、陆地水体或者海域，依法划出一定面积予以特殊保护和管理的区域称为(　　　)。

A. 风景名胜区　　B. 旅游景区　　　C. 自然保护区　　　D. 人文旅游资源

16. 风景名胜区必须有较集中的(　　　)。

A. 自然景观和人文景观　　　　　B. 风土人情和文物古迹

C. 园林景观和植物花卉　　　　　D. 园林绿地和奇山异石

17. 下列自然保护区的区域构成中，禁止任何单位和个人进入的区域是(　　　)。

A. 核心区　　　　B. 中心区　　　　C. 缓冲区　　　　D. 实验区

18. 风景名胜区总体规划的规划期一般为(　　)年。

A. 10　　　　　　B. 15　　　　　　C. 20　　　　　　D. 25

19. (　　)可以进入从事科学试验、教学实习、参观考察、旅游以及繁殖培育珍稀、濒危野生动植物等活动。

A. 实验区　　　　B. 缓冲区　　　　C. 核心区　　　　D. 边缘区

20. 国家级旅游度假区的面积不小于(　　)平方千米,游客平均停留天数不少于(　　)天,床位不少于(　　)张。

A. 5,1.5,1000　　　　　　　　　　B. 6,2,1500

C. 7,2,1500　　　　　　　　　　　D. 8,2.5,2000

二、多项选择题(每题有2-4个正确答案,多选、少选、错选均不得分)

1. 我国《文物保护法》规定,属于集体所有和私人所有的(　　),其所有权受到国家法律的保护。

A. 纪念建筑物　　B. 古建筑物　　　C. 传世文物　　　D. 艺术品

E. 工艺品

2. 根据《文物保护法》规定,历史文化名城应当具备的条件是(　　)。

A. 文物保存特别丰富　　　　　　　B. 具有重大历史价值

C. 具有革命纪念意义　　　　　　　D. 具有重大科学价值

E. 具有审美价值

3. 在风景名胜区内及其外围保护地带的各项建设,都应与景观相协调,不得建设(　　)的设施。

A. 破坏林木　　　B. 污染环境　　　C. 破坏景观　　　D. 妨碍游览

E. 具有安全隐患

4. 风景名胜区划分为(　　)。

A. 国家级风景名胜区　　　　　　　B. 省级风景名胜区

C. 市级风景名胜区　　　　　　　　D. 县级风景名胜区

E. 地方级风景名胜区

5. 旅游景区的质量等级划分为(　　)。

A. 5A 级　　　　　B. 4A 级　　　　C. 3A 级　　　　D. 2A 级

E. 6A

6. 自然保护区分为(　　)。

A. 国家级自然保护区　　　　　　　B. 地方级自然保护区

C. 省级自然保护区　　　　　　　　D. 市级自然保护区

E. 县级自然保护区

7. 根据《文物保护法》的规定,古文化遗址、古墓葬、古建筑、石窟寺和石刻、壁画、近代现代重要史迹和代表性建筑等不可移动文物,根据它们的历史、艺术、科学价值,可以分别确定为(　　)。

A. 全国重点文物保护单位　　　　　B. 省级文物保护单位

C. 市、县级文物保护单位　　　　　D. 省级重点文物保护单位

E. 市、县级重点文物保护单位

8. 历史上各时代重要实物、艺术品、文献、手稿、图书资料、代表性食物等可移动文物，分为珍贵文物和一般文物；其中珍贵文物分为(　　　)。

A. 一级文物　　　B. 二级文物　　　C. 三级文物　　　D. 四级文物

E. 五级文物

9. 以下说法正确的是(　　　)。

A. 风景名胜区景物的观赏、文化、科学价值是划分等级的依据

B. 环境质量是划分风景名胜区等级的依据之一

C. 游览条件是划分风景名胜区等级的依据之一

D. 风景名胜区划分为四个等级

E. 历史价值是划分风景名胜区等级的依据之一

10. 申请设立风景名胜区应当提交的有关材料包括(　　　)。

A. 风景名胜资源的基本状况

B. 拟设立风景名胜区的范围以及核心景区的范围

C. 拟设立风景名胜区的性质和保护目标

D. 拟设立风景名胜区的地质条件

E. 与拟设立风景名胜区内的土地、森林等自然资源和房屋等财产的所有权人、使用权人协商的内容和结果

11. 文物收藏单位可以通过(　　　)方式取得文物。

A. 购买　　　　　　　　　　B. 接受捐赠

C. 依法交换　　　　　　　　D. 没收

E. 国有文物收藏单位还可以通过文物行政部门制定保管或者调拨方式取得文物

12. 文物收藏单位以外的公民、法人和其他组织可以通过(　　　)方式取得文物。

A. 依法继承或者接受赠予

B. 从文物商店购买

C. 从经营文物拍卖的拍卖企业购买

D. 公民个人合法所有的文物相互交换或者依法转让

E. 挖掘地下文物的方式

13. 根据《中华人民共和国自然保护区条例》的规定，应当建立自然保护区的自然区域包括(　　　)。

A. 典型的自然地理区域、有代表性的自然生态系统区域以及已经遭受破坏但经保护能够恢复的同类自然生态系统区域

B. 珍稀、濒危野生动植物物种的天然集中分布区域

C. 具有特殊保护价值的海域、海岸、岛屿、湿地、内陆水域、森林、草原和荒漠

D. 具有重大科学价值的地质构造、著名溶洞、化石分布区、冰川、火山、温泉等自然遗迹

E. 经国务院或省、自治区、直辖市和设区的市人民政府批准，需要予以特殊保护的其他自然区域

14. 旅游度假区划分为(　　)。
    A. 国家级　　　　　B. 省级　　　　　C. 市级　　　　　D. 县级
    E. 地方级

15. 旅游度假区的资源主要包括(　　)。
    A. 自然资源　　　B. 人文资源　　　C. 环境资源　　　D. 生态资源
    E. 历史资源

16. 国家禁止(　　)出境。
    A. 国有文物　　　B. 三级文物　　　C. 二级文物　　　D. 一级文物
    E. 四级文物

17. 风景名胜区总体规划应当包括下列内容(　　)。
    A. 风景资源评价　　　　　　　　　B. 生态资源保护措施
    C. 功能结构和空间布局　　　　　　D. 禁止和限制开发的范围
    E. 风景名胜区的建筑容量

第十二章　旅游资源保护法律制度参考答案

一、单项选择题
1－5. BDADC　6－10. ABCBD　11－15. DAACC　16－20. AACAD

二、多项选择题
1. ABC　2. ABC　3. BCD　4. AB　5. ABCD　6. AB　7. ABC　8. ABC　9. ABC
10. ABCE　11. ABCE　12. ABCD　13. ABCD　14. AB　15. AB　16. ABCD
17. ABCD

第十三章　解决旅游纠纷的法律制度

一、单项选择题（每题有一个正确答案）

1. 第八届全国人民代表大会常务委员会于(　　)通过了《中华人民共和国消费者权益保护法》，目的是为保护消费者的合法权益，维护社会经济秩序，促进社会主义市场经济健康发展。
   A. 1993 年 10 月 31 日　　　　　　B. 1996 年 10 月 15 日
   C. 2001 年 9 月 1 日　　　　　　　D. 2001 年 12 月 11 日

2. 下列可以作为旅游消费者的是(　　)。
   A. 某公司　　　　　　　　　　　　B. 12 岁的限制民事行为能力人
   C. 饭店　　　　　　　　　　　　　D. 交通企业

3. 旅行社在旅游合同中不写明自费项目，侵害了旅游者的(　　)。

    A. 公平交易权　　　B. 自主选择权　　　C. 知悉真情权　　　D. 受到尊重权

4. 李某参加某旅行社组织的旅游活动，支付了 200 元服务费，由于旅行社提供的服务存在欺诈，按《消费者权益保护法》规定，旅行社应向李某赔偿(　　)。

    A. 200 元　　　　B. 300 元　　　　C. 400 元　　　　D. 500 元

5. 根据我国《消费者权益保护法》的规定，下列(　　)不是消费者依法享有的权利。

    A. 保障安全的权利　B. 自由退货权　　　C. 依法结社权　　　D. 知识获取权

6. 消费者因为(　　)购买、使用商品或者接受服务，其权益受到《消费者权益保护法》的保护。

    A. 生产需要　　　　B. 生活需要　　　　C. 个人需要　　　　D. 家庭需要

7. 国家旅游局于(　　)发布了《旅游投诉处理办法》，目的是维护旅游者和旅游经营者的合法权益，依法公正处理旅游投诉。

    A. 1991 年　　　　B. 1995 年　　　　C. 2010 年　　　　D. 2012 年

8. 具体负责旅游投诉工作的机构是(　　)。

    A. 旅游质量监督管理所　　　　　　　B. 旅游局

    C. 工商局　　　　　　　　　　　　　D. 消费者协会

9. 旅游投诉机构应当在受理旅游投诉之日起(　　)日内，做出处理。

    A. 30　　　　　　　B. 45　　　　　　　C. 60　　　　　　　D. 90

10. 人民法院收到起诉后，应当在(　　)日内作出是否受理的裁定。

    A. 7　　　　　　　　B. 15　　　　　　　C. 30　　　　　　　D. 60

11. 当事人不服人民法院第一审判决的，可以在(　　)日内向上一级人民法院提起上诉。

    A. 15　　　　　　　B. 7　　　　　　　　C. 30　　　　　　　D. 60

12. 人民法院应当在立案之日起 5 日内将起诉状副本送达被告，被告在收到之日起(　　)日内提出答辩状，人民法院在收到答辩状之日起 5 日内将答辩状副本发送原告。

    A. 10　　　　　　　B. 15　　　　　　　C. 30　　　　　　　D. 60

13. 《旅游投诉处理办法》规定，向旅游投诉管理机关请求保护合法权益的投诉时效为(　　)日。投诉时效从旅游合同结束之日起开始计算。

    A. 30　　　　　　　B. 60　　　　　　　C. 75　　　　　　　D. 90

14. 《旅游投诉处理办法》规定，旅游投诉管理机关做出受理决定后，应当及时通知被投诉者。被投诉者应当在接到通知之日起(　　)日内做出书面答复。

    A. 10　　　　　　　B. 15　　　　　　　C. 30　　　　　　　D. 60

15. 投诉人(　　)人以上，以同一事由投诉同一被投诉人的，为共同投诉。

    A. 10　　　　　　　B. 5　　　　　　　　C. 4　　　　　　　　D. 2

16. 旅游纠纷引起的原因是由于(　　)。

    A. 一方或双方当事人的违约行为　　　B. 一方或双方当事人的违法行为

    C. 一方或双方的侵权行为　　　　　　D. 一方或双方的犯罪行为

17. 下列不属于旅游纠纷的是(　　)。

    A. 旅游局对某旅行社的行政处罚纠纷　　B. 旅行社与旅游者的旅游服务纠纷

    C. 旅游者与景区纠纷　　　　　　　　　D. 旅行社与导游的工资纠纷

18. (　　)是实践中最常见的有效的解决旅游争议的途径之一。

    A. 和解　　　　　B. 调解　　　　　C. 投诉　　　　　D. 诉讼

19. 下列不属于协商的原则的是(　　)。

    A. 自愿原则　　　B. 公平原则　　　C. 平等原则　　　D. 合法原则

20. 下列关于仲裁说法正确的是(　　)。

    A. 双方发生纠纷，一方当事人可以提起仲裁

    B. 仲裁机构的仲裁员只需要具备相应的法律知识即可

    C. 仲裁中的程序基本都是由法律明确规定的，应当依照法定程序仲裁

    D. 仲裁裁决具有强制性，而且是终局裁决

21. 旅游投诉的主体是(　　)。

    A. 旅游行政管理机关　　　　　　　　　B. 旅行社

    C. 旅游者　　　　　　　　　　　　　　D. 景区

22. 下列关于投诉说法错误的是(　　)。

    A. 旅游经营者违反合同约定的，旅游者可以投诉

    B. 知道自己的朋友与旅游经营者发生纠纷，可以向旅游投诉处理机构投诉

    C. 旅游投诉的处理实行调解

    D. 旅游投诉机构调解不成的，应终止调解，制作《旅游投诉终止调解书》。即完成本次投诉的处理

23. 民事诉讼通常采取(　　)的举证责任制。

    A. 谁主张，谁举证　　　　　　　　　　B. 举证责任倒置

    C. 过错推定　　　　　　　　　　　　　D. 双方分担

24. 仲裁与诉讼的关系采取(　　)原则。

    A. 或裁或审　　　B. 先裁后审　　　C. 先审后裁　　　D. 裁审同步

25. 即旅游经营者已投保责任险，旅游者因保险责任事故仅起诉旅游经营者的，人民法院可以应当事人的请求将保险公司列为(　　)。

    A. 原告　　　　　B. 被告　　　　　C. 第三人　　　　D. 证人

26. 因为旅游辅助服务者的原因导致旅游经营者违约，旅游者仅起诉旅游经营者的，法院可以将旅游辅助服务者追加为(　　)。

    A. 原告　　　　　B. 被告　　　　　C. 第三人　　　　D. 证人

27. 关于旅游投诉，下列表述中，正确的是(　　)。

    A. 受理旅游投诉的机关是旅游行政管理部门所设立的旅游投诉管理机构，其处理投诉的行为属于抽象行政行为

    B. 旅游投诉只能以书面形式提出

    C. 投诉者必须与案件有直接或间接的利害关系

    D. 旅游投诉的被投诉者必须在主观上有过错，过错包括故意和过失

28. 旅游投诉处理机构，应当在(   )个工作日内做出处理。
    A. 5   B. 7   C. 10   D. 3

29. (   )应当为受理的投诉制作档案并妥善保管相关资料。
    A. 旅游投诉处理机构   B. 当地人民政府
    C. 旅游质量监管部门   D. 国家旅游局

30. 一般而言，旅游投诉地域管辖根据(   )作为确定管辖机关的标准。
    A. 投诉人所在地   B. 被投诉人所在地
    C. 投诉行为危害发生地   D. 行为地

31. 旅游投诉者是与本案(   )利益关系的旅游者、海外旅行商、国内旅游经营者和从业人员。
    A. 有直接   B. 无直接   C. 有间接   D. 没有规定

32. (   )是指以自己的名义请求旅游行政管理部门维护自身和他人旅游合法权益的人。
    A. 旅游被投诉者   B. 旅游消费者   C. 旅游管理机关   D. 旅游投诉者

33. 旅游被投诉者，是与旅游投诉者相对的一方，被控侵犯旅游投诉者权益，需要追究(   )，并经旅游行政管理部门通知其应诉的人。
    A. 行政责任   B. 民事责任
    C. 行政、民事责任   D. 刑事责任

34. 下列选项中，不属于旅游者投诉范围的是(   )。
    A. 认为旅游经营者不履行合同义务
    B. 认为旅游经营者欺诈投诉者
    C. 认为自由活动期间发生意外旅游经营者却不承担责任
    D. 认为旅游企业职工索要小费

35. 地域管辖是指(   )旅游投诉管理机关之间横向划分在各辖区内处理旅游投诉案件的分工和权限，即确定旅游行政管理部门实施其行政权力的地域范围。
    A. 同级   B. 上下级   C. 各级   D. 各级和同级

36. 级别管辖是指划分(   )旅游投诉管理机关之间对处理投诉的分工和权限。
    A. 同级   B. 上下级   C. 各级和同级   D. 各级

37. 旅游投诉机关做出受理决定后，应当及时通知被投诉者，被投诉者应在接到通知之日起(   )内，做出书面答复。
    A. 10 天   B. 30 天   C. 60 天   D. 90 天

38. 《旅游投诉处理办法》规定，超过旅游合同结束之日(   )天的投诉，不予受理。
    A. 30   B. 60   C. 90   D. 120

39. 旅游者投诉某餐厅的饭菜质量问题，查实后，旅游投诉管理机构责令其赔偿旅游者损失，处理方式一般是(   )。
    A. 相关餐厅直接赔偿旅游者的损失
    B. 组团社先行赔付，之后再向餐厅追偿
    C. 地接社先行赔付，之后再向餐厅追偿

D. 当地旅游局先行赔偿，之后再向餐厅追偿

40. 旅游投诉处理机构应当在受理旅游投诉之日起（　　）日内，做出处理决定。鉴定、检测的时间（　　）投诉处理时间。

A. 30；不计入　　　　　　　　　　　B. 30；计入

C. 60；不计入　　　　　　　　　　　D. 60；计入

41. 远行公司与花雨旅游行社签订合同，双方约定由花雨旅行社为远行公司旗下 30 名员工提供"香港、澳门七日游"服务，双方发生纠纷，下列说法正确的有（　　）。

A. 只能以远行公司的名义起诉

B. 其中任何一名员工均可以自己的名义起诉

C. 若超过投诉的投诉时效，不得再行起诉

D. 远行公司起诉，法院做出判决之后，员工不服该判决的，可以员工名义再行起诉

42. 投诉人（　　）人以上，以同一事由投诉同一被投诉人的，为共同投诉。

A. 2　　　　　　　B. 3　　　　　　　C. 4　　　　　　　D. 10

二、多项选择题（每题有 2 - 4 个正确答案，多选、少选、错选均不得分）

1. 消费者权益争议的解决途径有（　　）。

A. 与经营者协商和解　　　　　　　B. 请求消费者协会调解

C. 知假买假索赔　　　　　　　　　D. 提请仲裁机构仲裁

E. 向人民法院提起诉讼

2. 根据《消费权益保护法》的规定，下列属于消费者权利的是（　　）。

A. 安全保障权　　B. 监督批评权　　C. 发明权　　　　D. 公平交易权

E. 获得消费知识权

3. 旅游纠纷的解决方式主要有（　　）。

A. 和解　　　　　　B. 调解　　　　　　C. 仲裁　　　　　　D. 投诉

E. 诉讼

4. 协商解决旅游纠纷，必须遵守的原则包括（　　）。

A. 自愿原则　　　B. 平等原则　　　C. 合法原则　　　D. 优先原则

E. 调解原则

5. 调解可以分为（　　）。

A. 民间调解　　　B. 仲裁调解　　　C. 法庭调解　　　D. 行政调解

E. 自行调解

6. 人民法院宣告判决的方式有（　　）。

A. 当庭宣判　　　B. 定期宣判　　　C. 庭外宣判　　　D. 通报宣判

E. 书面宣判

7. 开庭审理的阶段包括（　　）。

A. 准备开庭　　　B. 法庭调查　　　C. 法庭辩论　　　D. 当庭宣判

E. 调解阶段

8. 不公开审判的案件主要有（　　）。

    A. 涉及国家秘密的案件
    B. 涉及个人隐私的案件和离婚案件

    C. 涉及商业秘密的案件
    D. 行政诉讼案件

    E. 涉及妇女儿童利益案件

9. 《旅游投诉暂行规定》规定，被投诉者应在接到通知后做出"书面答复"，"书面答复"应载明的事项包括（　　）。

    A. 被投诉的事由
    B. 调查核实的过程

    C. 基本事实与证据
    D. 责任及处理意见

    E. 案件评议的过程

10. 旅游投诉必须符合的条件是（　　）。

    A. 要有书面投诉状

    B. 有明确的被投诉者、具体的投诉请求和事实依据

    C. 属于投诉条例规定的旅游投诉范围

    D. 投诉者是与本案有直接利害关系的旅游者、海外旅行商、国内旅游经营者和从业人员

    E. 投诉的事由客观真实

11. 民间调解关于第三方的要求有（　　）。

    A. 具有一定的法律知识
    B. 不能与当事人有利害关系

    C. 必须经双方当事人同意
    D. 应当公正、客观

    E. 应当有一定的程序

12. 仲裁具有（　　）特点。

    A. 自愿性
    B. 专业性
    C. 灵活性
    D. 保密性

    E. 终局性

13. 旅游投诉人可以就下列事项进行投诉：（　　）。

    A. 旅游经营者违反合同约定

    B. 因旅游经营者的责任致投诉人人身、财产受到损害的

    C. 因不可抗力、意外事故致旅游合同不能履行，或者不能完善履行，投诉人与被投诉人发生争议的

    D. 其他损害旅游者合法权益的

    E. 对旅游纠纷法院的处理结果不服的

14. 对于旅游投诉可以下列方式处理：（　　）。

    A. 调解结案
    B. 调解不成终止调解结解

    C. 对违法行为人进行行政处罚
    D. 裁定不法行为人赔偿对方损失

    E. 对犯罪行为给予刑事处罚

15. 旅游投诉受理的主要特征是（　　）。

    A. 有投必受

    B. 符合旅游投诉的受理条件

    C. 受理与否是管理机关的具体行政行为

D. 有事实依据

E. 受理与否是管理机关的抽象行政行为

16. 调解是指旅游投诉管理机关主持投诉双方通过和解解决纠纷而达成协议的行为，具有( )的特点。

A. 强制调解   B. 尽量调解   C. 双方调解   D. 调解自愿

E. 不必调解

17. 仲裁的法律特征主要有( )。

A. 仲裁具有一裁终局性   B. 仲裁具有排斥起诉性

C. 仲裁的结果具有法律效力   D. 仲裁具有国家强制性

E. 仲裁和诉讼可以同时进行

18. 民事诉讼的基本制度有( )。

A. 合议制   B. 回避制   C. 公开审判制   D. 举证责任制

E. 三审终审制

19. 下列人员属于民事诉讼回避的范围的是( )。

A. 审判人员   B. 书记人员   C. 翻译人员   D. 鉴定人

E. 诉讼代理人

20. 民事诉讼的普通程序是( )。

A. 起诉   B. 受理   C. 开庭审理   D. 评议和宣判

E. 上诉

21. 民事诉讼具有的特征( )。

A. 具有公权性   B. 具有强制性

C. 具有程序性   D. 裁判结果具有终局性

E. 具有职权性

22. 不公开审判的案件包括( )。

A. 涉及个人道德评价   B. 涉及国家秘密

C. 涉及个人隐私的案件和离婚案件   D. 涉及商业秘密

E. 涉及妇女儿童利益

23. 常见的旅游纠纷主要分为( )。

A. 旅游经营者与旅游者之间

B. 旅游主管部门与旅游经营者之间或者旅游主管部门与旅游者之间的纠纷

C. 客源发生国旅游者与旅游目的地国旅游经营者之间或者客源发生国旅游经营者
与旅游目的地国旅游经营者的纠纷

D. 旅游经营者与旅游经营者之间的纠纷

E. 旅游者与旅游者之间的纠纷

24. 与一般纠纷相比，旅游纠纷因旅游及旅游消费的特点至少表现出以下特征( )。

A. 旅游纠纷的法律关系复杂   B. 旅游纠纷属于财产性纠纷

C. 旅游纠纷的内容广泛多样   D. 旅游纠纷的标的额相对较小

E. 旅游纠纷的双方地位不平等

25. 下列属于旅游民事法律纠纷的有(　　)。
    A. 旅游者与旅行社之间的纠纷　　　　B. 旅行社与旅游景区之间的纠纷
    C. 旅行社与旅游局之间的纠纷　　　　D. 旅游者与旅游者之间的纠纷
    E. 旅行社与旅行社之间的纠纷

26. 投诉人可以就下列事项向旅游投诉处理机构投诉(　　)。
    A. 旅游局违规向旅行社收取费用的
    B. 认为旅游经营者违反合同约定的
    C. 因旅游经营者的责任致使投诉人人身、财产受到损害的
    D. 因不可抗力、意外事故致使旅游合同不能履行或者不能完全履行，投诉人与被
       投诉人发生争议的
    E. 其他损害旅游者合法权益的

27. (　　)，旅游经营者有权要求旅游者支付合理费用。
    A. 旅游者转让旅游合同的　　　　　　B. 旅游者单方解除合同的
    C. 因天气原因变更旅游行程的　　　　D. 景区门票价格上涨的
    E. 旅行社增加旅游景点的

28. 旅游经营者、旅游辅助服务者的免责情形(　　)。
    A. 旅游者未履行如实告知义务的
    B. 因不可抗力等客观原因导致旅游合同无法履行的
    C. 旅游者擅自脱团的
    D. 旅游者自行安排旅游活动的
    E. 旅行社自行转团的

29. 行为地包括(　　)。
    A. 行为着手地　　　　　　　　　　　B. 行为经过地
    C. 行为发生地　　　　　　　　　　　D. 行为人依据地
    E. 危害结果发生地

30. 受理旅游投诉案件的实质要件包括(　　)。
    A. 投诉人与被投诉事项有直接利害关系
    B. 有明确的被投诉人
    C. 有具体的投诉请求、事实和理由
    D. 旅游投诉应当采取书面方式
    E. 旅游投诉应当向有管辖权的机关提出

31. 家住攀枝花的张某与成都青年旅行社在西昌签订了旅游服务合同，双方约定云南大
    理与丽江五日游，在大理旅游期间，导游擅自增加购物景点，对此张先生可以到
    (　　)旅游投诉受理机构投诉。
    A. 攀枝花　　　　B. 成都　　　　　　C. 西昌　　　　　　D. 大理
    E. 丽江

32. "旅游经营者"是指(　　)。
    A. 合法设立的旅行社　　　　　　　　B. 非法经营旅行社业务的机构

C. 景区　　　　　　　　　　　　D. 交通企业

E. 餐饮企业

33. 旅游辅助服务者是指与旅游经营者存在合同关系，协助旅游经营者履行旅游合同义务的（　　）。

A. 导游　　　　　　　　　　　　B. 景点娱乐提供企业

C. 酒店　　　　　　　　　　　　D. 航空公司

E. 领队

34. 因（　　），给旅游者造成损失的，旅游者有权向旅游行政管理部门投诉。

A. 旅游者意外伤害

B. 旅行社服务未达到国家标准的

C. 旅行社破产造成旅游者预交旅行费损失的

D. 旅行社服务未达到行业标准的

E. 旅行社因自身过错未达到合同约定的服务质量标准的

35. 旅游投诉的特征为（　　）。

A. 投诉的主体只能是旅游者，不能是旅行社

B. 投诉的纠纷是民事纠纷

C. 只能向规定的机构提出投诉

D. 被投诉人是旅行社

E. 旅游投诉具有终局性，即相关部门对旅游投诉做出处理后，投诉人不服，也不能要求其他部门再次处理

36. 共同投诉可以由投诉人推选1至3名代表进行投诉。代表人参加旅游投诉处理机构处理投诉过程的行为，对全体投诉人发生效力，但（　　），应当经全体投诉人同意。

A. 代表人变更　　　　　　　　　B. 放弃投诉请求

C. 进行和解　　　　　　　　　　D. 接受处理结果

E. 增加投诉请求

第十三章　解决旅游纠纷的法律制度参考答案

一、单项选择题

1－5. ABCCB　6－10. BAAAA　11－15. ABDAC　16－20. BDABD　21－25. CBAAC

26－30. CCAAD　31－35. ADBCA　36－40. BACAC　41－44. BC

二、多项选择题

1. ABDE　2. ABD　3. ABDE　4. ABC　5. ABCD 6. AB　7. ABC　8. ABC　9. ABCD

10. BCD　11. BC　12. ABCD　13. ABCD　14. AB　15. BCD　16. BD　17. ABC

18. ABCD　19. ABCD　20. ABCD　21. ABC　22. BCD　23. ABCD　24. ACDE

25. ABE　26. BCDE　27. ABC　28. ABCD　29. ABCE　30. ABC　31. BCD　32. AB

33. BC　34. BCDE　35. ABCD　36. ABC

《政策与法律法规》综合训练题（一）

一、单项选择题（每题1分，共40题）

1. 依法执政的主体是（　　）。
   A. 党　　　　　　　　B. 国家　　　　　　C. 政府　　　　　　D. 社会

2. 《中共中央关于全面推进依法治国若干重大问题的决定》把（　　）确定为全面推进
   法治国家的总目标。
   A. 建设中国特色社会主义法治体系
   B. 建设社会主义法治国家
   C. 依法治国、依法执政、依法行政
   D. 建设中国特色社会主义法治体系，建设社会主义法治国家

3. 各项公民权利中最基本的权利是（　　）。
   A. 人身自由权　　　B. 政治权利　　　　C. 平等权　　　　　D. 经济权利

4. 现行宪法规定，公民在年老、疾病或者丧失劳动能力的情况下，有从国家和社会获
   得（　　）。
   A. 物质帮助的权利　　　　　　　B. 休息休假的权利
   C. 特殊照顾的权利　　　　　　　D. 优待的权利

5. 《国务院关于加快发展旅游业的意见》对旅游业提出了全新的定位，指出了（　　）
   和人民群众更加满意的现代服务业的宏伟目标。
   A. 把我国培育成旅游经济强国
   B. 把我国培育成旅游经济大国
   C. 把旅游业培育成国民经济新的增长点
   D. 把旅游业培育成国民经济的战略性支柱产业

6. 2013年年初，（　　）被确定为中国旅游总体形象。
   A. "大美中国之旅"　　　　　　　B. "美丽中国之旅"
   C. "平安中国之旅"　　　　　　　D. "文明中国之旅"

7. 我国旅游业发展"十三五"时期以（　　）为主题。
   A. 创新、协调、绿色、开放、共享　　B. 速度、结构、质量、效益
   C. 改革创新、提质增效　　　　　　　D. 满足人民群众日益增长的旅游休闲需求

8. 张某与某饭店采用饭店提供的格式条款订立了合同，由于对格式条款的理解不一而
   发生争议，此时应当（　　）。
   A. 本着公平的原则予以解释　　　　B. 做出不利于饭店一方解释
   C. 按照通常理解的予以解释　　　　D. 由上级部门做出解释

9. 申请设立国内旅行社的注册资本金应不少于30万元人民币，此外，还须交纳质量保
   证金（　　）万元人民币。

A. 20   B. 30   C. 60   D. 100

10. 根据《中国公民出国旅游管理办法》的规定，旅行社经营出国旅游业务，应当取得国际旅行社资格满( )年。

    A. 1   B. 2   C. 3   D. 5

11. 根据《导游人员管理条例》，申请评定中级导游资格需在取得初级导游员资格( )年以上。

    A. 2   B. 3   C. 4   D. 5

12. 旅行社的性质是( )。

    A. 机关法人   B. 社会组织法人   C. 事业单位法人   D. 企业法人

13. 成都市某旅行社欲聘用具有特定语种语言能力的王某临时从事导游活动，按照导游人员管理条例，应( )。

    A. 由王某向成都市旅游局申请领取临时导游证

    B. 由王某向四川省旅游局申请领取临时导游证

    C. 由该旅行社向四川省旅游局申请领取临时导游证

    D. 由该旅行社向成都市旅游局申请领取临时导游证

14. 根据航空运输规定，客票在下列情况下会影响运输合同的存在或效力：( )。

    A. 客票遗失   B. 客票不符合规定

    C. 旅客未能出示客票   D. 客票上的姓名与旅客本人完全不符

15. 根据《四川省旅游管理条例》，当旅游者人身、财产受到意外损害时，旅游经营者应当及时采取救助措施，并向公安机关、旅游主管部门或其他有关行政管理部门及时报告，报告的时间应在( )小时内。

    A. 8   B. 10   C. 12   D. 24

16. 当事人订立合同，应当具有( )。

    A. 相应的经济实力   B. 一定的履约能力

    C. 完备的审批手续   D. 相应的民事权利能力和民事行为能力

17. 根据规定，任何人发现传染病或传染病患者都应当及时( )。

    A. 向地方党委报告

    B. 向地方政府报告

    C. 向地方公安机关报告

    D. 向当地医疗保健机构或卫生防疫机构报告

18. 《旅行社条例实施细则》是由( )的。

    A. 全国人大制定并颁布   B. 国家旅游局制定并颁布

    C. 全国政协制定并颁布   D. 国务院制定并颁布

19. 合同必须具备的首要条款是( )。

    A. 标的   B. 当事人的名称或者姓名和住所

    C. 数量和质量   D. 价款或报酬

20. 旅行社在报纸上刊登产品宣传广告的行为属于( )。

    A. 要约邀请   B. 要约   C. 承诺   D. 合同

21. 限制民事行为能力人订立纯获利益的合同(　　)。
    A. 必须经相关部门批准后方能生效　　B. 不必经过法定代理人追认，合同有效
    C. 主体不合格，合同无效　　D. 必须经过法定代理人追认，合同才有效

22. 旅行社出境旅游档案保存期最低为(　　)年。
    A. 1　　　　　　　B. 2　　　　　　　C. 3　　　　　　　D. 5

23. 不适用质量保证金对旅游者进行赔偿的情形是(　　)。
    A. 旅行社未达到合同约定标准而造成的旅游者经济权益损失
    B. 旅行社服务未达到国家标准而造成的旅游者经济权益损失
    C. 旅行社破产后造成的旅游者预交费用的损失
    D. 旅游者在旅游期间发生意外事故而造成的损失

24. 旅行社责任保险合同的被保险人和受益人分别是(　　)。
    A. 游客和游客　　　　　　　　B. 旅行社和旅行社
    C. 旅行社和游客　　　　　　　D. 保险公司和旅行社

25. 取得特级导游员资格的最低年限为(　　)年。
    A. 7　　　　　　　B. 9　　　　　　　C. 12　　　　　　　D. 15

26. 临时导游证的使用期限为(　　)。
    A. 3 个月　　　　B. 6 个月　　　　C. 1 年　　　　　D. 3 年

27. 自然保护区内可以进行旅游活动的区域是(　　)。
    A. 核心区　　　　B. 缓冲区　　　　C. 实验区　　　　D. 所有区域

28. 旅游者在购买旅行社产品时，可以要求旅行社提供详细的行程，这属于行使消费者的(　　)。
    A. 自主选择权　　B. 受尊重权　　C. 知情权　　　D. 监督权

29. 消费者协会调解旅游纠纷的一般程序为(　　)。
    A. 受理投诉—研究—处理　　　　B. 受理投诉—调查—调解
    C. 受理投诉—调解—做出决定　　D. 受理投诉—研究—书面决定

30. 下列对娱乐场所管理规定表述不正确的是(　　)。
    A. 电子游戏类娱乐场所任何时间不得向未成年人开放
    B. 歌舞类娱乐场所可以设置透明包厢
    C. 经批准，外国人可以在娱乐场所就业
    D. 设立娱乐场所需经所在地县级以上文化、公安、卫生部门审核批准

31. 我国的外交政策是(　　)。
    A. 维护世界和平，反对霸权主义的外交政策
    B. 独立自主的和平外交政策
    C. 独立自主，自力更生的外交政策
    D. 独立自主，和平共处的外交政策

32. 社会主义的本质属性是(　　)。
    A. 社会和谐　　B. 经济发展　　C. 社会进步　　D. 共同富裕

33. 坚持四项基本原则的核心是(　　)。

A. 坚持党的领导地位不动摇　　　　B. 坚持以经济建设为中心

C. 坚持改革开放　　　　　　　　　D. 坚持独立自主

34. 我国现代化建设必须长期坚持的基本方针是(　　)。

 A. 党的领导

 B. 四项基本原则

 C. 抓住机遇、深化改革、扩大开放、促进发展、保持稳定

 D. 科学发展观

35. 宪法把(　　)规定为既是公民的权利，又是公民的义务。

 A. 平等权　　　　　　　　　　　B. 政治权利和自由

 C. 监督权和取得赔偿权　　　　　D. 劳动权和受教育权

36. 发生下列情况时，旅游行政管理部门应退还旅行社交纳的保证金(　　)。

 A. 破产　　　　B. 解散　　　　C. 终止经营　　　　D. 转让

37. 省、自治区、直辖市人民政府旅游行政管理部门，应当自收到申请领取导游证之日起(　　)内颁发导游证。

 A. 15 日　　　　B. 30 日　　　　C. 60 日　　　　D. 7 日

38. 导游员在带团过程中，擅自减少旅游项目，应当受到旅游行政管理部门暂扣导游证(　　)的处罚。

 A. 1~3 个月　　　B. 3~6 个月　　　C. 6 个月~1 年　　　D. 1 年

39. 外商投资旅行社，其注册资本金不得少于(　　)。

 A. 400 万美元　　　　　　　　　B. 150 万元人民币

 C. 400 万元人民币　　　　　　　D. 150 万美元

40. 《民用航空法》对旅客托运的行李的赔偿责任限额为每千克人民币(　　)元。

 A. 100　　　　B. 200　　　　C. 300　　　　D. 500

二、多项选择题（每题有 2-4 个正确答案，多选、少选、错选均不得分，每题 2 分，共 30 题）

1. 法治和法制的区别为(　　)。

 A. 法制是制度范畴，法治是治国的原则和方法

 B. 任何国家都有法制，只有民主制国家才有法治

 C. 基本要求不同

 D. 法治和法制实行的主标志不同

 E. 任务和目标不同

2. 《宪法》规定，我国公民享有以下(　　)权利。

 A. 平等权　　　　　　　　　　　B. 政治权利和自由

 C. 依法纳税　　　　　　　　　　D. 宗教信仰自由

 E. 人身自由

3. 合同无效是指合同不能发生法律效力。合同无效的情况有(　　)。

 A. 当事人主体不合格的合同　　　B. 内容不合法的合同

C. 无效代理的合同   D. 无权处分他人财产的合同

E. 损害国家利益的合同

4. 旅行社不得向旅游者介绍和提供含有以下( )内容的旅游项目。

A. 宗教歧视   B. 淫秽   C. 当地习俗   D. 赌博

E. 迷信

5. 根据《导游人员管理条例》规定，导游人员进行导游活动时，享有( )。

A. 人格尊严不受侵犯权   B. 人身安全不受侵犯权

C. 批评建议权   D. 申请复议权

E. 提起诉讼权

6. 国家对导游人员实行等级考核制度，导游人员等级分为( )。

A. 初级导游员   B. 助理导游员   C. 中级导游员   D. 高级导游员

E. 特级导游员

7. 中国旅游者出入境的有效证件包括( )。

A. 护照   B. 旅行证   C. 出入境通行证   D. 身份证

E. 签证

8. 我国风景名胜区按其景物的观赏、文化、科学价值，环境质量、规模大小、游览条件等可以划分为( )。

A. 市县级风景名胜区   B. 省级风景名胜区

C. 国家重点风景名胜区   D. 国际重点风景名胜区

E. 世界级风景名胜区

9. 我国有关法律规定，处理旅游者与旅游经营者之间纠纷的方式有( )。

A. 协商   B. 调解   C. 仲裁   D. 诉讼

E. 投诉

10. 根据《合同法》的规定，在合同活动中应当遵循( )。

A. 当事人法律地位平等原则   B. 合同自愿原则

C. 公平原则   D. 诚实信用原则

E. 遵守交易习惯原则

11. 下列情形下，旅游行政管理部门可以暂停旅行社经营出国旅游业务的有( )。

A. 入境旅游业绩下降   B. 两年内没有正常开展出国旅游业务

C. 有非法套汇行为   D. 存在严重服务质量问题

E. 出境旅游业务下降

12. 旅行社不正当竞争手段有( )。

A. 假冒其他旅行社的注册商标   B. 使用其他旅行社的名称

C. 以承包或挂靠方式非法转让经营权   D. 与其他旅行社串通制定垄断价格

E. 发布虚假广告

13. 下列说法正确的是( )。

A. 铁路运输企业对游客自带行李损失的最高赔偿限额是人民币 800 元

B. 中国公民因私出境使用的护照由外交部颁发

C. 航空运输中，客票为承运人与游客订立的运输合同

D. 食品生产经营人员必须每年进行健康检查

E. 国家禁止设立外商独资经营的娱乐场所

14. 星级饭店的划分依据是(　　)。

A. 饭店的服务质量和服务项目　　　　B. 饭店的管理水平

C. 饭店的经营水平　　　　　　　　　D. 饭店从业人员的状况

E. 饭店的建筑、装潢、设备、设施条件

15. 关于世界遗产保护，下列说法正确的是(　　)。

A. 可以在世界遗产保护区建设宾馆、招待所等

B. 世界遗产范围内不得引进非世界遗产范围内生长的动植物

C. 世界遗产保护经费由政府全额划拨

D. 世界遗产核心区内的人口数量超出承载能力，应采取必要的移民措施

E. 世界遗产范围内应使用环保车船

16. 《合同法》规定，属于不可抗力的社会因素有(　　)。

A. 地震　　　　B. 战争　　　　C. 洪灾　　　　D. 罢工

E. 政治骚乱

17. 旅行社有下列(　　)情形之一的，由旅游行政管理部门或者工商行政管理部门责令改正，没收违法所得，违法所得10万元以上的，并处违法所得1倍以上5倍以下的罚款；违法所得不足10万元或者没有违法所得的，并处10万元以上50万元以下的罚款。

A. 未取得相应的旅行社业务经营许可，经营国内旅游业务、入境旅游业务、出境旅游业务的

B. 分社的经营范围超出设立分社的旅行社的经营范围的

C. 旅行社服务网点从事招徕、咨询以外的活动的

D. 设立分社未在规定期限内向分社所在地旅游行政管理部门备案的

E. 国家旅游局认定的其他超范围经营活动

18. 旅游合同的内容主要有(　　)。

A. 当事人的名称　　　　　　　　　B. 旅游行程

C. 旅游价格　　　　　　　　　　　D. 履行期限

E. 合同的解除

19. 导游人员有下列行为的，根据《导游人员管理条例》相关规定，由旅游行政管理部门责令改正，暂扣导游证3至6个月；情节严重的由省、自治区、直辖市人民政府旅游行政部门吊销导游证并予以公告。(　　)

A. 进行导游活动时未佩戴导游证

B. 擅自中止导游活动

C. 擅自变更接待计划的

D. 擅自增加或者减少旅游项目

E. 以明示或暗示的方式向旅游者索要小费

20. 外国人出入境的检查制度包括(　　　)。
    A. 边防检查　　　B. 健康检查　　　C. 卫生防疫　　　D. 安全检查
    E. 动植物检疫

21. 合同的履行原则是合同当事人在履行合同过程中所应遵循的基本准则，主要有(　　　)。
    A. 全面履行原则　　　　　　　B. 公平、公正原则
    C. 诚实信用原则　　　　　　　D. 经济合理原则
    E. 积极协助原则

22. 《消费者权益保护法》规定，经营者与消费者交易的基本原则包括(　　　)。
    A. 自愿原则　　　B. 平等原则　　　C. 合情合理原则　　　D. 公平原则
    E. 公示原则

23. 《消费者权益保护法》明确规定，最终承担损害赔偿责任的主体包括(　　　)。
    A. 销售者　　　B. 服务者　　　C. 变更后的企业　　　D. 营业执照的持有人
    E. 营业执照的使用人

24. 消费者在购买商品或接受服务时，有权获得的交易公平条件包括(　　　)。
    A. 质量保障　　　B. 价格合理　　　C. 计量正确　　　D. 索要发票
    E. 自由决定

25. 旅行社有下列情形之一的，由旅游行政管理部门责令改正，处2万元以上10万元以下的罚款；情节严重的，责令停业整顿1个月至3个月：(　　　)
    A. 未与旅游者签订旅游合同
    B. 与旅游者签订的旅游合同未载明本条例规定的事项
    C. 未取得旅游者同意，将旅游业务委托给其他旅行社
    D. 将旅游业务委托给不具有相应资质的旅行社
    E. 未与接受委托的旅行社就接待旅游者的所有事宜签订委托合同

26. 在进行导游活动时，无论遇到何种情况，导游人员均不得擅自中止导游活动。一般来说，构成中止导游活动必须具备的条件有(　　　)。
    A. 必须在导游活动结束之前　　　B. 必须是征得多数旅游者同意
    C. 必须是擅自中止　　　　　　　D. 必须是彻底中止
    E. 必须是未向旅行社事先说明

27. 下列属于不得颁发导游证的人员是(　　　)。
    A. 无民事行为能力的　　　　　　B. 限制民事行为能力的
    C. 患有传染性疾病的　　　　　　D. 过失犯罪的
    E. 被吊销导游证的

28. 导游人员在导游活动中有下列情形之一的，扣除2分：(　　　)
    A. 私自带人随团游览的　　　　　B. 擅自中止导游活动的
    C. 未携带正规接待计划　　　　　D. 无故不随团活动的
    E. 仪表、着装不整洁的

29. 旅行社责任保险的投保范围包括(　　　)。

A. 对旅游者必要的施救费用

B. 旅行社与保险公司约定的其他赔偿责任

C. 旅游者由于自身疾病引起的损失

D. 旅游者在自行活动时间内发生的人身损害

E. 由于旅行社责任争议引起的诉讼费用

30. 下列关于合同转让的表述中，正确的选项是( )。

A. 合同转让不是合同内容的改变

B. 合同一方当事人依法将其享有的全部或者部分权利义务转让给他人

C. 合同一方当事人依法将其享有的全部权利义务转让给另一方当事人

D. 合同转让无须经过对方同意

E. 合同转让涉及审批手续的，还需办理有关手续

《政策与法律法规》综合训练题（一）参考答案

一、单项选择题

1 – 5. ACAAD   6 – 10. BCCAA   11 – 15. ADCDD   16 – 20. DDBDB   21 – 25. BCDBC

26 – 30. ACCBB   31 – 35. DDACD   36 – 40. CABCA

二、多项选择题

1. ABCD   2. BDE   3. BE   4. ABDE   5. AB   6. ACDE   7. ACDE   8. BC   9. ABDE

10. ABCD   11. ABCD   12. ACDE   13. ADE   14. ABCE   15. BCDE   16. BDE   17. ABC

18. ABCD   19. BCD   20. ACDE   21. AC   22. ABCD   23. ACDE   24. ABCD   25. ABCD

26. ACD   27. ABCE   28. CE   29. ABE   30. ABCE

《政策与法律法规》综合训练题（二）

一、单项选择题（每题1分，共40题）

1. 党的( )依据国家政治实践发展和社会主义市场经济的制度保障需要，首次提出了"依法治国，建设社会主义法治国家"的法治发展目标。

A. 十七大   B. 十六大   C. 十五大   D. 十四大

2. 我国力争到( )年旅游产业规模、质量、效益基本达到世界旅游强国水平。

A. 2020   B. 2025   C. 2023   D. 2018

3. 下列关于旅游法律关系的表述不正确的是( )。

A. 旅游法律关系是基于人们的旅游事实而引起的一种社会关系

B. 法律事实包括法律事件和法律行为

C. 旅游法律关系由主体、客体两个方面构成

D. 旅游法律关系是特定的旅游活动主体之间的权利和义务关系

4.（　　）是旅游发展新引擎。
   A. "旅游＋互联网"行动
   B. "旅游＋"策略
   C. 开展旅游标准化试点
   D. 生态旅游、智慧旅游

5. 下列关于旅行社质量保证金内容的表述正确的是（　　）。
   A. 旅行社交纳保证金的有关凭证可以作为偿还债务的凭证
   B. 旅游行政管理部门每年将保证金利息的 1/4 一次性退还旅行社
   C. 旅游者在旅游期间发生财产意外事故可以用保证金进行赔偿
   D. 旅行社质量保证金实行"统一制度、统一标准、分级管理"的原则

6. 经济损失在 10 万元至 100 万元之间的旅游安全事故属于（　　）。
   A. 轻微事故　　　B. 一般事故　　　C. 重大事故　　　D. 特大事故

7. 下列关于合同订立方式的表述不正确的是（　　）。
   A. 饭店在总台房价表上标示"八折"字样，应视为要约
   B. 要约邀请属于订约行为
   C. 格式合同一般有两种主要形式
   D. 承诺是指受要约人同意要约的意思表示

8. 旅游者与经营者之间最常见的合同履行担保方式是（　　）。
   A. 留置　　　　　B. 抵押　　　　　C. 口头约定　　　D. 定金

9. 用人单位可以解除劳动合同的情形是（　　）。
   A. 劳动者经过培训或调整工作岗位后仍不能胜任工作的
   B. 劳动者因工负伤，医疗期满后不能从事原工作的
   C. 女职工在孕产期或哺乳期的
   D. 劳动者患职业病丧失劳动能力的

10. 设立国际旅行社注册资本不得少于人民币（　　）万元。
    A. 30　　　　　B. 60　　　　　C. 100　　　　　D. 150

11. 旅行社业务经营许可证有效期为（　　）年。
    A. 1　　　　　B. 2　　　　　C. 3　　　　　D. 4

12. 旅行社分社属于（　　）。
    A. 机关法人
    B. 事业单位法人
    C. 社会组织法人
    D. 不具备法人资格的分支机构

13. 下列说法不正确的是（　　）。
    A. 获得导游资格证后 3 年未从业的，资格证自动失效
    B. 获得导游资格证后必须按规定取得导游证才能从事导游工作
    C. 导游人员从事导游业务可以不经旅行社委派
    D. 导游证可以在全国范围内使用

14. 导游人员管理制度不包括（　　）。
    A. 计分管理制度
    B. 任期聘任制度
    C. 等级考核制度
    D. 年度审核制度

15. 中国公民出入境的有效证件是（　　）。

A. 护照、签证、出入境通行证、健康证、身份证

B. 护照、签证、旅行证、出入境通行证

C. 护照、签证、旅行证、出入境通行证、身份证

D. 护照、签证、身份证、出入境通行证

16. 珍贵文物分为(   )。

A. 一般级文物和国家级文物

B. 一级文物、二级文物和三级文物

C. 一级文物、二级文物和特级文物

D. 一般级文物、高级文物和特级文物

17. 广义的旅游法，是指调整旅游活动领域中各种(   )的法律规范的总称 。

A. 社会活动   B. 法律行为   C. 社会关系   D. 法律关系

18. 下列关于世界遗产保护问题的解释，不正确的是(   )。

A. 世界遗产应在保护的前提下合理开发利用

B. 世界遗产保护范围内的所有单位都应接受世界遗产管理机构的管理

C. 任何单位和个人不得擅自出让或变相出让世界遗产资源

D. 世界遗产保护范围分为核心区和保护区两类

19. 旅游者在国内旅游活动开始前 1 天通知旅行社解除合同，须支付的违约金是(   )。

A. 全部旅游费用的 90%   B. 全部旅游费用的 80%

C. 全部旅游费用的 70%   D. 全部旅游费用的 50%

20. 下列说法不正确的是(   )。

A. 要约人依法撤销要约，要约失效

B. 拒绝要约的通知到达要约人，要约失效

C. 承诺期满，受要约人未做出承诺，要约继续有效

D. 受要约人对要约的内容做出实质性变更，要约失效

21. 合同规范的民事权利义务不包括(   )。

A. 婚姻、收养、监护等有关身份的关系

B. 旅游活动中的民事权利义务关系

C. 法人之间的民事权利义务关系

D. 法人与自然人之间的权利义务关系

22. 下列关于劳动合同表述不正确的是(   )。

A. 劳动合同的内容是确立劳动关系

B. 旅游企业中劳资双方对劳动合同发生争议的，应由旅游执法部门予以裁决

C. 劳动合同应写明劳动者的姓名、住址和身份证号码

D. 用人单位被依法宣告破产时，劳动合同终止

23. 下列不属于股份有限公司特征的是(   )。

A. 股东负有限责任

B. 发起人注册资本金不低于人民币 150 万元

C. 全部资本分为等额股份

D. 开放性与社会性

24. 旅行社歇业超过半年，年检主管部门做出的年检结论是(　　　)。

　　A. 通过业务年检　　　　　　　　B. 暂缓通过业务年检

　　C. 不予通过业务年检　　　　　　D. 建议注销经营许可证

25. 取得临时导游证不需要具备的条件是(　　　)。

　　A. 中华人民共和国公民　　　　　B. 具有特定语种语言能力

　　C. 参加全省统一考试并合格　　　D. 由旅行社根据需要向旅游行政部门申请

26. 导游人员被扣除 8 分的行为是(　　　)。

　　A. 未携带正规接待计划　　　　　B. 擅自终止导游活动

　　C. 谩骂旅游者　　　　　　　　　D. 私自带人随团游览

27. 中国公民出境旅游应当申请办理(　　　)。

　　A. 外交护照　　　B. 公务护照　　　C. 普通护照　　　D. 特别护照

28. 外国人在我国可以自由旅行的地区是(　　　)。

　　A. 甲类地区　　　B. 乙类地区　　　C. 丙类地区　　　D. 丁类地区

29. 旅行社经营团队业务，同团同标准的合同差价不得超过(　　　)。

　　A. 5%　　　　　　B. 10%　　　　　　C. 15%　　　　　　D. 20%

30. 关于旅游景区景点管理，下列说法不正确的是(　　　)。

　　A. 旅游景区景点应设立区域界限标志、服务设施标志和游览导向标志

　　B. 旅游景区景点票价调整后 3 年内不得再提出调高票价的申请

　　C. 旅游景区景点应设立旅游服务和旅游投诉机构

　　D. 旅游景区景点讲解人员应持有导游证

31. 旅游合同属于(　　　)范畴。

　　A. 民事合同　　　　　　　　　　B. 经济合同

　　C. 民事合同兼经济合同　　　　　D. 民事合同或经济合同

32. 申报历史文化名城，由省、自治区、直辖市人民政府提出申请，经国务院(　　　)主管部门会同国务院(　　　)主管部门组织有关部门、专家进行论证，提出审查意见，报国务院批准公布。

　　A. 文物，旅游　　B. 文化，文物　　C. 建设，文化　　D. 建设，文物

33. 旅行社应当自取得旅行社业务经营许可证之日起(　　　)个工作日内，在国务院旅游行政主管部门指定的银行开设专门的质量保证金账户，存入质量保证金，或者向做出许可的旅游行政管理部门提交依法取得的担保额度不低于相应质量保证金数额的银行担保。

　　A. 3　　　　　　　B. 5　　　　　　　C. 6　　　　　　　D. 9

34. 申请设立旅行社，经营国内旅游业务和入境旅游业务的，应当(　　　)。

　　A. 有不少于 30 万元的注册资本　　B. 有不少于 40 万元的注册资本

　　C. 有不少于 50 万元的注册资本　　D. 有不少于 60 万元的注册资本

35. 一旅游团报名参加甲旅行社组织的九寨沟五日游，甲旅行社未征得旅游团的书面同

意，擅自将已签约的旅游团转让给乙旅行社。若旅游者受到损害，相应的法律责任由(　　)承担。

A. 甲旅行社　　　　　　　　　　　B. 乙旅行社

C. 甲旅行社或乙旅行社　　　　　　D. 甲旅行社和乙旅行社

36. 导游人员在带团旅游时，得知旅游目的地发生道路塌方的消息，如果团队继续前往，就有可能使旅游者的人身安全发生危险，此时导游人员(　　)。

A. 可以调整或变更旅游行程计划，但在此之前，须征得旅行社同意

B. 可以调整或变更旅游行程计划，但须征得多数旅游者同意，并应当立即报告旅行社

C. 可以调整或变更旅游行程计划，但须征得所有旅游者同意

D. 不可以调整或变更旅游者行程计划，但可以采取安全措施

37. 《导游人员管理条例》规定，导游人员有权拒绝旅游者提出的(　　)的不合理要求。

A. 临时增加旅游项目　　　　　　B. 陪旅游者到商店购物

C. 侮辱其人格尊严或违反其职业道德　D. 特殊服务

38. 《导游人员管理条例》中的导游人员，是指依照条例的规定(　　)。

A. 取得导游人员资格证书，受旅行社委派，为旅游者提供向导、讲解及相关服务的人员

B. 取得导游人员资格证书，为旅游者提供向导、讲解及相关服务的人员

C. 取得导游证，为旅游者提供向导、讲解及相关服务的人员

D. 取得导游证，受旅行社委派，为旅游者提供向导、讲解及相关旅游服务的人员

39. 下列选项中，(　　)不属于有偿的旅游法律行为。

A. 客户租用　　　　　　　　　　B. 交通提供

C. 旅游购物　　　　　　　　　　D. 旅游企业依法向国家纳税

40. 在《合同法》的基本原则中，(　　)是一项法律适用原则，它可以弥补法律的不足，也可以弥补合同的不足。

A. 平等原则　　B. 诚实信用原则　　C. 公平原则　　D. 自愿原则

二、多项选择题（每题有2－4个正确答案，多选、少选、错选均不得分，每题2分，共30题）

1. 属于《旅游法》的特点的是(　　)。

A. 采取综合立法模式　　　　　　B. 在权益平衡基础上注重保护旅游者

C. 规范市场秩序，完善市场规则　D. 借鉴吸收国际立法经验

E. 积极引导新兴旅游消费

2. 依法治旅的重要意义有(　　)。

A. 依法治旅是依法治国总目标对旅游业发展的根本要求

B. 依法治旅是新时期旅游业发展的重要标志

C. 依法治旅是新形势下旅游业法治建设的迫切要求

D. 依法兴旅是使我国旅游业国际化发展的保障

E. 依法兴旅是旅游者利益保障的现实需要

3. 调解依主持人的身份不同可以分为(   )。

A. 民间调解　　　B. 仲裁调解　　　C. 法庭调解　　　D. 行政调解

E. 自愿调解

4. 下列关于旅行社责任保险内容的表述正确的是(   )。

A. 旅行社责任保险的性质是强制性的

B. 出境旅游每人责任赔偿限额为人民币 16 万元

C. 旅游者因治疗支出的交通、医疗费属于旅行社责任保险的赔偿范围

D. 旅行社责任保险合同的投保人、被保险人、受益人均是旅行社

E. 旅行社未投保责任险，可处人民币 5000 元以上 20 000 元以下罚款

5. 违约责任的主要形式有(   )。

A. 继续履行　　　B. 支付违约金　　　C. 采取补救措施　　　D. 补偿损失

E. 行政处罚

6. 旅游行政管理部门对旅行社实行的公告制度包括(   )。

A. 开业公告　　　　　　　　　　B. 变更名称公告

C. 变更经营范围公告　　　　　　D. 违规违纪公告

E. 吊销许可证公告

7. 导游人员在导游活动中被扣除 8 分的情形有(   )。

A. 逃避检查　　　　　　　　　　B. 无故不随团活动

C. 未携带正规接待计划　　　　　D. 不讲解

E. 讲解中掺杂迷信内容

8. 下列关于旅游资源管理制度表述正确的是(   )。

A. 国务院建设主管部门负责全国风景名胜区的监督管理工作

B. 我国自然保护区分为国家级自然保护区和地方级自然保护区

C. 旅游景区质量等级划分为四级，最低等级为 A 级，最高等级为 4A 级

D. 珍稀野生动植物物种的天然集中分布区域应当设立自然保护区

E. 国务院和省级人民政府的环境保护行政主管部门应当定期发布环境公报

9. 旅游业发展应当遵循(   )相统一的原则。

A. 旅游者利益　　　B. 公共利益　　　C. 社会效益　　　D. 经济效益

E. 生态效益

10. 旅游发展的"四个翻番"指到 2020 年，(   )等指标实现比 2015 年翻一番。

A. 人均出游率　　　　　　　　　B. 旅游消费总额

C. 旅游经济国家总体投入　　　　D. 旅游投资总额

E. 旅游就业总量

11. 旅行社违约行为的具体形态是(   )。

A. 履行不能　　　B. 拒绝履行　　　C. 延迟履行　　　D. 瑕疵给付

E. 加害给付

12. 外国旅行社在中国境内设立的常驻机构不得从事的业务有(　　)。
    A. 为旅游者代订交通票据　　　　　B. 旅游咨询
    C. 招徕中国旅游者赴国外旅游　　　D. 旅游宣传
    E. 在国外招徕旅游者来华旅游

13. 根据《导游人员管理条例》规定，不得颁发导游证的情形有(　　)。
    A. 因过失犯罪而受过刑事处罚的人员
    B. 被吊销导游证的人员
    C. 因故意犯罪而受过刑事处罚的人员
    D. 患有传染性疾病的人员
    E. 限制民事行为能力的人员

14. 下列说法正确的是(　　)。
    A. 航空旅游运输合同在旅客购买客票、行李票时即告成立
    B. 铁路货物运单是铁路运输合同或合同的组成部分
    C. 国家设立道路交通事故社会救济基金
    D. 食品生产经营企业必须首先取得卫生行政部门发放的卫生许可证
    E. 我国不可移动文物分为一级文物、二级文物、三级文物

15. 旅游行业协会建立行业诚信经营公开承诺制度的内容包括(　　)。
    A. 假日信息预报制度　　　　　　　B. 行业诚信经营监理制度
    C. 行业失信复议制度　　　　　　　D. 行业失信惩戒制度
    E. 旅游警示信息发布制度

16. 根据《中华人民共和国合同法》规定，违约责任的承担方式主要有(　　)。
    A. 继续履行　　　B. 拒绝补偿　　　C. 采取补救措施　　　D. 赔偿损失
    E. 支付违约金

17. 以下关于法的说法正确的是(　　)。
    A. 法是人民群众的意志体现
    B. 法是以国家意志表现出来的统治阶级的意志
    C. 统治阶级意识的内容是由统治阶级的特定的物质生活条件决定的
    D. 被生产力水平制约的生产关系对统治阶级意志具有决定意义和直接作用，地理
       环境、人口状况对统治阶级意志也有一定的影响
    E. 生产力和生产关系制约、影响着统治阶级的意志

18. 需要立即(　　)被投诉人的损害行为的，应当由损害行为发生地旅游投诉处理机
    构管辖。
    A. 纠正　　　　　B. 制止　　　　　C. 停止　　　　　D. 终止
    E. 改正

19. 消费者保护权益中经营者的义务有(　　)。
    A. 获得利润　　　　　　　　　　　B. 出具相应凭证和单据
    C. 不得从事不公平、不合理交易　　D. 不得侵犯消费者人身权
    E. 标明真实名称和价格

20. 铁路运输合同是明确铁路运输企业与旅客、托运人之间权利与义务的关系协议，其包括（   ）。

    A. 旅客车票   B. 行李票   C. 包裹票   D. 货物运单

    E. 站台票

21. 民法是调整平等主体的公民之间的、法人之间的及公民和法人之间的（   ）的法律规范的总和。

    A. 财产关系   B. 人身关系   C. 诉讼关系   D. 合同关系

    E. 法律关系

22. 旅游投诉处理机构应当在受理旅游投诉之日起60日内，做出以下处理：（   ）。

    A. 双方达成调解协议的，应当制作旅游投诉调解书，载明投诉请求、查明的事实、处理过程和调解结果，由当事人双方签字并加盖旅游投诉处理机构印章

    B. 投诉符合旅游投诉处理办法的，予以受理

    C. 调解不成的，终止调解，旅游投诉处理机构应当向双方当事人出具旅游投诉终止调解书

    D. 投诉不符合旅游投诉处理办法的，应当向投诉人送达旅游投诉不予受理通知书，告知不予受理的理由

    E. 依照有关法律、法规和旅游投诉处理办法规定，本机构无管辖权的，应当以旅游投诉转办通知书或者旅游投诉转办函，将投诉材料转交有管辖权的旅游投诉处理机构或者其他有关行政管理部门，并书面告知投诉人

23. 铁路运输企业应当对承运的货物、包裹、行李自接受承运时起到交付时止发生丢失、短少、变质、污染或者损害，承担赔偿责任，下列说法正确的是（   ）。

    A. 托运人或者旅客根据自愿申请办理报价运输的，可按照实际损失赔偿，但最高不超过保价额

    B. 未按保价运输承运的，按照实际损失赔偿，最高不超过国务院铁路主管部门规定赔偿限额，但由于铁路运输企业的故意或者重大过失造成损失的除外

    C. 托运人或者旅客根据自愿原则，可以向保险公司办理货物运输保险，保险公司按照保险合同的约定承担赔偿责任

    D. 不得以任何方式强迫办理保价运输或者货物运输保险

    E. 强制保险

24. 设立社向服务网点所在地工商行政管理部门办理服务网点设立登记后，应当在规定工作日内，持下列（   ）文件向服务网点所在地与工商登记同级的旅游行政管理部门备案。

    A. 设立社的旅行社业务经营许可证副本   B. 企业法人营业执照副本

    C. 服务网点的营业执照   D. 服务网点经理的履历表及身份证明

    E. 增存质量保证金的证明文件

25. 经营者和消费者进行交易，应当遵守（   ）的原则。

    A. 自愿   B. 平等   C. 公平   D. 诚实守信

    E. 合法

26. 一项有效的承诺，必须由受要约人向要约人提出，且应符合(　　)。

    A. 必须是对要约明确表示同意的意思表示

    B. 内容必须具体

    C. 必须在有效的期限内做出

    D. 承诺的内容与要约的内容相一致

    E. 主体合法

27. 《国务院关于加快发展旅游业的意见》包括(　　)。

    A. 分总体要求　　　B. 主要任务　　　　C. 保障措施　　　　D. 责任划分

    E. 经济支持

28. 到"十三五"末，计划我国旅游厕所全面实现(　　)的目标。

    A. 数量充足　　　　B. 干净无味　　　　C. 实用免费　　　　D. 管理有效

    E. 市场管理

29. 与一般消费者相比，旅游者的特殊性表现在(　　)。

    A. 旅游消费的行为比一般消费行为选择的自由度更小

    B. 旅游者参加旅游活动的目的是获得精神上的愉悦，与满足人的基本需求有明显的不同。由此，对于提供旅游服务的经营者的要求更高

    C. 由于旅游活动的空间移动性和一定的时间性特征，旅游者的弱者地位更加明显

    D. 旅游消费的复杂性和专业性，先付费再旅游的特点，使旅游者对旅游经营者的依赖更加明显

    E. 安全隐患比一般的消费行为更多

30. 知悉真情权利的主要内容有(　　)。

    A. 有权要求导游的信息真实

    B. 有权要求按约定提供旅游产品和服务

    C. 有权要求宣传信息真实

    D. 要求旅游经营者作为合同一方主体的情况真实

    E. 获得旅游产品和服务的真实详情

《政策与法律法规》综合训练题（二）参考答案

一、单项选择题

1－5. CACAD　6－10. CBDAD　11－15. CDCBD　16－20. BCDDC　21－25. ABBBC

26－30. BCACD　31－35. ADAAA　36－40. BCDDC

二、多项选择题

1. ABCD　2. ABC　3. ABCE　4. ABCD　5. ABCD　6. BCDE　7. AE　8. ADE　9. CDE

10. ABDE　11. ABC　12. ACE　13. BCDE　14. ABCD　15. BCE　16. ACDE

17. BCDE　18. AB　19. BCDE　20. ABCD　21. AB　22. AC　23. ABCD　24. ABCD

25. ABCD　26. ACD　27. ABC　28. ABCD　29. BCD　30. CDE

《政策与法律法规》综合训练题（三）

一、单项选择题（每题1分，共40题）

1. （   ）年，党的十一届三中全会在总结我国民主法治建设正反两方面的基础上，提出了社会主义法制十六字建设方针。
   A. 1978   B. 1997   C. 2002   D. 2007

2. 《中共中央关于全面推进依法治国若干重大问题的决定》把（   ）确定为全面推进法治国家的总目标。
   A. 建设中国特色社会主义法治体系 B. 建设社会主义法治国家
   C. 依法治国、依法执政、依法行政
   D. 建设中国特色社会主义法治体系，建设社会主义法治国家

3. 邓小平理论的精髓是（   ）。
   A. 改革开放   B. 发展才是硬道理
   C. 科学技术是第一生产力 D. 解放思想、实事求是

4. 科学发展观的基本要求是（   ）。
   A. 发展   B. 以人为本
   C. 全面协调可持续   D. 统筹兼顾

5. 根据党中央、国务院制定的重大战略，到（   ），要把我国建设成为创新型国家。
   A. 2015 年 B. 2020 年 C. 2025 年 D. 2030 年

6. 我国对外政策的根本原则是（   ）。
   A. 独立自主 B. 和平共处 C. 平等互利 D. 互不侵犯

7. 党的十八大提出将中国特色社会主义事业建设总体布局从"四位一体"拓展为"五位一体"，新增加的是（   ）。
   A. 政治建设 B. 经济建设 C. 文化建设 D. 生态文明建设

8. 中国社会主义民主政治最鲜明的特点是（   ）。
   A. 人民代表大会制度   B. 政治协商制度
   C. 多党合作制度   D. 基层民主制度

9. 中国"黄金周"制度始于（   ）。
   A. 1990 年 B. 1995 年 C. 1999 年 D. 2001 年

10. 关于改革开放以来我国旅游业主要成就的表述，不准确的是（   ）。
    A. 入境旅游人数和旅游外汇收入年均增幅远高于世界平均水平
    B. 已经有 100 多个国家和地区成为大陆居民出境旅游目的地
    C. 旅游基础设施明显改善，旅游产品供给能力日益增强
    D. 2013 年国内旅游超过 40 亿人次，出境旅游超过 1 亿人次

11. 我国最高国家权力机关是全国人大及其常务委员会，其执行机关是（   ）。
    A. 国务院   B. 中央军事委员会

C. 最高人民法院　　　　　　　　　　　D. 最高人民检察院

12. 下列属于行政法规的是(　　　)。
  A.《中华人民共和国旅游法》　　　　　B.《旅行社条例》
  C.《四川省旅游条例》　　　　　　　　D.《导游人员管理实施办法》

13. (　　　)属于限制民事行为能力人。
  A. 18 周岁以上精神正常的公民　　　　B. 10 周岁以下未成年人
  C. 10 至 16 周岁精神正常的公民　　　　D. 完全不能辨认自己行为的精神病患者

14. 导游人员在带团过程中未对游客进行充分的安全警示，致使游客遭受人身意外伤害的，(　　　)来承担侵权责任。
  A. 旅行社　　　　　　　　　　　　　　B. 导游人员
  C. 旅行社与导游人员　　　　　　　　　D. 导游人员与游客

15. 下列不属于旅行社质量保证金赔偿范围的是(　　　)。
  A. 旅行社违反旅游合同约定，侵害旅游者合法权益的
  B. 旅行社破产造成旅游者预交旅游费用损失的
  C. 旅游者人身安全遇有危险时需要紧急救助的
  D. 天气原因造成航班延误，导致旅游团增加的住宿费用

16. 旅行社取得经营许可满(　　　)，且未因侵害旅游者合法权益受到行政机关罚款以上处罚的，可以申请经营出境旅游业务。
  A. 半年　　　　　　B. 1 年　　　　　　C. 2 年　　　　　　D. 3 年

17. 旅行社每设立一个经营境内旅游业务和入境旅游业务的分社，应当向其质量保证金账户增存(　　　)。
  A. 3 万元　　　　　B. 5 万元　　　　　C. 8 万元　　　　　D. 10 万元

18. 导游人员在导游活动中有不尊重旅游者宗教信仰和民族风俗行为的，应扣除(　　　)。
  A. 2 分　　　　　　B. 4 分　　　　　　C. 6 分　　　　　　D. 8 分

19. 关于导游证的说法，错误的是(　　　)。
  A. 患有传染性疾病的，不得颁发导游证
  B. 吊销导游证之日起未满 3 年的，不得颁发导游证
  C. 游证的有效期限为 3 年
  D. 临时导游证的有限期限最长不超过 3 个月，因特殊原因可以展期

20. 导游人员在导游活动中不佩戴导游证且拒不改正的，处(　　　)以下的罚款。
  A. 300 元　　　　　B. 500 元　　　　　C. 800 元　　　　　D. 1000 元

21. 根据《旅游法》规定，旅游安全工作主要应由(　　　)负责。
  A. 国家旅游局　　　　　　　　　　　　B. 地方各级旅游主管部门
  C. 县级以上人民政府　　　　　　　　　D. 旅游企事业单位

22. 旅行社责任保险金的限额由旅行社与保险公司协商确定，但人身伤亡责任限额不得低于每人(　　　)。
  A. 20 万元　　　　　B. 40 万元　　　　　C. 60 万元　　　　　D. 100 万元

23. 当赴台旅游团成员非法滞留时，应当由（　　　）及时向公安机关及旅游行政主管部门报告滞者人员信息，相关部门做好滞留者的遣返和审查工作。

    A. 大陆组团社　　　B. 台湾接待社　　　C. 领队　　　　　　D. 地陪

24. 关于护照的说法，正确的是（　　　）。

    A. 外交护照由公安部出入境管理机构签发

    B. 从事公务活动出境人员应申请普通护照

    C. 16 周岁以上公民护照有效期为 5 年

    D. 护照有效期即将届满的，护照持有人可以申请换发护照

25. 关于铁路运输车票的说法，错误的是（　　　）。

    A. 车票是铁路旅客运输合同的基本凭证

    B. 车票是旅客加入铁路旅客意外伤害强制保险的凭证

    C. 团体旅客改签车票必须在开车 48 小时前办理

    D. 小学生身高超过 1.5 米，必须购买成人票

26. 航空承运人对每名旅客随身携带物品的赔偿责任限额为人民币（　　　）。

    A. 2000 元　　　　B. 3000 元　　　　C. 4000 元　　　　D. 5000 元

27. 关于绿色旅游饭店的说法，错误的是（　　　）。

    A. 绿色旅游饭店分金叶级和银叶级两个等级

    B. 绿色旅游饭店标志实行自愿申请，强制管理

    C. 绿色旅游饭店标志的有效期为 3 年

    D. 正式开业 1 年以上的旅游饭店均可申请评定绿色旅游饭店

28. 旅馆接待境外旅客住宿，应在（　　　）内向当地公安机关报送住宿登记表。

    A. 24 小时　　　　B. 36 小时　　　　C. 48 小时　　　　D. 60 小时

29. 我国将旅游景区质量等级划分为（　　　）级。

    A. 3　　　　　　　B. 4　　　　　　　C. 5　　　　　　　D. 6

30. 负责全国风景名胜区监督管理工作的是国务院（　　　）。

    A. 环境保护主管部门　　　　　　　B. 建设行政主管部门

    C. 文物行政主管部门　　　　　　　D. 旅游行政主管部门

31. 到（　　　）年，职工带薪年休假制度基本得到落实。

    A. 2020　　　　　B. 2025　　　　　C. 2023　　　　　D. 2018

32. 到 2020 年，境内旅游总消费额达到（　　　）万亿元，城乡居民年人均出游 4.5 次，旅游业增加值占国家生产总值的比重超过 5%。

    A. 5.5　　　　　　B. 6　　　　　　　C. 7　　　　　　　D. 8

33. 为确保提升市场监管能力，重要的工作之一是在全国旅游系统建立（　　　）。

    A. 旅游执法大队　　　　　　　　　B. 旅游宣传队伍

    C. 旅游监督机构　　　　　　　　　D. 旅游调解委员会

34. （　　　）是指导旅游业发展的主导方针，亦即纲领性文件。

    A. 《国务院关于加快发展旅游业的意见》

    B. 《关于进一步促进旅游投资和消费的若干意见》

C. 《国民旅游休闲纲要（2013－2020年)》

D. 《中国旅游业发展"十三五"规划纲要》

35. 各项公民权利中最基本的权利是(   )。

    A. 人身自由权　　　B. 政治权利　　　　C. 平等权　　　　　D. 经济权利

36. 景区、住宿经营者将其部分经营项目或者场地交由他人从事住宿、餐饮、购物、游览、娱乐、旅游交通等经营的，应当对实际经营者的经营行为给旅游者造成的损害(   )。

    A. 承担同等责任　　　　　　　　　B. 承担连带责任

    C. 按过错承担责任　　　　　　　　D. 不承担责任

37. 4A级景区是由(   )部门具体负责评定的。

    A. 国家旅游局　　　　　　　　　　B. 全国旅游景区质量等级评定委员会

    C. 省旅游局　　　　　　　　　　　D. 地区旅游景区质量等级评定委员会

38. 消费者在购买、使用商品或者接受服务时，其合法权益受到损害，因原企业分立、合并的，可以向(   )要求赔偿。

    A. 原企业的主管部门　　　　　　　B. 工商行政主管部门

    C. 分立、合并后的企业　　　　　　D. 原企业法定代表人

39. 某旅游定点商店出售当地特产"某玉石"。该店在店堂告示中表明"售出商品，概不退换"。某旅游团在导游人员带领下购买了该商品，后发现该商品有不显眼的瑕疵，依法经有关行政管理部门认定为不合格的商品，旅游者纷纷要求退货。此时，依据《消费者权益保护法》的规定，经营者(   )。

    A. 可以坚持"售出商品，概不退换"

    B. 可以坚持不退款，但可更换同种商品

    C. 可以坚持不退款，但可购买等额其他商品

    D. 应当负责退货

40. 北京某国际旅行社在郑州设有分社。如果该分社因自身过失造成旅游者权益遭受严重损失，那么被投诉者所在地应为(   )。

    A. 北京　　　　　B. 郑州　　　　　C. 北京和郑州　　　D. 北京或郑州

二、多项选择题（每题有2－4个正确答案，多选、少选、错选均不得分，每题2分，共30题）

1. 2014年8月颁发的《国务院关于促进旅游业改革发展的若干意见》提出(   )。

    A. 进一步落实带薪休假制度　　　　B. 建立国家公园体制

    C. 建立景区门票预约制度　　　　　D. 取消全国假日办

    E. 取消边境旅游项目审批

2. 我国解决民族问题的基本原则是(   )。

    A. 维护祖国统一　　　　　　　　　B. 坚持民族平等

    C. 坚持民族团结　　　　　　　　　D. 各民族共同繁荣

    E. 实行民族区域自治

3. 中国特色社会主义经济建设的具体思路和措施有( )。
   A. 全面深化改革　　　　　　　　B. 实施创新驱动发展战略
   C. 推进经济结构战略性调整　　　D. 推动新农村建设
   E. 全面提高开放型经济水平

4. 公民的基本义务有( )。
   A. 遵守宪法和法律　　　　　　　B. 维护自身权利
   C. 遵守社会公德　　　　　　　　D. 遵守公共秩序
   E. 依法纳税

5. 无效合同和被撤销合同的法律后果有( )。
   A. 没收违法所得　　　　　　　　B. 返还财产
   C. 赔偿损失　　　　　　　　　　D. 追缴财产
   E. 罚款

6. 一般来说，外商投资旅行社不得经营的旅游业务包括( )。
   A. 境内旅游业务　　　　　　　　B. 入境旅游业务
   C. 内地居民赴台湾旅游业务　　　D. 内地居民赴港澳旅游业务
   E. 内地居民出境旅游业务

7. 导游人员的合法权利包括( )。
   A. 人格尊严受到尊重　　　　　　B. 人身安全不受侵犯
   C. 依法获得劳动保障　　　　　　D. 主动变更接待计划
   E. 拒绝垫付旅游团费

8. 旅行社责任保险合同的主体包括( )。
   A. 投保人　　　B. 被保险人　　　C. 受益人　　　D. 保险人
   E. 旅游者

9. 中国公民不准出境的情形有( )。
   A. 未持有效出境入境证件或者拒绝、逃避接受边防检查的
   B. 被判处刑罚尚未执行完毕或者属于刑事案件被告人、犯罪嫌疑人的
   C. 有未了结民事案件
   D. 因妨害（边）境管理受到刑事处罚的，未满不准出境规定年限的
   E. 可能危害国家安全和利益，国务院有关主管部门决定不准出境的

10. 航空承运人不承担责任的情形有( )。
    A. 在民用航空器上发生的事件造成旅客人身伤亡的
    B. 在上下民用航空器时发生的事件造成旅客人身伤亡的
    C. 旅客的人身伤亡完全是由于旅客健康状况造成的
    D. 在民用航空器上发生的事件造成旅客随身物品损坏的
    E. 行李损失由于行李本身的自然属性、质量或者缺陷造成的

11. 自然保护区的( )，不得建设任何生产设施。
    A. 核心区　　　B. 缓冲区　　　C. 实验区　　　D. 浏览区
    E. 外围保护地带

12. 下列能为旅游者消费权提供依据的法律法规有( )。

A. 消费者权益保护法   B. 旅游法

C. 旅游投诉处理办法   D. 旅行社服务质量赔偿标准

E. 劳动法

13. 《中国旅游业发展"十三五"规划纲要》中关于中国旅游业发展主要内容有( )。

A. 阐明"十三五"时期国家旅游业发展战略意图

B. 明确政府工作重点

C. 总结国家"十二五"时期的主要成绩和问题

D. 明确国家、旅行社、导游及游客之间的关系

E. 引导市场主体行为

14. 2014 年 3 月，李先生与甲旅行社签订了《出境旅游合同》，双方约定：李先生参加甲旅行社组织的 5 晚 6 天泰国旅游，旅行社不安排购物和其他自费旅游项目，并承诺赠送小型主题园等景点。团队出发后李先生发现，旅游团是由乙旅行社发团的，而且赠送的主题园只有简单的燕窝采摘介绍，主要是向游客推销燕窝产品。在销售人员的游说下，李先生共购买 8800 元的燕窝产品。团队返回后，李先生查到所购商品价格过高，很不划算，于是向当地旅游执法大队投诉甲旅行社，认为旅行社赠送的小型主题园实质上是购物商店，属于增加购物点，要求赔偿。甲旅行社认为是乙旅行社的原因造成的，自己不承担责任。下面对此案例分析，正确的是( )。

A. 甲旅行社在未经过旅游者书面同意下，擅自委托其他旅行社履行包价旅游合同，属于明显违约

B. 甲旅行社未如实告知李先生小型主题园是购物点的事实，变相增加了购物项目，应当承担责任

C. 李先生应当向乙旅行社索赔

D. 旅行社有义务协助李先生退还购买的燕窝产品或退还差价

E. 由于甲旅行社违法情节轻微，未造成严重后果，旅游执法部门可以不予处罚

15. 游客张女士参加了云南某旅行社组织的"香格里拉"4 日游，旅行社收取团费 580元，承诺不会另行收取任何费用。团队从丽江出发后不久导游即向游客宣布，游客所交费用根本不够支付团费，必须每人再交 180 元参加烤羊晚会，否则下车，双方解除合同，导游退还游客已交费用。由于地处荒郊野外，考虑到安全因素，游客只好再交了 180 元。次日，导游又把客人带到一氧气店，以这里海拔高为由，要求游客每人必须购买 5 瓶氧气，并始终保持吸氧状态，避免发生高原反应。由于害怕高原反应，全车游客均按照要求购买了氧气。旅游结束后张女士得知，高原反应并没有导游说得那么严重，游客根本不必全程吸氧。张女士便以旅行社违约为由向旅游执法部门投诉，要求返还导游另行收取的晚会费用及游客购买氧气的费用，处罚旅行社。下列对该事件的分析，正确的有( )。

A. 旅行社严重违约，涉嫌强制消费

B. 导游在中途要求退还团费、解除合同的行为符合《合同法》

C. 导游让游客购买氧气的行为属于欺骗消费

D. 旅行社应当退还导游另行收取的烤羊晚会费用并支付违约金

E. 按照《导游人员管理实施办法》的规定，应对导游人员给予扣除 6 分的处罚

16. 在我国旅游法律关系中，能够作为旅游法律关系主体的有（ ）。

A. 某省旅游局   B. 国内某五星级饭店

C. 来中国旅游的英国游客   D. 中国旅行社的法人名称

E. 某省长途汽车运输公司

17. 我国公民的人身自由权主要包括（ ）。

A. 公民有宗教信仰自由

B. 公民的人身不受非法逮捕、拘禁、非法剥夺或者限制自由

C. 公民的通信自由和通信秘密受法律保护

D. 公民有言论、出版、集会、结社、游行、示威的自由

E. 由于国家机关和国家工作人员侵犯公民权利而受到损失的人，有依照法律规定取得赔偿的权利

18. 旅游者甲与乙旅行社签订去海南旅游的合同。因乙旅行社工作人员的疏忽，错将往返价格 1500 元标成 500 元。甲见价格便宜，就签订合同并交付 500 元现金。事后，乙旅行社发现错误，遂找到甲，要求补足余下价款 1000 元或退款，而甲认为旅行社自己标错了价格不关自己的事，拒不补足其余钱款，并要求继续前往海南旅游，双方发生争议，乙旅行社起诉到法院。甲与乙签订的合同是（ ）。

A. 无效的合同   B. 可撤销的合同

C. 显失公平的合同   D. 有重大误解的合同

E. 可变更的合同

19. 抵押与质押的区别有（ ）。

A. 抵押不转移债务人或第三人的某一特定财产

B. 质押可以把权利作为质押物

C. 质押财产一定要转移到债权人占有

D. 抵押物只能是不动产

E. 抵押权有优先于其他债权优先得到偿还的效力

20. 导游人员在导游活动中，有（ ）情形的，旅游行政管理部门不仅要处罚该导游人员，还要对委派该导游人员的旅行社给予警告直至责令停业整顿。

A. 未佩戴导游证   B. 向游客索要小费

C. 胁迫游客购物   D. 擅自中止导游活动

E. 有损害国家利益和民族尊严言行

21. 《导游人员管理条例》规定，不得颁发导游证的情形主要有（ ）。

A. 无民事行为能力或者限制民事行为能力的

B. 患有传染性疾病的

C. 受过刑事处罚的（过失犯罪的除外）

D. 被吊销导游证的

E. 受过旅游行政管理部门通报批评的

22. 旅行社在与旅游者签订旅游合同时，应当对旅游合同的具体内容做出(　　)的说明。

    A. 真实　　　　　　B. 准确　　　　　　C. 完整　　　　　　D. 全面

    E. 公平

23. 食品经营者销售散装食品，应当在散装食品的容器、外包装上标明食品的(　　)等内容。

    A. 名称　　　　　　B. 生产日期　　　　C. 食用方法　　　　D. 生产经营者名称

    E. 生产经营者联系方式

24. 下列属于旅馆中出现的合同关系的是(　　)。

    A. 旅馆住宿合同　　　　　　　　　　　B. 旅馆与旅行社之间的客房销售合同

    C. 旅馆会议合同　　　　　　　　　　　D. 旅馆与旅游汽车公司的租车合同

    E. 工商部门与旅馆签订安全生产承诺合同

25. 在铁路旅客运输中，旅客携带物品免费重量的情形有(　　)。

    A. 成人携带 20 千克物品　　　　　　　B. 小孩携带 20 千克物品

    C. 成人携带 30 千克物品　　　　　　　D. 小孩携带 10 千克物品

    E. 外交人员携带 35 千克物品

26. 旅行社有(　　)情形之一的，由旅游行政管理部门责令改正，处 2 万元以上 10 万元以下的罚款；情节严重的，责令停业整顿 1~3 个月。

    A. 未与旅游者签订旅游合同

    B. 与旅游者签订的旅游合同未载明《旅行社条例》第 28 条规定的事项

    C. 取得旅游者同意，将旅游业务委托给其他旅行社

    D. 将旅游业务委托给不具有相应资质的旅行社

    E. 未与接受委托的旅行社就接待旅游者的事宜签订委托合同

27. 下列适用于旅行社责任险赔偿范围的有(　　)。

    A. 游客高某在旅游过程中，摄像机被盗

    B. 在旅游过程中游客王某被行李扎伤的治疗费

    C. 导游人员张某在导游过程中将手臂摔断的治疗费

    D. 游客张某在私自探望朋友时将脚扭伤的治疗费

    E. 游客提前终止旅游回家途中发生车祸的医疗费用

28. 下列有关护照的说法中，正确的有(　　)。

    A. 中国公民申请办理护照，应由外交部或外交部授权的地方外事部门颁发

    B. 我国护照有外交护照、公务护照和普通护照

    C. 因出境旅游发给普通护照

    D. 办理探亲旅游，外交部发给护照时还附发出境卡

    E. 护照的有效期限是 5 年，可以申请延期

29. 根据《反不正当竞争法》的有关规定，经营者不得从事的有奖销售行为有(　　)。

    A. 采用谎称有奖的欺骗方式进行有奖销售

B. 采用故意让内定人员中奖的欺骗方式进行有奖销售

C. 采用有奖销售的手段推销质次价高的商品

D. 抽奖式的有奖销售，最高奖的金额超过 5000 元

E. 抽奖式的有奖销售，最高奖的金额不超过 3000 元

30. 关于风景名胜区的管理，下列说法正确的是(　　　)。

A. 风景名胜区内所有单位和个人，应遵守风景名胜区规划，服从统一管理

B. 风景名胜区要加强治安、安全管理，要设置维护游览秩序和治安的机构或专门人员，配备必要的装备，加强治安巡逻和检查

C. 根据游客要求接纳游览活动

D. 在风景名胜区内进行经营活动的单位和个人，都必须向工商管理机构注册并持有营业执照，在规定的区域和营业范围经营

E. 引导游客遵守公共秩序，爱护风景名胜资源，爱护公物，注重卫生

《政策与法律法规》综合训练题（三）参考答案

一、单项选择题

1 – 5. ACDCB　　6 – 10. ADACD　　11 – 15. ABCAD　　16 – 20. CBBDB　　21 – 25. CAADC

26 – 30. BDACB　　31 – 35. AADDA　　36 – 40. BBCDB

二、多项选择题

1. AE　2. BCD　3. ABCE　4. ABDE　5. BC　6. CDE　　7. ABCE　　8. ABCD　　9. ABDE

10. CE　11. AB　12. ABCD　13. ABE　14. ABDE　15. ACD　16. ABCE　17. BC

18. BD　19. ABC　20. BCE　21. ABCD　22. ABC　23. ABDE　24. ABCD　25. ADE

26. ABDE　27. AB　28. BCE　29. ABCD　30. ABDE

《导游业务》

第一章　导游服务

一、单项选择题（每题有一个正确答案）

1. 下列选项中，不属于导游服务的主要内容的是(　　)。
   A. 陪同游客旅行游览　　　　　　　B. 帮助游客购买当地特产
   C. 向游客提供旅游咨询　　　　　　D. 帮助游客联系和安排各项旅游事宜

2. 智慧旅游的中心是(　　)。
   A. 游客互动体验　　　　　　　　　B. 融合通信与信息技术
   C. 一体化的行业信息管理　　　　　D. 促进产业结构升级

3. 智慧旅游的基础是(　　)。
   A. 游客互动体验　　　　　　　　　B. 融合通信与信息技术
   C. 一体化的行业信息管理　　　　　D. 促进产业结构升级

4. 相比实地口语导游，图文声像导游方式的优势体现在(　　)。
   A. 标准的介绍模式能提供有针对性的导游服务
   B. 形象生动，便于携带和保存
   C. 能有重点地向游客进行介绍
   D. 能统一应对复杂的游客情况

5. 下列不属于实地口语导游发挥主导作用的原因是(　　)。
   A. 导游服务对象是有思想和目的的游客
   B. 现场导游情况复杂多变
   C. 旅游是一种需要获取大量信息的活动
   D. 旅游是一种人际交往和情感交流活动

6. 景区景点的导游人员带领游客参观景观，是属于现代导游服务类型中的(　　)。
   A. 实地口语导游　　　　　　　　　B. 中文导游
   C. 外文导游　　　　　　　　　　　D. 图文声像导游

7. 具有商业性质的职业导游，产生于(　　)。
   A. 奴隶社会时期　　　　　　　　　B. 封建社会时期
   C. 工业革命时期　　　　　　　　　D. 现代商业时期

8. 世界公认的第一次商业性旅游活动的组织者是(　　)。
   A. 英国人约翰·梅森　　　　　　　B. 英国人托马斯·库克

C. 中国人陈光甫 D. 中国人徐霞客

9. 20 世纪初期中国上海商业储备银行旅游部独立后成立了(　　)。
   A. 中国青年旅行社 B. 中国国际旅行社
   C. 中国旅行社 D. 中国华侨旅行社

10. 新中国成立后我国的第一家旅行社是(　　)。
    A. 中国青年旅行社 B. 中国国际旅行社
    C. 中国旅行社 D. 华侨服务社

11. 新中国成立后，对我国的旅游事业进行组织和领导的机构是(　　)。
    A. 中国国家旅游局 B. 中国旅行游览事业管理局
    C. 全国青联旅游部 D. 全国旅行社协会

12. 第一次全国性导游人员资格考试始于(　　)。
    A. 1980 年 B. 1985 年 C. 1989 年 D. 1990 年

13. 1999 年国务院颁发(　　)标志着我国导游队伍的建设迈上了法律进程。
    A. 《导游人员管理条例》
    B. 《导游人员管理实施办法》
    C. 《中华人民共和国旅游法》
    D. 《中华人民共和国国家标准导游服务质量》

14. 导游服务(　　)的特点要求导游人员有高度的责任感和敬业精神，以及较强的心理自控能力。
    A. 复杂多变 B. 脑体劳动高度结合
    C. 独立性强 D. 跨文化性

15. 在旅游活动的过程中，导游人员应当避免由于信息不对称导致的游客纠纷，其前提就是要遵守(　　)原则。
    A. 宾客至上 B. 维护游客合法权益
    C. 规范化服务与个性化服务结合 D. 平等服务

16. 导游工作具有(　　)的特点，要求导游人员应当具有强健的身体、认真负责的工作态度、熟练的待人接物的技巧以及扎实的多学科知识、高超的语言表达能力。
    A. 独立性强 B. 责任心强
    C. 工作辛苦 D. 脑力劳动与体力劳动高度结合

17. 某导游人员通过优质的服务和出色的导游讲解，使游客经历了一次难以忘怀的旅游活动。离别之时，游客们一再表示，下次一定还要到这里来旅游。该导游员的服务工作是导游服务工作经济性中(　　)的表现。
    A. 直接创收 B. 扩大客源，间接创收
    C. 促进经济交流 D. 促销商品

18. 由于世界各国（各地区）之间的文化传统、风俗民情、禁忌习惯不同，游客的思维方式、价值观念、思想意识各异，这就决定了导游服务工作具有(　　)的特点。
    A. 独立性强 B. 脑体劳动高度结合
    C. 复杂多变 D. 跨文化性

19. "游客往往通过导游人员带领游客进行旅游活动的情况来判断旅游产品的使用价值"。这句话表明了导游服务的( )作用。

    A. 纽带   B. 标志   C. 反馈   D. 扩散

20. 游客的意见、要求、建议乃至投诉，其他旅游服务部门在接待工作中出现的问题以及他们的建议和要求，一般是通过导游人员向旅行社传递直至上报旅游行政管理部门。这体现了导游服务工作纽带作用中的( )。

    A. 连接内外   B. 协调左右   C. 承上启下   D. 扩散作用

二、多项选择题（每题有 2－4 个正确答案，多选、少选、错选均不得分）

1. 导游服务主要包括的内容有( )。

    A. 讲解服务   B. 旅行生活服务   C. 市内交通服务   D. 安全保卫服务

    E. 言行约束服务

2. 导游服务的文化性主要体现在( )。

    A. 在保证服务质量的前提下，尽可能降低成本，为本地区经济发展多做贡献

    B. 通过自己的一言一行，向旅游者展示本国、本地区文明，体现本民族的风情

    C. 讲解服务，通过直接讲解的方式，向游客介绍本地、本民族文化，普及历史、宗教、艺术等文化知识

    D. 认清自己的角色，摆正位置，把为旅游者提供满意的服务作为自己的责任

    E. 导游人员在与旅游者长期接触中，有意或无意地接受了外来文化，并将这种文化向本地区传播，形成文化交流的现象

3. 导游服务的特点有( )。

    A. 客观要求复杂多变   B. 独立性强

    C. 跨文化性   D. 工作辛苦

    E. 脑力劳动与体力劳动高度结合

4. 从游客角度来看，导游的重要服务地位体现在( )。

    A. 导游服务是游客了解旅游目的地文化的桥梁

    B. 实事求是地介绍景区，不文过饰非

    C. 导游服务是旅游活动顺利开展的前提和保证

    D. 导游服务体现旅行社的服务水平和质量

    E. 导游服务是旅行社改进产品的主要途径

5. 下列导游服务中，不属于图文声像导游方式的是( )。

    A. 发放风景区导游图   B. 为游客播放风光影碟

    C. 在主要景点前为游客讲解   D. 赠送景点介绍手册

    E. 在景区游览图前为游客介绍行程安排

6. 导游服务未来的发展趋势将会是( )。

    A. 导游内容高度知识化与手段科技化   B. 导游收入小费化与收入多样化

    C. 导游方法多样化与服务个性化   D. 导游职业自由化

    E. 导游资格专业化

7. 导游服务主要包括(　　)。
   A. 信息咨询服务　　B. 翻译服务　　　　C. 讲解服务　　　　D. 旅行生活服务
   E. 线路设计服务
8. 下列导游服务中体现导游服务文化性的内容是(　　)。
   A. 导游在沿途讲解中介绍本地的地方民俗文化
   B. 导游组织游客前往旅游景点欣赏风景
   C. 大理地区导游穿着民族服装上团
   D. 在接待外宾团队的过程中，导游也将外宾们的生活习惯介绍给当地接待部门
   E. 导游在带团的过程中对各国游客一视同仁
9. 导游在坚持维护游客合法权益的原则时，应做到(　　)。
   A. 严格履行旅游合同　　　　　　　　B. 平等对待每一位游客
   C. 保障游客的人身和财物安全　　　　D. 尊重游客的知情权
   E. 帮助游客选择适合的旅游纪念品
10. 导游人员树立良好职业声誉，需要注意的细节是(　　)。
    A. 促成游客尽可能多地购物
    B. 为游客提供优质的服务
    C. 参加各类导游大赛，脱颖而出
    D. 形成自己独有的风格和技巧，成为特色化导游
    E. 导游服务能感染游客，让游客铭记在心

第一章　导游服务参考答案

一、单项选择题

1 – 5. BABBC　6 – 10. ACBCD　11 – 15. BCAAB　16 – 20. DBDBC

二、多项选择题

1. ABD　2. BCE　3. ABCE　4. AC　5. CE　6. ACD　7. ABCD　8. ACD　9. ABCD
10. BDE

第二章　导游人员

一、单项选择题（每题有一个正确答案）

1. "没有导游人员的旅行，是不完美的旅行，甚至是没有灵魂的旅行"这句话体现了
   (　　)的内涵。
   A. 在现代旅游活动中，导游人员能满足人们远离常住地来到异国他乡，追求物质和
      精神生活满足的需要
   B. 导游人员的工作范围广泛，能为游客提供各种服务

C. 在旅游活动中，导游人员通过自己的辛勤劳动，增进了各国人民之间的相互了解与友谊

D. 导游人员具有渊博的学识

2. 下列导游人员中，不属于兼职导游的是(   )。

   A. 小李因懂阿拉伯语，被旅行社聘请为临时导游

   B. 小王取得导游资格后，长期为本地各家旅行社带团，并以此作为自己的主要经济来源

   C. 张老师考取导游资格后，利用自己的寒暑假固定为一家旅行社带团

   D. 小赵在旅游专业学习的过程中，利用课余时间为市内各旅行社带本地游的团队

3. 报考中级导游员要求在报考前 3 年内，无一次性扣分达(   )分以上或一年内扣分累计达(   )分的记录。

   A. 3，6   B. 4，10   C. 3，8   D. 5，10

4. 晋升特级导游员需要取得高级导游员资格(   )年以上。

   A. 3   B. 4   C. 5   D. 10

5. 导游能力素质的核心内容是(   )。

   A. 组织协调能力   B. 独立应变能力   C. 语言讲解能力   D. 创新能力

6. 导游人员在工作中，需要不断刻苦钻研，思考如何为游客提供优质的导游服务，这体现了导游思想品德素质中的(   )。

   A. 优秀的道德品质   B. 较强的敬业精神

   C. 高尚的情操修养   D. 自觉地遵纪守法

7. 导游人员在工作中的知识指针是(   )。

   A. 语言知识   B. 史地文化知识   C. 政策法规知识   D. 心理学知识

8. 导游人员在工作知识结构中，作为导游服务的"原料"，是导游人员的看家本领的知识是(   )。

   A. 语言知识   B. 史地文化知识   C. 政策法规知识   D. 心理学知识

9. 导游人员能独立分析、解决问题，处理事故，并善于和各种人打交道，这体现了导游(   )。

   A. 较强的独立工作能力   B. 拥有广博的知识结构

   C. 掌握熟练的导游技能   D. 有健康的体魄和心态

10. 下列关于导游人员的基本职责的描述中，不正确的是(   )。

    A. 接受任务，带团游览   B. 进行导游讲解，传播文化

    C. 安排相关事宜，保护游客安全   D. 反映意见要求，协助游客购物

11. 下列不属于海外领队的主要职责的是(   )。

    A. 全程服务，旅途向导   B. 落实旅游合同

    C. 做好境外旅游的组织与讲解工作   D. 协调联络，维护权益，解决难题

12. 导游小李负责旅游过程中同组团旅行社和各地接待旅行社的联络，做好旅行各站的衔接工作，请问小李的身份是(   )。

    A. 全程陪同导游人员   B. 地方陪同导游人员

C. 海外领队　　　　　　　　　　D. 景区导游

13. 就地方旅游而言，最典型的完全意识上的导游人员是(　　)。

    A. 全程陪同导游人员　　　　　　B. 地方陪同导游人员

    C. 海外领队　　　　　　　　　　D. 景区导游

14. 景区导游人员在为游客提供景区讲解服务时，讲解内容主要应包括(　　)。

    A. 结合景区的景观景物向游客宣讲宗教信仰、生态和文物保护知识

    B. 结合景区的景观景物向游客宣讲当地购物、生态和文物保护知识

    C. 结合景区的景观景物向游客宣讲环境、生态和文物保护知识

    D. 结合景区的景观景物向游客宣讲环境、生态和旅行生活知识

15. 导游人员在带团时，若旅游者之间发生矛盾纠纷，导游人员应做的是(　　)。

    A. 全力以赴，多方调解　　　　　B. 深入了解，请其他游客协助劝解

    C. 适当调解，保证团队活动顺利进行　D. 置之不理，任其自由发展

16. 以下哪项不属于导游人员身心健康所包括的内容(　　)。

    A. 心理平衡　　B. 思想健康　　C. 举止大方　　　　D. 身体健康

17. 对于以下人员，不可颁发导游证的是(　　)。

    A. 已年满 13 岁的张某　　　　　B. 体检无传染性疾病的王某

    C. 具有高中以上学历的李某　　　D. 因过失犯罪曾受过刑事处罚的赵某

18. 具有大专以上学历的，获初级导游员资格(　　)年以上，可申请通过考核晋升中级导游员。

    A. 1　　　　　　B. 2　　　　　　C. 3　　　　　　D. 4

19. 导游服务是导游人员代表被委派的旅行社，接待或陪同(　　)旅行、游览，按组团合同或约定的内容和标准向其提供的旅游接待服务。

    A. 旅客　　　　　B. 游客　　　　　C. 旅行者　　　　D. 旅游者

20. 面对国际国内旅游市场的激烈竞争，以及目前的导游管理体制发生的巨大变化，导游人员应具有(　　)。

    A. 较强的组织协调能力　　　　　B. 积极的进取精神

    C. 熟练的导游技能　　　　　　　D. 独立执行政策和进行宣传讲解的能力

二、多项选择题（每题有 2 - 4 个正确答案，多选、少选、错选均不得分）

1. 海外领队的主要职责是(　　)。

    A. 全程服务，旅途向导　　　　　B. 沿途导游讲解

    C. 落实旅游合同　　　　　　　　D. 做好组织和团结工作

    E. 协调联络，维护权益，解决难题

2. 下列职责中不属于全陪工作职责的是(　　)。

    A. 在接待入境团队时做好游客的出入境服务工作

    B. 负责与组团旅行社和地方旅行社联络，做好各站的衔接工作

    C. 维护游客的人身和财物安全，处理好各类突发事件

    D. 落实旅游团队在旅游目的地的吃、住、行、游、购、娱等活动安排

E. 提供导游讲解服务

3. 组织协调工作要求全程陪同导游人员协调的关系包括（　　　）。

    A. 领队与地方导游、购物店主之间的关系

    B. 旅游团与地方接待旅行社及地方陪同导游人员之间的关系

    C. 领队与地方陪同、司机等各方面接待人员之间的关系

    D. 旅游团在各地的旅游活动

    E. 旅游团内部团员之间的关系

4. 下列服务项目中，属于地方导游工作职责范围的是（　　　）。

    A. 做好接待工作，安排旅游活动

    B. 上下站联络，保证旅游活动顺利开展

    C. 进行导游讲解，宣传地方文化

    D. 维护游客人身财产安全

    E. 进行宣传调研工作

5. 导游服务的三要素指的是（　　　）。

    A. 语言　　　　　　B. 知识　　　　　　C. 经验　　　　　　D. 服务技能

    E. 人格魅力

第二章　导游人员参考答案

一、单项选择题

1 – 5. ABBCA　6 – 10. BCBAD　11 – 15. CABCC　16 – 20. CABBB

二、多项选择题

1. ACDE　2. DE　3. BCD　4. ACD　5. ABD

第三章　导游人员的职业道德与修养

一、单项选择题（每题有一个正确答案）

1. 导游员在工作中所享有的基本权利和基本义务是指（　　　）。

    A. 导游人员的工作环境　　　　　B. 导游人员的工作技能

    C. 导游人员的职业道德　　　　　D. 导游人员的职业待遇

2. 导游人员必须遵守的基本道德规范是（　　　）。

    A. 爱国爱企，自尊自强　　　　　B. 遵纪守法、敬业爱岗

    C. 公私分明、诚实善良　　　　　D. 克勤克俭、游客至上

3. 特级导游员石春满对云冈石窟的讲解受到日本佛教团体的客人称赞，他说："日本佛学院毕业的人员，恐怕都比不上石先生对佛教、古建筑、雕刻艺术的了解。"这体现了导游人员的（　　　）。

A. 文化修养　　　　B. 学风修养　　　　C. 气质修养　　　　D. 情操修养

4. 旅行、游览中遇有可能危及游客人身安全的紧急情形时，导游人员首先应(　　)。
   A. 立即报告旅行社　　　　　　　　B. 调整或变更接待计划
   C. 注意安全按原计划开展旅游活动　　D. 安抚游客情绪

5. 导游人员在仪容仪表方面要注意自身形象，可以适当使用香水，但需要注意(　　)。
   A. 尽量选择高品质的香水，以保证在 3 米左右的距离也能闻到香味
   B. 使用香水掩盖异味
   C. 涂抹香水的部位最好是光线照射不到的地方
   D. 将不同品牌、不同系列、不同香型的香水混合使用，以形成个人独特的香型

6. 若受邀参加西方的一场在白天举行的盛宴，男士在服装选择上需要注意不能选择(　　)。
   A. 西服　　　　　B. 小礼服　　　　　C. 晨礼服　　　　　D. 职业制服

7. 导游员在服装的选择上要与职业相协调，因此不能(　　)。
   A. 只画淡妆　　　　　　　　　　　B. 打扮前卫时尚
   C. 选择宽松休闲的服装　　　　　　D. 根据不同的旅游地点选择服装

8. 男士导游穿着西装时应注意(　　)。
   A. 将西服外套的所有纽扣都系好，以凸显严谨的作风
   B. 西服外套的衣袋中尽量不放物品，以保证外套的平整
   C. 正式场合可以采取 T 恤配西服外套的穿法，以彰显时尚
   D. 天气转凉时可将扣式毛衫搭配在西服中穿着，以方便穿脱

9. 女性导游在参加正式的商务交往活动时，可以选择的服装不包括(　　)。
   A. 西服套裙　　　B. 中式旗袍　　　　C. 西式礼服　　　　D. 带团轻便装

10. 与意大利游客进行面对面的交谈时，最佳距离应保持在(　　)。
    A. 1 米左右　　　　　　　　　　B. 1.3 米左右
    C. 0.3 ~ 0.4 米　　　　　　　　D. 0.7 ~ 0.8 米

11. 在与人告辞时，礼貌的做法是离去时应注意(　　)。
    A. 扭头便走，避免耽误时间　　　B. 采用后退法，不示人以后背
    C. 一步三回头　　　　　　　　　D. 在楼道、走廊等道路狭窄之处尽量先行

12. 在涉外交往中，应遵守的交往原则是(　　)。
    A. 无论任何内容都悉听尊便
    B. 只要不危及其生命安全，不违背伦理道德，不触犯法律，不损害我方的国格人格，都遵守"不得纠正"的原则
    C. 礼让外国友人，凡事以其意志优先
    D. 遇到国外友人做得不太妥当的事情，应待人以诚，当面提出批评，或者犯颜直谏做诤友

13. 应邀用西餐时，席间在礼仪方面应注意(　　)。
    A. 赴宴时，可带一束表示友谊的鲜花

B. 在男主人拿起勺子或叉子以前，客人不要自行用餐

C. 可通过劝酒劝菜活跃席中气氛

D. 宴席结束时应等男主人从座位上站起后，一起离席

14. 在与英国友人交往时，需要注意的是(　　)。
  A. 赴宴时，可带一束表示友谊的百合花前往
  B. 可选择有大象图案的纪念品赠送英国友人
  C. 最好不在恰逢13日的星期五宴请英国友人
  D. 初次见面时可通过询问其佩戴物品的价格等话题加深印象

15. 下列菜式安排中，适合英国人口味的是(　　)。
  A. 夫妻肺片　　　B. 九转大肠　　　C. 水煮肉片　　　D. 糖醋里脊

16. 在与法国朋友打交道时，容易引起误会的举动是(　　)。
  A. 见面时行亲吻礼　　　　　　　B. 做客时带一束鲜花前往
  C. 用手捂住嘴笑　　　　　　　　D. 用天蓝色的包装纸包装礼物

17. 在与日耳曼语系国家的游客交往时，需要注意的礼品赠送风俗是(　　)。
  A. 可以赠送仙鹤等图案的礼品　　　B. 可以带点用红色包装的小礼品
  C. 可以用丝带来装饰礼品　　　　　D. 可以带一瓶葡萄酒前往赴宴

18. 在与日本友人共同进餐时，需要注意(　　)。
  A. 不方便放筷子时，可以将筷子直插饭中
  B. 可以用一双公筷依次给每个人夹菜
  C. 不可用筷子随意拨菜肴
  D. 可以游动筷子选择想夹的菜肴

19. 在接待韩国团队时，要注意的禁忌是(　　)。
  A. 尽量不出现数字"4"　　　　　　B. 不宜谈论个人的情况
  C. 尽量不安排偏辣的菜品　　　　　D. 用餐时应把盘中的菜吃光

20. 在为俄罗斯友人选择赠送礼品时，下列礼品中可以选择的是(　　)。
  A. 张小泉剪刀　　　　　　　　　　B. 英吉沙小刀
  C. 十二朵工艺玫瑰　　　　　　　　D. 潍坊袖珍风筝

二、多项选择题（每题有2－4个正确答案，多选、少选、错选均不得分）

1. 下列行为中违反导游人员行为规范的有(　　)。
  A. 导游小王在带团过程中，因堵车导致游览行程受阻，因此导游小王将行程中的景点由5处减少为3处
  B. 导游小王因在旅游大巴上推荐游客观看晚上的自费演出项目无游客响应，一气之下将所有游客留在景区后便不见踪影
  C. 导游小赵在途中讲解时，按车上游客的要求讲了不少黄灰段子
  D. 地陪小李因8岁的小孩放假独自在家无人照看，便带着孩子一起上团
  E. 导游小张因有游客提出要中途带亲友参团，在征求了各方意见并取得旅行社同意后，小张为其办理了随团手续

2. 着装的 TPO 原则，指的主要是着装应(　　)。
   A. 与时间相适应　　　　　　　B. 与身材相适应
   C. 与地点相适应　　　　　　　D. 与场合相适应
   E. 与身份相适应

3. 握手时需要注意的禁忌有(　　)。
   A. 忌多人同时握手，忌交叉同时与两个人握手
   B. 握手时看着第三者或者环视四周
   C. 男士握手忌戴手套
   D. 边握手边拍对方肩头，握手时低头哈腰或与他人打招呼
   E. 与对方握手时只是轻轻用力

4. 与拉丁语系国家游客交往时需要注意的事项有(　　)。
   A. 交谈时可以从对方的学历等信息内容入手
   B. 不宜安排进食狗肉
   C. 餐后可以安排咖啡时间
   D. 宴请时可以准备葡萄酒
   E. 在房间安排时尽量避免出现数字"13"

5. 下列外国游客的礼仪习俗中表述正确的是(　　)。
   A. 俄罗斯人大都爱喝红茶，往往要加奶和糖
   B. 与泰国友人见面宜行合掌礼
   C. 日本人饮酒时，客人在主人为其斟酒后，要马上接过酒瓶给主人斟酒
   D. 德国友人忌讳在宴会上谈生意
   E. 不能与比利时友人谈论狮子与公鸡

第三章　导游人员的职业道德与修养参考答案

一、单项选择题
1－5. CABAC　6－10. BBBDC　11－15. BBACD　16－20. CBCAD

二、多项选择题
1. ABCD　2. ACD　3. ABCD　4. BCD　5. ABCD

第四章　地方导游服务规程与服务质量

一、单项选择题（每题有一个正确答案）

1. 地陪致欢迎词，其内容不包括(　　)。
   A. 介绍自己和司机　　　　　　B. 介绍旅游行程和注意事项
   C. 表明热诚服务的态度　　　　D. 祝愿游客在本地旅游愉快

2. 地陪带团入住饭店，服务工作欠妥的是(　　)。
   A. 请领队或全陪分发房卡　　　　　　B. 向客人介绍饭店设施
   C. 到房间通知下一次集合时间、地点　D. 通知饭店叫早时间

3. 地陪导游在接团时，应当提前(　　)到达接站点。
   A. 10 分钟　　　　B. 15 分钟　　　　C. 30 分钟　　　　D. 60 分钟

4. 旅游团抵达目的地机场后，清点行李的工作应由(　　)共同负责。
   A. 地陪和行李员　　　　　　　　　　B. 领队和行李员
   C. 地陪、全陪、领队和行李员　　　　D. 全陪、地陪和行李员

5. 地陪导游在接团后的初次讲解时，首先应当是(　　)。
   A. 说明事项　　　　B. 致欢迎词　　　　C. 沿途讲解　　　　D. 概况介绍

6. 海外领队、全陪、地陪和讲解员所共有的职责是(　　)。
   A. 落实旅游合同　　B. 维护安全　　　　C. 组织协调工作　　D. 联络工作

7. 地陪带团到达机场必须留出充裕的时间，如果是乘国内航班，应提前(　　)到达。
   A. 半小时　　　　　B. 1 小时　　　　　C. 1.5 小时　　　　D. 2 小时

8. 送外国旅游团出境时，地陪何时可以离开机场(　　)。
   A. 旅游团所乘航班起飞后　　　　　　B. 旅游团办理登机手续时
   C. 与旅游团成员交接完行李告别后　　D. 旅游团进入隔离区后

9. 旅游团旅游计划的具体执行者，当地旅游活动的组织者和领导者是(　　)。
   A. 组团人员　　　　B. 全陪导游人员　　C. 地陪导游人员　　D. 领队

10. 日间活动出发前，地陪至少提前(　　)到达集合地点。
    A. 10 分钟　　　　B. 20 分钟　　　　C. 30 分钟　　　　D. 40 分钟

11. 地陪在组织游客购物时，应当注意每次购物的时间不得超过(　　)。
    A. 10 分钟　　　　B. 20 分钟　　　　C. 30 分钟　　　　D. 40 分钟

12. 参观游览返程途中，地陪导游可以不做的工作是(　　)。
    A. 总结性讲解　　　B. 补充性讲解　　　C. 回答客人提问　　D. 活跃气氛

13. 当旅游团队无领队时，在入住的过程中应由(　　)分房。
    A. 地陪　　　　　　B. 前台人员　　　　C. 全陪　　　　　　D. 游客

14. 对不熟悉的参观游览点，地陪最好在带团前进行准备工作，可以(　　)。
    A. 提前进行踩线　　　　　　　　　　B. 在带团时向路人询问
    C. 按照地图带领游客参观　　　　　　D. 向景区工作人员询问

15. 地陪人员在接站时，认找到旅游团队后，首先应(　　)。
    A. 集中清点行李　　　　　　　　　　B. 组织游客登车
    C. 认真核实人数　　　　　　　　　　D. 与全陪核对日程

16. 在地陪的首次沿途讲解中，不包含的内容是(　　)。
    A. 当日行程活动安排　　　　　　　　B. 风光导游及本地概括介绍
    C. 介绍下榻的饭店　　　　　　　　　D. 宣布下一次集合时间、地点和停车地点

17. 下列地陪工作中，做得不恰当的是(　　)。
    A. 进入饭店后，地陪协助领队或全陪办理好住店登记手续

B. 入住饭店时，地陪向全团介绍了饭店的主要设施情况

C. 团队入住酒店后，地陪请全陪分完房即离开酒店

D. 地陪在结束当天活动离开饭店之前，与领队确定好第二天的叫早时间

18. 在核对日程时，领队向地陪提出较小的修改意见，地陪可采取的措施是(　　)。

A. 坚决按照行程安排执行，不可修改日程

B. 完全同意领队的修改意见

C. 征求游客的意见后决定是否修改日程安排

D. 在不违背旅游合同的前提下，对合理而又可能满足的项目努力予以安排

19. 对计划外文娱节目，地陪导游在安排时不可做的是(　　)。

A. 地陪应告知演出时间、地点和票价，可协助他们购票

B. 地陪导游一般不陪同前往

C. 积极向游客推荐计划外文娱节目并陪同前往观看

D. 对于旅游者要观看格调低下的不健康的文娱节目，地陪应予以婉拒

20. 在旅游团队离站前，地陪导游做法不正确的是(　　)。

A. 将旅游团的离店时间及时通知饭店有关部门，提醒其及时与旅游者结清账目

B. 保管旅游团的证件

C. 再次核实交通票据

D. 与司机商定集合、出发时间

二、多项选择题（每题有 2 - 4 个正确答案，多选、少选、错选均不得分）

1. 旅游团进入饭店后，地陪应做好的入店服务工作有(　　)。

A. 持导游身份证明和旅行社提供的订房确认书到总台登记

B. 领到房卡后分发房卡，宣布下一次活动时间、地点及内容

C. 与领队全陪核对商定活动日程安排

D. 处理旅游者进房有关问题

E. 确定通知饭店叫早时间

2. 地陪进行途中导游服务时应当注意的事项有(　　)。

A. 重申当日活动安排　　　　　　　B. 沿途风情、风光导游

C. 活跃气氛　　　　　　　　　　　D. 到达景点前介绍景点概况

E. 宣布次日活动日程

3. 地陪进行景区导游服务时应注意的事项有(　　)。

A. 到达景区后应在客人下车前通知集合时间、地点

B. 统计景区购票人数，按优惠政策购票后节省的费用及时退还给持证游客

C. 有景区导游时，可将游客交与景区导游带领，地陪可前去安排下一站活动

D. 有游客在景区购物时，地陪可协助选购

E. 提醒游客在景区注意人身财物安全

4. 旅游团在离开本站（地）时，地陪应做好的工作有(　　)。

A. 提醒游客将不能随身携带的纪念品进行托运

B. 致欢送词

C. 提前 1 小时到达机场，协助全陪办理登机手续

D. 向游客分发返程交通票证

E. 将游客送至机场后方可离开

5. 对于计划内的文娱节目，地陪必须(   )。

A. 全程陪同   B. 引领客人入座

C. 介绍剧情   D. 帮司机收取车费

E. 节目结束后将客人送回酒店

6. 地陪致欢迎词的内容主要包括(   )。

A. 问候客人并介绍自己和司机   B. 沿途风土人情概况

C. 表明热诚服务的态度   D. 祝愿游客在本地旅游愉快

E. 代表旅行社欢迎游客的到来

7. 地陪在团队离开饭店时，应做好的工作是(   )。

A. 提前到饭店大堂等候客人，回收房卡并做好登记

B. 核对旅游团用房数后，请全陪或领队签字结账

C. 向饭店退房并结算费用

D. 客人在入住期间有私人消费项目，请客人自理

E. 办妥退房手续后上车清点人数，提醒客人检查有无物品遗忘，确认无误后即可发车离开饭店

8. 成都某旅行社地陪小张去双流机场迎接一个美国旅游团。由于出门太晚，小张赶到机场时旅游团班机已经抵达。小张看到有一群美国游客在机场出口处等待，匆忙迎上前去，和领队打了个招呼就开始带游客上车。但在旅行车开出机场后不久，小张发现自己的接团计划与领队的计划不一样，才明白自己接错团了。原来小张糊里糊涂地接了本不该自己接的团队，而自己的团队还滞留在机场没人管。

请问：下列对此案例的分析，正确的是(   )。

A. 小张作为地陪在提供接站服务的时候，对于国际航班，应该提前 2 小时抵达机场

B. 这次接团事故主要给导游人员造成不便，属于轻微事故

C. 小张这次接团事故主要原因是其责任心不强，接团时没有认真核实对方旅行社名称、人数、团号和领队姓名等信息

D. 小张本次接团出的事故，既是错接事故，也属严重漏接事故

E. 接团事故发生后，小张应及时联系还在机场等待的游客，可以借用接站途中塞车以致不能按时到达等说法安抚其情绪，并赔礼道歉，避免给以后的导游工作带来消极影响

第四章　地方导游服务规程与服务质量参考答案

一、单项选择题

1 - 5. BCCCB　6 - 10. BDDCA　11 - 15. DDCAC　16 - 20. ACDCB

二、多项选择题

1. ADE　2. ABCD　3. ABE　4. AB　5. ABCE　6. ACDE　7. ACDE　8. ACD

第五章　全程导游服务规程与服务质量

一、单项选择题（每题有一个正确答案）

1. 分发房卡工作原则上应由(　　)来完成。

　　A. 饭店总台人员　　B. 领队或全陪　　　C. 地陪　　　　　　　D. 游客代表

2. 为了防止票证丢失，国内旅游团队未使用的交通票证原则上应由(　　)保管。

　　A. 旅行社　　　　　B. 全陪　　　　　　C. 地陪　　　　　　D. 游客

3. 全陪在与地陪核对商定日程时，做法错误的是(　　)。

　　A. 全陪应主动与地陪核对计划和日程是否一致

　　B. 全陪应注意团队行程上下站之间安排的互补性

　　C. 活动日程的安排一般应以组团社与游客商定的行程为依据

　　D. 如果发现双方日程安排有出入，全陪有权予以更改

4. 某旅行团定于当日晚乘 21:00 起飞的航班离开 H 市，晚餐后部分旅游者提出再看一下市容，全陪应(　　)。

　　A. 与地陪分头陪同前往

　　B. 提醒旅游者不要太晚回来，以免误机

　　C. 劝阻旅游者不要前往

　　D. 告诉旅游者如误机，责任自负

5. 全陪在接受旅游团的接待任务后，首先要(　　)，以便提供针对性的服务。

　　A. 认真地与领队核对、商定日程

　　B. 制定出合理的活动日程

　　C. 提前抵达旅游团入境口岸，同地接社取得联系，互通情况

　　D. 认真查阅接待计划及相关资料和函件，全面掌握旅游团情况，研究旅游团成员的特点和特殊要求

6. 缺全陪住房时，全陪和同性领队是否可以同住一室？(　　)

　　A. 不可以

　　B. 可以

　　C. 实在解决不了住房时可以

　　D. 全陪没有床位，受到领队邀请时，可以与其住在一起

7. 全陪导游人员在与地陪导游核对商定日程时应注意(　　)。

　　A. 上下站行程间的互补性

　　B. 增加当地新推景点

　　C. 删减客人不感兴趣的景点

D. 安排适合客人口味的风味餐

8. 以下哪项工作程序不符合全陪接团时的工作程序要求？（　　）

    A. 提前30分钟到达指定地点等候　　　B. 在出站口组织游客成团

    C. 对大型团队贴出分组名单　　　D. 待客人到齐后，集合登车

9. 若在分房时团队出现单男单女现象，全陪不可采取的分房措施是（　　）。

    A. 若客人愿意住单间，由其支付另一半费用

    B. 考虑安排三人间进行调整　　　C. 安排标间加床，请客人入住

    D. 请领队入住驾导房

10. 全陪在下列哪项工作中不符合工作规范要求？（　　）

    A. 在赴机场途中向海外旅华团队致欢送词

    B. 在返回当地团队解散前向国内团队游客致欢送词

    C. 将海外团队客人送至机场停车场后与客人一一握手告别

    D. 返回本地后与国内团队游客一一握手告别

11. 在团队接待过程中，全陪发现地接社有违背合同内容或降低服务标准的现象，不应采取的措施是（　　）。

    A. 向地陪提出意见，督促对方改进并给予客人合理的补偿

    B. 向组团社报告，请组团社与地接社协商解决

    C. 告知游客，组织游客与地接社进行协商

    D. 若地陪不愿改进，要求地接社更换导游

12. 全陪在陪同游客参观游览的过程中，可通过下列哪项措施行使其安全职责？（　　）

    A. 在进入景区前向游客进行安全教育

    B. 游览过程中多观察周围环境和动向，时刻提醒游客注意人身财产安全

    C. 游览过程中全陪在前带队，号召大家跟紧团队

    D. 督促地陪在游览过程中注意随时清点人数以防游客走失

13. 全陪在首站（入境站）接团服务时，做得不恰当的是（　　）。

    A. 在接团前一天，与首站接待社联系，了解接待工作详细安排情况

    B. 与首站地陪一起提前半小时到达接站地点，迎候旅游团

    C. 认准旅游团后，向领队和旅游者问好，并简要进行自我介绍

    D. 将旅游者的行李集中，与地陪一起进行清点后集合游客登车出发

14. 全陪在抵站服务工作中不需要做的是（　　）。

    A. 通报旅游团情况

    B. 带领旅游团出站，做好与地陪的接头工作

    C. 向地陪转告旅游团情况　　　D. 收集游客相关证件购买交通票据

15. 全陪在团队离开最后一站前的工作中，表述不正确的是（　　）。

    A. 提醒和协助地陪落实好旅游团返程的交通票据和行李托运等事宜

    B. 做好回头客的营销工作

    C. 抵达机场后，独自与行李员核实交来的旅游团行李

    D. 将旅游者送入隔离区时，热情地与他们握手道别

二、多项选择题（每题有 2 - 4 个正确答案，多选、少选、错选均不得分）

1. 带团前，全陪应熟悉旅游团的行程计划，具体内容包括（　　）。
   A. 记下旅游团所到各地接待社名称、联系人、联系电话和地陪的联系电话
   B. 记下旅游团抵离旅游线路上各站的时间、所乘交通工具，以及交通票据是否订妥或是否需要确认、有无变更等情况
   C. 了解行程中各站的主要参观游览项目
   D. 了解行程中各站的入住酒店的基本情况
   E. 了解全程各站安排的文娱节目、风味餐食、计划外项目及是否收费等

2. 全陪末站服务的内容有（　　）。
   A. 提醒游客选购好旅游纪念品　　　　　B. 致欢送词
   C. 帮助游客清点行李　　　　　　　　　D. 与地陪结清费用
   E. 向游客介绍如何办理出境手续

3. "全陪日志"内容主要包括（　　）。
   A. 旅游团的基本情况　　　　　　　　　B. 旅游团的日程安排及各地的接待质量
   C. 旅游活动中的费用情况　　　　　　　D. 发生的问题以及处理经过
   E. 游客意见和建议

4. 全陪导游在团队运行结束后的后续工作包括（　　）。
   A. 与游客联系，帮助代购物品　　　　　B. 处理旅游团遗留问题
   C. 填写"全陪日志"　　　　　　　　　　D. 按财务规定，尽快结清该团账目
   E. 归还在组团社所借物品

5. 全陪开展检查各站服务质量的工作方法主要有（　　）。
   A. 通过观察和征询旅游者意见来了解和检查各地在交通、住宿、餐饮和地陪服务等方面的服务质量
   B. 发现有减少规定的游览项目、增加购物次数或降低住宿或餐饮质量标准的情况，及时向地陪提出改进或补偿意见，必要时向旅行社报告，并在"全陪日志"中注明
   C. 旅游活动安排在内容上与上几站有明显重复，可建议地陪做必要的调整
   D. 随时与地陪导游员就游客意见进行沟通，建议地陪根据游客意见进行行程的调整
   E. 在地陪导游员缺位或失职的情况下，应兼行地陪导游员的职责

第五章　全程导游服务规程与服务质量参考答案

一、单项选择题

1 - 5. BBDCD　6 - 10. AADCC　11 - 15. CBDDC

二、多项选择题

1. ABCE　2. BDE　3. ABDE　4. BCDE　5. ABCE

第六章　景区导游服务规程与服务质量

一、单项选择题（每题有一个正确答案）

1. 景区讲解员上岗前应做好的物质准备工作不包括（　　）。
   A. 佩戴好本景区讲解员的上岗标志
   B. 如有需要，准备好无线传输讲解用品
   C. 需要发放的相关资料，如景区导游图、景区景点介绍等
   D. 夏天接待团队时准备的消暑药品

2. 景区讲解员在语言准备方面，应做到（　　）。
   A. 熟记有关专业术语的专有名词解释，不必进行通俗解释
   B. 对于民族地区的景区，讲解员还应根据游客情况提供民族语言和普通话的双语讲解服务
   C. 对于外籍客人，外语讲解员应准备相应的书面宣传材料进行展示
   D. 熟背景区导游讲解词

3. 景区导游服务的核心工作是（　　）。
   A. 游览向导　　　　B. 安全保卫　　　　C. 导游讲解　　　　D. 语言翻译

4. 游客在景区购物时，讲解员应该注意（　　）。
   A. 如实向游客介绍本地区、本景区的商品内容与特色
   B. 帮助游客鉴别商品的真伪
   C. 如实向游客介绍本景区合法经营的购物场所
   D. 不得强迫或变相强迫游客购物

5. 景区讲解员在组织游客观看景区演出时，应提供的服务不包括（　　）。
   A. 帮助游客购买演出周边产品
   B. 如实向游客介绍本景区演出的节目内容与特色
   C. 在游客观看节目过程中，讲解员应自始至终坚守岗位
   D. 如个别客人因特殊原因需要中途退场，应设法给予妥善安排

二、多项选择题（每题有2-4个正确答案，多选、少选、错选均不得分）

1. 在讲解过程中，景区讲解员应如何做好游客的安全保卫工作？（　　）
   A. 自始至终与游客在一起，对游客中的老幼病残孕和其他弱势群体要给予合理关照
   B. 注意随时清点人数，以防游客走散
   C. 避开景区中存在安全隐患的地方
   D. 随时做好安全提示，提醒游客注意容易碰头和失足的地方
   E. 如实向游客介绍本景区的危险地带

2. 景区讲解员的欢送词内容主要包括（　　）。
   A. 表达在参观过程中照顾不周的歉意

B. 对游客参观游览中给予的合作表示感谢

C. 向游客推荐本景区旅游纪念品的购买地点

D. 征询游客对导游讲解以及景区景点建设与保护的意见和建议

E. 欢迎游客再次光临

3. 下列参观游览中的导游讲解行为不符合景区导游讲解规范的是(   )。

A. 导游小李在讲解中结合景物宣传环境、生态系统维护知识

B. 导游小王在讲解时以时间不足为由对游客提出的问题均不做解答

C. 导游小张在讲解中对游客的质疑予以坚决否定

D. 导游小赵在讲解中对有争议的人物按照自己的观点立场推崇备至地讲解

E. 导游小钱在讲解中引用他人的研究成果时均予以适度的说明

4. 景区讲解员在进行旅游景区情况介绍时，内容主要包括(   )。

A. 景区开设背景、规模、布局、价值和特色

B. 景区所在旅游地的位置以及周边的自然、人文景观和风土人情

C. 团队游客的游览方式不同而带来的不同效果

D. 游览过程中的注意事项，并提醒游客保管好自己的贵重物品

E. 景区中的主要交通工具的使用情况

5. 景区导游员在乘车游览时的讲解服务主要包括(   )。

A. 协助司机安排游客入座

B. 在上下车时提醒游客有关安全事项

C. 尽量为游客提供舒适安静的游览氛围

D. 注意保持讲解内容与行车节奏的一致

E. 讲解努力做好与行车安全的配合

第六章　景区导游服务规程与服务质量参考答案

一、单项选择题

1－5. DBCBA

二、多项选择题

1. ABCD　2. BDE　3. BCD　4. ABD　5. ABDE

第七章　散客旅游服务规程与服务质量

一、单项选择题（每题有一个正确答案）

1. 下列关于散客团队的描述，不正确的是(   )。

A. 散客团队客人的期望值差异较大

B. 客人参团价格可能因购买时间早晚而不同

C. 散客团队容易出现低接待成本、高满意度现象

D. 散客团队一般在距离旅游目的地较近的大中型城市成团

2. 游客自行安排旅游行程，以零星现付的方式购买各项旅游服务的旅游形式被称为(　　)。

    A. 散客自助游　　　　B. 散客团旅游　　　　C. 团队自助游　　　　D. 团队包价游

3. 小王在接待一散客团队时，发现来自北京的客人的参团费用明显高出其他地区的客人，于是在出团前与旅行社联系并争取到了给北京客人补偿或退还多余费用的权力，在旅游过程中，北京客人果然就团费问题提出了异议，小王运用自己的权力圆满地解决了这一问题。小王的做法实际体现了散客团队服务原则中的(　　)。

    A. 以服务为主导的原则　　　　　　　　B. 服务多样性的原则

    C. 以建设团队文化为先导的原则　　　　D. 精心化解矛盾的原则

4. 下列选项中不属于散客自助游的特点的是(　　)。

    A. 人数少，规模小　　　　　　　　　　B. 自主性强，自主安排旅游行程

    C. 导游地位高，决定权大　　　　　　　D. 要求多，变化大

5. 散客包价旅游在我国是指(　　)人以下不提供全陪服务的包价旅游。

    A. 6　　　　　　　B. 9　　　　　　　C. 10　　　　　　　D. 16

6. 如果没有接到应接的散客，导游人员下列做法中不正确的是(　　)。

    A. 询问机场（车站、码头）的工作人员，确认本次航班（列车）的游客确已全部进港和在隔离区内已没有出港的游客

    B. 导游人员要与司机配合，在尽可能的范围内寻找（至少20分钟）

    C. 导游人员通过电话同计调部或散客部联系，核实该散客抵达的日期或航班（车次、船次）有无变化

    D. 当半小时后仍未接到散客时，导游人员方可离开机场

7. 在自驾车散客旅游的接待服务中，需要做好的提醒服务不包括(　　)。

    A. 提醒自驾车游客注意行车和景点游览时的安全

    B. 提醒自驾车游客在进入尚未开放的景点游览时注意安全

    C. 提醒自驾车游客在游览中提防蛇虫、野兽的侵袭

    D. 提醒自驾车游客避免与当地村民发生冲突

8. 当自驾车游客与当地村民发生冲突时，导游员应(　　)。

    A. 保持中立，由村民与游客协商解决矛盾

    B. 协助村民尽快解决矛盾

    C. 尽量设法排解，避免冲突扩大

    D. 组织游客与村民抗争到底

9. 自驾车散客旅游的接待服务不包括(　　)。

    A. 讲解服务　　　　B. 向导服务　　　　C. 安全服务　　　　D. 生活提醒服务

10. 若散客旅游者乘国际航班离站，必须使游客提前(　　)小时到达机场。

    A. 1　　　　　　　B. 2　　　　　　　C. 3　　　　　　　D. 5

二、多项选择题（每题有 2－4 个正确答案，多选、少选、错选均不得分）

1. 散客团旅游与团体包价旅游的区别主要在于（　　　）。
   A. 团队包价付费方式不同
   B. 旅游服务价格不同
   C. 团队服务标准不同
   D. 团队服务导游水准不同
   E. 团体包价旅游通常除领队外，还有全陪提供旅游服务，而散客团旅游既无领队也无全陪，仅由地陪提供旅游服务

2. 散客旅游团队可分为（　　　）。
   A. 小包价旅游　　　B. 全包价旅游　　　C. 散客包价旅游　　　D. 团队旅游
   E. 组合旅游

3. 散客包价旅游的特点主要有（　　　）。
   A. 人数在 9 人以下，无全陪
   B. 旅游费用须提前一次性支付，由于人数少，费用一般高于全包价旅游者
   C. 旅游线路既有旅行社预先确定的线路（预制旅游），也有按照游客意愿确定的线路（定制旅游）
   D. 旅游时间较短，游览的景点通常位于城郊和邻近城市
   E. 旅游行程均为旅行社预先代为安排

4. 在接待组合旅游团队时有哪些注意事项？（　　　）
   A. 应注意语言的规范化，导游应坚持使用普通话，并提倡客人用普通话交流
   B. 导游需事先与司机商定好接运线路，并保持与游客的联系
   C. 在游览方式和导游讲解上多征求游客的意见，尽量协调统一
   D. 要反复提醒游客注意安全，强调集合时间与地点
   E. 要保证按统一标准为游客提供服务

5. 在散客的自由活动时间中，导游可提供的服务有（　　　）。
   A. 介绍当地的文艺演出等活动，请其自由选择，并表示愿意协助进行安排
   B. 导游人员应提醒散客旅游者在外出购物或参加晚间娱乐活动时注意安全，并引导他们去健康的娱乐场所
   C. 组织散客前往收费较高的文艺演出场所
   D. 带领散客前往当地的特色娱乐场所
   E. 帮散客联系当地的参观考察项目

第七章　散客旅游服务规程与服务质量参考答案

一、单项选择题

1－5. CADCB　6－10. DBCAC

二、多项选择题

1. ABE　2. ACE　3. ABC　4. BCD　5. AB

第八章 导游人员的语言技能

一、单项选择题（每题有一个正确答案）

1. 导游人员在武汉归元寺向游客介绍《杨柳观音图》时说："这幅相传为唐代阎立本的壁画，它所体现的艺术手法值得我们珍视。"其中"珍视"一词的运用体现了导游语言的（   ）。
   A. 准确性　　　　　B. 逻辑性　　　　　C. 生动性　　　　　D. 形象性

2. 导游人员在搜集文献资料基础上，还应对导游线路进行实地考察，也就是常说的（   ）。
   A. 调研　　　　　　B. 踏线　　　　　　C. 跟团　　　　　　D. 设计

3. "倡导正气，弘扬爱国主义精神，给客人正面激励"，符合优秀导游词（   ）的特点。
   A. 有层次感　　　　　　　　　B. 有较好的切入点
   C. 有思想品位　　　　　　　　D. 有针对性

4. 在撰写导游词时应注意按一定的规律或顺序依次介绍景点，以体现导游词的（   ）。
   A. 趣味性　　　　　B. 层次感　　　　　C. 方位感　　　　　D. 针对性

5. 导游在拒绝个别游客提出因太累想安排点额外的夜间娱乐活动时说道："您的意见很好，客人也都比较累，但许多人还有其他的计划，最好还是让大家自行安排，而且明天还有很长的行程要走。"导游的这种拒绝方法属于（   ）。
   A. 柔和式回绝　　B. 迂回式回绝　　C. 引申式回绝　　D. 诱导式回绝

6. 导游人员在武汉夜游长江的导游词中首先介绍了南岸嘴的情况，再介绍龙王庙的历史，然后引导到"九八抗洪救灾"，最后到抗洪精神。这样的导游词体现的特点是（   ）。
   A. 准确性　　　　　B. 逻辑性　　　　　C. 生动性　　　　　D. 科学性

7. 导游员在讲解时要善于运用比喻、比拟、排比、夸张、映衬、引用、双关和示现等修辞手法，是为了增加导游词的（   ）。
   A. 准确性　　　　　B. 逻辑性　　　　　C. 生动性　　　　　D. 科学性

8. 在导游讲解中为了增强语言的表达效果，经常运用的方法是（   ）。
   A. 排比　　　　　　B. 映衬　　　　　　C. 双关　　　　　　D. 引用

9. 在散客导游中，导游人员常采用的讲解形式是（   ）。
   A. 对话式　　　　　B. 独白式　　　　　C. 自问自答式　　　D. 趣味讲解式

10. 导游人员在"请看，江对面的那座山像不像一只巨龟？//黄鹤楼所在的这座山像不像一条长蛇？//这就是'龟蛇锁大江'的自然奇观"的导游词讲解中进行停顿的目的是（   ）。

A. 激起游客的反应

B. 强调语气，为了加深游客内心的印象

C. 让游客去思考、判断，从而留下深刻的印象

D. 体现黄鹤楼的特点进行的语意停顿

二、多项选择题（每题有2-4个正确答案，多选、少选、错选均不得分）

1. 导游人员运用夸张手法应注意(　　　)。

A. 要以客观现实为基础，使夸张具有真实感

B. 要鲜明生动能激起游客的共鸣

C. 能起到增强语言的表达效果的作用

D. 要符合逻辑思维

E. 要有科学依据

2. 在撰写导游词时，应该如何突出导游词的趣味性(　　　)。

A. 讲解景点时穿插内容健康的趣味民间故事和传说

B. 语言生动形象，用词丰富多变

C. 恰当地运用多种修辞手法

D. 增加幽默风趣的韵味

E. 言之有情，情感亲切

3. 导游常见的姿态语言有(　　　)。

A. 首语　　　　　　B. 目光语　　　　　　C. 表情语　　　　　　D. 唇语

E. 手势语

4. 导游道歉应掌握好的原则是(　　　)。

A. 真诚道歉，用于自责　　　　　　B. 及时道歉

C. 勇于承担责任

D. 把握分寸，分清表示遗憾和必须道歉的区别

E. 主动承担一切责任

5. 确定导游词的主题应参考的要素有(　　　)。

A. 景区的特点　　　　　　B. 讲解的对象

C. 导游人员的知识结构　　　　　　D. 讲解的时间

E. 游览的线路

6. 导游人员讲解中的手势有(　　　)。

A. 附加手势　　　　B. 情意手势　　　　C. 指示手势　　　　D. 象形手势

E. 夸张手势

第八章　导游人员的语言技能参考答案

一、单项选择题

1-5. ADCBA　6-10. BCDAC

第九章 导游人员的带团技能

一、单项选择题（每题有一个正确答案）

1. 导游小王在游览黄龙时将时间延长，直到临近傍晚才前往观赏松潘红军长征纪念碑的"金碑夕照"景观，这一安排体现了导游审美方法中的(   )。

   A. 注意观赏位置   B. 注意观赏距离   C. 注意观赏时机   D. 注意观赏节奏

2. 导游人员面对游客的投诉，错误的处理方法是(   )。

   A. 认真倾听   B. 及时申辩   C. 诚恳道歉   D. 适当弥补

3. 导游员在接待残疾人旅游团队时，不恰当的做法是(   )。

   A. 适时地询问他们需要什么帮助，但不宜问候过多

   B. 安排活动时，要多考虑残疾游客的生理条件和特殊需要

   C. 对有视力障碍的游客，安排他们在前排就座，能用手触的地方、物品可以尽量让他们触摸

   D. 在与其熟悉后，导游人员可以询问其残疾的原因，以更好地提供服务

4. 在接待过程中，如遇少数旅游者经常迟到，导游员应当(   )。

   A. 提出警告   B. 顺其自然   C. 设法引导   D. 报告全陪

5. 下列团队不属于特殊团队的是(   )。

   A. 政务型团队   B. 海外游客团队   C. 老年团队   D. 宗教型团队

6. 在接待政务型团队的过程中，下列做法不符合服务要求的是(   )。

   A. 在称谓上始终使用"各位领导"一类的尊称

   B. 在安排行程时多与地方陪同官员商量

   C. 热情地安排团队购买当地土特产品

   D. 以团队中的主要领导为服务核心，适当照顾其他团员

7. 在接待宗教型团队的过程中，下列做法不符合导游服务要求的是(   )。

   A. 跟随信徒一起跪着与大师说话

   B. 在安排行程时多向大师父或当家和尚征求意见

   C. 对于团队想在景点举办对外的大型宗教性法事活动加以制止并说明原因

   D. 服务过程中以大师父为中心，同时也应该答应其他信徒的个别要求

8. 一个团队中各导游及司机之间合作的原则是(   )。

   A. 旅游协议   B. 相互包容   C. 游客至上   D. 共同获取经济利益

9. 有时领队提出的做法行不通，且固执己见时，其他导游人员可以(   )。

   A. 向全团游客讲明情况，争取大多数游客的理解和支持

   B. 联合全体游客要求更换领队

C. 按照领队的做法执行

D. 报告旅行社请旅行社领导处理

10. 为引导游客理性购物，导游可以（　　　）。

A. 在游客选购商品时帮助做决断　　B. 建议游客购买大多数游客都购买的物品

C. 鼓励游客多购买定点商店的物品　　D. 帮助游客制订"购物计划"

二、多项选择题（每题有 2 - 4 个正确答案，多选、少选、错选均不得分）

1. 导游人员在老年人团队接待中应该把握的要点包括（　　　）。

A. 安排旅游车辆时尽量做到宽松、舒适

B. 安排日程时要注意节奏宜慢，就算是次要景点也要做到面面俱到

C. 安排餐食时应以清淡软烂为主

D. 虚心听取老年游客的意见

E. 购买门票时，离休证、老年证等证件有优惠的，应按门票票面价减去相应优惠价退还旅客差价

2. 导游员接待青少年旅游团队应该把握的要点有（　　　）。

A. 游览重要景点应留足时间，让青少年仔细观赏

B. 每天行程不要过于紧密

C. 原则每天应安排一定时间的自由活动

D. 提醒餐厅提供充足饭菜，适当提高上菜速度

E. 危险区域应禁止团员嬉戏打闹

3. 在接待超豪华型旅游团队时，导游应该坚持做好（　　　）方面的工作。

A. 超豪华型团队的特点是：花钱阔绰，出手大方，接待规格高，个性化要求多

B. 根据计划书认真检查并督促各地相关接待部门按预定的规格接待团队

C. 坚持宾客至上、无微不至、无奇不有的服务原则

D. 坚持多请示、多汇报的工作原则

E. 树立追求利润最大化的工作思路

4. 旅游者在旅游活动的不同阶段有哪些不同的心理特征？导游应针对这些特征如何做好工作？（　　　）

A. 入境初期，旅游者主要表现出求安全心态和求新求奇的心理，导游应用真诚的微笑、周到的服务，多讲解并耐心回答游客的问题，使游客信赖自己，从而获得安全感

B. 入境初期，旅游者主要表现出求安全心态和求新求奇的心理，导游应用提高紧张的情绪，通过详细的介绍和紧张的游览活动，使游客转移注意力，从而顺利开展旅游活动

C. 旅游中后期，游客相互更加熟悉，导游可放松精神请游客协助工作，安排好游览活动，讲解应该更加生动，适当强调团队纪律，保持团队的群体意识

D. 旅游中后期，游客出现懒散心态和求全责备的心理，导游应该精力高度集中，计划好游览活动，讲解应该更加生动，并反复强调团队纪律，调动团队的群体意识

E. 旅游结束阶段，旅游者对景点观赏的兴趣减弱，回家心切，忙于会友、购物等个人事务，导游应在这一阶段安排告别会、歌舞晚会、购物等较轻松的活动，安排好返程事宜，注意提醒游客人身财产安全，做好送行工作

5. 导游在接待政务型团队时，需注意的事项有(　　)。
   A. 称谓上始终使用"各位领导"、"各位贵宾"等尊称
   B. 用餐时可向领导敬酒，表达对其赞扬自己导游工作水平高的谢意
   C. 讲解时时刻伴随主要领导左右并引领线路
   D. 受到合影邀请时站在后排或末位参加团队合影
   E. 客人主动要求购物时，提醒客人谨慎购买商品

6. 导游在接待宗教型旅游团队时，需注意的事项有(　　)。
   A. 导游服务应以团体中的大师父为中心，对其他信徒的个别要求不能贸然应允
   B. 团队用餐安排需注意不茹荤腥，不沾辛辣之物
   C. 讲解中注意不涉及男女之事或杀生行为
   D. 团队欲举办我国宗教局批准的大型法事活动，导游可协助开展
   E. 团队有捐赠愿望的，无论何种目的和受赠条件，导游都应积极促成捐赠意愿的实现

第九章　导游人员的带团技能参考答案

一、单项选择题

1 – 5. CBDCB　　6 – 10. CCAAC

二、多项选择题

1. ACDE　2. ABDE　3. BCDE　4. ADE　5. ACDE　6. ABCD

第十章　导游人员的讲解技能

一、单项选择题（每题有一个正确答案）

1. 某地陪带领旅游团参观高大巍峨的太和殿时，生动地向游客描述了皇帝登基的壮观场面。这种导游方法是(　　)。
   A. 虚实结合法　　　　　　　　B. 触景生情法
   C. 突出重点法　　　　　　　　D. 画龙点睛法

2. 导游在途中讲解时，对喜欢算命的客人讲了些关于算命先生信口开河带来不良后果的段子。在这里，导游使用段子达到的效果是(　　)。
   A. 调节情绪，融洽关系　　　　B. 加深讲解效果
   C. 提醒警示，寓教于乐　　　　D. 展示导游风采

3. 导游小张在前往武侯祠时对游客介绍说武侯祠的大门匾额上题名并非武侯祠，而是

"汉昭烈庙"，至于原因为何，到了武侯祠再给大家介绍。这一讲解方法叫作(   )。

    A. 虚实结合法   B. 制造悬念法   C. 触景生情法   D. 引人入胜法

4. 导游语言"八要素"中的"言之有理"要求的是导游语言应(   )。

    A. 有说服力   B. 令人信服   C. 以理服人   D. 幽默风趣

5. 用"古、大、重、绿"四字来描绘一地风光特色的导游手法是(   )。

    A. 画龙点睛法   B. 突出重点法   C. 触景生情法   D. 引人入胜法

6. 用凝练的词句概括所游览景点的独到之处，给旅游者留下突出印象的导游手法叫(   )。

    A. 概括法   B. 由点及面法   C. 引人入胜法   D. 画龙点睛法

7. 导游人员在讲解过程中将典故、传说和景物介绍有机结合的导游方法叫作(   )。

    A. 虚实结合法   B. 制造悬念法   C. 触景生情法   D. 引人入胜法

8. 导游人员除提供适时讲解外，还安排特定的时间和地点让游客自由地观赏、领悟，产生共鸣，这种将导游讲解与游客的体验相结合的导游讲解方法称为(   )。

    A. 由表及里法   B. 内在意蕴法

    C. 此时无声胜有声   D. 外在展示法

9. 到都江堰旅游，导游人员用余秋雨先生的名句"拜水都江堰，问道青城山"来讲解，属于导游讲解方法中的(   )。

    A. 陈述法   B. 类比法   C. 触景生情法   D. 引用法

10. 虚实结合法中的"虚"指的是(   )。

    A. 艺术价值   B. 真实的景物

    C. 民间传说和典故   D. 科研价值

二、多项选择题（每题有 2－4 个正确答案，多选、少选、错选均不得分）

1. 导游讲解中的问答法主要用于下列哪些环境？(   )

    A. 需要提请客人注意时

    B. 需要活跃气氛时

    C. 导游讲解景点需要激发游客的想象思维时

    D. 进行大段陈述时，通过问答增强讲解的生动性

    E. 参观大型景点需要引起游客兴趣时

2. 下列导游讲解中，采用了触景生情法的有(   )。

    A. 导游在沿途讲解中，经过当地城市新区时讲解本市经济、房地产发展状况

    B. 参观庙宇时，导游通过民间传说故事对四大天王的造型进行生动讲解

    C. 游客在参观故宫太和殿时，导游对当年皇帝登基时的壮观场面进行描述

    D. 参观北京鸟巢体育馆时，导游对 2008 年奥运会开幕式的场景进行描述

    E. 讲解成都浣花溪时导游通过传说故事进行生动讲解

3. 导游应该如何在讲解中正确使用段子(   )。

    A. 不能取笑他人   B. 注意分辨对象

C. 杜绝黄色段子和灰色段子　　　　　　D. 选择好讲解时机

E. 根据游客的喜好选择段子

4. 导游在讲解自然风景时，可以选择的讲解角度有(　　　)。

A. 形态角度　　　　B. 色彩角度　　　　C. 声音角度　　　　D. 嗅味角度

E. 动态角度

5. 导游人员在进行讲解时需要遵循的原则有(　　　)。

A. 规范性原则　　　B. 客观性原则　　　C. 针对性原则　　　D. 计划性原则

E. 灵活性原则

第十章　导游人员的讲解技能参考答案

一、单项选择题

1－5. BCBBA　　6－10. DACDC

二、多项选择题

1. BCE　2. ACD　3. ABCD　4. ABCE　5. BCDE

第十一章　导游人员的应变技能

一、单项选择题（每题有一个正确答案）

1. 为了防止票证丢失，国内旅游团队未使用的交通票证原则上应由(　　　)保管。

A. 旅行社　　　　　B. 全陪　　　　　　C. 地陪　　　　　　D. 游客

2. 游客要求在景区购物，景区导游做法欠妥的是(　　　)。

A. 向游客介绍购物店

B. 请游客保留购物发票作为退换凭证

C. 劝阻海外客人在非文物商店购买文物

D. 劝阻游客购买地摊商品

3. 旅游团队抵达后无导游人员接站，即地陪没有准时到达接站地点迎候客人，这种事故称为(　　　)。

A. 误机（车、船）事故　　　　　　　　B. 漏接事故

C. 错接事故　　　　　　　　　　　　　D. 空接事故

4. 下列不违背"合理而可能"原则的个别要求是(　　　)。

A. 游客的要求虽可办到但难度很大

B. 游客的要求违背了导游员职业道德

C. 游客的要求合理但客人意见不统一

D. 游客的要求改变了既定的行程

5. 导游员处理游客个别要求的出发点是(　　　)。

A. "坚持承诺" 原则   B. "合理而可能" 原则

C. "求同存异" 原则   D. "有礼有节" 原则

6. 如果游客要去不健康的娱乐场所和过不正常的夜生活，导游人员应(　　)。

     A. 欣然同意   B. 听之任之

     C. 不鼓励但也不反对   D. 断然拒绝

7. 游客要求在景区购物时，景区讲解员不必提供的服务是(　　)。

     A. 向游客推介正规购物商店   B. 帮助游客商谈价格

     C. 请游客保留购物发票   D. 劝阻海外游客在地摊购买古玩

8. 客人要求退餐、换餐时，导游员处理错误的是(　　)。

     A. 委婉拒绝

     B. 询问餐厅，如果餐厅同意就可以应允

     C. 餐厅不同意则向游客做好解释工作

     D. 游客坚持换餐，应告知其费用自理

9. 导游人员按原定计划接站却没有接到团队的现象属于(　　)。

     A. 误机（车、船）事故   B. 空接事故

     C. 错接事故   D. 漏接事故

10. 全陪带团乘飞机出行，见游客携带的行李多，便建议大家尽量办理托运。然而到达目的地取行李时，多位游客发现行李箱被损坏，甚至还有一位游客的行李箱不见了，可能被延误或遗失。尽管大家并未责怪导游员，但对于乘飞机发生行李损坏事故的情况，导游员首先应该(　　)。

     A. 让游客暂时不要领取行李   B. 向旅行社汇报

     C. 联系航空公司地面服务人员   D. 联系保险公司

11. 旅行社接待过程中可能发生的旅游安全事故，主要包括(　　)和其他原因造成的旅游者意外伤亡和财物损失等。

     A. 漏接事故、空接事故、错接事故、业务事故

     B. 交通事故、治安事故、火灾事故、食物中毒事故

     C. 业务事故、个人事故、交通事故、治安事故

     D. 漏接事故、空接事故、错接事故、个人事故

12. 在旅游活动过程中，一旦发生交通事故，导游人员首先应该(　　)。

     A. 报案   B. 立即组织抢救受伤者

     C. 保护现场   D. 安抚其他旅游者的情绪

13. 某旅游团在临近用餐时，其中一位旅游者坚持要求换餐。此时，导游人员应当(　　)。

     A. 与餐厅联系，予以安排   B. 征求领队意见后酌定

     C. 建议自行点菜，费用自理   D. 不予接受，耐心解释

14. 下列游客提出的要求中，可以满足游客的是(　　)。

     A. 离站前游客提出想去市中心购买旅游纪念品

     B. 游客希望带旅游目的地的记者朋友随团活动

C. 回族客人要求在旅游活动中单独用餐

D. 游客请导游在旅游车上代为发放其公司宣传资料

15. 为避免旅游安全事故的发生，导游人员应（   ）。

    A. 时刻和旅游者在一起   B. 密切注意周围动向

    C. 具有献身精神   D. 掌握安全事故预防办法

16. 旅游团乘旅游车外出游览时，由于司机不慎，发生交通事故造成游客重伤。在交通事故的善后处理中，应遵循（   ）为第一位的原则。

    A. 保护旅行社的利益   B. 保护旅游者的基本权益

    C. 保护旅游车公司的利益   D. 协商解决

17. 安排住同一房间的旅游者，如因睡眠、起居习惯等原因要求另开房间，其房费应由（   ）承担。

    A. 领队   B. 旅游者   C. 组团社   D. 接待社

18. 客人要求亲友随团，导游应该首先（   ）。

    A. 征得旅行社同意   B. 征得团员同意

    C. 为其办理入团手续   D. 视旅游车有无空位再做决定

19. 发生误机事故后，导游首先应该（   ）。

    A. 安抚游客   B. 报告旅行社

    C. 联系最近的航班送走客人   D. 及时调整下一站行程

20. 面对游客的个别要求，下列导游员处理方法不妥当的是（   ）。

    A. 用餐开始后，游客以菜品不合口味为由要求换餐，导游员予以满足，费用由游客自理

    B. 游客要求导游员为其提供色情活动项目，导游断然拒绝并合理解释

    C. 外国游客出境前，请求中方全陪为其转递一些书籍和食品给当地的中国朋友，全陪予以拒绝

    D. 游客希望亲友随团时，在车位及订餐、订房等相关条件允许的前提下，导游征得其他游客的同意后，为其办理入团手续

二、多项选择题（每题有 2 - 4 个正确答案，多选、少选、错选均不得分）

1. 旅游者在前往景点的途中突发重病，导游员处理正确的选项是（   ）。

    A. 立即送往就近医院抢救   B. 第一时间给游客服用急救药品

    C. 立即向组团社报告   D. 及时通知接待社有关人员

    E. 全陪、领队及病人亲友同往医院

2. 导游人员预防游客患病需要做到（   ）。

    A. 善于观察团队成员的身体健康状况

    B. 在制订计划和日程时，要做到劳逸结合

    C. 充分注意游客的饮食卫生

    D. 随身常备药物，以便途中给患者用药

    E. 经常提醒游客，不要随意购买路边的"麻辣烫""串串香""凉粉""烧烤"等

食品

3. 导游人员在带团乘坐飞机旅行时，一旦得知航班较长时间延误或取消的信息，导游人员应（　　）。

A. 立即将情况报告旅行社，听取社里的意见

B. 将航班取消情况及时通知（或请社里通知）下一站接待社

C. 根据社里的意见，安排好滞留旅游团游客的食宿和游览项目，并做好他们的安抚工作

D. 提醒购买了航班延误险的游客在第一时间向保险公司报案，申请理赔

E. 协同旅行社安排好旅游团赴下一站的后续航班

4. 北京某旅游团即将离开成都前往九寨沟，旅游团成员李先生对地陪小王说："昨天我看中了你带我们去的那家蜀锦工厂的一件衣服，但感觉有点贵没有买，今天和太太商量后还是决定买下来，你能帮我找个车送我去购物吗？"小王表示团队再过2个小时就要离开本地了，不同意其单独外出购物的请求。李先生很生气，认为小王是在故意刁难，并投诉到全陪那里。全陪对双方进行调解，小王承认了过错并道歉。李先生提出只要小王代为购买商品并办理邮寄、托运等手续寄到北京就可以原谅他。

请问：下列对此案例的分析，正确的是（　　）。

A. 当游客自由活动可能影响团队行程时，导游人员不能同意客人自由活动的要求。但在本案中，由于团队离开本地还有2小时，时间充裕，小王应满足李先生的自由活动的要求，并帮助安排车辆

B. 小王没有把握好道歉与表示遗憾的实质区别，不是自己的过错，不应该硬扯到自己头上

C. 对于李先生委托其购买商品并办理邮寄、托运手续这一要求，小王应该委婉拒绝

D. 小王实在推托不掉李先生的委托请求时，应在请示旅行社领导同意后，收取一半的钱款作为订金，余下的钱在将商品邮寄到北京以后收取

E. 如果接受了客人的请求，应请客人写明欲购商品的名称、型号、规格、颜色和数量，严格按照客人要求的内容采购，将有关票据原件存底，复印件及余款寄给委托人查收

5. 导游小王带领某日本旅游团队游览都江堰景区过程中，客人河野洋子突然着急地跑来说："王先生，我的一个小包不见了，里面装着我的护照和大量现金，真急死了！"小王立即协助客人就地寻找，并请客人冷静回忆有没有放错地方或者交给其他团友。在这些努力均无结果的情况下，小王还应当采取下列哪些措施？（　　）

A. 请旅行社出具相关证明　　　　　B. 协助游客向公安部门报案

C. 请当地公安局出具证明　　　　　D. 稳定游客情绪

E. 协助客人到都江堰市公安局补办护照和签证

6. 按照旅游团队计划，导游小周应当带团观看当晚某大型实景表演，而且旅行社已订妥门票。但在吃晚饭的时候，有6名游客向导游提出，他们不想观看演出，希望参加当地景区举办的另一场免费民族篝火晚会，并询问导游能否退掉门票并派车接送他们。导游下列处理程序正确的有（　　）。

A. 婉言拒绝，尽最大努力劝说游客观看实景表演

B. 如果游客坚持，告知游客无法办理退票

C. 可以安排车辆接送，但费用请游客自理

D. 小周可以不必陪同前往

E. 提醒游客注意安全

7. 对游客提出的换餐要求，导游恰当的处理方法是（　　）。

A. 询问餐厅是否同意后再答复游客

B. 立即同意游客的要求并积极做好协调工作

C. 临近用餐时间游客坚持换餐，导游告知原餐费不退，新产生费用由客人自理

D. 临近用餐时间，婉拒游客的换餐要求并做好解释工作

E. 客人因饭菜不合自己口味而提出的换餐要求，导游一般不予同意

8. 导游带领游客参加计划内文娱活动的不恰当做法是（　　）。

A. 导游提前将演出票证分发给游客

B. 要求全体游客必须参加计划内文娱活动

C. 演出前或演出进行中，导游简单向游客介绍剧情

D. 提前联系安排好接送车辆后，导游可不必全程陪同游客参加

E. 节目结束前导游可提前将游客带离剧场

9. 游客在离开当地时请导游代为购买旅游纪念品，导游人员的正确做法是（　　）。

A. 一般应婉言拒绝

B. 请示旅行社领导同意后，可垫付为游客购买

C. 请游客写明欲购商品的具体要求，严格按客人要求采购

D. 采购后及时办理邮寄或托运手续

E. 将购物票据复印存底后原件及余款寄给委托人查收

10. 下列游客提出自由活动的要求可以满足的是（　　）。

A. 团队到达景点后，游客因曾游览过该景点，提出不随团游览

B. 团队晚上到达目的地后，游客提出前往该地夜宵集中区自由活动

C. 在高海拔旅游区，游客提出希望自行探险

D. 游客参观卫星发射基地时提出自行游览

E. 在离开当地前4小时，游客提出想自行前往旅游纪念品销售中心购物

11. 对于游客提出邀请亲友随团旅游的要求，导游需根据哪些情况做决定？（　　）

A. 所乘旅游车是否有空座　　　　　　B. 全陪、领队及其他游客是否同意

C. 旅行社是否同意　　　　　　　　　D. 随团亲友的身份是否特殊

E. 亲友随团后能否增订各种票据

12. 下列游客要求导游人员帮助转递物品，导游的做法中不恰当的是（　　）。

A. 导游请游客开具正式的委托书，注明转递物品的具体情况及收件人信息

B. 导游对游客密封的物品需妥善保管，不需开箱检查

C. 导游将游客转递的地方风味食品尽快交给收件人

D. 导游与游客在清点完转交物品后将物品密封，由游客暂为保管，离开时再交由

导游转交

    E. 导游人员需及时将物品转交给收件人，并请收件人签收

13. 导游可采取哪些措施预防漏接事故（   ）。

    A. 认真了解旅游团抵达的日期、时间和站点

    B. 接站当日再次与相关部门核实接站信息

    C. 用手机通过实时交通查询软件掌握游客所乘交通工具的动态

    D. 接站时留出充裕的时间确保提前到达站点接站

    E. 接站后与团队认真核实团队信息

14. 出现下列哪些情况时，导游可更改或调整旅游团行程安排（   ）。

    A. 抵达旅游目的地时恰遇当地台风登陆

    B. 旅游目的地发生严重公共安全事故

    C. 旅游目的地出现重大疫情

    D. 部分团队游客要求更改旅游活动线路安排

    E. 领队要求调整游览日程安排

15. 预防出现误机事故，导游可采取的措施有（   ）。

    A. 全陪提前与地陪做好离站前费用的结算工作

    B. 导游随时关心游客离境航班的机票预订情况

    C. 全陪确认好游客离境时间及班次

    D. 全陪在团队运行过程中与票务人员保持联系，留意航班班次变化

    E. 团队离站前不安排自由活动

16. 某旅行团按计划应于 6 月 17 日 11：20 乘机飞往 H 市。由于票务人员的疏忽，为该团订错了航班，起飞时间为 17 日 15：25。16 日早餐后，该团旅游者获悉航班改变的消息，反映强烈。稍后便通过领队向地陪提出口头投诉。旅游团中一位旅游者声称，曾向航空公司询问，对方回答是原航班有票。

    试问：针对上述情况，地陪应采取的处理方式中恰当的是（   ）。

    A. 当得知日程改变后，地陪马上将相关信息通知所有游客

    B. 核实原定航班有票后，督促票务人员换票

    C. 向游客耐心解释，道歉

    D. 为客人安排好逗留期间的午餐

    E. 增加 17 日的游览项目，并向客人说明情况后收取相关费用

17. 由格林女士担任领队的美国某旅行团与全陪、地陪一起，于某日 19 时抵达饭店，地陪为旅行者办理了住店登记手续并分发房卡，待旅游者陆续进入房间后，地陪正准备离开饭店，此时，一位旅游者急忙赶到大堂，请地陪为其在华的中国亲属办理随团活动的手续，地陪思索片刻后便说："今天时间晚了，有什么事明天再说。"

    请根据地陪工作规范：

    （1）下列对该团地陪在游客入住饭店的接待工作的分析正确的是（   ）

        A. 入住手续应由领队和全陪办理，地陪只是起协助作用

        B. 分发房卡是领队的职责，地陪也只是协助分发

C. 待游客全部进房后，地陪便可离开酒店

D. 当游客提出合理要求后应尽可能协助满足其要求而不是立即回绝

E. 对游客提出亲友随团的要求，没有了解具体情况

（2）说明地陪满足这一要求的正确处理方法是（　　）。

A. 车辆有空位的情况下可以立即同意游客的要求

B. 征得领队和其他成员的同意

C. 了解亲属与该游客的关系及游客亲属的身份职业，告知入团游览费用自理

D. 征求旅行社的意见，通知旅行社办理入团手续，请游客出示有效证件，并协助游客亲属在参团时填表、交费

E. 请游客亲友在第二天直接参团

18. 地陪小吴带领旅客在某景区游玩。王太太告诉小吴，王先生不知去向。由于景区较大，且有多个出口。小吴当即和全陪商量，从游客中挑选了两位能干的先生与他们分头去找。剩下的游客焦急地等待着，可一直不见他们踪影。离景区关门时间不多时，四个人才匆匆忙忙从不同方向赶回来。小吴抱歉地对大家说："我们找遍了景区，也没有发现王先生。由于时间关系，司机将带各位先回饭店。我去景区派出所报案……"旅客顿时怨声一片，小吴觉得非常委屈。

试分析：根据导游服务规范，小吴应如何正确处理这一事故（　　）？

A. 发现游客走失时，小吴应首先了解情况，分析走失者可能在何时、何地走失

B. 请全陪或领队留下照顾其他旅游者，迅速组织分头寻找，但不能让旅客参与寻找

C. 打电话回饭店询问客人是否已自行回到饭店

D. 在一时找不到的情况下，小吴应向景区派出所或管理处报告，请求他们帮助寻找，同时应向旅行社报告这一情况，并请求帮助

E. 请领队或全陪在景区寻找，直接带领其他旅游者继续游览

19. 某旅游团在一家大商场购物时，地陪一再鼓励一名外国女游客购买一串价格不菲的南珠项链，游客买了项链但心存疑虑。回饭店后，该游客与同团游客议论，多数人怀疑项链有假。于是女游客找到地陪，说她怀疑项链有假，要求地陪帮助退货。地陪耐心解释说这样的大商场不可能出售假货，并说这家商场规定货物售出概不退货，但女游客仍然坚持退货。地陪于是替她要了一辆出租车，让她自己去商场交涉。

请问：

（1）地陪的哪些做法不符合导游服务规范？（　　）

A. 地陪鼓励女游客购物太积极

B. 女游客怀疑项链有假要求退货，地陪只以"这样的大商场不可能出售假货"来解释，缺乏说服力

C. 地陪向游客耐心解释该大商场不会出售假货

D. 以"这家商场规定货物售出概不退货"为借口阻止女游客退货，有欺骗游客之嫌

E. 不能让女游客一个人去商场交涉而不提供帮助

（2）导游员应该怎样正确处理这一问题？（　　　）

A. 当游客购物时，导游员要当好顾问，做好正确宣传，鼓励他们购物，但不能太积极，以免引起误会

B. 游客提出退货要求，导游员应积极协助。如有可能，应亲自陪游客去商场交涉

C. 如无法抽身，应写字条说明退货的物品和原因，让顾客交给商店的售货员

D. 顾客提出退货的原因是项链有假时，地陪应要求鉴定项链的真伪，以维护我国的商业信誉

E. 即使项链是真的，但游客坚持退货，地陪应协助其退货

20. 地陪小王接待一个 45 人的旅游团，按计划该团将乘 16：35 的火车赴 S 市。小夏在 14：30 将全团带到市中心广场并宣布："请大家在广场自由活动或购物 1 小时！"于是旅游者纷纷走散。1 小时后只有 38 人返回，待最后几位客人返回时，已是 16：10，匆匆赶到车站，火车早已驶离。

（1）此次事故有可能造成哪些损失？（　　　）

A. 给旅行社带来巨大的经济损失，影响旅行社的声誉

B. 影响地陪在游客心目中的形象

C. 使旅游者蒙受经济损失

D. 使游客被迫减少或取消在 S 市的活动

E. 使旅游者的心理受到影响

（2）发现只有 38 人返回时应采取什么措施？（　　　）

A. 直接带领返回的客人前往火车站乘车

B. 发现客人未归应积极寻找而不应等待

C. 让全陪带 38 人先去火车站，自己留下寻找未归者

D. 及时通知旅行社寻求帮助

E. 让全陪或领队前往火车站退票，以减少经济损失

21. 某旅游团按计划乘坐 MU456 航班于 6 月 25 日 13：00 飞抵昆明，地陪小孟按接待计划提前 30 分钟抵达机场迎接，航班准时到达，但小孟未接到客人。

请问：

（1）该事故发生的原因可能是什么？（　　　）

A. 小孟未认真核实团队的航班信息

B. 天气原因或某种故障，旅游团滞留上一站或途中，全陪无法及时通知各方

C. 小孟前往了错误的机场

D. 班次变更，接待社未接到上一站通知，或接到却忘通知导游

E. 旅游团抵达后未联系到导游小孟

（2）如果该团因故推迟到 6 月 25 日 18：30 到且必须按原计划于 6 月 26 日 20：30 离开昆明飞抵北海，请问小孟针对这些意外情况该怎么办？（　　　）。

A. 报告旅行社，重新落实接待事宜

B. 调整行程，缩短在当地的行程，选择有代表性的景点

C. 征得游客同意可删减部分景点

D. 对行程中的更改部分请全陪及游客签订书面协定

E. 调整行程计划，紧凑安排每个景点的游览时间

22. 一个23人的新加坡旅行团在×市由地陪张小姐负责接待。午后参观某寺后，张向大家介绍本地一家新开业的珍珠馆，她说："店主是我的好友，保证价廉物美。"在珍珠馆，一位姓朱的女士对标价4000元的珍珠项链发生兴趣，张立即主动介绍识别真假珍珠的方法，并为其讨价还价，最终以900元成交。16:00，旅行团游览某景点，因景点即将关门，大家匆匆摄影留念后离去。在返回饭店途中，数名男士提出去书店购买中国地图，几位女士则希望购买中国烹饪书籍，张小姐表示可以安排。次日出发前，朱女士手持昨天购买的项链，要求张小姐帮其退换，说："一位内行人认定它为残次品。"张表示不能退换，上午参观结束后，她又带全团去一家定点工艺品商店，许多人不感兴趣，只在车内坐着。张小姐恳求说："大家帮帮忙，不买东西没有关系，进店逛一圈也可以。"于是，一些游客才极不情愿地下车进店。13:30，赴机场途中，数名旅游者又提起购书一事，张小姐说："没时间了。"一周后，旅行社接到新加坡组团社发来的传真，声明该社今后若有团队赴该市，不能由张小姐带团。

请指出张小姐在接待该团过程中，做错了哪些事（　　　）。

A. 不应该带旅游者到非定点购物商店购物，因为导游员带团购物必须前往定点购物商店

B. 介绍商品不实事求是：导游人员不能欺骗游客消费或者与经营者串通欺骗游客消费

C. 拒绝帮助游客退换商品：游客要求退换不满意商品，导游员应当满足，尤其是在做了承诺的情况下

D. 多次强制安排购物，影响了正常的游览活动：导游人员不能胁迫游客消费或与经营者串通胁迫游客消费

E. 未尽全力为游客安排好旅游行程，未及时安排游客购买其所需物品：导游应该尽自己最大的努力帮助每一位客人游好游足

23. 某全陪导游从重庆带团到成都西岭雪山，途中游客得知组团社倒卖团队，再加上团队有诸多不顺利，一路上就拿成都地陪和重庆全陪出气。在上索道时，游客坚持说团费里包含了索道费，不愿再付费。直到全陪和地陪拿出双方签订的旅游合同，游客才认可索道费自理。但部分游客提议全陪先代付索道费，待上山后一并结算。由于是旺季，坐索道上山的游客已经排了很长的队，全陪为了快些上山，同意由自己垫付全团2580元索道费用。游完西岭雪山后，全陪几次催收索道费，游客以行程还没有结束为由，要求回重庆再支付，并且保证一定会给，全陪迫于无奈只好同意。但返回重庆后，游客再次拒付。全陪到游客单位讨账却往往吃闭门羹。最终全陪自认倒霉，个人承担了2580元索道费用。

请分析：全陪在这一事件中由于哪些工作的失误导致了最后的结局？（　　　）

A. 全陪所在旅行社倒卖旅游团队

B. 全陪未事先做好团队的信息准备工作，应该事先了解团队包价的游览项目和费用支付方式

C. 不应该擅自做主为游客垫付索道费用，应向旅行社请示后再做安排

D. 若有必要为游客垫付，必须请游客留下书面凭据

E. 全陪应注意规避风险，维护自己的合法权益

第十一章　导游人员的应变技能参考答案

一、单项选择题

1－5. BABAB　6－10. DBABC　11－15. BACCB　16－20. BBDBD

二、多项选择题

1. ADE　2. ABCE　3. ABCD　4. DE　5. ABCD　6. ACDE　7. ACD　8. ABD

9. ACDE　10. ABE　11. ABCD　12. BCD　13. ABCD　14. ABC　15. ABCD

16. BCD　17.（1）ABDE（2）BCD　18. BCD　19.（1）ABCD（2）ABDE

20.（1）ABDE（2）BCDE　21.（1）BCD（2）ABDE　22. ABCD　23. BCDE

第十二章　旅行社知识

一、单项选择题（每题有一个正确答案）

1. 下列对旅行社性质的表述中不正确的是(　　)。

A. 旅行社是以营利为目的的企业　　　　B. 旅行社是服务型的企业

C. 旅行社是中介服务机构　　　　　　　D. 旅行社是公益服务机构

2. 对旅行社在市场上的竞争能力有着直接影响，并最终影响到旅行社的生存与发展的业务是(　　)。

A. 产品开发与设计　　　　　　　　　　B. 委托代办业务

C. 产品销售与促销业务　　　　　　　　D. 旅游接待业务

3. 游客可根据时间、兴趣和经济情况自由选择旅行社提供的导游、风味餐、节目欣赏和参观游览等项目，这样的旅行社产品被称作(　　)。

A. 团体全包价旅游　　　　　　　　　　B. 半包价旅游

C. 小包价旅游　　　　　　　　　　　　D. 零包价旅游

4. 游客选择零包价旅游的主要目的是(　　)。

A. 获得旅游活动的便利

B. 旅游产品的自由组合度高

C. 获得团体机票价格的优惠，及旅行社统一代办旅游签证的便利

D. 获得个性化的旅游行程

5. 下列不属于旅行社单项服务的项目是(　　　)。

    A. 导游服务、代客联系参观游览项目

    B. 交通集散地的接送服务及代办交通票据和文娱票据

    C. 代办签证和代办旅游保险

    D. 代购当地土特产

二、多项选择题（每题有 2 - 4 个正确答案，多选、少选、错选均不得分）

1. 旅行社的定制旅游产品主要包括(　　　)。

    A. 预制旅游服务　　　　　　　　　　B. 单项旅游服务

    C. 会议旅游服务　　　　　　　　　　D. 特种旅游服务

    E. 奖励旅游服务

2. 按旅行社服务方式分类，可将旅行社产品分为(　　　)。

    A. 预制旅游产品　　　　　　　　　　B. 包价旅游产品

    C. 定制旅游产品　　　　　　　　　　D. 单项旅游产品

    E. 创意旅游产品

3. 对旅行社的性质的理解，说法正确的有(　　　)。

    A. 是以营利为目的的企业　　　　　　B. 是服务型的企业

    C. 是中介服务机构　　　　　　　　　D. 是原始旅游产品和服务提供者

    E. 旅游资源的利用者

4. 根据《旅行社条例》，旅行社是从事招徕、组织、接待旅游者等活动，为旅游者提供相关旅游服务，开展(　　　)的企业法人。

    A. 国内旅游业务　　B. 委托代办业务　　C. 入境旅游业务　　D. 出境旅游业务

    E. 旅游接待业务

5. 旅行社业务，按照从业务流程来划分，包括(　　　)。

    A. 旅游产品开发与设计　　　　　　　B. 委托代办业务

    C. 旅游人员招聘　　　　　　　　　　D. 旅游产品销售与促销

    E. 旅游接待业务

6. 旅行社产品类型，按计价形式可分为(　　　)。

    A. 半包价旅游　　　B. 奖励旅游　　　C. 零包价旅游　　　D. 团体全包价旅游

    E. 小半包价旅游

7. 游客参加团体全包价旅游的优点有(　　　)。

    A. 可以享受价格的优惠　　　　　　　B. 旅游团内的氛围和安全性好

    C. 机动灵活　　　　　　　　　　　　D. 便捷省心

    E. 手续简便

8. 小包价旅游对游客具有的优势主要表现在(　　　)。

    A. 明码实价　　　　B. 经济实惠　　　C. 手续简便　　　D. 便捷省心

    E. 机动灵活

9. 在小包价旅游中，下列哪些费用由游客应在旅游前预付? (　　　)。

A. 交通集散地接送 B. 城市间交通　　　 C. 午餐和晚餐　　　 D. 住房
E. 早餐

10. 在小包价旅游中，下列哪些费用由游客旅游前预付或现付？（　　　）。
A. 风味餐　　　　 B. 节目欣赏　　　　 C. 早餐　　　　　 D. 参观游览
E. 导游

第十二章　旅行社知识参考答案

一、单项选择题

1 – 5. DACCD

二、多项选择题

1. BCDE　 2. AC　 3. ABC　 4. ACD　 5. ABDE　 6. ACDE　 7. ABD　 8. ABCE　 9. ABDE

10. AB

第十三章　入出境知识

一、单项选择题（每题有一个正确答案）

1. 我国海关规定，返境游客在境外获取的个人自用物品，总值在人民币（　　　）以内的，海关予以免费放行。
A. 2000 元　　　　 B. 5000 元　　　　 C. 10000 元　　　　 D. 20000 元

2. 外国旅游者来中国旅游，发给团体旅游签证的团队人数须在（　　　）。
A. 5 人以上　　　 B. 10 人以上　　　 C. 12 人以上　　　 D. 16 人以上

3. 领队准备的国际旅行文件中被称为黄皮书的是（　　　）。
A. "出入境卡"　　　　　　　　　 B. "行李物品申报单"
C. "中国公民出国旅游团队名单表"　 D. "国际预防接种证明"

4. 下列领队服务内容的表述，不准确的是（　　　）。
A. 领队应提醒携带有需向海关申报物品的客人走红色通道
B. 飞机抵达目的地前，领队应代客人填写"入境登记卡"
C. 领队发现旅游目的地出现动乱征兆时，应立即更改旅游线路
D. 临别团队之际，领队应致欢送词

5. 下列客人中必须填写"中华人民共和国海关出境旅客行李物品申报单"的是（　　　）。
A. 携带 15000 元人民币现钞的游客
B. 携带有一尊 60 克重金佛像的游客
C. 携带有价值 3500 元人民币数码相机的游客
D. 携带 4000 美元外币现钞的游客

6. 下列物品中，游客不能带出我国海关的是(   )。

    A. 儿童玩具仿真枪   B. 各种有价证券

    C. 普通感冒药   D. 茉莉花种子

7. 处理游客丢失护照和签证的最好的办法是(   )。

    A. 迅速向旅行社通报，请求帮助

    B. 迅速向对方接待社通报，请求帮助

    C. 事先将游客的护照和签证复印存底，并将原件和复印件分别放置

    D. 与当地移民局联系，根据其要求进行相关手续的办理

8. 出境通过安检时，应该组织填写了海关出境行李申报单的游客走(   )。

    A. 国内游客通道   B. 国际游客通道   C. 红色通道   D. 绿色通道

9. 游客的护照一般情况下由领队保管，在(   )才退还给游客。

    A. 出境前   B. 入境后   C. 出入境通关时   D. 国外游览时

10. 旅游者携带的下列物品中，不需要填写海关出境行李申报单的是(   )。

    A. 价值8000元的苹果笔记本电脑   B. 携带的1.5万元人民币现金

    C. 价值6000元的尼康单反相机   D. 帮助友人带的清朝名家字画一幅

二、多项选择题 (每题有2-4个正确答案，多选、少选、错选均不得分)

1. 团队入境时的"过三关"通常是指(   )。

    A. 填写海关申报单   B. 通过卫生检疫

    C. 接受入境检查   D. 接受海关检查

    E. 办理落地签证

2. 由外事部门颁发的护照为(   )。

    A. 普通护照   B. 外交护照   C. 公务护照   D. 旅游护照

    E. 礼遇护照

3. 我国签证的主要类型可分为(   )。

    A. 外交签证   B. 礼遇签证   C. 公务签证   D. 普通签证

    E. 边境签证

4. 可由海关检查的绿色通道出入境的人员主要为(   )。

    A. 携带无须向海关申报物品的游客   B. 持有外交签证人员

    C. 持有礼遇签证的人员   D. 持有边境证的人员

    E. 持有"港澳居民来往内地通行证"的人员

5. 下列哪些外国人员不准入境？(   )

    A. 不能保障其在中国所需费用的人员

    B. 未持有效护照、证件或签证的人员

    C. 被认为入境后可能进行走私、贩毒的人员

    D. 患有急性风寒和荨麻疹的人员

    E. 被认为入境后可能进行恐怖、暴力、颠覆活动的人员

第十三章　入出境知识参考答案

一、单项选择题

1 – 5. BBDBB　6 – 10. ACCCB

二、多项选择题

1. BCD　2. ABC　3. ABCD　4. ABC　5. ABCE

第十四章　交通知识

一、单项选择题（每题有一个正确答案）

1. 中国东方航空公司的英文代码是(　　)。
   A. CA　　　　　　B. MU　　　　　　C. CZ　　　　　　D. 3U

2. 国内客票的舱位等级码中，分别对应头等舱、公务舱、经济舱的是(　　)。
   A. Y/C/F　　　　B. C/Y/F　　　　C. F/C/Y　　　　D. FA/Y/C

3. 我国的中国国航、深圳航空已加入了世界上三大国际航空客运联盟之一的(　　)。
   A. 星空联盟　　　B. 天合联盟　　　C. 寰宇一家　　　D. 国际航空客运联盟

4. 不满 2 周岁的婴儿应购买的机票，票面价值是成人适用的正常票价的(　　)左右，不提供座位。
   A. 10%　　　　　B. 20%　　　　　C. 50%　　　　　D. 70%

5. 飞机离站前 24 小时之前退票，需支付原票款(　　)的退票费。
   A. 5%　　　　　　B. 20%　　　　　C. 30%　　　　　D. 50%

6. 持公务舱或经济舱客票的游客，每人只能随身携带一件物品。且每件随身携带物品的重量不得超过(　　)千克。
   A. 10　　　　　　B. 20　　　　　　C. 15　　　　　　D. 5

7. 下列物品中可以随身携带登机的是(　　)。
   A. 专用雕刻刀　　　　　　　　B. 有品牌标示的充电宝
   C. 打火机　　　　　　　　　　D. 表演用的大刀

8. 下列成员中不得乘坐民航客机的是(　　)。
   A. 不足 30 天的新生婴儿　　　B. 孕期 6 个月的孕妇
   C. 醉酒旅客　　　　　　　　　D. 心脏病患者

9. 城际动车组列车在车次前冠有字母(　　)。
   A. G　　　　　　B. C　　　　　　C. D　　　　　　D. T

10. 旅客在票面指定的开车时间前 24 小时以上、不足 48 小时要求退票时，应按票价(　　)计收退票费。
    A. 5%　　　　　　B. 10%　　　　　C. 15%　　　　　D. 20%

二、多项选择题（每题有2-4个正确答案，多选、少选、错选均不得分）

1. 乘船时禁止携带和托运的物品包括(　　)。
   A. 有臭味、恶腥味的物品
   B. 能损坏、污染船舶和妨碍其他游客的物品
   C. 易爆品、易燃品
   D. 重量不超过30千克的物品
   E. 有毒物品、杀伤性物品以及放射性物品

2. 水运交通服务主要的分类是(　　)。
   A. 远程定期班轮服务 　　　　　 B. 海上短程轮渡服务
   C. 游船服务 　　　　　　　　　 D. 内河客轮服务
   E. 游艇服务

3. 民航的运输主要有(　　)飞行形式。
   A. 班期飞行 　　　　　　　　　 B. 加班飞行
   C. 直航飞行 　　　　　　　　　 D. 经停飞行
   E. 包机飞行

4. 国内航班编号CA1502的具体含义是(　　)。
   A. CA是中国国际航空公司的英文编号
   B. 1表示执行该航班任务的航空公司的数字代码
   C. 5是表示该航班的终点站所属的管理局或航空公司所在地的数字代码
   D. 02该航班的具体编号 　　　　 E. 2表示去程

5. 目前世界上的三大国际航空客运联盟是(　　)。
   A. 星空联盟　　　B. 柏林航空联盟　　　C. 天合联盟　　　　D. 阿提哈德航空联盟
   E. 寰宇联盟

6. 下列属于特别机票的有(　　)。
   A. 旅游机票　　　B. 学生机票　　　C. 团体机票　　　　D. 包机机票
   E. 经济票

7. 下列关于机票的说法，正确的有(　　)。
   A. 旅游机票票价一般比普通一年期机票较为低廉，只能购买来回票
   B. 婴儿票票面价值是成人适用的正常票价的10%左右，不提供座位
   C. 儿童票票面价值是成人适用的正常票价的50%左右，提供座位
   D. 飞机离站前2小时之前24小时之内退票，支付原票款5%退票费
   E. 飞机离站前2小时之内退票，支付原票款10%退票费

8. 游客不得在交运的行李内夹带的物品有(　　)。
   A. 重要文件和资料　B. 汇票　　　　C. 证券　　　　　D. 货币
   E. 手机

9. 旅客乘坐国内航班禁止携带的物品有(　　)。
   A. 眼药水、口红、牙膏、发胶等液体物品

B. 打火机、火柴

C. 未关闭的手机、电脑

D. 额定能量不超过 100Wh（瓦特小时）的充电宝

E. 未标明相关技术参数的充电宝

10. 下列哪些列车可不采用实名制购票（儿童除外）和实名查验？（   ）

    A. 车次前冠以字母"L"的列车   B. 车次前无字母的列车

    C. 车次前冠以字母"Y"的列车   D. 车次前冠有字母"C"的列车

    E. 车次前冠以字母"JY"的列车

11. 下列哪些列车一般在节假日、春秋旅游季节开行？（   ）

    A. 车次前冠以字母" L"的列车   B. 车次前无字母的列车

    C. 车次前冠以字母"Y"的列车   D. 车次前冠有字母"C."的列车

    E. 车次前冠以字母"JY"的列车

12. 火车车票分客票和附加票，其中附加票包括(   )。

    A. 加快票   B. 硬座   C. 卧铺票   D. 空调票

    E. 软座

13. 按照《综合交通网中长期发展规划》，继京津城际高速铁路和京沪高速铁路之后，我国将建设"四纵四横"为重点的高速铁路网，下列属于"四纵"高速铁路网的是(   )。

    A. 北京—哈尔滨   B. 杭州—深圳   C. 北京—香港   D. 青岛—太原

    E. 北京—上海

14. 按照《综合交通网中长期发展规划》，继京津城际高速铁路和京沪高速铁路之后，我国将建设"四纵四横"为重点的高速铁路网，下列属于"四横"高速铁路网的是(   )。

    A. 青岛—太原   B. 徐州—兰州   C. 南京—成都   D. 福州—昆明

    E. 杭州—昆明

15. 有关我国水上船运携带行李的规定，说法正确的是(   )。

    A. 乘坐沿海和长江客轮，儿童可随身携带免费行李 10 千克，其他旅客 20 千克

    B. 乘坐沿海和长江客轮，持全价票的旅客可随身携带免费行李 30 千克

    C. 乘坐沿海和长江客轮，持半价票者和免票儿童 15 千克

    D. 每件行李的体积不得超过 0.2 立方米，长度不超过 1.5 米，重量不超过 30 千克

    E. 乘坐其他内河客轮免费携带的行李分别为 20 千克和 10 千克

第十四章　交通知识参考答案

一、单项选择题

1 - 5. BCAAA　6 - 10. DBCCD

二、多项选择题

1. ABCE　2. ABCD　3. ABE　4. ABCD　5. ACE　6. ABCD　7. ABC　8. ABCD　9. ABCE

第十五章　货币与保险知识

一、单项选择题（每题有一个正确答案）

1. 经营旅行业务的旅行社必须购买的、同时也是国内旅行社投保的主要险种是(　　)。
   A. 旅行事故险　　　　　　　　　　B. 人身意外险
   C. 旅行社责任险　　　　　　　　　D. 旅行社经营险

2. 在中国境内，关于外汇使用的禁令表述不正确的是(　　)。
   A. 禁止外汇流通、使用、质押
   B. 禁止私自买卖外汇
   C. 禁止以任何形式进行套汇、炒汇、逃汇
   D. 禁止携带外币入境

3. 世界上发行最早的信用卡是(　　)。
   A. 维萨卡　　　　B. 运通卡　　　　C. 大莱卡　　　　D. 万事达卡

4. 旅游意外保险的索赔时效是以自事故发生之日起(　　)日内为限。
   A. 30　　　　　　B. 60　　　　　　C. 120　　　　　D. 180

5. 目前国内旅行社为旅游团队投保的"旅行社责任险"中，不属于赔偿范畴的是(　　)。
   A. 旅游者意外死亡的处理费用　　　B. 游客心脏病突发产生的医疗费用
   C. 旅游者受伤骨折产生的医疗费用　D. 旅游者食物中毒产生的医疗费用

二、多项选择题（每题有 2 – 4 个正确答案，多选、少选、错选均不得分）

1. 与其他保险相比较而言，旅游保险的特点是(　　)。
   A. 短期性　　　　　　　　　　　　B. 强制保险与自愿保险相结合
   C. 财产保险与人身保险相结合　　　D. 时效性长
   E. 保额高

2. 下列情形中旅行社不用承担赔偿责任的是(　　)。
   A. 旅游者因心脏病发作产生的医疗费用
   B. 旅游者在入住旅行社安排的酒店时发生财物被盗受到的损失
   C. 旅游者未跟随团队活动，自行游览时受伤产生的医疗费用
   D. 旅游者在用餐时因食物中毒产生的医疗费用
   E. 旅游者提前终止旅游活动，在返程时受到意外伤害产生的医疗费用

3. 下列关于旅行支票的表述中，不正确的是(　　)。
   A. 面额均为大额支票　　　　　　　B. 币种只有美元

C. 可以在世界各大银行兑换现金　　　　D. 不慎丢失可办理挂失、理赔

E. 无使用期限

4. 目前旅游活动中涉及旅游者的保险主要是(　　　　)。

    A. 航空保险　　　　　　　　　　　　B. 旅行社责任险

    C. 旅游意外保险　　　　　　　　　　D. 交通意外伤害险

    E. 财产保险

5. 信用卡按持卡人的资信程度可以分为(　　　　)。

    A. 普通卡　　　　B. 金卡　　　　　C. 白金卡　　　　D. 钻石卡

    E. 专属卡

第十五章　货币与保险知识参考答案

一、单项选择题

1－5. CDCDB

二、多项选择题

1. ABC　2. ACE　3. AB　4. BCD　5. ABC

第十六章　其他常识

1. 发生食物中毒事故后，导游人员首先应(　　　　)。

    A. 将患者送往就近医院

    B. 立即报告旅行社，追究供餐单位责任

    C. 设法催吐，并让食物中毒者多喝水以加速排泄，缓解毒性

    D. 协助旅行社帮助旅游者向有关部门索赔

2. 食物中毒的主要症状是(　　　　)。

    A. 潜伏期短　　　　　　　　　　　　B. 起病急、发病快

    C. 发病人员多　　　　　　　　　　　D. 上吐下泻

3. 在旅游途中若有游客受伤造成开放性骨折，导游应当立即(　　　　)。

    A. 上夹板固定　　　B. 包扎　　　　　C. 止血　　　　　D. 送医院

4. 北京时间上午9：00，巴黎时间为(　　　　)。

    A. 4：00　　　　　　B. 2：00　　　　　C. 8：00　　　　　D. 10：00

5. 被毒蛇咬伤，应该马上进行紧急处理，下列做法不正确的是(　　　　)。

    A. 扶伤者迅速走到就近医疗点处理

    B. 用手挤压伤口周围，将毒液挤出

    C. 扩大伤口排毒，用大量清水冲洗伤口的毒液

    D. 给伤者包扎伤口，以阻断静脉回流为度

二、多项选择题（每题有 2 - 4 个正确答案，多选、少选、错选均不得分）

1. 导游人员应如何预防游客晕车(   )。

   A. 避免旅途过于疲劳

   B. 提醒游客乘车前避免喝酒、过度饱食

   C. 建议可能晕车的游客在乘车时最好闭目养神

   D. 乘车前给游客发放抗晕药物

   E. 将可能晕车的乘客调整至前排座位

2. 导游人员应该如何预防和处理游客食物中毒事件？(   )

   A. 带领团队到正规餐馆用餐

   B. 提醒游客不要食用小商小贩售卖的食品

   C. 团队餐尽量不安排凉菜、拌菜和容易引起食物中毒的蔬菜

   D. 对食物中毒的游客在用餐时应请餐厅单独安排少油、软烂的食物

   E. 长途乘车的过程中应提醒司机增加途中上卫生间的频率

3. 旅行性精神病有(   )症状和特点。

   A. 常见症状有恐惧、幻觉、哭述   B. 具有一定传染性

   C. 发生前无任何先兆   D. 发作时常有过激行为，易造成严重后果

   E. 发作时对团队其他成员有一定的传染性

4. 导游人员应该如何预防和处理游客中暑？(   )

   A. 尽量减少烈日下的活动时间   B. 提醒游客多喝淡盐开水

   C. 保持车内清洁，保持客人睡眠充足   D. 为游客准备防暑用药

   E. 提醒游客做好防护工作，带好遮阳用品

5. 若有游客发生骨折，导游应采取何种急救措施？(   )

   A. 止血（方法）   B. 让游客服用止疼消炎药物

   C. 包扎   D. 上夹板固定

   E. 及时送医院

6. 高原反应有何症状(   )。

   A. 胸闷气短   B. 意识模糊   C. 恶心呕吐   D. 上吐下泻

   E. 肌肉酸疼

7. 导游应如何预防及处理游客的高原反应(   )。

   A. 提醒游客在高海拔地区不能剧烈运动，可多喝水

   B. 提醒游客注意预防感冒

   C. 若出现昏迷，应尽快平躺，就地寻找氧气瓶（袋）。让客人吸氧，同时联系医疗
      救助机构

   D. 出现症状后请游客多喝水后可继续行程

   E. 出现耳鸣、头疼症状应立即放慢旅行节奏，量力而行

一、单项选择题

1－5. CDCBA

二、多项选择题

1. ABCE　2. ABCD　3. ACD　4. ABE　5. ACDE　6. ABC　7. ABCE

《导游业务》综合训练题（一）

一、单项选择题（每题有一个正确答案）

1. 导游能力素质的核心内容是(　　)。

A. 组织协调能力　　B. 独立应变能力　　C. 语言讲解能力　　D. 创新能力

2. 智慧旅游的中心是(　　)。

A. 游客互动体验　　　　　　　　B. 融合通信与信息技术

C. 一体化的行业信息管理　　　　D. 促进产业结构升级

3. 相比实地口语导游，图文声像导游方式的优势体现在(　　)。

A. 标准的介绍模式能提供有针对性的导游服务

B. 形象生动，便于携带和保存

C. 能有重点地向游客进行介绍

D. 能统一应对复杂的游客情况

4. 具有商业性质的职业导游，产生于(　　)。

A. 奴隶社会时期　　B. 封建社会时期　　C. 工业革命时期　　D. 现代商业时期

5. "没有导游人员的旅行，是不完美的旅行，甚至是没有灵魂的旅行"这句话体现了(　　)的内涵。

A. 在现代旅游活动中，导游人员能满足人们远离常住地来到异国他乡，追求物质和精神生活满足的需要

B. 导游人员的工作范围广泛，能为游客提供各种服务

C. 在旅游活动中，导游人员通过自己的辛勤劳动，增进了各国人民之间的相互了解与友谊

D. 导游人员具有渊博的学识

6. 游客可根据时间、兴趣和经济情况自由选择旅行社提供的导游、风味餐、节目欣赏和参观游览等项目，这样的旅行社产品被称作(　　)。

A. 团体全包价旅游　　　　　　　B. 半包价旅游

C. 小包价旅游　　　　　　　　　D. 零包价旅游

7. 导游人员能独立分析、解决问题，处理事故，并善于和各种人打交道，这体现了导游哪方面的能力？(　　)

A. 较强的独立工作能力   B. 拥有广博的知识结构

C. 掌握熟练的导游技能   D. 有健康的体魄和心态

8. 下列不属于海外领队的主要职责的是(   )。

A. 全程服务，旅途向导   B. 落实旅游合同

C. 做好境外旅游的组织与讲解工作   D. 协调联络，维护权益，解决难题

9. 地陪致欢迎词，其内容不包括(   )。

A. 介绍自己和司机   B. 介绍旅游行程和注意事项

C. 表明热诚服务的态度   D. 祝愿游客在本地旅游愉快

10. 分发房卡工作原则上应由(   )来完成。

A. 饭店总台人员   B. 领队或全陪   C. 地陪   D. 游客代表

11. 世界公认的第一次商业性旅游活动的组织者是(   )。

A. 英国人约翰·梅森   B. 英国人托马斯·库克

C. 中国人陈光甫   D. 中国人徐霞客

12. 新中国成立后，对我国的旅游事业进行组织和领导的机构是(   )。

A. 中国国家旅游局   B. 中国旅行游览事业管理局

C. 全国青联旅游部   D. 全国旅行社协会

13. "游客往往通过导游人员带领游客进行旅游活动的情况来判断旅游产品的使用价值"。这句话表明了导游服务的(   )作用。

A. 纽带   B. 反馈   C. 标志   D. 扩散

14. 下列关于导游人员的基本职责的描述中，不正确的是(   )。

A. 接受任务，带团游览   B. 进行导游讲解，传播文化

C. 安排相关事宜，保护游客安全   D. 反映意见要求，协助游客购物

15. 面对国际国内旅游市场的激烈竞争，以及目前的导游管理体制发生的巨大变化，导游人员应具有(   )。

A. 较强的组织协调能力   B. 积极的进取精神

C. 熟练的导游技能   D. 独立执行政策和进行宣传讲解的能力

16. 应邀用西餐时，席间在礼仪方面应注意(   )。

A. 赴宴时，可带一束表示友谊的鲜花

B. 在男主人拿起勺子或叉子以前，客人不要自行用餐

C. 可通过劝酒劝菜活跃席中气氛

D. 宴席结束时应等男主人从座位上站起后，一起离席

17. 在与英国友人交往时，需要注意的是(   )。

A. 赴宴时，可带一束表示友谊的百合花前往

B. 可选择有大象图案的纪念品赠送英国友人

C. 最好不在恰逢 13 日的星期五宴请英国友人

D. 初次见面时可通过询问其佩戴物品的价格等话题加深印象

18. 在与法国朋友打交道时，容易引起误会的举动是(   )。

A. 见面时行亲吻礼   B. 做客时带一束鲜花前往

C. 用手捂住嘴笑 　　　　　　　　D. 用天蓝色的包装纸包装礼物

19. 在与日耳曼语系国家的游客交往时，需要注意的礼品赠送风俗是(　　)。
    A. 可以赠送仙鹤等图案的礼品　　B. 可以带点用红色包装的小礼品
    C. 可以用丝带来装饰礼品　　　　D. 可以带一瓶葡萄酒前往赴宴

20. 为了防止票证丢失，国内旅游团队未使用的交通票证原则上应由(　　)保管。
    A. 旅行社　　　　B. 全陪　　　　C. 地陪　　　　D. 游客

21. 我国海关规定，返境游客在境外获取的个人自用物品，总值在人民币(　　)以内的，海关予以免费放行。
    A. 2000 元　　　　B. 5000 元　　　　C. 10000 元　　　　D. 20000 元

22. 游客要求在景区购物，景区导游做法欠妥的是(　　)。
    A. 向游客介绍购物店
    B. 请游客保留购物发票作为退换凭证
    C. 劝阻海外客人在非文物商店购买文物
    D. 劝阻游客购买地摊商品

23. 旅行社在制定旅游活动日程时应遵循的原则不包括(　　)。
    A. 科学合理、劳逸结合　　　　　B. 旅游景点多多益善
    C. 不同类型旅游项目交替安排　　D. 上下站景点错落有致

24. 旅游团队抵达后无导游人员接站，即地陪没有准时到达接站地点迎候客人，这种事故称为(　　)。
    A. 误机（车、船）事故　　　　　B. 漏接事故
    C. 错接事故　　　　　　　　　　D. 空接事故

25. 下列不违背"合理而可能"原则的个别要求是(　　)。
    A. 游客的要求虽可办到但难度很大　　B. 游客的要求违背了导游员职业道德
    C. 游客的要求合理但客人意见不统一　　D. 游客的要求改变了既定的行程

26. 导游人员在武汉归元寺向游客介绍《杨柳观音图》时说："这幅相传为唐代阎立本的壁画，它所体现的艺术手法值得我们珍视。"其中"珍视"一词的运用体现了导游语言的(　　)。
    A. 准确性　　　　B. 逻辑性　　　　C. 生动性　　　　D. 形象性

27. 在撰写导游词时应注意按一定的规律或顺序依次介绍景点，以体现导游词的(　　)。
    A. 趣味性　　　　B. 层次感　　　　C. 方位感　　　　D. 针对性

28. 在接待过程中，如遇少数旅游者经常迟到，导游员应当(　　)。
    A. 提出警告　　　B. 顺其自然　　　C. 设法引导　　　D. 报告全陪

29. 一个团队中各导游及司机之间合作的原则是(　　)。
    A. 旅游协议　　　　　　　　　　B. 相互包容
    C. 游客至上　　　　　　　　　　D. 共同获取经济利益

30. 有时领队提出的做法行不通，且固执己见时，其他导游人员可以(　　)。
    A. 向全团游客讲明情况，争取大多数游客的理解和支持

B. 联合全体游客要求更换领队

C. 按照领队的做法执行

D. 报告旅行社请旅行社领导处理

31. 某地陪带领旅游团参观高大巍峨的太和殿时，生动地向游客描述了皇帝登基的壮观场面，这种导游方法是(   )。

　　A. 虚实结合法　　B. 触景生情法　　C. 突出重点法　　D. 画龙点睛法

32. 虚实结合法中的"虚"指的是(   )。

　　A. 艺术价值　　　B. 真实的景物　　C. 民间传说和典故　D. 科研价值

33. 某游客想从标间换单间，下列做法正确的是(   )。

　　A. 请旅游团领队调解或者内部调整

　　B. 若有空房，可满足其要求，房费由二人共担

　　C. 若无空房，应退还住宿费，并联系其他饭店

　　D. 若导游人员住的房间有空位，可让其前来同住

34. 下列游客提出的要求中，可以满足游客的是(   )。

　　A. 离站前游客提出想去市中心购买旅游纪念品

　　B. 游客希望带旅游目的地的记者朋友随团活动

　　C. 回族客人要求在旅游活动中单独用餐

　　D. 游客请导游在旅游车上代为发放其公司宣传资料

35. 下列对旅行社性质的表述中不正确的是(   )。

　　A. 旅行社是以营利为目的的企业　　　B. 旅行社是服务型的企业

　　C. 旅行社是中介服务机构　　　　　　D. 旅行社是公益服务机构

36. 导游人员面对游客的投诉，错误的处理方法是(   )。

　　A. 认真倾听　　B. 及时申辩　　C. 诚恳道歉　　D. 适当弥补

37. 想要带领游客观赏到"金碑夕照"的景观，导游员首先要把握好观赏的(   )。

　　A. 距离　　　　B. 位置　　　　C. 节奏　　　　D. 时机

38. 导游员在接待残疾人旅游团队时，不恰当的做法是(   )。

　　A. 以旅行服务为主　　　　　　B. 以生活服务为主

　　C. 以讲解服务为主　　　　　　D. 提供心理服务

39. 北京位于东八区，英国伦敦时间晚上 6 时，北京时间应该是(   )。

　　A. 凌晨 2 时　　B. 中午 12 时　　C. 下午 16 时　　D. 晚上 20 时

40. 景区导游服务的核心工作是(   )。

　　A. 游览向导　　B. 安全保卫　　C. 导游讲解　　D. 语言翻译

41. 当自驾车游客与当地村民发生冲突时，导游员应(   )。

　　A. 保持中立，由村民与游客协商解决矛盾

　　B. 协助村民尽快解决矛盾

　　C. 尽量设法排解，避免冲突扩大

　　D. 组织游客与村民抗争到底

42. 导游在拒绝个别游客提出因太累想安排点额外的夜间娱乐活动时说道："您的意见

很好，客人也都比较累，但许多人还有其他的计划，最好还是让大家自行安排，而且明天还有很长的行程要走。"导游的这种拒绝方法属于(   )。

    A. 柔和式回绝   B. 迂回式回绝   C. 引申式回绝   D. 诱导式回绝

43. 下列哪一类团队不属于特殊团队？(   )

    A. 政务型团队   B. 海外游客团队   C. 老年团队   D. 宗教型团队

44. 下列关于导游人员的基本职责的描述中，不正确的是(   )。

    A. 接受任务，带团游览   B. 进行导游讲解，传播文化

    C. 安排相关事宜，保护游客安全   D. 反映意见要求，协助游客购物

45. 面对国际国内旅游市场的激烈竞争，以及目前的导游管理体制发生的巨大变化。导游人员应具有(   )。

    A. 较强的组织协调能力   B. 积极的进取精神

    C. 熟练的导游技能   D. 独立执行政策和进行宣传讲解的能力

46. 对旅行社在市场上的竞争能力有着直接影响，并最终影响到旅行社的生存与发展的业务是(   )。

    A. 产品开发与设计   B. 委托代办业务

    C. 产品销售与促销业务   D. 旅游接待业务

47. 国内客票的舱位等级码中，分别对应头等舱、公务舱、经济舱的是(   )。

    A. Y/C/F   B. C/Y/F   C. F/C/Y   D. FA/Y/C

48. 食物中毒的主要症状是(   )。

    A. 潜伏期短   B. 起病急、发病快

    C. 发病人员多   D. 上吐下泻

49. 在旅游途中若有游客受伤造成开放性骨折，导游应当立即(   )。

    A. 上夹板固定   B. 包扎   C. 止血   D. 送医院

50. 被毒蛇咬伤，应该马上进行紧急处理，下列做法不正确的是(   )。

    A. 扶伤者迅速走到就近医疗点处理

    B. 用手挤压伤口周围，将毒液挤出

    C. 扩大伤口排毒，用大量清水冲洗伤口的毒液

    D. 给伤者包扎伤口，以阻断静脉回流为度

51. 导游人员在导游讲解或同游客交谈时，导游员目光连续注视某一游客一般在(   )。

    A. 1-2秒   B. 3-4秒   C. 5-6秒   D. 7-8秒

52. 领队准备的国际旅行文件中被称为黄皮书的是(   )。

    A. "出入境卡"   B. "行李物品申报单"

    C. "中国公民出国旅游团队名单表"   D. "国际预防接种证明"

53. 下列物品中，游客不能带出我国海关的是(   )。

    A. 儿童玩具仿真枪   B. 各种有价证券

    C. 普通感冒药   D. 茉莉花种子

54. 处理游客丢失护照和签证的最好的办法是(   )。

A. 迅速向旅行社通报，请求帮助

B. 迅速向对方接待社通报，请求帮助

C. 事先将游客的护照和签证复印存底，并将原件和复印件分别放置

D. 与当地移民局联系，根据其要求进行相关手续的办理

55. 我国的中国国航、深圳航空已加入了世界上三大国际航空客运联盟之一的(　　)。

A. 星空联盟　　B. 天合联盟　　C. 寰宇一家　　D. 国际航空客运联盟

56. 下列物品中可以随身携带登机的是(　　)。

A. 专用雕刻刀　　　　　　　　B. 有品牌标示的充电宝

C. 打火机　　　　　　　　　　D. 表演用的大刀

57. 旅客在票面指定的开车时间前 24 小时以上、不足 48 小时要求退票时，应按票价(　　)计收退票费。

A. 5%　　　　　B. 10%　　　　　C. 15%　　　　　D. 20%

58. 经营旅行业务的旅行社必须购买的、同时也是国内旅行社投保的主要险种是(　　)。

A. 旅行事故险　　B. 人身意外险　　C. 旅行社责任险　　D. 旅行社经营险

59. 世界上发行最早的信用卡是(　　)。

A. 维萨卡　　　　B. 运通卡　　　　C. 大莱卡　　　　D. 万事达卡

60. 发生食物中毒事故后，导游人员首先应(　　)。

A. 将患者送往就近医院

B. 立即报告旅行社，追究供餐单位责任

C. 设法催吐，并让食物中毒者多喝水以加速排泄，缓解毒性

D. 协助旅行社帮助旅游者向有关部门索赔

二、多项选择题（每题有 2 - 4 个正确答案，多选、少选、错选均不得分）

1. 从游客角度来看，导游的重要服务地位体现在(　　)。

A. 导游服务是游客了解旅游目的地文化的桥梁

B. 实事求是地介绍景区，不文过饰非

C. 导游服务是旅游活动顺利开展的前提和保证

D. 导游服务体现旅行社的服务水平和质量

E. 导游服务是旅行社改进产品的主要途径

2. 导游服务未来的发展趋势将会是(　　)。

A. 导游内容高度知识化与手段科技化　　B. 导游收入小费化与收入多样化

C. 导游方法多样化与服务个性化　　　　D. 导游职业自由化

E. 导游资格专业化

3. 组织协调工作要求全程陪同导游人员协调的关系包括(　　)。

A. 领队与地方导游、购物店主之间的关系

B. 旅游团与地方接待旅行社及地方陪同导游人员之间的关系

C. 领队与地方陪同、司机等各方面接待人员之间的关系

D. 旅游团在各地的旅游活动

E. 旅游团内部团员之间的关系

4. 与拉丁语族国家游客交往时需要注意的事项有(　　)。

A. 交谈时可以从对方的学历等信息内容入手

B. 不宜安排进食狗肉

C. 餐后可以安排咖啡时间

D. 宴请时可以准备葡萄酒

E. 在房间安排时尽量避免出现数字"13"

5. 旅游团在离开本站(地)时,地陪应做好哪些工作?(　　)

A. 提醒游客将不能随身携带的纪念品进行托运

B. 致欢送词

C. 提前1小时到达机场,协助全陪办理登机手续

D. 向游客分发返程交通票证

E. 将游客送至机场后方可离开

6. 在(　　),导游人员有权要求旅游者配合处理,防止扩大损失。

A. 出现突发公共事件时　　　　　　B. 出现其他危急情形时

C. 旅行社采取补救措施时　　　　　D. 旅行社变更行程时

E. 游客要求自由活动时

7. 对于计划内的文娱节目,地陪必须(　　)。

A. 全程陪同　　　　　　　　　　　B. 引领客人入座

C. 介绍剧情　　　　　　　　　　　D. 帮司机收取车费

E. 节目结束后将客人送回酒店

8. "全陪日志"内容主要包括(　　)。

A. 旅游团的基本情况　　　　　　　B. 游客的基本情况

C. 各地的接待质量　　　　　　　　D. 发生的问题以及处理经过

E. 游客意见和建议

9. 领队人员的工作职责是(　　)。

A. 提供出入境服务　　　　　　　　B. 督促地接社严格执行旅游合同

C. 为游客进行沿途讲解　　　　　　D. 提供翻译、向导和旅途生活服务

E. 解答游客问询,反馈游客的意见和建议

10. 景区导游在正式讲解前应该先了解客人的(　　)。

A. 姓名或称谓　　B. 文化水平　　C. 职业背景　　D. 在景区停留时间

E. 消费能力

11. 一般而言,散客旅游团队客人的期望值受(　　)因素影响。

A. 客人的职业　　　　　　　　　　B. 客人的年龄

C. 客人的性别　　　　　　　　　　D. 客人对组团社的认同度

E. 客人对参团费用的承受力

12. 在散客的自由活动时间中,导游可提供的服务有(　　)。

A. 介绍当地的文艺演出等活动，请其自由选择，并表示愿意协助进行安排

B. 导游人员应提醒散客旅游者在外出购物或参加晚间娱乐活动时注意安全，并引导他们去健康的娱乐场所

C. 组织散客前往收费较高的文艺演出场所

D. 带领散客前往当地的特色娱乐场所

E. 帮散客联系当地的参观考察项目

13. 导游常见的姿态语言有(　　)。

A. 首语　　　　　　B. 目光语　　　　　　C. 表情语　　　　　　D. 唇语

E. 手势语

14. 导游员接待青少年旅游团队应该把握的要点有(　　)。

A. 游览重要景点应留足时间，让青少年仔细观赏

B. 每天行程不要过于紧密

C. 原则每天应安排一定时间的自由活动

D. 提醒餐厅提供充足饭菜，适当提高上菜速度

E. 危险区域应禁止团员嬉戏打闹

15. 导游小王带领某日本旅游团队游览都江堰景区过程中，客人河野洋子突然着急地跑来说："王先生，我的一个小包不见了，里面装着我的护照和大量现金，真急死了！"小王立即协助客人就地寻找，并请客人冷静回忆有没有放错地方或者交给其他团友。在这些努力均无结果的情况下，小王还应当采取下列(　　)措施。

A. 向公安部门报告　　　　　　　　B. 向旅行社报告

C. 请旅行社出具证明　　　　　　　D. 请公安部门出具证明

E. 协助客人到都江堰市公安局补办护照和签证

16. 某全陪导游从重庆带团到成都西岭雪山，途中游客得知组团社倒卖团队，再加上团队有诸多不顺利，一路上就拿成都地陪和重庆全陪出气。在上索道时，游客坚持说团费里包含了索道费，不愿再付费。直到全陪和地陪拿出双方签订的旅游合同，游客才认可索道费自理。但部分游客提议全陪先代付索道费，待上山后一并结算。由于是旺季，坐索道上山的游客已经排了很长的队，全陪为了快些上山，同意由自己垫付全团 2580 元索道费用。游完西岭雪山后，全陪几次催收索道费，游客以行程还没有结束为由，要求回重庆再支付，并且保证一定会给，全陪迫于无奈只好同意。但返回重庆后，游客再次拒付。全陪到游客单位讨账却往往吃闭门羹。最终全陪自认倒霉，个人承担了 2580 元索道费用。

请分析：全陪在这一事件中由于哪些工作的失误导致了最后的结局？(　　)

A. 全陪所在旅行社倒卖旅游团队

B. 全陪未事先做好团队的信息准备工作，应该事先了解团队包价的游览项目和费用支付方式

C. 不应该擅自做主为游客垫付索道费用，应向旅行社请示后再做安排

D. 若有必要为游客垫付，必须请游客留下书面凭据

E. 全陪应注意规避风险，维护自己的合法权益

17. 以下关于中华人民共和国电子护照的说法，正确的有( )。
    A. 从 2012 年开始签发
    B. 是与传统护照完全不同的智能卡护照
    C. 护照内存有持照人面肖像和指纹信息
    D. 适用于持外交护照和公务护照的人员
    E. 少数民族可以使用民族文字签名

18. 按旅行社服务方式分类，可将旅行社产品分为( )。
    A. 预制旅游产品   B. 包价旅游产品
    C. 定制旅游产品   D. 单项旅游产品
    E. 创意旅游产品

19. 可由海关检查的绿色通道出入境的人员主要为( )。
    A. 携带无须向海关申报物品的游客   B. 持有外交签证人员
    C. 持有礼遇签证的人员   D. 持有边境证的人员
    E. 持有"港澳居民来往内地通行证"的人员

20. 导游人员应该如何预防和处理游客食物中毒事件？( )
    A. 带领团队到正规餐馆用餐
    B. 提醒游客不要食用小商小贩售卖的食品
    C. 团队餐尽量不安排凉菜、拌菜和容易引起食物中毒的蔬菜
    D. 对食物中毒的游客在用餐时应请餐厅单独安排少油、软烂的食物
    E. 长途乘车的过程中应提醒司机增加途中上卫生间的频率

《导游业务》综合训练题（一）参考答案

一、单项选择题

1 – 5. AABCA   6 – 10. DABBB   11 – 15. BACDB   16 – 20. ACCBB   21 – 25. BABDA

26 – 30. ABDAA   31 – 35. BCACD   36 – 40. BDCAA   41 – 45. CBBDB   46 – 50. ACDCA

51 – 55. BDACA   56 – 60. BACCC

二、多项选择题

1. ACD   2. ACD   3. BCDE   4. BCDE   5. ABE   6. AB   7. ABCE   8. ACDE   9. ABDE

10. BCD   11. DE   12. ABE   13. ABCE   14. ABDE   15. ABCD   16. BCDE   17. ACE

18. AC   19. ABC   20. ABCD

《导游业务》综合训练题（二）

一、单项选择题（每题有一个正确答案）

1. 国内旅游业务，仅限于( )。

A. 入境旅游业务 B. 出境旅游业务

C. 国际旅游业务 D. 中国内地居民在境内旅游的业务

2. 外国旅游者来中国旅游，发给团体旅游签证的团队人数须在(　　)。

A. 5 人以上　　　B. 10 人以上　　　C. 12 人以上　　　D. 16 人以上

3. 智慧旅游的基础是(　　)。

A. 游客互动体验 B. 融合通信与信息技术

C. 一体化的行业信息管理 D. 促进产业结构升级

4. 下列不属于实地口语导游发挥主导作用的原因是(　　)。

A. 导游服务对象是有思想和目的的游客

B. 现场导游情况复杂多变

C. 旅游是一种需要获取大量信息的活动

D. 旅游是一种人际交往和情感交流活动

5. 第一次全国性导游人员资格考试始于(　　)。

A. 1980 年　　　B. 1985 年　　　C. 1989 年　　　D. 1990 年

6. 某导游人员通过优质的服务和出色的导游讲解，使游客经历了一次难以忘怀的旅游活动。离别之时，游客们一再表示，下次一定还要到这里来旅游。该导游员的服务工作是导游服务工作经济性中(　　)的表现。

A. 直接创收 B. 扩大客源，间接创收

C. 促进经济交流 D. 促销商品

7. 下列导游人员中，不属于兼职导游的是(　　)。

A. 小李因懂阿拉伯语，被旅行社聘请为临时导游

B. 小王取得导游资格后，长期为本地各家旅行社带团，并以此作为自己的主要经济来源

C. 张老师考取导游资格后，利用自己的寒暑假固定为一家旅行社带团

D. 小赵在旅游专业学习的过程中，利用课余时间为市内各旅行社带本地游的团队

8. 晋升特级导游员需要取得高级导游员资格(　　)年以上。

A. 3　　　　　B. 4　　　　　C. 5　　　　　D. 10

9. 导游人员在工作中的知识指针是(　　)。

A. 语言知识　　B. 史地文化知识　　C. 政策法规知识　　D. 心理学知识

10. 导游人员在带团时，若旅游者之间发生矛盾纠纷，导游人员应做的是(　　)。

A. 全力以赴，多方调解 B. 深入了解，请其他游客协助劝解

C. 适当调解，保证团队活动顺利进行 D. 置之不理，任其自由发展

11. 对于以下人员，不可颁发导游证的是(　　)。

A. 已年满 13 岁的张某 B. 体检无传染性疾病的王某

C. 具有高中以上学历的李某 D. 因过失犯罪曾受过刑事处罚的赵某

12. 特级导游员石春满对云冈石窟的讲解受到日本佛教团体的客人称赞，他说："日本佛学院毕业的人员，恐怕都比不上石先生对佛教、古建筑、雕刻艺术的了解。"这体现了导游人员的(　　)。

A. 文化修养　　　　　B. 学风修养　　　　　C. 气质修养　　　　　D. 情操修养

13. 导游服务是导游人员代表被委派的旅行社，接待或陪同（　　）旅行、游览，按组团合同或约定的内容和标准向其提供的旅游接待服务。

　　A. 旅客　　　　　　B. 游客　　　　　　C. 旅行者　　　　　D. 旅游者

14. 将导游员分为领队、全陪、地陪及景区导游四大类，这种分类属于（　　）。

　　A. 按使用的语言划分　　　　　　　　B. 按职业性质划分

　　C. 按业务区域划分　　　　　　　　　D. 按导游的等级划分

15. 分发房卡工作原则上应由（　　）来完成。

　　A. 饭店总台人员　　B. 领队或全陪　　C. 地陪　　　　　　D. 游客代表

16. 为了防止票证丢失，国内旅游团队未使用的交通票证原则上应由（　　）保管。

　　A. 旅行社　　　　　B. 全陪　　　　　C. 地陪　　　　　　D. 游客

17. 全陪在与地陪核对商定日程时，做法错误的是（　　）。

　　A. 全陪应主动与地陪核对计划和日程是否一致

　　B. 全陪应注意团队行程上下站之间安排的互补性

　　C. 活动日程的安排一般应以组团社与游客商定的行程为依据

　　D. 如果发现双方日程安排有出入，全陪有权予以更改

18. 某旅行团定于当日晚乘 21：00 起飞的航班离开 H 市，晚餐后部分旅游者提出再看一下市容，全陪应（　　）。

　　A. 与地陪分头陪同前往　　　　　　B. 提醒旅游者不要太晚回来，以免误机

　　C. 劝阻旅游者不要前往　　　　　　D. 告诉旅游者如误机，责任自负

19. 景区讲解员上岗前应做好的物质准备工作不包括（　　）。

　　A. 佩戴好本景区讲解员的上岗标志

　　B. 如有需要，准备好无线传输讲解用品

　　C. 需要发放的相关资料，如景区导游图、景区景点介绍等

　　D. 夏天接待团队时准备的消暑药品

20. 景区导游服务的核心工作是（　　）。

　　A. 游览向导　　　　B. 安全保卫　　　C. 导游讲解　　　　D. 语言翻译

21. 如果没有接到应接的散客，导游人员下列做法中不正确的是（　　）。

　　A. 询问机场（车站、码头）的工作人员，确认本次航班（列车）的游客确已全部进港和在隔离区内已没有出港的游客

　　B. 导游人员要与司机配合，在尽可能的范围内寻找（至少20分钟）

　　C. 导游人员通过电话同计调部或散客部联系，核实该散客抵达的日期或航班（车次、船次）有无变化

　　D. 当半小时后仍未接到散客时，导游人员方可离开机场

22. 当自驾车游客与当地村民发生冲突时，导游员应（　　）。

　　A. 保持中立，由村民与游客协商解决矛盾

　　B. 协助村民尽快解决矛盾

　　C. 尽量设法排解，避免冲突扩大

D. 组织游客与村民抗争到底

23. 自驾车散客旅游的接待服务不包括( )。
    A. 讲解服务　　　　B. 向导服务　　　　C. 安全服务　　　　D. 生活提醒服务

24. 在撰写导游词时应注意按一定的规律或顺序依次介绍景点，以体现导游词的( )。
    A. 趣味性　　　　B. 层次感　　　　C. 方位感　　　　D. 针对性

25. 导游在拒绝个别游客提出因太累想安排点额外的夜间娱乐活动时说道："您的意见很好，客人也都比较累，但许多人还有其他的计划，最好还是让大家自行安排，而且明天还有很长的行程要走。"导游的这种拒绝方法属于( )。
    A. 柔和式回绝　　　B. 迂回式回绝　　　C. 引申式回绝　　　D. 诱导式回绝

26. 导游人员在"请看，江对面的那座山像不像一只巨龟？//黄鹤楼所在的这座山像不像一条长蛇？//这就是'龟蛇锁大江'的自然奇观。"的导游词讲解中进行停顿的目的是( )。
    A. 激起游客的反应
    B. 强调语气，为了加深游客内心的印象
    C. 让游客去思考、判断，从而留下深刻的印象
    D. 体现黄鹤楼的特点进行的语意停顿

27. 在接待政务型团队的过程中，下列做法不符合服务要求的是( )。
    A. 在称谓上始终使用"各位领导"一类的尊称
    B. 在安排行程时多与地方陪同官员商量
    C. 热情地安排团队购买当地土特产品
    D. 以团队中的主要领导为服务核心，适当照顾其他团员

28. 在接待宗教型团队的过程中，下列做法不符合导游服务要求的是( )。
    A. 跟随信徒一起跪着与大师说话
    B. 在安排行程时多向大师父或当家和尚征求意见
    C. 对于团队想在景点举办对外的大型宗教性法事活动加以制止并说明原因
    D. 服务过程中以大师父为中心，同时也应该答应其他信徒的个别要求

29. 导游在途中讲解时，对喜欢算命的客人讲了些关于算命先生信口开河带来不良后果的段子。在这里，导游使用段子达到的效果是( )。
    A. 调节情绪，融洽关系　　　　　　B. 加深讲解效果
    C. 提醒警示，寓教于乐　　　　　　D. 展示导游风采

30. 用凝练的词句概括所游览景点的独到之处，给旅游者留下突出印象的导游手法叫( )。
    A. 概括法　　　　B. 由点及面法　　　　C. 引人入胜法　　　　D. 画龙点睛法

31. 游客要求在景区购物时，景区讲解员不必提供的服务是( )。
    A. 向游客推介正规购物商店　　　　B. 帮助游客商谈价格
    C. 请游客保留购物发票　　　　　　D. 劝阻海外游客在地摊购买古玩

32. 客人要求退餐、换餐时，导游员处理错误的是( )。

A. 委婉拒绝　　　　　　　　　　　　B. 询问餐厅，如果餐厅同意就可以应允

C. 餐厅不同意则向游客做好解释工作　D. 游客坚持换餐，应告知其费用自理

33. 发生误机事故后，导游首先应该（　　　）。

A. 安抚游客　　　　　　　　　　　　B. 报告旅行社

C. 联系最近的航班送走客人　　　　　D. 及时调整下一站行程

34. 面对游客的个别要求，下列导游员处理方法不妥当的是（　　　）。

A. 用餐开始后，游客以菜品不合口味为由要求换餐，导游员予以满足，费用由游客自理

B. 游客要求导游员为其提供色情活动项目，导游断然拒绝并合理解释

C. 外国游客出境前，请求中方全陪为其转递一些书籍和食品给当地的中国朋友，全陪予以拒绝

D. 游客希望亲友随团时，在车位及订餐、订房等相关条件允许的前提下，导游征得其他游客的同意后，为其办理入团手续

35. 领队准备的国际旅行文件中被称为黄皮书的是（　　　）。

A.《出入境卡》　　　　　　　　　　B.《行李物品申报单》

C.《中国公民出国旅游团队名单表》　D.《国际预防接种证明》

36. 导游员处理游客个别要求的出发点是（　　　）。

A."坚持承诺"原则　　　　　　　　B."合理而可能"原则

C."求同存异"原则　　　　　　　　D."有礼有节"原则

37. 旅行社计调等业务部门给导游人员下达旅游活动计划的内容主要体现在（　　　）。

A.《游客登记表》　　　　　　　　　B.《游客意见表》

C.《旅行社团队运行计划表》　　　　D.《旅游计划表》

38. 经营旅行业务的旅行社必须购买的、同时也是国内旅行社投保的主要险种是（　　　）。

A. 旅行事故险　　　　　　　　　　　B. 人身意外险

C. 旅行社责任险　　　　　　　　　　D. 旅行社经营险

39. 导游人员除提供适时讲解外，还安排特定的时间和地点让游客自由地观赏、领悟，产生共鸣，这种将导游讲解与游客的体验相结合的导游讲解方法称为（　　　）。

A. 由表及里法　　　　　　　　　　　B. 内在意蕴法

C. 此时无声胜有声　　　　　　　　　D. 外在展示法

40. 导游人员在搜集文献资料基础上，还应对导游线路进行实地考察，也就是常说的（　　　）。

A. 调研　　　　　B. 踏线　　　　　C. 跟团　　　　　D. 设计

41. 到都江堰旅游，导游人员用余秋雨先生的名句"拜水都江堰，问道青城山"来讲解，属于导游讲解方法中的（　　　）。

A. 陈述法　　　　B. 类比法　　　　C. 触景生情法　　　D. 引用法

42. 旅游签证是为方便旅游者而设立的一种快速签证方式，属于（　　　）。

A. 外交签证　　　B. 礼遇签证　　　C. 普通签证　　　D. 商务签证

43. 虚实结合法中的"虚"指的是(　　　)。

　　A. 艺术价值　　　　B. 真实的景物　　　C. 民间传说和典故　D. 科研价值

44. 导游人员在同外国游客交谈时遇到政治性很强的问题，一时难以和他们讲清楚，最好采取(　　)的方式回绝。

　　A. 微笑不语　　　　B. 先是后非　　　C. 顺水推舟　　　　D. 避实就虚

45. 如果游客要去不健康的娱乐场所和过不正常的夜生活，导游人员应(　　　)。

　　A. 欣然同意　　　　　　　　　B. 听之任之

　　C. 不鼓励但也不反对　　　　　D. 断然拒绝

46. 在接待过程中，如遇少数旅游者经常迟到，导游员应当(　　　)。

　　A. 提出警告　　　B. 顺其自然　　　C. 设法引导　　　D. 报告全陪

47. 对旅行社在市场上的竞争能力有着直接影响，并最终影响到旅行社的生存与发展的业务是(　　　)。

　　A. 产品开发与设计　　　　　　B. 委托代办业务

　　C. 产品销售与促销业务　　　　D. 旅游接待业务

48. 游客选择零包价旅游的主要目的是(　　　)。

　　A. 获得旅游活动的便利

　　B. 旅游产品的自由组合度高

　　C. 获得团体机票价格的优惠，及旅行社统一代办旅游签证的便利

　　D. 获得个性化的旅游行程

49. 下列客人中必须填写《中华人民共和国海关出境旅客行李物品申报单》的是(　　　)。

　　A. 携带 15000 元人民币现钞的游客

　　B. 携带有一尊 60 克重金佛像的游客

　　C. 携带有价值 3500 元人民币数码相机的游客

　　D. 携带 4000 美元外币现钞的游客

50. 下列物品中，游客不能带出我国海关的是(　　　)。

　　A. 儿童玩具仿真枪　　　　　　B. 各种有价证券

　　C. 普通感冒药　　　　　　　　D. 茉莉花种子

51. 中国东方航空公司的英文代码是(　　　)。

　　A. CA　　　　　　B. MU　　　　　　C. CZ　　　　　　D. 3U

52. 我国的中国国航、深圳航空已加入了世界上三大国际航空客运联盟之一的(　　　)。

　　A. 星空联盟　　　B. 天合联盟　　　C. 寰宇一家　　　D. 国际航空客运联盟

53. 在中国境内，关于外汇使用的禁令表述不正确的是(　　　)。

　　A. 禁止外汇流通、使用、质押

　　B. 禁止私自买卖外汇

　　C. 禁止以任何形式进行套汇、炒汇、逃汇

　　D. 禁止携带外币入境

54. 食物中毒的主要症状是(　　　)。

A. 潜伏期短　　　　　　　　　B. 起病急、发病快

C. 发病人员多　　　　　　　　D. 上吐下泻

55. 客人要求退餐、换餐时，导游员处理错误的是(　　)。

A. 委婉拒绝

B. 询问餐厅，如果餐厅同意就可以应允

C. 餐厅不同意则向游客做好解释工作

D. 游客坚持换餐，应告知其费用自理

56. 导游人员按原定计划接站却没有接到团队的现象属于(　　)。

A. 误机（车、船）事故　　　　B. 空接事故

C. 错接事故　　　　　　　　　D. 漏接事故

57. 外国旅游者来中国旅游，发给团体旅游签证的团队人数须在(　　)。

A. 5 人以上　　　B. 10 人以上　　　C. 12 人以上　　　D. 16 人以上

58. 飞机离站前 24 小时之前退票，需支付原票款(　　)的退票费。

A. 5%　　　　　　B. 20%　　　　　　C. 30%　　　　　　D. 50%

59. 下列成员中不得乘坐民航客机的是(　　)。

A. 不足 30 天的新生婴儿　　　　B. 孕期 6 个月的孕妇

C. 醉酒旅客　　　　　　　　　　D. 心脏病患者

60. 世界上发行最早的信用卡是(　　)。

A. 维萨卡　　　　B. 运通卡　　　　C. 大莱卡　　　　D. 万事达卡

二、多项选择题（每题有 2 - 4 个正确答案，多选、少选、错选均不得分）

1. 导游人员在老年人团队接待中应该把握的要点包括(　　)。

A. 安排旅游车辆时尽量做到宽松、舒适

B. 安排日程时要注意节奏宜慢，就算是次要景点也要做到面面俱到

C. 妥善安排日程，做好提醒工作

D. 虚心听取老年游客的意见，耐心解答问题

E. 注意接待方式

2. 带团出境或在国内接待海外旅游者的导游服务，都具有较强的涉外性。在对外工作中，导游人员应做到(　　)。

A. 在外国客人面前不卑不亢

B. 对各国旅游者一视同仁

C. 实事求是地介绍中国，不要文过饰非

D. 由于中外文化的差异，凡涉及政治制度、道德观念、价值观念及敏感政治问题时，应采取"求同存异"的态度，不可互相攻击互相指责

E. 坚持内外有别，在带领外国旅游者到未开发地区或者军事禁区参观游览的时候，不向他们谈论涉及国家军事和工农业生产机密的内容

3. 导游人员预防游客患病需要做到(　　)。

A. 善于观察团队成员的身体健康状况

B. 在制订计划和日程时，要做到劳逸结合

C. 充分注意游客的饮食卫生

D. 随身常备药物，以便途中给患者用药

E. 经常提醒游客，不要随意购买路边的"麻辣烫""串串香""凉粉""烧烤"等食品

4. 导游服务的文化性主要体现在（   ）。

A. 在保证服务质量的前提下，尽可能降低成本，为本地区经济发展多做贡献

B. 通过自己的一言一行，向旅游者展示本国、本地区文明，体现本民族的风情

C. 讲解服务，通过直接讲解的方式，向游客介绍本地、本民族文化，普及历史、宗教、艺术等文化知识

D. 认清自己的角色，摆正位置，把为旅游者提供满意的服务作为自己的责任

E. 导游人员在与旅游者长期接触中，有意或无意地接受了外来文化，并将这种文化向本地区传播，形成文化交流的现象

5. 以下关于部分包价旅游的说法中，正确的有（   ）。

A. 部分包价旅游又称选择性旅游，包括半包价旅游、小包价旅游等多种形式

B. 部分包价旅游产品以度假型居多，在经济发达城市有相当的市场潜力

C. 部分包价旅游团队拥有较大的自主空间，甚至其行程也可以由客人自行安排

D. 部分包价旅游是团队旅游发展中还不太成熟时期的产品

E. 部分包价旅游不符合国际旅游业务发展趋势

6. 面对纷繁复杂、矛盾重重的散客旅游团队，导游人员应坚持如下接待原则：（   ）。

A. 四多一少原则   B. 服务主导的原则

C. 服务统一性原则   D. 以建设团队文化为先导的原则

E. 精心化解矛盾的原则

7. 地陪进行途中导游服务时应当注意的事项有（   ）。

A. 重申当日活动安排   B. 沿途风情、风光导游

C. 活跃气氛   D. 到达景点前介绍景点概况

E. 宣布次日活动日程

8. 成都某旅行社地陪小张去双流机场迎接一个美国旅游团。由于出门太晚，小张赶到机场时旅游团班机已经抵达。小张看到有一群美国游客在机场出口处等待，匆匆迎上前去，和领队打了个招呼就开始带游客上车。但在旅行车开出机场后不久，小张发现自己的接团计划与领队的计划不一样，才明白自己接错团了。原来小张糊里糊涂地接了本不该自己接的团队，而自己的团队还滞留在机场没人管。

请问：下列对此案例的分析，正确的是（   ）。

A. 小张作为地陪在提供接站服务的时候，对于国际航班，应该提前 2 小时抵达机场

B. 这次接团事故主要给导游人员造成不便，属于轻微事故

C. 小张这次接团事故主要原因是其责任心不强，接团时没有认真核实对方旅行社名称、人数、团号和领队姓名等信息

D. 小张本次接团出的事故既是错接事故，也属严重漏接事故

E. 接团事故发生后，小张应及时联系还在机场等待的游客，可以借用接站途中塞车以致不能按时到达等说法安抚其情绪，并赔礼道歉，避免给以后的导游工作带来消极影响

9. 全陪导游在团队运行结束后的后续工作包括(　　)。
   A. 与游客联系，帮助代购物品　　　　B. 处理旅游团遗留问题
   C. 填写"全陪日志"　　　　　　　　D. 按财务规定，尽快结清该团账目
   E. 归还在组团社所借物品

10. 景区导游员在乘车游览时的讲解服务主要包括(　　)。
    A. 协助司机安排游客入座
    B. 在上下车时提醒游客有关安全事项
    C. 尽量为游客提供舒适安静的游览氛围
    D. 注意保持讲解内容与行车节奏的一致
    E. 讲解努力做好与行车安全的配合

11. 旅游者在旅游活动的不同阶段有哪些不同的心理特征，导游应针对这些特征如何做好工作(　　)。
    A. 入境初期，旅游者主要表现出求安全心态和求新求奇的心理，导游应用真诚的微笑、周到的服务，多讲解并耐心回答游客的问题，使游客信赖自己，从而获得安全感
    B. 入境初期，旅游者主要表现出求安全心态和求新求奇的心理，导游应用提高紧张的情绪，通过详细的介绍和紧张的游览活动，使游客转移注意力，从而顺利开展旅游活动
    C. 旅游中后期，游客相互更加熟悉，导游可放松精神请游客协助工作，安排好游览活动，讲解应该更加生动，适当强调团队纪律，保持团队的群体意识
    D. 旅游中后期，游客出现懒散心态和求全责备的心理，导游应该精力高度集中，计划好游览活动，讲解应该更加生动，并反复强调团队纪律，调动团队的群体意识
    E. 旅游结束阶段，旅游者对景点观赏的兴趣减弱，回家心切，忙于会友、购物等个人事务，导游应在这一阶段安排告别会、歌舞晚会、购物等较轻松的活动，安排好返程事宜，注意提醒游客人身财产安全，做好送行工作

12. 下列导游讲解中，采用了触景生情法的有(　　)。
    A. 导游在沿途讲解中，经过当地城市新区时讲解本市经济、房地产发展状况
    B. 参观庙宇时，导游通过民间传说故事对四大天王的造型进行生动讲解
    C. 游客在参观故宫太和殿时，导游对当年皇帝登基时的壮观场面进行描述
    D. 参观北京鸟巢体育馆时，导游对 2008 年奥运会开幕式的场景进行描述
    E. 讲解成都浣花溪时导游通过传说故事进行生动讲解

13. 旅游者发生意外事故后，关于旅游保险报案与索赔，说法正确的有(　　)。
    A. 及时向投保的保险公司报案
    B. 旅游者发生意外事故后，首先是索赔事项

C. 收集包括医院诊断证明、化验单据、意外事故证明等证据，并妥善保存

D. 旅游者因意外住院后，如需要转回本地医院继续治疗，要先征得保险公司的同意

E. 旅游者需要转回本地医院继续治疗，可以要求救治医院出具书面转院报告

14. 按照旅游团队计划，导游小周应当带团观看当晚某大型实景表演，而且旅行社已订妥门票。但在吃晚饭的时候，有6名游客向导游提出，他们不想观看演出，希望参加当地景区举办的另一场免费民族篝火晚会，并询问导游能否退掉门票并派车接送他们。导游下列处理程序正确的有（   ）。

A. 婉言拒绝，尽最大努力劝说游客观看实景表演

B. 如果游客坚持，告知游客无法办理退票

C. 可以安排车辆接送，但费用请游客自理

D. 小周可以不必陪同前往

E. 提醒游客注意安全

15. 某旅行团按计划应于6月17日11：20乘机飞往H市。由于票务人员的疏忽，为该团订错了航班，起飞时间为17日15：25。16日早餐后，该团旅游者获悉航班改变的消息，反映强烈。稍后便通过领队向地陪提出口头投诉。旅游团中一位旅游者声称，曾向航空公司询问，对方回答是原航班有票。

试问：针对上述情况，地陪应采取哪些方式处理此事？（   ）

A. 当得知日程改变后，应马上通知领队与之协商，征得领队同意之后，可先做好团内有影响力团员的工作再一起与游客协商

B. 核实原定航班是否有票，告知旅行社游客意见，等待领导指示

C. 赔礼道歉，表示尽量满足游客的要求，积极继续予以热情周到的服务

D. 为客人安排好逗留期间的午餐

E. 向游客解释责任主要在于票务人员的疏忽

16. 地陪小吴带领旅客在某景区游玩。王太太告诉小吴，王先生不知去向。由于景区较大，且有几个出口，小吴当即和全陪商量，从游客中挑选了两位能干的先生与他们分头去找。剩下的游客焦急地等待着，可一直不见他们踪影。离景区关门时间不多时，四个人才匆匆忙忙从不同方向赶回来。小吴抱歉地对大家说："我们找遍了景区，也没有发现王先生。由于时间关系，司机将带各位先回饭店。我去景区派出所报案……"游客顿时怨声一片，小吴觉得非常委屈。

试分析：根据导游服务规范，小吴应如何正确处理这一事故？（   ）

A. 发现游客走失时，小吴应首先了解情况，分析走失者可能在何时、何地走失

B. 请全陪或领队留下照顾其他旅游者，迅速组织分头寻找，但不能让旅客参与寻找

C. 打电话回饭店询问客人是否已自行回到饭店

D. 在一时找不到的情况下，小吴应向景区派出所或管理处报告，请求他们帮助寻找，同时应向旅行社报告这一情况，并请求帮助

E. 请领队或全陪在景区寻找，直接带领其他旅游者继续游览

17. 按旅行社服务方式分类，可将旅行社产品分为(　　　　)。
    A. 预制旅游产品　　　　　　　　B. 包价旅游产品
    C. 定制旅游产品　　　　　　　　D. 单项旅游产品
    E. 创意旅游产品

18. 我国签证的主要类型可分为(　　　　)。
    A. 外交签证　　　　B. 礼遇签证　　　　C. 公务签证　　　　D. 普通签证
    E. 边境签证

19. 下列哪些外国人员不准入境？(　　　　)
    A. 不能保障其在中国所需费用的人员
    B. 未持有效护照、证件或签证的人员
    C. 被认为入境后可能进行走私、贩毒的人员
    D. 患有急性风寒和荨麻疹的人员
    E. 被认为入境后可能进行恐怖、暴力、颠覆活动的人员

20. 导游应如何预防及处理游客的高原反应？(　　　　)
    A. 提醒游客在高海拔地区不能剧烈运动，可多喝水
    B. 提醒游客注意预防感冒
    C. 若出现昏迷，应尽快平躺，就地寻找氧气瓶（袋）让客人吸氧，同时联系医疗救助机构
    D. 出现症状后请游客多喝水后可继续行程
    E. 出现耳鸣、头疼症状应立即放慢旅行节奏，量力而行

《导游业务》综合训练题（二）参考答案

一、单项选择题

1 – 5. DBBCC　6 – 10. BBCBC　11 – 15. ABBCB　16 – 20. BDCDA　21 – 25. DCABB
26 – 30. CCACD　31 – 35. BAACD　36 – 40. BCCCB　41 – 45. DCCAD　46 – 50. CACBA
51 – 55. BADDA　56 – 60. BBACC

二、多项选择题

1. CDE　2. ABCD　3. ABCE　4. BCE　5. ABC　6. BDE　7. ABCD　8. ACDE　9. BCDE
10. ABDE　11. ADE　12. ABCD　13. ACDE　14. ACDE　15. ABCD　16. ABCD　17. AC
18. ABCD　19. ABCE　20. ABCE

《导游业务》综合训练题（三）

一、单项选择题（每题有一个正确答案）

1. 下列选项中，不属于导游服务的主要内容的是(　　　　)。

A. 陪同游客旅行游览　　　　　　　　B. 帮助游客购买当地特产

C. 向游客提供旅游咨询　　　　　　　D. 帮助游客联系和安排各项旅游事宜

2. 景区景点的导游人员带领游客参观景观，是属于现代导游服务类型中的(　　)。

A. 实地口语导游　　B. 中文导游　　　C. 外文导游　　　　D. 图文声像导游

3. 具有商业性质的职业导游，产生于(　　)。

A. 奴隶社会时期　　B. 封建社会时期　　C. 工业革命时期　　D. 现代商业时期

4. 20 世纪初期中国上海商业储备银行旅游部独立后成立了(　　)。

A. 中国青年旅行社　　　　　　　　　B. 中国国际旅行社

C. 中国旅行社　　　　　　　　　　　D. 中国华侨旅行社

5. 新中国成立后我国的第一家旅行社是(　　)。

A. 中国青年旅行社　　　　　　　　　B. 中国国际旅行社

C. 中国旅行社　　　　　　　　　　　D. 华侨服务社

6. 1999 年国务院颁发(　　)，标志着我国导游队伍的建设迈上了法律进程。

A. 《导游人员管理条例》　　　　　　B. 《导游人员管理实施办法》

C. 《中华人民共和国旅游法》　　　　D. 《中华人民共和国国家标准导游服务质量》

7. 在旅游活动的过程中，导游人员应当避免由于信息不对称导致的游客纠纷，其前提就是要遵守(　　)原则。

A. 宾客至上　　　　　　　　　　　　B. 维护游客合法权益

C. 规范化服务与个性化服务结合　　　D. 平等服务

8. 由于世界各国（各地区）之间的文化传统、风俗民情、禁忌习惯不同，游客的思维方式、价值观念、思想意识各异，这就决定了导游服务工作具有(　　)的特点。

A. 独立性强　　　　　　　　　　　　B. 脑体劳动高度结合

C. 复杂多变　　　　　　　　　　　　D. 跨文化性

9. 报考中级导游员要求在报考前 3 年内，无一次性扣分达(　　)分以上或一年内扣分累计达(　　)分的记录。

A. 3，6　　　　　B. 4，10　　　　　C. 3，8　　　　　　D. 5，10

10. 晋升特级导游需要取得高级导游员资格(　　)年以上。

A. 3　　　　　　　B. 4　　　　　　　C. 5　　　　　　　D. 10

11. 导游小李负责旅游过程中同组团旅行社和各地接待旅行社的联络，做好旅行各站的衔接工作，请问小李的身份是(　　)。

A. 全程陪同导游人员　　　　　　　　B. 地方陪同导游人员

C. 海外领队　　　　　　　　　　　　D. 景区导游

12. 就地方旅游而言，最典型的完全意识上的导游人员是(　　)。

A. 全程陪同导游人员　　　　　　　　B. 地方陪同导游人员

C. 海外领队　　　　　　　　　　　　D. 景区导游

13. 面对国际国内旅游市场的激烈竞争，以及目前的导游管理体制发生的巨大变化。导游人员应具有(　　)。

A. 较强的组织协调能力　　　　　　　B. 积极的进取精神

C. 熟练的导游技能　　　　　　　　D. 独立执行政策和进行宣传讲解的能力

14. 导游人员在仪容仪表方面要注意自身形象，可以适当使用香水，但需要注意(　　)。

A. 尽量选择高品质的香水，以保证在3米左右的距离也能闻到香味

B. 使用香水掩盖异味

C. 涂抹香水的部位最好是光线照射不到的地方

D. 将不同品牌、不同系列、不同香型的香水混合使用，以形成个人独特的香型

15. 若受邀参加西方的一场在白天举行的盛宴，男士在服装选择上需要注意不能选择(　　)。

A. 西服　　　　　B. 小礼服　　　　　C. 晨礼服　　　　　D. 职业制服

16. 在涉外交往中，应遵守的交往原则是(　　)。

A. 无论任何内容都悉听尊便

B. 只要不危及其生命安全，不违背伦理道德，不触犯法律，不损害我方的国格人格，都遵守"不得纠正"的原则

C. 礼让外国友人，凡事以其意志优先

D. 遇到国外友人做得不太妥当的事情，应待人以诚，当面提出批评，或者犯颜直谏做净友

17. 应邀用西餐时，席间在礼仪方面应注意(　　)。

A. 赴宴时，可带一束表示友谊的鲜花

B. 在男主人拿起勺子或叉子以前，客人不要自行用餐

C. 可通过劝酒劝菜活跃席中气氛

D. 宴席结束时应等男主人从座位上站起后，一起离席

18. 在与英国友人交往时，需要注意的是(　　)。

A. 赴宴时，可带一束表示友谊的百合花前往

B. 可选择有大象图案的纪念品赠送英国友人

C. 最好不在恰逢13日的星期五宴请英国友人

D. 初次见面时可通过询问其佩戴物品的价格等话题加深印象

19. 下列菜式安排中，适合英国人口味的是(　　)。

A. 夫妻肺片　　　B. 九转大肠　　　C. 水煮肉片　　　D. 糖醋里脊

20. 在为俄罗斯友人选择赠送礼品时，下列礼品中可以选择的是(　　)。

A. 张小泉剪刀　　　　　　　　　　B. 英吉沙小刀

C. 十二朵工艺玫瑰　　　　　　　　D. 潍坊袖珍风筝

21. 地陪导游在接团时，应当提前(　　)到达接站点。

A. 10分钟　　　　B. 15分钟　　　　C. 30分钟　　　　D. 60分钟

22. 旅游团抵达目的地机场后，清点行李的工作应由(　　)共同负责。

A. 地陪和行李员　　　　　　　　　B. 领队和行李员

C. 地陪、全陪、领队和行李员　　　D. 全陪、地陪和行李员

23. 地陪人员在接站时，认找到旅游团队后，首先应(　　)。

A. 集中清点行李   B. 组织游客登车

C. 认真核实人数   D. 与全陪核对日程

24. 全陪在接受旅游团的接待任务后，首先要(　　)，以便提供针对性的服务。

    A. 认真地与领队核对、商定日程

    B. 制定出合理的活动日程

    C. 提前抵达旅游团入境口岸，同地接社取得联系，互通情况

    D. 认真查阅接待计划及相关资料和函件，全面掌握旅游团情况，研究旅游团成员的特点和特殊要求

25. 缺全陪住房时，全陪和同性领队是否可以同住一室？(　　)

    A. 不可以

    B. 可以

    C. 实在解决不了住房时可以

    D. 全陪没有床位，受到领队邀请时，可以与其住在一起

26. 以下工作程序不符合全陪接团时的工作程序要求的是(　　)。

    A. 提前30分钟到达指定地点等候   B. 在出站口组织游客成团

    C. 对大型团队贴出分组名单   D. 等到客人后，集合登车

27. 全陪在陪同游客参观游览的过程中，可通过下列(　　)措施行使其安全职责。

    A. 在进入景区前向游客进行安全教育

    B. 游览过程中多观察周围环境和动向，时刻提醒游客注意人身财产安全

    C. 游览过程中全陪在前带队，号召大家跟紧团队

    D. 督促地陪在游览过程中注意随时清点人数以防游客走失

28. 全陪在团队离开最后一站前的工作中，表述不正确的是(　　)。

    A. 提醒和协助地陪落实好旅游团返程的交通票据和行李托运等事宜

    B. 做好回头客的营销工作

    C. 抵达机场后，独自与行李员核实交来的旅游团行李

    D. 将旅游者送入隔离区时，热情地与他们握手道别

29. 景区讲解员在语言准备方面，应做到(　　)。

    A. 熟记有关专业术语的专有名词解释，不必进行通俗解释

    B. 对于民族地区的景区，讲解员还应根据游客情况提供民族语言和普通话的双语讲解服务

    C. 对于外籍客人，外语讲解员应准备相应的书面宣传材料进行展示

    D. 熟背景区导游讲解词

30. 景区讲解员在组织游客观看景区演出时，应提供的服务不包括(　　)。

    A. 帮助游客购买演出周边产品

    B. 如实向游客介绍本景区演出的节目内容与特色

    C. 在游客观看节目过程中，讲解员应自始至终坚守岗位

    D. 如个别客人因特殊原因需要中途退场，应设法给予妥善安排

31. 下列关于散客团队的描述，不正确的是(　　)。

A. 散客团队客人的期望值差异较大

B. 客人参团价格可能因购买时间早晚而不同

C. 散客团队容易出现低接待成本、高满意度现象

D. 散客团队一般在距离旅游目的地较近的大中型城市成团

32. 散客包价旅游在我国是指(　　)人以下不提供全陪服务的包价旅游。

A. 6　　　　　　B. 9　　　　　　C. 10　　　　　　D. 16

33. 在自驾车散客旅游的接待服务中，需要做好的提醒服务不包括(　　)。

A. 提醒自驾车游客注意行车和景点游览时的安全

B. 提醒自驾车游客在进入尚未开放的景点游览时注意安全

C. 提醒自驾车游客在游览中提防蛇虫、野兽的侵袭

D. 提醒自驾车游客避免与当地村民发生冲突

34. 导游人员在武汉归元寺向游客介绍《杨柳观音图》时说："这幅相传为唐代阎立本的壁画，它所体现的艺术手法值得我们珍视。"其中"珍视"一词的运用体现了导游语言的(　　)。

A. 准确性　　　　B. 逻辑性　　　　C. 生动性　　　　D. 形象性

35. 导游人员带团的第一步是(　　)。

A. 熟悉团队情况　　B. 准备相关证件　　C. 认找旅游团队　　D. 致欢迎词

36. 地陪带团入住饭店，服务工作欠妥的是(　　)。

A. 请领队或全陪分发房卡　　　　　　B. 向客人介绍饭店设施

C. 到房间通知下一次集合时间、地点　　D. 通知饭店叫早时间

37. 全陪在与地陪核对商定日程时，做法错误的是(　　)。

A. 全陪应主动与地陪核对计划和日程是否一致

B. 全陪应注意团队行程上下站之间安排的互补性

C. 活动日程的安排一般应以组团社与游客商定的行程为依据

D. 如果发现双方日程安排有出入，全陪有权予以更改

38. 下列领队服务内容的表述，不准确的是(　　)。

A. 领队应提醒携带有需向海关申报物品的客人走红色通道

B. 飞机抵达目的地前，领队应代客人填写《入境登记卡》

C. 领队发现旅游目的地出现动乱征兆时，应立即更改旅游线路

D. 临别团队之际，领队应致欢送词

39. 游客要求在景区购物时，景区讲解员不必提供的服务是(　　)。

A. 向游客推介正规购物商店　　　　　B. 帮助游客商谈价格

C. 请游客保留购物发票　　　　　　　D. 劝阻海外游客在地摊购买古玩

40. 景区讲解员服务的内容不包括(　　)。

A. 旅行生活服务　　B. 翻译服务　　　C. 向导服务　　　　D. 讲解服务

41. 小王在接待一散客团队时，发现来自北京的客人的参团费用明显高出其他地区的客人，于是在出团前与旅行社联系并争取到了给北京客人补偿或退还多余费用的权力，在旅游过程中，北京客人果然就团费问题提出了异议，小王运用自己的权力圆

满地解决了这一问题。小王的做法实际体现了散客团队服务原则中的(　　)。

    A. 以服务为主导的原则　　　　　B. 服务多样性的原则

    C. 以建设团队文化为先导的原则　D. 精心化解矛盾的原则

42. 若散客旅游者乘国际航班离站，必须使游客提前(　　)小时到达机场。

    A. 1　　　　　B. 2　　　　　C. 3　　　　　D. 5

43. 导游人员在武汉夜游长江的导游词中首先介绍了南岸嘴的情况，再介绍龙王庙的历史，然后引导到"九八抗洪救灾"，最后到抗洪精神。这样的导游词体现的特点是(　　)。

    A. 准确性　　　　B. 逻辑性　　　　C. 生动性　　　　D. 科学性

44. 在导游讲解中为了增强语言的表达效果，经常运用的方法是(　　)。

    A. 排比　　　　B. 映衬　　　　C. 双关　　　　D. 引用

45. 导游员在接待残疾人旅游团队时，不恰当的做法是(　　)。

    A. 适时地询问他们需要什么帮助，但不宜问候过多

    B. 安排活动时，要多考虑残疾游客的生理条件和特殊需要

    C. 对有视力障碍的游客，安排他们在前排就座，能用手触的地方、物品可以尽量让他们触摸

    D. 在与其熟悉后，导游人员可以询问其残疾的原因，以更好地提供服务

46. 一个团队中各导游及司机之间合作的原则是(　　)。

    A. 旅游协议　　B. 相互包容　　　C. 游客至上　　　D. 共同获取经济利益

47. 为引导游客理性购物，导游可以(　　)。

    A. 在游客选购商品时帮助做决断　　B. 建议游客购买大多数游客都购买的物品

    C. 鼓励游客多购买定点商店的物品　D. 帮助游客制订"购物计划"

48. 导游小张在前往武侯祠时对游客介绍说武侯祠的大门匾额上题名并非武侯祠，而是"汉昭烈庙"，至于原因为何，到了武侯祠再给大家介绍。这一讲解方法叫作(　　)。

    A. 虚实结合法　B. 制造悬念法　　C. 触景生情法　　D. 引人入胜法

49. 全陪带团乘飞机出行，见游客携带的行李多，便建议大家尽量办理托运。然而到达目的地取行李时，多位游客发现行李箱被损坏，甚至还有一位游客的行李箱不见了，可能被延误或遗失。尽管大家并未责怪导游员，但对于乘飞机发生行李损坏事故的情况，导游员首先应该(　　)。

    A. 让游客暂时不要领取行李　　　B. 向旅行社汇报

    C. 联系航空公司地面服务人员　　D. 联系保险公司

50. 在旅游活动过程中，一旦发生交通事故，导游人员首先应该(　　)。

    A. 报案　　　　　　　　　　　　B. 立即组织抢救受伤者

    C. 保护现场　　　　　　　　　　D. 安抚其他旅游者的情绪

51. 安排住同一房间的旅游者，如因睡眠、起居习惯等原因要求另开房间，其房费应由(　　)承担。

    A. 领队　　　　B. 旅游者　　　　C. 组团社　　　　D. 接待社

52. 客人要求亲友随团，导游应该首先（　　　）。
    A. 征得旅行社同意　　　　　　　　B. 征得团员同意
    C. 为其办理入团手续　　　　　　　D. 视旅游车有无空位再做决定

53. 游客可根据时间、兴趣和经济情况自由选择旅行社提供的导游、风味餐、节目欣赏和参观游览等项目，这样的旅行社产品被称作（　　　）。
    A. 团体全包价旅游　　　　　　　　B. 半包价旅游
    C. 小包价旅游　　　　　　　　　　D. 零包价旅游

54. 我国海关规定，返境游客在境外获取的个人自用物品，总值在人民币（　　　）以内的，海关予以免费放行。
    A. 2000 元　　　　B. 5000 元　　　　C. 10000 元　　　　D. 20000 元

55. 将 30 摄氏度换算成华氏度数应该是（　　　）。
    A. 68　　　　　　B. 86　　　　　　C. 78　　　　　　D. 88

56. 不满 2 周岁的婴儿应购买的机票，票面价值是成人适用的正常票价的（　　　）左右，不提供座位。
    A. 10%　　　　　B. 20%　　　　　C. 50%　　　　　D. 70%

57. 目前国内旅行社为旅游团队投保的"旅行社责任险"中，不属于赔偿范畴的是（　　　）。
    A. 旅游者意外死亡的处理费用　　　B. 游客心脏病突发产生的医疗费用
    C. 旅游者受伤骨折产生的医疗费用　D. 旅游者食物中毒产生的医疗费用

58. 导游人员按原定计划接站却没有接到团队的现象属于（　　　）。
    A. 误机（车、船）事故　　　　　　B. 空接事故
    C. 错接事故　　　　　　　　　　　D. 漏接事故

59. 部分包价旅游团队可选择的服务项目是（　　　）。
    A. 中、晚餐　　　　　　　　　　　B. 国内城市间交通
    C. 接送机服务　　　　　　　　　　D. 饭店住宿

60. 下列关于往来港澳通行证的表述，正确的是（　　　）。
    A. 它是港澳居民往来大陆的旅行证件　B. 它是内地居民前往港澳地区的旅行证件
    C. 它的首次签注有效期是 6 个月　　　D. 它在有效期内可以多次使用

二、多项选择题（每题有 2 – 4 个正确答案，多选、少选、错选均不得分）

1. 下列行为中违反导游人员行为规范的有（　　　）。
    A. 导游小王在带团过程中，因堵车导致游览行程受阻，因此导游小王将行程中的景点由 5 处减少为 3 处
    B. 导游小王因在旅游大巴上推荐游客观看晚上的自费演出项目无游客响应，一气之下将所有游客留在景区后便不见踪影
    C. 导游小赵在途中讲解时，应车上游客的要求讲了不少黄灰段子
    D. 地陪小李因 8 岁的小孩放假独自在家无人照看，便带着孩子一起上团
    E. 导游小张因有游客提出要中途带亲友参团，在征求了各方意见并取得旅行社同意

后，小张为其办理了随团手续

2. 着装的"TPO"原则，指的主要是着装应(　　　)。

   A. 与时间相适应　　B. 与身材相适应　　C. 与地点相适应　　D. 与场合相适应

   E. 与身份相适应

3. 握手时需要注意的禁忌有(　　　)。

   A. 忌多人同时握手，忌交叉同时与两个人握手

   B. 握手时看着第三者或者环视四周

   C. 男士握手忌戴手套

   D. 边握手边拍对方肩头，握手时低头哈腰或与他人打招呼

   E. 与对方握手时只是轻轻用力

4. 旅游团在离开本站（地）时，地陪应做好哪些工作？(　　　)

   A. 提醒游客将不能随身携带的纪念品进行托运

   B. 致欢送词

   C. 提前 1 小时到达机场，协助全陪办理登机手续

   D. 向游客分发返程交通票证

   E. 将游客送至机场后方可离开

5. 对于计划内的文娱节目，地陪必须(　　　)。

   A. 全程陪同　　　　　　　　　　　　B. 引领客人入座

   C. 介绍剧情　　　　　　　　　　　　D. 帮司机收取车费

   E. 节目结束后将客人送回酒店

6. 带团前，全陪应熟悉旅游团的行程计划，具体内容包括(　　　)。

   A. 记下旅游团所到各地接待社名称、联系人、联系电话和地陪的联系电话

   B. 记下旅游团抵离旅游线路上各站的时间、所乘交通工具，以及交通票据是否订妥或是否需要确认、有无变更等情况

   C. 了解行程中各站的主要参观游览项目

   D. 了解行程中各站的入住酒店的基本情况

   E. 了解全程各站安排的文娱节目、风味餐食、计划外项目及是否收费等

7. 全陪开展检查各站服务质量的工作方法主要有(　　　)。

   A. 通过观察和征询旅游者意见来了解和检查各地在交通、住宿、餐饮和地陪服务等方面的服务质量

   B. 发现有减少规定的游览项目、增加购物次数或降低住宿或餐饮质量标准的情况，及时向地陪提出改进或补偿意见，必要时向旅行社报告，并在"全陪日志"中注明

   C. 旅游活动安排在内容上与上几站有明显重复，可建议地陪做必要的调整

   D. 随时与地陪导游员就游客意见进行沟通，建议地陪根据游客意见进行行程的调整

   E. 在地陪导游员缺位或失职的情况下，应兼行地陪导游员的职责

8. 在讲解过程中，景区讲解员应如何做好游客的安全保卫工作？(　　　)

   A. 自始至终与游客在一起，对游客中的老幼病残孕和其他弱势群体要给予合理

关照

    B. 注意随时清点人数，以防游客走散

    C. 避开景区中存在安全隐患的地方

    D. 随时做好安全提示，提醒游客注意容易碰头和失足的地方

    E. 如实向游客介绍本景区的危险地带

9. 散客包价旅游的特点主要有(　　　　)。

    A. 人数在 9 人以下，无全陪

    B. 旅游费用须提前一次性支付，由于人数少，费用一般高于全包价旅游者

    C. 旅游线路既有旅行社预先确定的线路（预制旅游），也有按照游客意愿确定的线路（定制旅游）

    D. 旅游时间较短，游览的景点通常位于城郊和邻近城市

    E. 旅游行程均为旅行社预先代为安排

10. 导游人员讲解中的手势有(　　　　)。

    A. 附加手势　　　　B. 情意手势　　　　C. 指示手势　　　　D. 象形手势

    E. 夸张手势

11. 导游在讲解中正确使用段子应(　　　　)。

    A. 不能取笑他人　　　　　　　　　B. 注意分辨对象

    C. 杜绝黄色段子和灰色段子　　　　D. 选择好讲解时机

    E. 根据游客的喜好选择段子

12. 北京某旅游团即将离开成都前往九寨沟，旅游团成员李先生对地陪小王说："昨天我看中了你带我们去的那家蜀锦工厂的一件衣服，但感觉有点贵没有买，今天和太太商量后还是决定买下来，你能帮我找个车送我去购物吗？"小王表示团队再过 2 个小时就要离开本地了，不同意其单独外出购物的请求。李先生很生气，认为小王是在故意刁难，并投诉到全陪那里。全陪对双方进行调解，小王承认了过错并道歉。李先生提出只要小王代为购买商品并办理邮寄、托运等手续寄到北京就可以原谅他。

    请问：下列对此案例的分析，正确的是(　　　　)。

    A. 当游客自由活动可能影响团队行程时，导游人员不能同意客人自由活动的要求。但在本案中，由于团队离开本地还有 2 小时，时间充裕，小王应满足李先生的自由活动的要求，并帮助安排车辆

    B. 小王没有把握好道歉与表示遗憾的实质区别，不是自己的过错，不应该硬扯到自己头上

    C. 对于李先生委托其购买商品并办理邮寄、托运手续这一要求，小王应该委婉拒绝

    D. 小王实在推托不掉李先生的委托请求时，应在请示旅行社领导同意后，收取一半的钱款作为订金，余下的钱在将商品邮寄到北京以后收取

    E. 如果接受了客人的请求，应请客人写明欲购商品的名称、型号、规格、颜色和数量，严格按照客人要求的内容采购，将有关票据原件存底，复印件及余款寄

给委托人查收

13. 全陪末站服务的内容有(　　　)。
    A. 提醒游客保管好自己的证件和物品　　B. 致欢送词
    C. 独自与游客一起清点行李　　　　　　D. 与地陪结清费用
    E. 请游客填写游客意见表

14. 景区讲解员在提供讲解服务时应当做到(　　　)。
    A. 从大门开始沿游览线路进行讲解　　　B. 及时提醒游客注意安全
    C. 对掉队游客及时截回　　　　　　　　D. 讲解结束前对讲解内容进行小结
    E. 讲解结束后及时征求游客的意见和建议

15. 导游员接待青少年旅游团队应该把握的要点有(　　　)。
    A. 游览重要景点应留足时间，让青少年仔细观赏
    B. 每天行程不要过于紧密
    C. 原则上不安排自由活动
    D. 提醒餐厅提供充足饭菜，适当提高上菜速度
    E. 危险区域应禁止团员嬉戏打闹

16. 对于游客提出邀请亲友随团旅游的要求，导游需根据(　　　)情况做决定。
    A. 所乘旅游车是否有空座
    B. 全陪、领队及其他游客是否同意
    C. 旅行社是否同意
    D. 随团亲友的身份是否特殊
    E. 亲友随团后能否增订各种票据

17. 下列外国人员不准入境的是(　　　)。
    A. 不能保障其在中国所需费用的人员
    B. 未持有效护照、证件或签证的人员
    C. 被认为入境后可能进行走私、贩毒的人员
    D. 患有急性风寒和荨麻疹的人员
    E. 被认为入境后可能进行恐怖、暴力、颠覆活动的人员

18. 乘船时禁止携带和托运的物品包括(　　　)。
    A. 有臭味、恶腥味的物品
    B. 能损坏、污染船舶和妨碍其他游客的物品
    C. 重量不超过30千克的物品
    D. 易爆品、易燃品
    E. 有毒物品、杀伤性物品以及放射性物品

19. 导游小王带领某日本旅游团队游览都江堰景区过程中，客人河野洋子突然着急地跑来说："王先生，我的一个小包不见了，里面装着我的护照和大量现金，真急死了！"小王立即协助客人就地寻找，并请客人冷静回忆有没有放错地方或者交给其他团友。在这些努力均无结果的情况下，小王还应当采取下列哪些措施？(　　　)
    A. 向公安部门报告　　　　　　　　　　B. 向旅行社报告

C. 请旅行社出具证明   D. 请公安部门出具证明

E. 协助客人到都江堰市公安局补办护照和签证

20. 可由海关检查的绿色通道出入境的人员主要为(   )。

A. 携带无须向海关申报物品的游客   B. 持有外交签证人员

C. 持有礼遇签证的人员   D. 持有边境证的人员

E. 持有"港澳居民来往内地通行证"的人员

《导游业务》综合训练题(三)参考答案

一、单项选择:

1－5. BACCD   6－10. ABDBC   11－15. ABBCB   16－20. BACDD   21－25. CCCDA

26－30. DCCAA   31－35. CBBAA   36－40. CDBBA   41－45. DCBDD   46－50. BDBCB

51－55. BDDBB   56－60. ABBAA

二、多项选择题

1. ABCD   2. ACD   3. ABCD   4. ABCD   5. ABCE   6. ABCE   7. ABCE   8. ABCD

9. ABC   10. BCD   11. ABCD   12. BCDE   13. ABDE   14. ABDE   15. ACDE

16. ABCD   17. ABCE   18. ABDE   19. ABCD   20. ABC

责任编辑：郭海燕
责任印制：冯冬青
封面设计：中文天地

图书在版编目（CIP）数据

全国导游人员资格考试一本通 / 赖启航主编 . --北京：中国旅游出版社，2016.9

ISBN 978 - 7 - 5032 - 5666 - 0

Ⅰ. ①全…　Ⅱ. ①赖…　Ⅲ. ①导游—资格考试—自学参考资料　Ⅳ. ①F590.633

中国版本图书馆 CIP 数据核字（2016）第 200116 号

书　　名：全国导游人员资格考试一本通

主　　编：赖启航
出版发行：中国旅游出版社
　　　　　（北京建国门内大街甲 9 号　邮编：100005）
　　　　　http：//www. cttp. net. cn　E-mail：cttp@ cnta. gov. cn
　　　　　发行部电话：010 - 85166503
排　　版：北京旅教文化传播有限公司
经　　销：全国各地新华书店
印　　刷：河北省三河市灵山红旗印刷厂
版　　次：2016 年 9 月第 1 版　2016 年 9 月第 1 次印刷
开　　本：787 毫米×1092 毫米　1/16
印　　张：19.875
印　　数：1 - 6000 册
字　　数：420 千
定　　价：65.00 元
Ｉ Ｓ Ｂ Ｎ　978 - 7 - 5032 - 5666 - 0